帝国を創った言語政策

ダイチン・グルン初期の言語生活と文化

庄　声

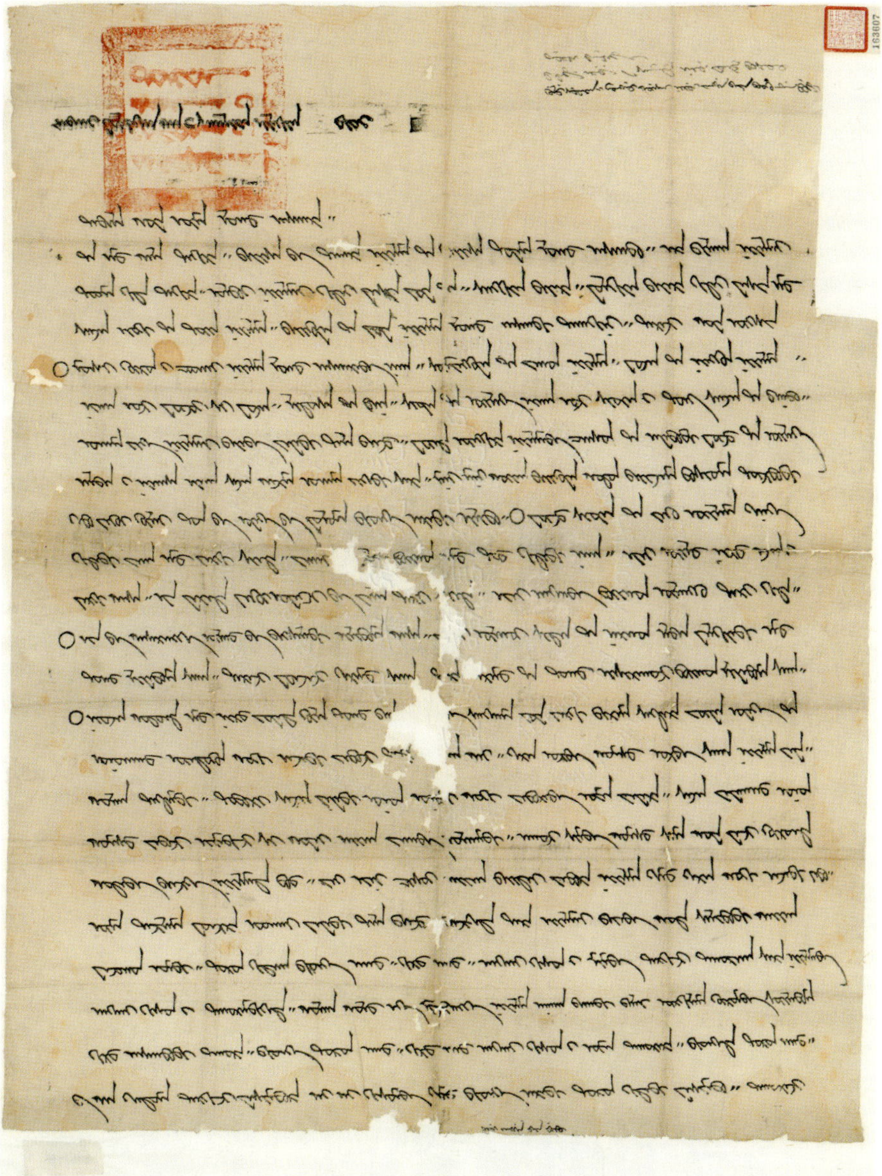

口絵１　「天命癸亥年勅諭」天命八年　59㎝×75・3㎝（中央研究院歴史語言研究所蔵）

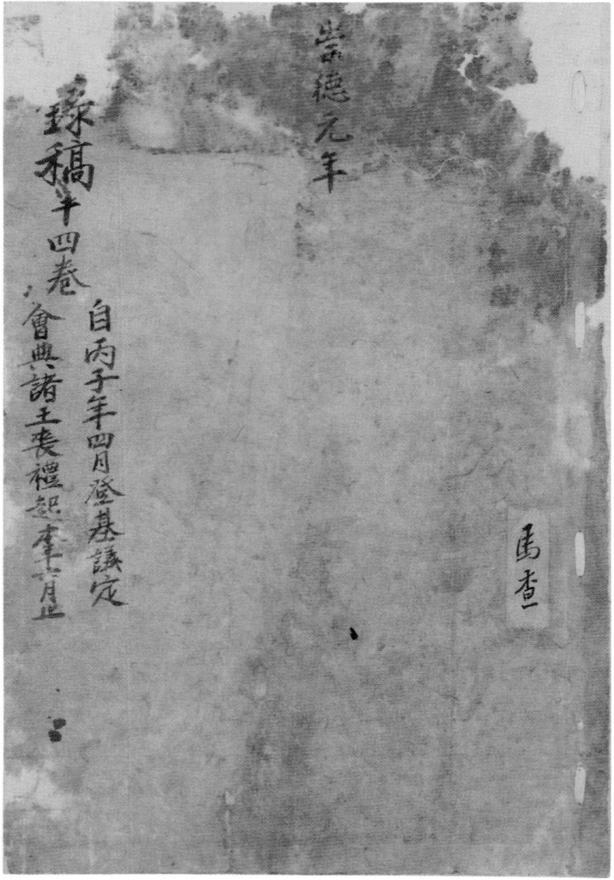

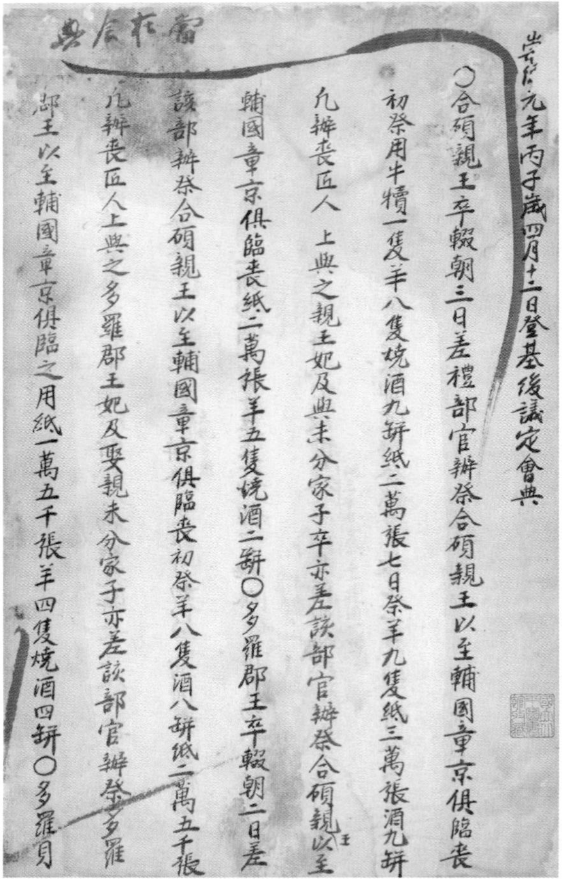

口絵2　『清太宗実録稿』（中国国家図書館蔵）

口絵3　「禁止同族内結婚勅諭」天聡五年　43・8㎝×47・2㎝（中央研究院歴史語言研究所蔵）

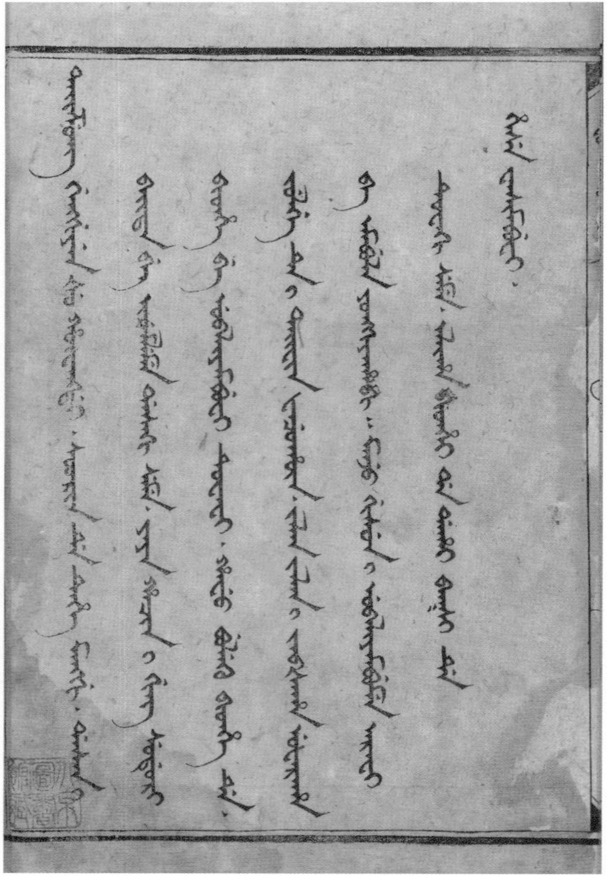

口絵 4　*hafu buleku bithe*（通鑑）達海訳（(左)故宮博物院、(右)中国国家図書館蔵）

口絵 5　「荘妃冊文」崇徳元年七月初十日　満蒙漢合璧（中国第一歴史檔案館蔵）

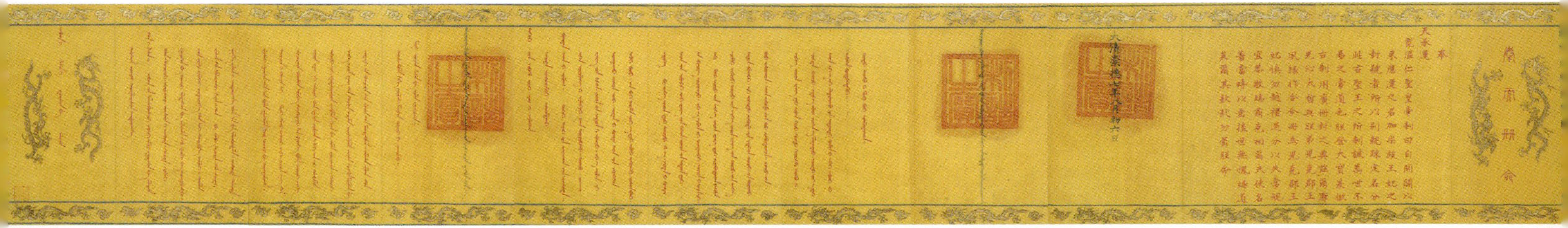

口絵 6　「児克郡王妃冊文」崇徳八年八月初六日　満蒙漢合璧（ハーバード大学燕京図書館蔵）

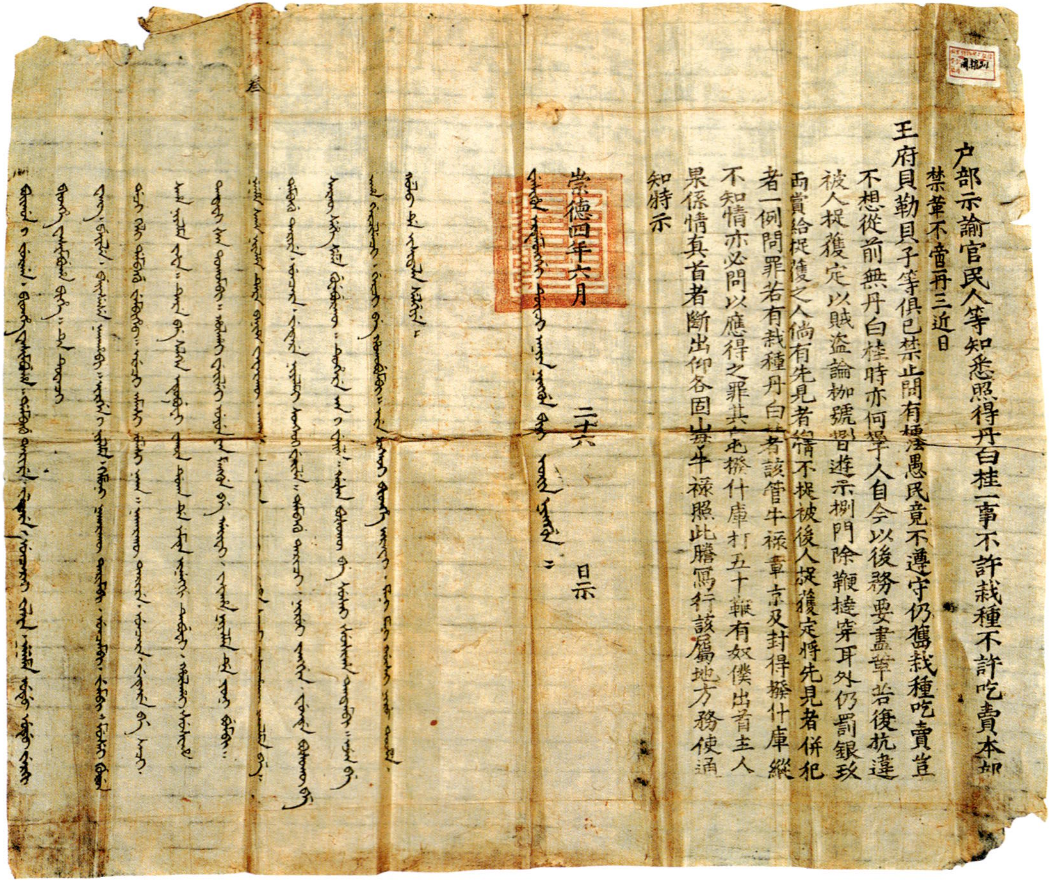
戸部示諭官民人等知悉照得丹白桂一事不許栽種不許吃賣本部
禁革不啻再三近日
王府貝勒貝子等俱已禁止間有無法愚民竟不遵守仍舊栽種吃賣豈
不想從前無丹白桂時亦何嘗乎人自今以後務要盡革若後抗違
被人捉獲定以賊盗論枷號遊示捌門除鞭撻穿耳外仍罰銀玖
両賞給捉獲之人倘有先見者狥情不捉被後人捉獲定將先見者併把
者一例問罪若有栽種丹白桂者該管牛祿章京及封得撥什庫縱
不知情亦必問以應得之罪其本屯撥什庫打五十鞭有奴僕出首主人
果係情真首者斷出仰各固山牛祿照此謄寫行該屬地方務使通
知特示
崇德四年六月　二十六　日示

口絵7　「戸部禁煙種丹白桂告示」 64㎝×77㎝ （『清代文書檔案図鑑』）

若い知性が拓く未来

今西錦司が『生物の世界』を著して，すべての生物に社会があると宣言したのは，39 歳のことでした。以来，ヒト以外の生物に社会などあるはずがないという欧米の古い世界観に見られた批判を乗り越えて，今西の生物観は，動物の行動や生態，特に霊長類の研究において，日本が世界をリードする礎になりました。

若手研究者のポスト問題等，様々な課題を抱えつつも，大学院重点化によって多くの優秀な人材を学界に迎えたことで，学術研究は新しい活況を呈しています。これまで資料として注目されなかった非言語の事柄を扱うことで斬新な歴史的視点を拓く研究，あるいは語学的才能を駆使し多言語の資料を比較することで既存の社会観を覆そうとするものなど，これまでの研究には見られなかった溌剌とした視点や方法が，若い人々によってもたらされています。

京都大学では，常にフロンティアに挑戦してきた百有余年の歴史の上に立ち，こうした若手研究者の優れた業績を世に出すための支援制度を設けています。プリミエ・コレクションの各巻は，いずれもこの制度のもとに刊行されるモノグラフです。「プリミエ」とは，初演を意味するフランス語「première」に由来した「初めて主役を演じる」を意味する英語ですが，本コレクションのタイトルには，初々しい若い知性のデビュー作という意味が込められています。

地球規模の大きさ，あるいは生命史・人類史の長さを考慮して解決すべき問題に私たちが直面する今日，若き日の今西錦司が，それまでの自然科学と人文科学の強固な垣根を越えたように，本コレクションでデビューした研究が，我が国のみならず，国際的な学界において新しい学問の形を拓くことを願ってやみません。

第 26 代　京都大学総長　山極壽一

凡　例

一　マンジュ語ローマ字転写について

無圏点文字の字形については大文字（池上二郎1999）で、字音については小文字（P. G. von Möllendorff, *A Manchu Grammar*, Shanghai, 1892）の方式を用い、原文の字音を忠実に表すために、その方式に従わない場合もある。有圏点文字は基本小文字のみの方式を用いる。

二　引用文について

1）［＋］は原文書で加筆されている部分を示す。

2）［#］は原文書で削除されている部分を示す。

3）［□］は原文書の欠落部分を示す。

4）［/］は改行を示す。

5）［//］は改頁を示す。

6）［※］・［※※］はそれぞれ一字と二字擡頭を示す。

7）［○］・［○○］は原文のままを示す。

8）［■］・［■■］はそれぞれ一字と二字空を示す。

9）［……］は引用内容の省略を示す。

三　引用文翻訳について

『満文原檔』と『満文内国史院檔』は東洋文庫訳注『満文老檔』・『天聡五年』（Ⅰ）・『天聡七年』・『天聡八年』・『天聡九年』及び河内良弘訳注『内国史院満文檔案崇徳二・三年分』を参考し、筆者による日本語訳を用いる。ほかのマンジュ語・モンゴル語とペルシャ語文書については、すべて拙訳による。

四　漢文表記について

本文および引用文では原則として新字体を用いるが、旧字体を用いる場合もある。

目　次

第Ⅱ部　漢文化受容と広がり

第Ⅲ部　グルン文書と印璽の展開

序　章

本書においては天命元年（1616）以前の時期を建州時代とし、天命元年から天聡十年（1636）四月までの時期をアイシン・グルン（aisin gurun / 金国）の時代とする。グルンとはそもそも人々を原義とする語で、国の意味でも用いる。その時期にそこで暮らしていた人々をジュシェン（女真）人及び言葉をジュシェン（女真）語と呼ぶ。そして崇徳元年（1636）四月以後に、グルン号をダイチン・グルン（daicing gurun / 大清国）と称し、ホンタイジによってジュシェン（女真）をあらためてマンジュ（満洲）と呼んだ人々のことをマンジュ人及び言葉をマンジュ語と呼ぶことにしたい。

1　ホンタイジの文化観

ホンタイジは、1636年に父のヌルハチが建てたアイシン・グルンをダイチン・グルンへ改めたハンである。あえて初代ハンが建てたグルンの号を変更した最大の理由は、「制誥之宝」という印璽を獲得したからである。これは「伝国の璽」で、大元ウルス伝来というふれこみのものである。チャハル（察哈爾）のリンダン・ハーンの未亡人スタイ太后と息子のエレケ・コンゴルが、アイシン・グルンに投降したことに伴いこの「制誥之宝」を得たのである。すでに天聡九年（1635）八月上旬に印璽獲得の情報が都のムクデン（盛京）に届き、そして、遠征部隊の四ベイレが印璽を持って、リンダン・ハーンの未亡人スタイ太后などを連れてムクデンに向かっており、遠くまで出迎えのために、ホンタイジは吉日の八月二十八日を選んで都を離れ、西行して九月四日にハビチルに到着した。

そして、六日に様々な儀式に従って印璽を受け取って、ホンタイジは「この宝璽は昔の歴代のハンたちが用いた宝璽」と宣した。大明から帰順した大臣たちも次々に宝璽を得たことを祝っていた。例えば、都元帥孔有徳が「私が昔からの受命の帝王を見ると、必ず受命の兆がある。昔、鳳凰が来て文王の宮殿を廻ったこと、今この宝璽をハンが得たこと、この二つの兆は同じことを示す。この宝は尋常なものでない。漢代から伝わって今二千年余りとなった。他の人が得ないのにハンが得たことは、おそらくハンが民を子のように慈しみ、時に従い天に合わせ、千里を遠くとせず帰順するのは、天がハンに九等の尊位を賜い、天下が豊かになることを疑わない。私一人が喜びによって眠れないだけでなく、内外ともに歌い合い賑わっているのは堯舜の政道を再び見た感じであるからである。欣喜雀躍しても足らず、私自身行って叩頭すべきであるが、ハンの諭旨がないので勝手に行かず、斎戒して香を焚き遥拝した」といった[1)]。宝璽の獲得は尋常のことではなく、漢代から伝わってきたものであり、ハンが入手したことで天下も平和に暮らしていくはずであると、孔有徳は主張している。また、総兵官耿仲明が「璽というものは天子の持つ国の誠の宝であり、天下を支配する時に必ず用いる。ハンは天心に合わせ民を慈しむので、このように天が璽を賜った。天が慈しんでいることが分かる。ハンは速やかに大政をなして臣民の望みに応じるべきである。璽を得たことに対して私自身行って祝賀の礼で叩頭すべきであるが、ハンの諭旨なしに行くことができないので、密かに諸官を率いて叩頭した」といった[2)]。天下を支配するにはこの宝璽が必ず必要であり、速やかに天下をとってほしいと、耿仲明は願っている。

やがて、宝璽を得たことで諸王や大臣らの間にハンに尊号を捧げようという動きが活発になった。これに対してホンタイジはほとんどの提言を拒んでいたが、唯一礼部のサハリャン・ベイレの「もろもろの諸王が忠誠を誓ってからハンが尊号を受けるのが適当である」という建言に動かされて受け取ることになったのである。ホンタイジは周囲の思惑を顧慮して拒んでいたと考えられるが、諸王が忠誠を誓うなら後顧の憂いがなくなるので承知することにしたのであろう。さらに、漢人文官たちも尊号を受け取るべきであると上奏し、加えて諸王の誓言の書の提出に伴い、遂にホンタイジは尊号を受け取ることを決めて、天聡十年（1636）四月に尊位を受けたのである[3)]。グルンで国政を行うときには諸王だけではなく、漢人大臣の意見や了承も得なければならなかったのである。

ホンタイジ時代の政権は漢人優遇策を図り、秀才の選抜試験という科挙試験にあたるシステムを取り入れ、優秀な人材を官員に登用する制度を現出させた。谷井陽子（2015：477～505）は、「ホンタイジはヌルハチと違い、漢官をただ命令して動かすだけでなく、彼らの意見を積極的に聞いた。漢官からホンタイジに対して多くの意見具申がなされ、対明戦略を論じたものと内政に関する各種提案が多かった。内政については、様々な面で大明に近い制度が取り入れられることになるのであるが、マンジュ政権が必要とみなした場合には必要と認めたものだけを取り入れる形を取ったため、入関前における明制の導入は、ごく部分的かつ非体系的に行われた。対明戦略に関しても、彼らの役割は同様である。しかし、漢官が与えた政治的影響を低めるものではなく、部分的にせよ取り入れられた漢官の意見は、マンジュ国―清朝の急速な対外発展や、特に行政制度の急速な発達に寄与した」と述べている。朝廷で活動した漢官たちは、漢地の各種制度の導入に極めて大きな影響を及ぼしたことを認めなければならない。いずれもホンタイジが多元的制度を認めていた証拠となることである。

そもそもマンジュ人にとって、漢人は警戒心を解くことのできない存在であった。しかし、一方で、ヌルハチは歴代漢籍の事例を知りたいと漢人の臣下に求めていたことも稀ではなく、ヌルハチが自らの話の中でも多くの漢人の治迹《ちせき》を踏まえた表現がみられるのである。にもかかわらず、この時代の文書について、村田雄二郎（2000：8）は、「ヌルハチとホンタイジの在位期には、詔勅・奏章・祭文など、あらゆる文書がマンジュ文で書かれた」という[4)]。『奏疏稿』に収録された漢人たちの漢文奏章、ほか満漢合璧の誥命・モンゴル語の詔書などの多言語・多種類の文書の存在を視野に入れていないことがわかる。また、荘吉発（1998：23～24）は、「対朝鮮文書はマンジュ文を漢文に翻訳してから出されていた」というが、これは朝鮮人に「ヌルハチに文書を掌るものが文理によく通じない」あるいは「文書に尋常の漢字を用いる」というイメージしか与えられなかったようである。万暦三十三年（1605）の朝鮮宛の一通の文書から当時の文体を見ると、ジュシェン語直訳体の白話風漢文文体で書かれたものであることがわかる[5)]。「白話」といえば、口語を用いて庶民の中で広く伝われた「白話小説」と呼ばれる一群の物語がある。ヌルハチの話でも「白話小説」に基づく故事が多く用いられていたが、その時、全てをマンジュ語に訳してから読んだのである。

ホンタイジの時代になると、直訳体白話風漢文が雅文漢文に変わり[6)]、ジュシェン人が語彙・文法・文章の構造まで十分に体得していることが明らかである。ジュシェン人の漢文化の知識のレベルがアップしたきっかけは、大明や朝鮮から到来した文人と深い関わりがあった。かつ文人に対して「懐柔政策」という優遇策を図り、ジュシェン社会で活躍する舞台を十分に整えていたのである。それに伴い漢語をマスターして、翻訳事業や行政機関に従事するジュシェン人の知識人も現れた。

グルンにおいてヌルハチに仕えたバクシの一人に、エルデニ・バクシ（額爾徳尼巴克什）という人物がいる。彼はもともとハダ部の出身で、二十一歳の時にハダ部からヌルハチに帰順し、ハンの側近として書院（bithei jurgan）に勤めて、その明晰さを買われて昇進し、のちに副将として活躍した[7]。また、後にガガイ・ジャルグチ[8]とともにモンゴル文字に基づいて、マンジュ文字の創製に携わった人物である。グルン初期の歴史を記録した『満文原檔』の編集者でもあり、初期における著名なバクシとして知られている。彼の事績は『満文原檔』や『八旗通志初集』[9]などに少なからず収められている。特に彼はモンゴル文に長じ、漢文にも通じていたため、バクシという称号を得た大学者でもある。卓越した記憶力を備えたエルデニ・バクシがグルンの編年体の史書である『満文原檔』の編纂を開始したが、後にガガイ・ジャルグチとともに罪に問われて処刑された。これについて、『満文原檔』（冬字檔）に次のような記事が載せられている。

昔の人が言うには、天下のすべてのよきものを手に入れることは容易で、よき人を得ることが難しいという。エルデニ・バクシの他の功について分からないが、文書の功については、ゲンギン・ハンの政治を彼が書きとめたのは、大功だと思っている。言うまでもなく真珠のために革職についたことははなはだ悔しいことだ。彼が革職についたのは、いくら賢くても文義を知らないので、彼の意志で行動を起こし、諫める言葉を聞かなかった。さらに家の中から革職をするずる賢い人が出て、それに様々な誹謗中傷の言葉が混じると、ハンの腹に詰まってしまったのである。家の中の狡い人はハンの大福晋以外は人と思わない。漢文にはダハイ、ジュシェンとモンゴル文などの文書にはエルデニである。この二人がゲンギン・ハンに与えて暮らしていたのである。先に遼東で罪に問われてエルデニとダハイを逮捕して、ダハイを逮捕する理由がないというわけで、鼻と耳を刺し

> て叩いて革職にした。エルデニを何日間か縛ってから革職にした。そのことは事実である。すべての逆らうものは集めて誣《し》い、さらにその中から狡賢い人が働きかけて、その二人の大臣が革職にされた。いくら革職をしても、ダハイは才能があるから、後に再び大臣に登用された。ただし、エルデニ・アグをどう言ったらいいのか、悔しい。ある人は彼を悪人という、悪いということはよく考えず素直な人でもないことである。諸王と大臣らが悪くないことを知っていたが、無視せず、直ちに訴えることにしたのである。したがって付き合った友人・大臣・諸王はそこで全力を尽くしても恥じることもあり、悟って直す人もおり、悲しむ時後悔してゆっくり行けばいいのに、惜しい[10]。

これはエルデニ・バクシの死を悼むような文章で、彼は冤罪の犠牲者であることを強調しており、背後で画策していた人物によって処刑されたという。偉大なバクシの死にホンタイジは悲しみの甚だしいことを隠さず、文章で書き表わして残したのである。政治闘争の犠牲者であるという意見もある[11]。いずれにせよ、彼はジュシェン文化に甚だ貢献し、研鑽を積むことによって、バクシの号を賜った。エルデニ・バクシが記したという記事が近年の公開された文献でもよく見かけられ、死後に褒め称えられることも稀ではなかった。文字文化に成果をもたらした点に一貫して評価をうけている。

また漢文に秀でたダハイ・バクシ（達海巴克什）は、ダイチン・グルンの初期においてはエルデニ・バクシに次ぐ代表的な大学者の一人であり、かつ有圏点満文を考案した人物としてよく知られている。彼は天命五年（1620）に死罪に当たる罪を犯していたが、漢籍や漢語によく通じた人物は彼を除いてほかにいないという理由から死罪を免れている[12]。しかし、多言語に通暁するダハイ・バクシは若くして病死し、亡くなるまでに力を多くの漢籍の翻訳に注いで、漢籍の類書を始め儒家経典や兵家聖典、さらに仏典に至るまで多くの書物の翻訳に携わり、未知の漢文化の伝播の貢献者としてホンタイジから大いに評価されている。

大明で儒家経典の『四書』は科挙試験の必須科目なので、必ず勉強しなければならない。加えて大明の万暦年間で用いられた経筵のテキストは、内閣大学士であった張居正が『資治通鑑』と『四書集注』に基づいて書いた『四書直解』と『通鑑直解』という注釈書であり、いずれも雅文を節略し、そのあと雅文を平易に順々に白話で解説し、全体の意味を簡単に説くテキストである[13]。『四書』とは、周知の如く南宋の儒学者朱熹が『礼記』中の「大学」、「中庸」二篇を単独の書物として『論語』、『孟子』と合わせた『四書集注』を総称したものである。ダハイ・バクシ翻訳リストには『通鑑』(tung jiyan) と『孟子』(mengsi) が並んでおり、いずれも未完訳である。

一方、ホンタイジの優遇策によって、多くの漢人秀才を官僚に登用し、彼らは各役所において、ハンに建言することも少なくなかった。特に歴代の漢籍を読むべきであると勧める傾向が強くなっていった[14]。そのなかにはのちに『大清太宗実録』の編纂、および『三国志』から『大遼史』・『金史』・『大元史』の翻訳事業に携わった知識人もいた[15]。彼らはホンタイジに『四書』と『通鑑』などを必読書として推薦した。さらにより重要な意味をもつのは、これらの漢籍を訳して読むべきであるといったところである。異文化の伝達には文字言語が欠かせない存在であり、その時必ず翻訳という作業が必要となる。このような形で生み出された作品は、ある意味でその原典の地位を超え、自己文化に大きな影響を与えるのを避けることができない。またその際には、原典の表現を濃密に引きずって訳す場合と、自己文化の言語表現に従い、原典とは異なる表現を用いて訳す場合があり得る。

ところで『故宮博物院蔵品大系善本特編・満文古籍』には *hafu buleku bithe* (通鑑)「明/王世貞編、達海訳」[16] という、ダハイ・バクシのマンジュ語訳『通鑑』が掲載されている【口絵4】。王世貞は、嘉靖年間から万暦年間にかけての文人および政治家で、通鑑体と綱目体を合体させ、それぞれ綱目・通鑑から一字を取って、『歴朝綱鑑会纂』と名づけられた編年史書を編纂した[17]。「綱鑑」が通俗史書として明末以後に歴史教科書として広く読まれ、特に万暦年間以後に流行していたという[18]。そのためダハイ・バクシの底本とされたのだろう。それは完成には至らなかったが、翻訳に用いられた文体は、のちに極めて大きな意義をもつことになった。

なお、ダハイ・バクシが翻訳した兵家聖典には、それぞれ『素書』・『六韜』・『三略』がある。いずれも故宮博物院と中国遼寧省図書館に所蔵され、入関後の写本であることがわかる。序文と跋文でダハイ・バクシの業績を大きく取り上げており、極めて高い評価が与えられていた。そのなかの中国遼寧省図書館所蔵の

『素書』の底本は、大元時代の至正十四年広陵王氏注の『直説素書』である。これは当時の流行に従って底本としたことに間違いないだろう。この時代にマンジュ人が漢籍を如何に読んだのかという研究は皆無に近く[19]、これに正面から取り組む必要がある。

ダハイ・バクシが偉大な業績を残すことができたのは、ホンタイジが天聡三年(1629)に出した文化事業の政策による。こうした政策に従って翻訳事業がより計画的に進み、多元的文化共存の状況とともに歩んでいく。また、漢人知識人を優遇する上で、学問の普及に殊更に熱心で、さらに文化事業の貢献者の子孫にも手厚い待遇を与えたので、ハンの文化保護者としてのイメージが一層強まっていくことになった[20]。その翻訳事業は、後世にも大きな影響を及ぼした。

2　康熙帝の評価

順治帝は順治十八年の臨終前に、八歳の三男の玄燁を皇太子に指名して、腹心の四人の内大臣を補佐として即位させ、年号を康熙とした。そして康熙帝は十五歳から親政を開始し、治世の61年の中で文化事業が盛んに行われたが、そのなかで最も有名なのが『康熙字典』である。それ以外にも儒学の原典である『四書』・『五経』・『資治通鑑』などの漢籍がマンジュ語に翻訳され、刊行されていた。なお康熙帝は宣教師に対し、科学と技術に多大な興味を持つ皇帝であるというイメージを与え、彼らは多くのヨーロッパの科学と技術に関わる書物をマンジュ語に翻訳する上で貢献してきたという[21]。このような康熙帝は、自身も西洋の自然学と人文科学を学び、学問の熱愛者・外来文明の研究者としてヨーロッパに名声が鳴り響いていた[22]。「康熙帝は自ら修養に努められ、まさにこの時期は西洋文明と接触することによって中国の伝統的な文化に影響を与えるときでもあった。また、康熙帝は孔子の著書を大半諳記されており、シナ人が聖書と仰いでいる原典も、よく暗誦されている。国内の大碩学に命じて、特に御用のために漢語と韃靼語《マンジュ》とで此等の古典に関する注釈を起稿せしめられた。数名の大学士は十年乃至十二年間、注釈の作成に従事し、かつ注釈の進講に携われるようとして親しく序文を執筆されて、注釈書の巻頭に掲げられ、御名をもってこの書を印刷させられたのである[23]」。確かに康熙時代の刊行された書籍にはハンが序文を書くことは少なくなく、例えば、ダハイ・バクシ訳の *hafu buleku bithe*（通鑑）の序文には（【口絵4】)、次のように記されている。

> 太宗文皇帝は即位してから、新たな政務を行おうとして、すべての経史書を翻訳させて読んだ。『通鑑』（hafu buleku bithe）には古今の和平と乱世、代々の得失が大いにまとめてある。マンジュ語に翻訳して読んでみたいと大学士のダハイ・バクシに諭旨を下して、諭旨にしたがって四冊を翻訳した上で奏覧した。ダハイ・バクシは完成する前に病没してしまって、後の世祖章皇帝は即位してから、内院のマンジュと漢人の文大臣に、速やかに完成させよと諭旨を下し、康熙三年に完成して上奏したあと、旨により翻刻してみんなに伝えた[24]。

まず、翻訳事業は太宗の政策の下で行われていたことを強調し、太宗の功績が大いに賛嘆されていた。確かに『通鑑』はダハイ・バクシ未完訳のリストに並んでおり、序文によれば彼は四冊まで翻訳したものの、後の部分は順治年間に内院のマンジュ人と漢人の共同作業で完成させたようで、さらに康熙帝が序文を書き加えて康熙三年（1664）に刊行されるに至った。こうした文化事業は代々受け継がれて行ったので、その伝統と文化への理解はさらに深まっていったはずである。その文化の伝播者であるダハイ・バクシを褒め称え康熙四年と康熙九年に、それぞれ「誥封碑」と「勅建碑」をたてて銘記したり[25]、彼の子孫を官職へ登用したりして[26]、康熙帝はその評価を実際の行動により示したのであった。これは文化の伝播への貢献に対する認識の高まりを示しており、こうした文化貢献者への表彰を通じて、康熙帝の治世において文化事業は最盛期を迎えたとも言えるだろう。

こうした康熙帝が翻訳事業を進める過程で、子弟のマンジュ語能力の衰退傾向に危機感を持ち、漢語を習熟しきったマンジュ人子弟が、今度は自らの言語能力を失いつつあることを問題にしたのであった[27]。言語環境の変化に伴い、マンジュ語本来の語彙に外部から強く影響が与えられれば、元の形まで破壊され、語義にも混乱が起こる[28]。つまり、言語環境の変化が、伝統的な言語文化変化をも起こすことは避けられない。言語とは境界線内で静態として存在するのでなく、常に動態の形で様々な地域間で動いている。方言や他の言語と接触することによって、変化が起こるのは当然なことである。特に言語変化の多くが世代交代によって起こることが多く、言語形成期の若者の言語習得の環境が変えれば、言語に変異が生じやすくなる。マンジュ人は東北地方の言語環境から中国の彼方此方に移って、散在して居住する状況になって、言語環境や生活環境は大きく変わったのである。

確かに、イエズス会の宣教師パランナン師の、1723年5月1日にフランス学士院会員・科学学士院の終身書記であるド・フォント氏あての書簡には、「シナ帝国を征服したのち、マンジュ韃靼は、かれらの言語が貧しくなったり、完全に消滅してしまうのではないかと恐れました。かれらは自分たちの言語とシナ語とは両立しないものであるから、両語が混じることよりも、むしろ言葉を忘却する運命に陥るのではないかと心配したのである。韃靼《マンジュ》人の故老は少しずつシナで死んでいきました。かれらの子供たちは、母親や召使たちがほとんど全部シナ人であったものだから、父親の言語よりも征服された国の言語をずっと容易に理解していた」という[29)]。パランナン師は当時の事情を赤裸々に記しており、子供達が生まれた時から中国で暮らし、祖先の故郷に行かないだけでなく、イメージすら持つことなく、家庭環境から何よりも影響されやすかったのは間違いないだろう。言語の衰退が避けられない状況に陥っていたことは明らかである。また、パランナン師の書簡は続けて、「康熙帝が韃靼《マンジュ》語の宝典の編集を命じた。この仕事は異常な勤勉さで行われていた。なにか疑問が生じると、八旗の故老たちに質問されていた。宝典のなかにあげるにふさわしいなにがしの古語、なにがしかの古い表現を掘り出すものに報酬を与えるという提言があった。ついでこれらの語を忘れてしまった人たちにというよりも、むしろそれについてなんの知識ももったことのない人たちにこれらの語を教えるために、好んでそれを使っていた」という。宝典とは辞典を指しているが、この辞典を編集するときに、八旗のなかで老人対象にマンジュ語の聞き取り調査が行われ、完成したのが辞典の *han i araha manju gisun i buleku bithe*（御製清文鑑）である。これは康熙四十七年（1708）に国家プロジェクトにより刊行されたマンジュ語辞典であり、その序文には、

今、故老が少なくなってきて、細言密意を著しく失っている。誤りに従い、非に倣い、習慣を究めず、言葉と文字を失いつつあり、正しい発音ができない状況になった。グルンに関係する書籍は非常に大事であり、政務や文章のすべてはこれ

に従って詳細を究め、明白に定めなければ、ほかに従うべきか。書物を編纂しないと、何を見本にするのか[30]。

言語そのものがかなり衰退しており、辞典編纂のために多くの故老が携わったことが想像できるし、できるだけ古語や古い表現を用いて編纂されたことがわかる。ただし、この『御製清文鑑』はグルンにおける初の辞典ではなく、パランナン師の書簡によると、すでに順治年間にも語彙集の編集が始められたが、すべて漢語でマンジュ語の音と言葉を表現したものなので、使いものにならなかったらしい。そして、康熙帝はマンジュ語が衰退していることに危機感を感じ、辞書を作れば言葉が永遠に伝わるはずであると考え、伝統的言語文化を守るために辞典の編纂に踏み切ったのである。この『御製清文鑑』は康熙帝にとって極めて重要な宝典であり、この宝典さえあれば、マンジュ語が失われることもなくなると確信していた[31]。このようにあらゆる手段を用いて、辞典を編纂することは国家プロジェクトでしかできず、語彙も膨大な量にのぼった。また東洋文庫所蔵の *hūwang ši gung ni su šu bithe*（黄石公素書）の跋文には、

私に古人が「『素書』という書物は我が国のダハイ・バクシがムクデン（盛京）で翻訳したものである」と教えた。訳語は正確で、意義は奥深い。道義などの言葉を漢文に合わせて得たことは、学ぶものはみな標準語として倣うべきであり、したがって修正してはいけない。君らはこれを見本として学べ。現在伝わっている写本には誤字は甚だ多くあったので、漢文のテキストを参考にして直し、書き写して正確に刻した。先人の学んだことを考えると切ない、バクシの苦労を見て賛美し、これを別にして書き記した。注については誰が翻訳したかわからない、役に立つ注も一緒に刻した。康熙四十三年八月吉日にヘスが謹んで記した[32]。

康熙帝は古人を通じて、ダハイ・バクシの訳書『素書』を知り、かつ翻訳に用いた文体に極めて高い評価を与えていた。言語が衰退しつつある中で、このような古いテキストの発見は至宝であり、語彙を大切にして、変更してはならず、子弟たちの教材としてよく学ぶべきであると強調していた。多くの古語や古い表現の収録には原語調査の実施以外に、古い翻訳テキストの存在も大いに役立った。マンジュ語の生命がより長く伸びていったことには、やはりダハイ・バクシの存在が大きい。

3　乾隆時代の記憶

マンジュ人の入関以後、ハンが自らの故地である東北地方に行幸し、祖陵に参詣する以外に各地の状況をじかに視察する目的で、東巡を行っていた。康熙帝は十年・二十一年・三十七年の三回。雍正帝は一度もなかったが、乾隆帝は八年・十九年・四十三年・四十八年の四回の東巡を行った。乾隆帝が初めて盛京を東巡したのは乾隆八年であり、その時の心境を表すために『御製盛京賦』という賦まで作った。その内容には序・賦・頌の三部分が含まれ、乾隆帝がマンジュはどのように聖地盛京で出発したのか、ダイチンはいかに開国立基したのかを語って褒め称え、東巡祭陵の見聞と心情を表している。乾隆八年の作成で、賦に儒臣の注釈も含まれていた[33)]。要するに、乾隆帝が八年に東巡して祖先を祭り、先世創業の文治武功を称賛し、開国功臣の功績に思いを馳せて書いた文学作品である。なお乾隆帝が書いた賦に対して、儒臣が書き加えた注釈は重要な意味をもっている。例えば、*han i araha mukden i fujurun bithe*（御製盛京賦）には（（「　」）は注釈を表す）、次のように記されている。

それからグルンの文書が創られ、文教が盛んになりつつあった。義が興って言葉が翻訳され、さまざまなことを習った人は、ただダハイという人がいる。事実に合わせて審理し職務を尽くすことができた。いくら断交といっても必ず通じるし、直ちに小さな理由で現れる。(「太宗ハンの実録では天聡八年に筆帖士大臣らに頼んで、漢文の書籍が翻訳され、我が国の政務が記された。崇徳六年ダハイに頼んで、マンジュ文字十二頭に圏点を加えて、区別して分けられたという。グルンの史をみなに伝えたのはダハイ・バクシである。彼はマンジュ正藍旗の人で、九歳でマンジュと漢文に通じた。太祖高皇帝に勤めて専ら文書の仕事に任じ、明国とモンゴル及び朝鮮文書の往来の詔書は、すべて彼の手によって書かれ、漢文の詔書を伝えることも会得した。太祖ハンは命じてエルデニ・バクシらはモンゴル文字に基づいて創られたマンジュ文字に、彼が圏点を加えて語音を区別した。また、他の文字も増やして漢字音を表記できるようにし、音にまだぴったりと合わないので、両文字を合わせて字音一つの文字にし、発音を定めることで、マンジュ文字が完成されたのである」)[34)]。

グルン初期に文教が盛んになったことに、ダハイ・バクシが欠かせない存在であったこと、開国功臣としての功績を乾隆帝も讃えていることがわかる。その賛美の言葉に対して注釈が加えられており、太宗は天聡八年（1634）に大臣たちに命じて、漢籍の翻訳を始めさせ、さらに崇徳六年（1641）にダハイに命じて、マンジュ文字の十二頭に圏点を加えることによって文字が区別できるようにしたという。しかし、注釈には大きな誤りがあって、天聡八年（1634）は天聡三年（1629）の誤りで、崇徳六年（1641）は天聡六年（1632）の誤りである。乾隆年間になって、グルン初期の歴史が遠ざかるにつれ、歴史的記憶も薄れつつあるように思われる。このような過ちはさらに続いており、例えば、中国遼寧省図書館所蔵の *ninggun too*（六韜）ではこの注釈の内容を一文字も変えずにまるごと写されており【図序－

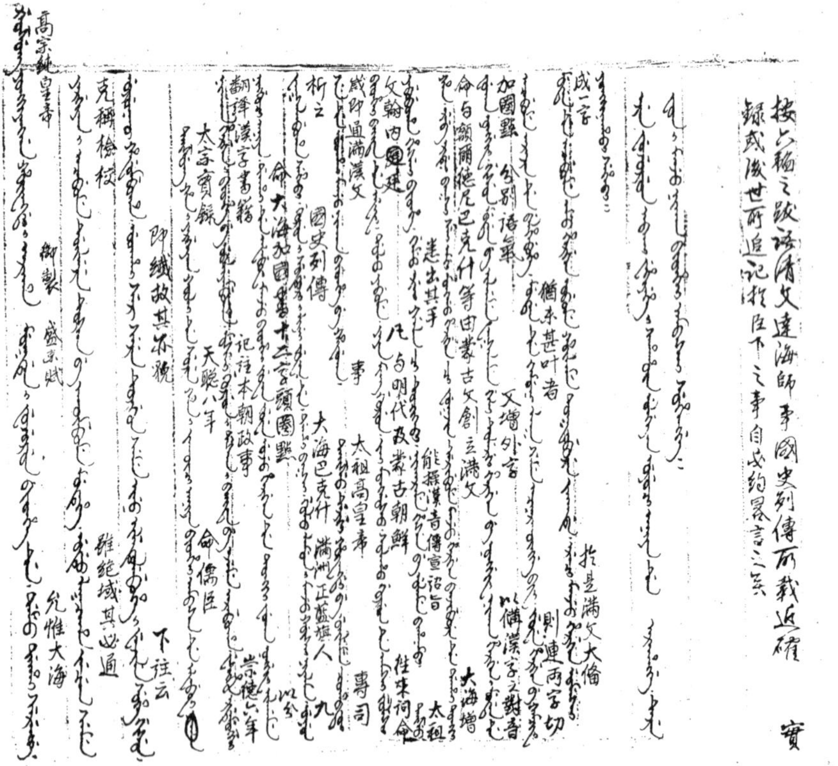

図序－1　ダハイ・バクシ等訳『六韜』の跋文（中国遼寧省図書館蔵）

1】、冒頭の部分では乾隆帝を高宗純皇帝と称していることからすれば、この *ninggun too* は嘉慶年以降の写本であることがわかる。ちなみに嘉慶帝は十年と二十三年の二回東巡を行っていた。にもかかわらずグルンの歴史の記憶からさらに遠ざかっているようである。

『御製盛京賦』の編纂に携わった学者は、大学士の ortai（鄂爾泰）と張廷玉（jang ting ioi）である。しかも彼らは *jakūn gūsai tung jy i sucungga weilehe bithe*『八旗通志初集』を編纂し、さらに、ortai（鄂爾泰）は乾隆六年（1741）に、『満文原

図表序－1　ダハイ・バクシ（達海巴克什）の家系図

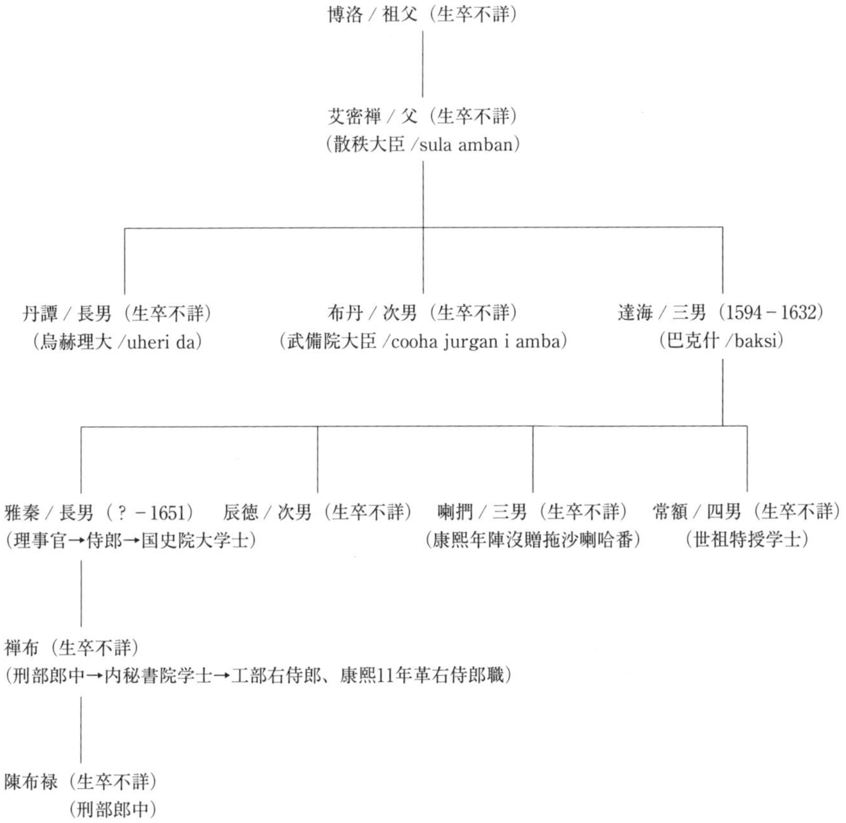

※　この系図は『八旗通史初集』と『清史稿』に基づいて作成。

檔』に基づいて新旧マンジュ文字字典の *tongki fuka okū hergen i bithe*（無圏点字書）の編纂にも携わっていた。『無圏点字書』の編纂は、グルンの歴史に対して記憶を強化させるため、およびグルン文字文化の端初を忘れてはならないという方針で実施したプロジェクトであり、その後これに関連する最大の成果は『満文老檔』が『満文原檔』を底本として編纂されたことである。本書では『満文原檔』を中心にこの時期の多元的文化の姿を復元することに取り組んでいく。

※

マンジュ人の言葉では、漢字の「漢」という概念をニカン（nikan）と言う。これは当時の東アジアに住んでいる漢人を指すことばとして使用されていた。また17世紀のロシア語古地図においても、遼東半島はロシア語で「ニカン帝国（царство никансое）」と記され、ロシア語がマンジュ人の影響を受けて、漢人が住んでいる区域をニカン（никан）という用語で表していたことが明らかである[35)]。この用語ニカンからさらに大明国を指す場合はニカン（nikan）とかニカン・グルン（nikan gurun）と言い、漢字で書かれた書物をニカン・ビテヘ（nikan bithe / 漢籍）と言う。そこに住んでいる人びとをすべてニカン・ニャルマ（nikan niyalma / 漢人）と言い、彼らが話している言葉をニカン・ギスン（nikan gisun / 漢語）と言う[36)]。本書ではこれらの用語を引用文献に限って用いる。

さて、16世紀後半の東アジアにおけるジュシェン人は、東アジア秩序の構造変化を促す大きな要因となった。建州ジュシェンのヌルハチはジュシェン各部を統一し、その直後にモンゴルからクンドゥレン・ハンという称号を授けられた。さらに教育関係者にはバクシやジャルグチ、諸子にはタイジなどのモンゴル時代の称号が与えられていた。後にダイチン・グルンという新しい帝国を樹立したが、これはモンゴル人・漢人との緊密な連携による、マンジュ・モンゴル・漢地の世界にまたがって君臨する複合多民族国家であり、多元的文化国家の性格を持っているグルンである。

一方、従来の女真文字はジュシェン人の記憶から消し去されていたので、1599年にヌルハチはモンゴル語に精通するエルデニ・バクシとガガイ・バクシに命じて、ウイグル式モンゴル文字に基づくマンジュ文字を創らせた。この文字は約30年間にわたって使われたが、文字の形態や音韻はほぼモンゴル語と同じく、一つの文字で複数の音を表すという欠陥があった。そのため、1632年に文字改革を行って改良したのである。これらの文字で書き残された文献史料をもとに、ダイチン・グルンをめぐる歴史について研究されてきたのが、入関前の支配体制を支える制度史・婚姻史・政治史などに関心が集中しており、多言語の使用が具体的な言語生活・政治政策にいかなる影響を及ぼしたのか、という基本的な問題を分析することがなかった。

本書では、ダイチン・グルンを建設したマンジュ人が、自分たちの部族名のジュシェンをマンジュと変更した問題、マンジュ人の文字文化の実像及び無圏点マンジュ文字字音の特徴、マンジュの伝統を有するグルンの統治における多元的文化の要素、マンジュ人が漢文化を巧みに語る基盤、さらにマンジュ人の支配をつらぬく一大特徴である多言語文書、併せて印璽制度の誕生などについて論じるものである。

第Ⅰ部では、ホンタイジがグルン号を変更した最大の理由は、「制誥之宝」を獲得したことにある。その名称変更は部族のルーツに対する認識をふまえたもので、そこにチョオ・メルゲンという人物が大きな役割を果たすが、その人物についてこれまでの解釈では想像上の人物であると考えるのが主流であった。しかし、チョオ・メルゲンはチンギス・カンの事績においてきわめて重要な役割を果たした実在の人物であることを、『集史』や『蒙古秘史』などの史料を分析することによって明らかにした。このことはマンジュ人がモンゴル人と深い交流があって、モンゴル文化の強い影響を受っていたことを表しているのである。グルンにおいて初期から多元的文化の許容が基本的な要素として認められてきたのである。

こうしたグルンには、マンジュ人のほかにモンゴル人・漢人・朝鮮人などが暮らしており、社会では必然的に多種類の言語と文字文化が用いられている。その実際の様相について、著者は今も北京や台北などに残る当時の写本や書物、あるいは木簡・牌子・扁額、さらには銅銭鋳造の鋳型など当時の文献を広く渉猟して、グルン樹立初期の社会がマンジュ語・モンゴル語・漢語がいたるところで併用される多言語文化であった。その実像を明らかにした。

第Ⅱ部では、グルンにおいて多言語文化社会を許容する一方で、大勢の帰順者も受け入れられている。もちろん大明から帰順してきた漢人も少なからずおり、その中に大明の科挙資格を得た者や試験に合格して官途に就いた役人もいた。彼らの提案に基づいて導入した新制度は大明の制度でもあるが、全て大明の条例でマンジュの事情が処理できるとは言い難い。その時、マンジュ人は独自の国づくりに向って、異文化を受容しながらも、自らの伝統を重んじて豊かな文化生活を生み出す可能性を有していた。

なお、マンジュ人は漢籍に出てくる人物についても語っているが、それらは、いずれもマンジュ語の形のみで現れている。書名が漢語で出て来る場合は、あくまでも漢人大臣の上奏文に限られており、彼らがマンジュ語に翻訳してから読むように勧めることがより重要な意味をもつ。さらに、漢人職人が多元的文化の展開に欠かせない存在であることを示し、漢文化の影響のみならず漢人の重要さも明らかにした。

第Ⅲ部では、やがて漢文化の受容に従い、政治のやりとりにまで影響を及ぼし、ハンに文書を口頭で上奏する場合には内三院の大学士が掌り、漢文文書を訳する場合にはバイリンガルの官吏が担当するようになった次第について述べる。当時のグルンに仕えた官吏には、バイリンガルのモンゴル人とマンジュ人だけでなく、バイリンガルの漢人知識人も多くいた。このような人材が「文書とハン」或いは「ハンと官吏」との間に架け橋として存在していたことは甚だ重要である。朝廷の議論では、三つの言葉が飛び交いながらさまざまな政治判断がされていたことも想像できる。そして、後にこれらの知識人は『大清太宗実録』の編纂に関わっており、刊行にいたるまでの実録スタイルがいくつもあったが、これらの共通点は文体に用いられた俗語にある。

さらに、マンジュ人はハンと皇帝を兼ねて大明や朝鮮に自立を宣言し、そのさい外交文書にはマンジュ文字の印璽「doron」を押捺してアピールしたが、このことは大明との講和をめぐる争いの焦点ともなった。のちにモンゴルから「伝国の璽」といわれる漢文で刻された「印璽」が得られ、それをきっかけに、グルン号のアイシンをダイチンと改め、新政権においてしばらくの間この「印璽」を唯一の印璽として政治・外交上の詔書を下す際に用いられた。しかし入関後に満漢合璧の制度を積極的導入し、大明地域において多元的文化への移行が急速に進められていた。

なお、多忙な太宗はひたすら政務に没頭して寸刻の暇もなかった。太宗の精励ぶりは高く評価されるが、一日万機を総覧するハンには、過重な精神的肉体的負担が押し掛かっていた。そのために大臣たちの建言に従って、諸王にある程度の参政権を与え、要務であれば衆議で処理できることになった。やがて太宗が亡くなると、順治帝は幼年で即位したが、実は摂政王のドルゴンが権力を握っていた。この時大明の制度に馴染んだ漢人大臣は、グルンに大明の制度の導入を勧めており、入関前と同様に入関後も新しい制度の導入や多元的文化の展開に関わった者は、大明旧臣が多かった。しかしマンジュ統治者は大明の制度をそのままに取り入れるのではなく、マンジュ的文化要素と合理的に融合させて展開させていたことは明らかである。

本書の附論は、モンゴル文字に基づいて無圏点マンジュ文字字音の特徴について書かれたものである。1599年にモンゴル文字字音を基礎としてマンジュ文字が作られて、30年間にわたって使われさまざまな文献が残されている。ただし、モンゴル文字の音韻体系をそのまま用いたため、一字多形・一字多音・一音多字という特徴が目立った。字形上には清濁音の区別ができないようであるが、音素上は明確に区別がある。このような現象はモンゴル文字・ウイグル文字・ソグド文字字音まで遡る。これらの文字は系統図で描けば直線でつなげることができ、マンジュ文字文化ははるか遠いソグド文化とつながっているが、もちろん時代的に直接の交流関係はあり得ず、モンゴル文化を通して間接的に結びついたものである。すでに死語となったソグドとウイグル文字はモンゴル語からマンジュ語まで文字文化として伝わり、新しい生命力を生み出して使い続けられている。このような無圏点マンジュ文字には不備を補うため1632年に文字改革を行い、点や丸を付ける方法で従来の字音を区別した上で、さらに新たな文字が増加し、正確に対応するようにした。また、その中にはいくつか独自に作り出した文字もあり、決してモンゴル文字をそのままねたものでないことを示した。

このようなマンジュ語は宣教師たちにとって漢語よりもはるかに容易であり、マンジュ語を学ぶことによってわずかな間にマンジュ語訳によって漢籍を利用することができるという利点もあった[37]。

注：

1) 『満文原檔』第九冊、満附三、天聡九年九月十九日、367頁（『旧満州檔・天聡九年』2、282頁）

2) 『満文原檔』第九冊、満附三、天聡九年九月、367～368頁（『旧満州檔・天聡九年』2、

283頁）

3）『御筆詔令説清史——影響清史歴史進程的重要檔案文献』「皇太極即位告天地祝文」18～19頁。

4）村田雄二郎（2000）「ラスト・エンペラーズは何語で話していたか？」『ことばと社会』３号、８頁。

5）『事大文軌』巻四十六、二十九～三十頁、万暦三十三年（1605）十一月十一日、「(「胡書」) 我建州等処地方国王佟、為我二国聴同計議事、説与満浦官鎮節制使、知道你二国講和縁由、我也聴見。若要和事講和罷、講和事完不肖貼、代我還未完事、我朝鮮吃虧傷心、我們二国夥同計議看何如。我也知道你朝鮮傷心、我与你一心、以定不信我。那人我養活命放去了、你朝鮮不信、那人我養活放去是実。養狗有恩、養人無恩、他与我多傷心。你朝鮮怎得知道、這縁由我吃虧。你朝鮮若不信、當天盟誓、要与■天朝※皇上知道、有誰人押派我。有四名高麗、未、芽龍江和事到我夷地來了、遇南朝通事董国云、有撫鎮文移未験貢、縁由賚送眼同面前、我言答縁由。這就是回答言語、仲文、■天朝上司知道不要泄露肖悉、有上年你高麗我夷人些小所碎、以後行要不良人役我儘都斬了、為例。有反国之人十四名高麗人口我得獲、差不正都有义你進送満浦城內。有你山木石哈児把城内馬一匹、有夷人蘇併革挐來我聴見、好国之人馬匹、怎挐來、将蘇併革綁挐、解送山木石哈児把城内殺死、為例。我与朝鮮取和気、得獲人役馬匹進送原巣、将悪人這斬殺了、這縁由我裏辺不知事、小人国王這等好有、高麗以定与我們二国和気了。高麗地方說有人参許多、有参児騎馬走山、染馬鐙紅窗参去的四十名夷人儘都殺了。把他綁挐送与我、我也斬他生命。如今有你高麗過江来、我挐者殺了、我夷人過江去、你高麗挐者殺了、還事反国一様。有我夷人過江去出、你綁挐解送与我、我也決処。若要不斬、我的不是。有這様混徒凶悪之人、将礼代他、也不知道、不斬他也不怕改心、事若否可用、唐跑馬非送。万暦三十三年十一月十一日。」

6）『各項稿簿』、天聡五年正月分、「初四日与島中劉家弟兄書。差遅秀才・韋朝卿同來人馬永賢送。金国汗致書劉府列位、遠来厚儀業已収納。略復馬二匹、亦冀収納。島中人民屢有過、我這辺挖参者、宜嚴行禁止。不然我這辺人上山採取者、卒然相遇。小人不知我両家和好、貪図私利、彼此必有殺傷、誠為不美。来書有云、開市一節、恐風声漏洩。不若假麗人貿易、説得有理。如島中所缺之物、當密以告我為盼。有所缺者、亦密以相告。所言令堂令弟令侄事、亦是令堂移住我処、即令弟令侄自興隨行、特此奉復、餘嗣再布。」

7）『滿文原檔』第三冊、冬字檔、天命八年五月初三日、440～441頁に、「sūme henduhe gisun. erdeni baksi. da hadai niyalma bihe. orin namu se de// genggiyen han be baime jihe. han hanci gosifi bithei jurgan de/ takūrame tuwafi getuken sūre ojoro jaka de. amala tūkiyefi/ fujan obufi ūjihe bihe. ajige oilei turgun de/ eigen sargan be gemu waha.」。「解釈に言うには、エルデニ・バクシ（erdeni baksi）はもともとハダの人で、二十一歳の時にゲンゲイン・ハンを求めてきた。ハンの側近として書院に勤めさせて、見たところ頭脳明晰で賢かったので、のちに副将として昇進して養った。軽罪で夫婦ともに殺された」とある。

8）ガガイ・ジャルグチの伝については、『八旗通志初集』（満文）巻一百四十三、名臣列伝三、24a-25a頁、「ušan.kubuhe suwayan i manju gūsai niyalma.erei ama/ gagai./ taidzu dergi hūwangdi i fonde.jargūci i jergi de bihe.neneme/ hese be alifi jookiya hoton i ninggucin janggin be elbime/ dahabure de gung ilibuha.sahahūn meihe aniya. eidu/ baturu.šongkoro baturu i emgi ilan niyalma minggan cooha/ gaifi.neyen fodoho šancin be ilan biya kafi afame/ gaiha.terei dalaha niyalma seowen saksi be waha.// suwayan indahūn aniya./ taidzu geli takūrafi cuyan taiji.bayara taiji.fingdon jargūci i/ emgi emu minggan cooha gaifi.enculakū golo be/ dailara de.ekšeme genefi orin funcere tokso šancin be/ gaiha.harangga niyalma be wacihiyame elbime dahabuha. sohon/ulgiyan aniya.hada gurun i menggebulu beile.yehe gurun i/ narinbulu beile ishunde afandure de.menggebulu i hūsun soyame/ muterakū ofi/tere cooha baihanjiha de.taidzu.gagai be tucibufi.fiongdon jargūci i emgi juwe minggan/ cooha gaifi.hada de aisilame terei bade seremšeme tebuhe// baita necihiyehe manggi cooha gociha./ hese be alifi erdeni baksi i sasa monggo hergen be dursuleme/ manju hergen banjibume araha.bithe šanggaha manggi.hada/ gurun i menggebulu beile ubašaha baita tucinjihe.gagai jargūci./ menggebulu an i ucuri ishunde banjire sain i turgunde.ušabufi./ fafun i gamaha.」。（漢文、3732頁、「呉善、満洲鑲黄旗人、父名噶蓋。太祖高皇帝朝、在札爾固斉之列。初奉諭招降趙佳城之甯古秦章京有功。癸巳年、同額亦都巴図魯・碩翁科洛巴図魯三人、督兵千人、囲訥殷仏多和寨、攻撃三月之下、斬其渠帥捜穏塞克什。戊戌年、太祖複命同諸燕台吉・巴雅喇台吉・費英東札爾固斉、統兵一千、征安褚拉庫路、星馳而往、取屯寨二十余所、将所属人民尽招徠之。己亥年、哈達国孟格布禄貝勒、与葉赫国納林布禄貝勒搆兵、孟格布禄力不能敵、来乞援。太祖命同費英東札爾固斉統兵二千、助哈達駐防其地。事平班師、奉勅同厄爾徳尼巴克什、仿蒙古文編作満洲文。事竣、値哈達孟格布禄謀逆事覚、以噶蓋札爾固斉向与孟格布禄交厚、牽連正法」。また、『八旗満洲氏族通譜』巻十三、六頁、「噶蓋札爾固斉、鑲紅旗人、世居呼訥赫地方。国初来帰、授為札爾固斉。奉太祖高皇帝命、同額爾徳尼巴克什初制清文、創立満文頒行国中。其長子武善、原任工部尚書、兼佐領。（後略）」。また、『清史稿』巻二百二十八、列伝十五、「噶蓋、伊爾根覚羅氏、世居呼納赫。後隷満洲鑲黄旗。太祖以為札爾固斉、位亜費英東。歳癸巳閏十一月、命与額亦都・安費揚古将千人攻訥殷仏多和山寨、斬其酋捜穏塞克什。歳戊戌正月、命与台吉褚英・巴雅喇及費英東将千人伐安褚拉庫路、降屯寨二十余。歳己亥、受命製国書。是年九月、命与費英東将二千人戍哈達。哈達貝勒孟格布禄弐於明、将執二将。二将以告、太祖遂滅哈達、以孟格布禄帰。孟格布禄有逆謀、噶蓋坐不覚察、併誅。」

9）『八旗通志初集』巻二百三十六、儒林伝（満文11b ～13b 頁。漢文5327～5328頁）を参照。

10）『満文原檔』第三冊、冬字檔、天命八年五月、441～443頁。「jūlgei niyalma henduhengge abkai fejile yaia sain jaka be bahara ja:/sain niyalma be bahara mangga sehebi: erdeni baksi i gowa gūng be/sarko: bithei gūng serangge: genggiyan han i yabuha jurgan be ini cosui fūkjin arame/mūtebuhengge inu jergi gūng ci tūcinehe (#amban)(+amba) gūng seme gonimbi: gisurereko tanai jalinde/gisurere tana be efulengge (#gūng)(+absi hairakan) /erebe efulehengge ūtu eiten de erdemungge sūre mergen bicibe/bithei jurgan be sarko ofi:ini mūjilen i yabume:tafulara gisun be gaijarako://terei dade booi dorgici efulere argangga mergen tūcifi:tere jing dorgideri hala halai gisun i/acabume siošhiyare de:han i hefeli de terei ehe gisun be jalokiyafi tuttu obuha kai:/booi dergi argangga serengge han i amba fūjin be:amangga niyalma gowa seme gonirako:/nikan bithei jurgan de dahai:jūšen monggoi ai ai bithede erdeni:ere jūwe be/genggiyan han de salhabufi banjibuha bitere/neneme lioton de mūjako oilei tūrgunde erdeni dahai be jafafi:dahai be tūrgun/ako babi oforo šan tokofi tandaha hafan efulehe:erdeni be ūdudu inenggi huthufi/hafan efulehe:tere oile inu:(/#□□□□□□)/geren fudasikose acafi belere:terei dade dorgideri narhon/argangga geli acibure ofi tere jūwe amban be efulehe kai:ūtu efulecibe dahai/erdemui sain de amala kemuni amban oho:damu erdeni agu be asembidere:/hairakan:ememu niyalma tere be ehe niyalma sembi:terebe ehe serengge sūre/kimciko sijirkon:beise ambasai ehe waka babe sahade dūlemburako uthai hendumbi./tuttu ofi gūculehe gūcu:jergi ambasa:dergi beise tede mohoho yertehengge//inu bi:mūjilen bahafi tuwamgiyahangge inu bi:koro erin be aliyame elheken yabuha bicina : hairakan :」

11） 周遠廉（1986）『清朝興起史』吉林文芸出版社、376～383頁、391～398頁。

12）『満文原檔』第一冊、昃字檔、天命五年三月、328～329頁（『満文老檔』Ⅰ太祖１、214～216頁）、「ハンの屋敷内で側近く大奥に召し使われたキンタイという女と、ナジャという女が殴り合い、ナジャがキンタイを「淫婦、ノンクに通じた」と罵ると、キンタイはナジャに向いて、「我は何処でノンクと通じたか。通じて何を与えたか。汝こそダハイ・バクシ（# wailan）に通じて、大きな藍染の亜麻布二尺を与えたではないか」と言った。これをハンの小妻タイチャが聞いて、調べ衆人の前で審理してみると、ナジャが夫人に聞かれて、藍染の亜麻布二尺をダハイに与えたのは本当であった。ハンは夫人に向いて「汝が与えるのを惜しむのではない。元来『およそ全ての夫人はハンに黙って一つの布、一片の繻子でも女に与えれば、夫を欺く薬を買ったと誣いられる。男に与えれば、心を合わせたと誣いられる。そのように人に誣いられれば、その誣言が本当となる。何人にも何物をも与えるな』と言って禁じてあったぞ。そんなに禁じた法度を汝が破り、ダハイに藍染の亜麻布二尺を与えては、汝に何の正しい心があろうか」と言って、ダハイとナジャとを死罪に擬した。ハンはつらつら考えて、この男女をともに死罪にするのは当然であるが、男を殺せば再び彼のように漢文を理解し漢語を理解するものはないとして、ナジャは殺したが、ダハイは鉄鎖で縛り丸太に繋いで留置した」とある。

13）『千頃堂書目』巻三に、「張居正『四書直解』二十六巻、万暦元年進呈」とあり、同書巻四に、「張居正『通鑑直解』二十五巻、万暦初年講筵所編進」とある。

14）『奏疏稿』天聡六年九月分。「書房秀才王文奎謹奏、時宜以憑採納其一、謂勤学問以迪〇〇君心。昔魯哀公問政、而孔子対曰、文武之道具在方冊。又、孟子云、聖如尭舜、不以仁政、不能平治天下、是可見法不師古終行之而有斃者也。臣自入国以来、見上封事者多矣。而無一人勧〇〇汗勤学問者、臣毎嘆源之不清、而欲流之不濁、是何□不務本而務末乎。〇〇汗雖睿智天成挙動暗与古合、而〇〇聡明有限、安能事事無差。且〇〇汗嘗喜閲『三国志伝』、臣謂此一隅之見、偏而不全、其帝王治平之道、微妙者載在『四書』、顕明者詳諸史籍。宜於八固山読書之筆帖式内、選一二伶俐通文者、更於秀才内、選一二老成明察者講解翻写、日進『四書』両段、『通鑑』一章。〇〇汗於聴政之暇、観覧黙会、日知月積、身体力行、作之不止、乃成君子。(後略)」。また、『奏疏稿』天聡七年七月初一日、「参将寧完我謹奏。臣観『金史』乃我国始末、○○汗亦不可不知、但欲全全訳写十載難成、且非緊要有益之書。如要知正心修身、斉家治国的道理、則有『孝経』・『学』・『庸』・『論』・『孟』等書。如要益聡明智識、選練戦攻的幾権、則有『三略』・『六韜』・『孫』・『呉』・『素書』等書。如要知古来興廃的事跡、則有『通鑑』一書、此等書実為最緊要大有益之書。○○汗与○貝勒及国中大人、所当習聞明知、身体而力行者也。近来本章稀少、常耐・恩革太二人毎毎空閑無事、可将臣言上項諸書、令臣等選択、督令東拝・常耐等訳写不時呈進。○○汗宜静覧深思、或有疑蔽不合之処、願同臣等講論庶書中之美意良法、不得軽易放過。而○○汗之難処愁苦之事、亦不難迎刃而解矣。『金史』不必停写止仍令代写。」

15) 『大清世祖実録』巻四十二、順治六年正月丁卯、三頁、「○纂修太宗文皇帝実録、命大学士范文程・剛林・祁充格・洪承疇・馮銓・甯完我・宋権充総裁官。学士王鐸・査布海・蘇納海・王文奎・将赫徳・劉清泰・胡統虞・劉肇国充副総裁官」。また、『大清世祖章順治皇実録』巻四十八、二十頁、順治七年四月辛丑、「以翻訳三国志告成。賞大学士范文程・剛林・祁充格・甯完我・洪承疇・馮銓・宋権。学士査布海・蘇納海・王文奎・伊図・胡理・劉清泰・来袞・馬爾篤・蒋赫徳等、鞍馬、銀両有差」。また、*dailiyoo gurun i suduri*(大遼史)、*aisin gurun i suduri*(金史)、*dai yuwan gurun i suduri*(大元史)(BnF 蔵)「序文」に、「enduringge i ujen hese be gingguleme alifi:dailiyoo gurun i dergi/taidzu ci silioo i yelioi daši i debei jalan de isitala juwan duin/han i ilan tanggū nadan aniya aisin gurun i uyun han i emu tanggū/juwan uyun aniya:dai yuwan gurun i juwan duin han i emu tanggū ninju/juwe aniyai banjiha be:baitangga babe kimcime arame:wesihun erdemungge/sucungga aniya:sunja biya ci arame deribuhe:ilan gurun i bithe be//asaha i bithei da cabuhai. taciha bithesi nengtu. taciha bithesi/yecengge. manju gisun i sume araha:asaha i bithei da hūkio baitakū/babe waliyame ici acabume dasaha:asaha i bithei da wang wen kui/aisilakū lio hūng ioi se nikan bithe be sure de giyangnaha:/bithesi burkai. kengtu. gūwalca. korkodai. šulge se gingguleme/araha:aliha bithei da hife uheri be tuwaha:/wesihun erdemungge i duici aniya ninggun biya de šangnaha:/ijishūn dasan i sucungga aniya ilan biyai orin ninggun de//wesimbuhe」:uheri tuwaha/dorgi kooli selgiyere yamun i aliha bithei da kicungge. fung ciowan. ning wan o/dorgi narhūn bithei yamun i aliha bithei da fan wen ceng/dorgi gurun i suduri yamun i aliha bithei da garin」とある。

16) 『全国満文図書資料聯合目録』1991年、157頁。また『北京地区満文図書総目』(2008年、107頁)にも収録されたが、それぞれ『綱鑑会纂』と『通鑑』と題して編纂した。また、『国家図書館蔵満文文献図録』64頁に収録され、「『綱鑑会纂』(明)王世貞編、達海等訳、不分巻、満文。康熙三年刻本、正文半葉7行、小字双行、白口、双魚尾、四周双辺、框28.2×20.2cm」。また、『故宮博物院蔵品大系善本特編・満文古籍』144～145頁にも収録。ちなみに、中国国家図書館所蔵の表紙には題名がない【口絵4参照】。

17) 『綱鑑会纂』(京都大学人文研究所所蔵)三十九巻、大文堂刊本。

18) 中砂明徳(2012)『中国近世の福建人、士大夫と出版人』、名古屋大学出版会、369～370頁。

19) 稲葉岩吉（1914）『清朝全史』（上）早稲田大学出版部、121頁。蕭一山（1927）『清代通史』（上）、商務印書館、220頁。李光濤（1947）「清太宗与三国演義」『中央研究院歴史語言研究所集刊』12、251頁。陳捷先（1995）「努爾哈斉『三国演義』」『満族史研究通信』第5期、8頁。

20) 『満文内国史院檔』天聡七年二月十日（『内国史院檔・天聡七年』、16頁）、「ダハイ・バクシの子のヤチンに備禦を継がせた。もともとダハイ（ロロ）学んで国政に益をなしたとして、遊撃の官としていた。文によって昇進した官が病没のために継ぐ例はなかったが、ハンは憐れんで『ダハイ・バクシの子のヤチンが備禦を継ぎ、父の管理したニルをそのまま子が管理するがよい』と言った」。また、『満文原檔』第十冊、日字檔、天聡十年二月十日、36頁（『満文老檔』Ⅳ太宗3、919頁）、「ハンはダハイ・バクシが漢文の書のkooliに甚だ通暁し、ハンの政道のために努め、力を尽くしたことを忘れずに思い、ダハイ・バクシの男子三人を連れてきて、よい食を食べさせ、一頭分の猪肉・麅一頭・魚二十尾・緞一・毛青十を賞与した。次男のチェンデイに『漢文の書を勤めて学べ』といった」。

21) 矢沢利彦編訳『中国の医学と技術』（イエズス会士書簡集）、50～81頁。また、『耶穌会士中国書簡集』（中国回憶録）第2巻、鄭徳弟訳、286～304頁。

22) 後藤末雄（1969）『中国思想のフランス西漸』1、矢沢利彦校訂、東洋文庫、74～85頁。

23) ブーヴエ著、後藤末雄訳『康熙帝伝』、153頁。また、『康熙帝伝』矢沢利彦校注、70頁を参照。

24) *hafu buleku bithe*（通鑑）序文、「taidzung genggiyen šu hūwangdi.soorin de tehe manggi.dasan i/baita be icemleme dasaki seme.yaya hacin i ging suduri/bithe be ubaliyabufi tuwafi.hafu buleku bithe de./julge te i taifin facuhūn.jalan jalan i jabšaha ufaraha/ba ambula yongkiyahabi:manju gisun i ubaliyabume arafi/tuwaki seme.aliha bithei da dahai baksi de/hese wasimbufi.//hese be dahame.weileme duin debtelin bahafi//dele tuwabume wesimbuhe:šanggara onggolo.dahai baksi nimeme/akū oho: sirame weilehei/šidzu eldembuhe hūwangdi.soorin de tehe manggi.dorgi yamun i/manju nikan i bithei ambasa de.hūdun wacihiya seme/hese wasimbufi.elhe taifin i ilaci aniya.weileme šanggafi/wesimbuhe manggi//hese folobufi geren de selgiyehe:」

25) 『大清聖祖実録』巻二十九、康熙八年五月己亥、二頁、「内秘書院学士禅布奏。伊祖達海巴克式、蒙賜謚文成、請立石碑、以光永久、得旨。達海巴克式、通満・漢文字、于満書加添圏点俾得分明。又照漢字増造字様、於今頼之。念其效力年久、著有労績、著追立石碑」。また、碑文については、『北京図書館蔵中国歴代石刻拓本彙編』第六十二冊、達海誥封碑（満・蒙・漢合璧）、52－53頁。『東洋文庫所蔵中国石刻拓本目録』達海誥封碑（満・蒙・漢合璧）、達海勅建碑（満・漢合璧）111頁等を参照。

26) 『大清聖祖実録』巻一百六、康熙二十一年十二月戊子、二十～二十一頁、「上問、大学士等曰、達海巴克什有子孫登仕籍者否。大学士明珠奏曰、聞有一孫、見為鴻臚寺官、其余不知。上曰、達海始作満書、大有裨于文治、其子孫理応録用、爾等詢明来奏。尋吏部将達海巴克什親孫参領陳布禄等十二人引見、得旨、陳布禄著以刑部郎中用。」

27) 『康熙起居注』（第一冊）康熙十二年四月十二日、九十三～九十四頁、「此時満洲、朕不慮其不知満語、但恐後生子弟漸習漢語竟忘満語、亦未可知。且満漢文義照字翻訳、可通用者甚多。今之翻訳者尚知辞意、酌而用之、後生子弟未必如此、不特差失大意、仰且言語欠当、関係不小。」

28）江橋（2001）『康熙『御製清文鑑』研究』北京燕山出版社、24～25頁。

29）矢沢利彦編訳『中国の医学と技術』（イエズス会士書簡集）、68頁。また、『耶穌会士中国書簡集』（中国回憶録）第2巻、鄭徳弟訳、287頁。

30）*han i araha manju gisun i buleku bithe*（御製清文鑑）、序文、「te fe sakdasa.seingge urse wajime hamire jakade//narhūn gisun somishūn gūnin.ulhiyen i iletu akū ombi. tašarabuha be dahalame.waka be/songkolofi/tacin banjiname kimcirakū ofi/ememu gisun hergen waliyabuhangge bimbime.mudan gairengge/tob akū de isinahabi:gurun i bithe holbobuhangge umesi oyonggo.dasan i baita.šu yangse/gemu ereci tucire be dahame narhūšame kimcime getukeleme toktoburakū oci.aibe dahame yabumbi:/ šangnabume ba̍rgiyame bithe banjiburakū oci.aibe durun obumbi:」

31）荘吉発（2013）「康熙盛世——満洲語文与中西文化交流」『清史論集』23。

32）*hūwang ši gung ni su šu bithe*（黄石公素書）東洋文庫藏。「mini nenehe niyalma bisire fonde alahangge sušu bithe serengge/ musei gurun i dahai baksi./ mukden de fukjin bithe ubaliyabume deribure fonde ubaliyambuhangge/ gisun kengse lasha. gūnin šumin narhūn.doro erdemu i/ jergi hergen be nikan bithe de teisulebume bahangge.lak/ seme acanara jakade.tacire urse gemu toktoho gisun// obufi alhūdame ainaha seme halaci ojorakū ohobi:suwe erebe/ durun obufi taci seme hendumbihe: te tuwaci ulan ulan./sarkiyahai hergen tašarabuhangge umesi labdu ofi nikan/bithe de acabume dasatafi getukeleme sarkiyabufi cohome/folobuha nenehe niyalmai tacibuha be gūninifi mujilen efujembime/baksi i mangga be tuwafi ferguweme.erebe uncehe de arafi ejehe:narhūn hergen wei ubaliyabuhangge be sarkū tusa gese ofi suwaliyame/folobuha:/elhe taifin i dehi ilaci aniya jakūn biyai sain inenggi/ hesu gingguleme ejehe.」。この写本に対して、刊行本が出されたものは、同じ書名の *hûwang ši gung ni su šu bithei*（黄石公素書）である（SBB 蔵 /Libri sin. N.S. 1903-2）。

33）林士鉉（2013）「皇矣陪都実惟帝郷乾隆皇帝与満漢文『御製盛京賦』」『故宮文物月刊』367、52～67頁。

34）*han i araha mukden i fujurun bithe*（御製盛京賦）. 44b ～45a.「tereci gurun i bithe be banjibufi.šu tacihiyan be/deribume yendebume.jurgan be badarambume gisun be ubaliyambume.yaya/hacin be dursukileme tucibure de damu dahai serengge. yargiyan i acabume duilere tušan be akūmbume mutehe.udu lakcaha jecen seme/ urunakū hafumbuha.uthai ser sere turgun seme in iletelebuhe:[(taidzung han i yargiyan kooli de sure han i jakūci aniya bithesi ambasa de afabufi.nikan hergen i bithe be/ubaliyambuha.musei girun i dasan i baita be ejeme arabuha wesihun erdemunggei ningguci aniya dahai de afabufi.manju bithei juwan juwe uju hergen de//tongki fuka nonggifi ilgame faksalabuha sehebi.gurun i suduri i geren ulabu de dahai baksi gulu lamun i manju gūsai niyalma uyun/se de uthai manju nikan bithe be hafuka:※taidzu dergi hūwangdi be uileme cohotoi bithei baita de afafi/dolo yabume yaya ming gurun.jai monggoso.solho gurun de amasi julesi yabubuha hese bithe.gemu erei gala ci/tucihebi.nikan hese be ulame bahanambi:※taidzu han.erebe erdeni baksi sei emgi monggo hergen ci/fukcin deribume manju hergen banjibure de dahai tongki fuka nonggifi gisun mudan be ilgame faksalame geli tulergi hergen be nonggifi nikan hergen mudan de acabume arara de belhebuhe.mudan de kemuni lak seme/acannarkūngge bifi.juwe hergen be kamcifi.mudan de acabume emu hergen/obume hūlame toktobure jakade.ereci manju hergen umesi yongkiyahabi.)]」

35) ロシア古地図については *Атлас географических открытий в Сибири и в Северо-Западной Америке XŪII-XŪIII вв*, Москва : Наука, 1964の中の「シベリア地図（Чертеж Сибири. 1673г）を参照。

36) nikanの研究については、李学智（1962）「満人称謂漢人為尼勘意義之憶測」『大陸雑誌特刊』第二輯、133～138頁。また、『辺疆論文集』第二冊、台北国防研究院1964年1月、898-902頁にも収録を参照。

37) 『康熙帝伝』ブーヴエ著、後藤末雄訳、157頁。また、『康熙帝伝』矢沢利彦校注、72頁を参照。

第Ⅰ部　マンジュ人と文字文化

第1章

マンジュ人とその名称

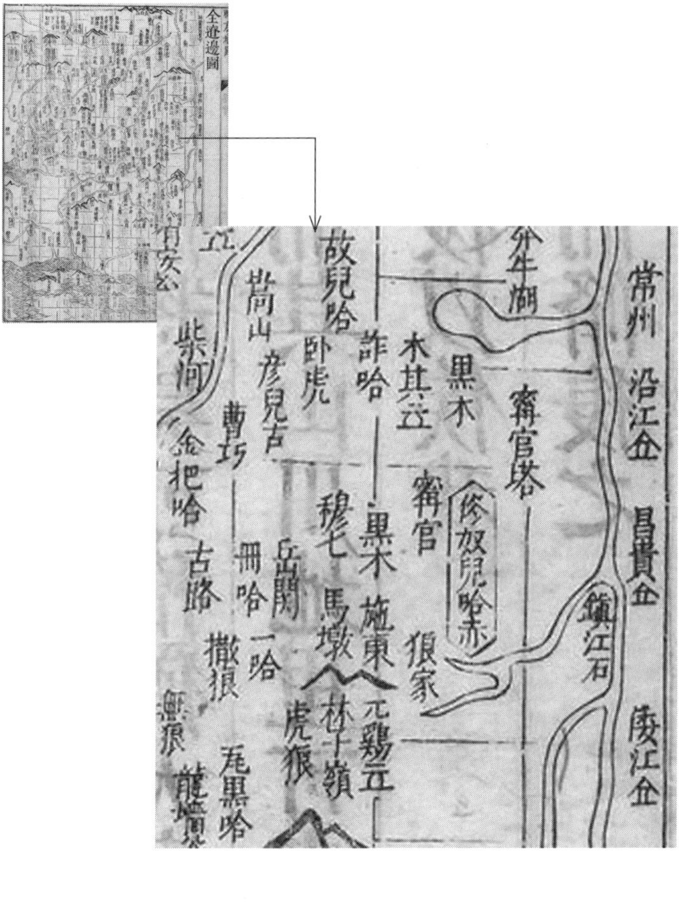

図１－１　全遼辺図
陳組綬輯記『職方地図』崇禎九年（1636）

1　はじめに

1655年に宣教師の Álvaro Semedo（曽徳昭）は、「北方六省において最後の省は遼東（Leaotum）であり、極めて珍貴な木の根の生産で名高い。私がそこを去っていくときに、その価値は重さ約二倍の銀に相当する。優れた薬物でもあり、健康な人が服用すると体力や精力が旺盛になる。もし病人が服用すると効き目もあり、滋養品としても使われる。それが人参（Ginsem）というものである。この省の隣はタルタル（Tartar）の地で非常に荒れ果てている。所々はタルタル人に占拠されている」[1] と述べていた。遼東の特産が人参であることは、すでに宣教師の間でも知られていることが分かる。遼東に接しているのはタルタルの地域である。

そして、タルタル人の風習については、Martin, Martinius（衛匡国）は「タルタル人は髪の毛をきったり顎髭を剃ったりするが、口ひげだけ残して偉大な長さに伸ばしている。そして後頭部に残した髪の毛を束ねて編んだ形で、自然に肩まで垂らしている。彼らが持っている帽子は丸くて浅く、その周囲を三指の広さの貴重な狐皮や黒豹皮で飾る。寒気や暴風の中で耳、こめかみや額を守るためである。皮の表面を珍しい赤い絹や黒と紫馬の鬣《たてがみ》で包んでいる。飾りは精巧で非常に大きくて見事である」と描写している。まさにこのいでたちで登場したのがヌルハチであるが、宣教師らは誤って天命のヌルハチを西タルタルの皇帝としたり、中国全土を征服したと説明したりしている[2]【図1－2】。タルタルは古くから漢籍では「阻卜」や「達靼」という漢字で記されているが[3]、『蒙古秘史』や『集史』ではそれぞれ「塔塔舌児 / tatar[4]」とか تاتار といい、『南村輟耕録』では「蒙古七十二種」に入れられている[5]。さらに宣教師の Aléni, Jules（艾儒略）が著した『職方外紀』によると、

図1－2　ヌルハチの肖像
Martin, Martinius.（1654）

中国之北迤西一帶、直抵欧邏巴東界、俱名韃而靼。其地江河絶少、平土多沙、大半皆山、大者曰意貌。中分亞細亞之南北、其北皆韃而靼種也。(中略)。有人死不葬、以鐵索掛屍於樹者。有父母将老、即殺食之、以為念親之恩、必葬於腹而不忍委之邱隴者。此皆韃而靼東北諸種也。(後略)。
中国の北から西に及ぶ一帯は、直接ヨーロッパの東の境界線に当たり、すべてタルタルという。その地域には河川が極めて少なく平地には砂漠が多く、大半はみな山で、大きいものを意貎（ギリシャ人プトレマイオスを意味する）という。アジアの南北を中間から分かち、その北方はみなタルタルの人々である。(中略)。人が死ぬと埋葬せず、鉄糸で屍体を樹にかける。父母が老いると殺して食べるが、それは親を慕う念が強く、必ず腹中に埋葬したいと思い、丘陵に捨て去るのがしのびないからである。これはみなタルタルの東北人々である。(後略)[6]。

とある。韃而靼は北の韃而靼と東北の韃而靼に分けられている。通常の漢籍に記された「達靼」や「韃靼」と違って、中間に「而」という一文字が挟まれている。これについては、「中国語ではRという音がないから、古くからtataと呼ばれてきた。この名称の下に我々ヨーロッパで今まで知られていないのは、東タルタル人（Tartars）の名前だけでなく、西方を含む地域にはサマハニャ（Sumahania）、タヌ（Tanyu）、女真（Niuche）、奴児干（Niulhan）等がある[7]」とあるように、「韃而靼」という音訳が使われていることは明らかである。また、すでにマテオリッチの『坤輿万国全図』には、「韃靼地方甚廣、自東海至西海皆是。種類不一、大槩習非、以盜爲業。無城郭、無定居、駕房屋于車上、以便移居。奴児干都司皆為女真地、元為胡里改。令設一百十四衛二十所、其分地未詳（韃靼の地方は甚だ広くて、東海から西海までのみなこれである。種類は多いが、だいたいは悪事に慣れて盗みを専業としている。都市はなく、定住せず、家屋を車上に建てて、移動の便としている。奴児干都司はみな女真の地で、元代には胡里改といった。百十四の衛と二十の所が設けられているが、その地の詳細は不明である)」とある[8]。地図に見られるように、北方の韃靼はモンゴルの地で、東方の奴児干はジュシェンの地である。実は、17世紀宣教師の間ではモンゴル人を西タルタル人、満洲人（マンジュ）を東タルタル人と呼ぶのが一般的であった[9]。また、大明の地理書ではヌルハチの領域を佟奴児哈赤とも言う【図1-1】。そこの人々をマンジュタルタルとも言う。すなわち、マンジュ人の前身はジュシェン人であり、それは太宗たるホンタイジがグルン号をダイチンに変える直前のことであった。

2　朝鮮史料に登場するシベ部

シベ人の起源については、これまでの研究として「鮮卑」起源論と「ジュシェン」起源論がある。「鮮卑」起源論は何秋濤の「鮮卑音近錫伯、今黒龍江境有錫伯一種、亦作席伯、亦作席北、既非索倫、亦非蒙古、即鮮卑遺民也（鮮卑の音は錫伯の音に近い。今黒龍江の境に錫伯の一種がおり、席伯とも席北とも書く。索倫でも蒙古でもなく、鮮卑の遺民である）」という説から始まったものである[10)]。一方、「ジュシェン」起源論は、ホンタイジが天聡九年（1635）に述べた「jušen serengge sibei coo mergen i hūncihin kai（ジュシェンはシベのチョオ・メルゲンに属する）」という主張に由来するものである。これら二つの起源論の中で「鮮卑」起源論は「ジュシェン」起源論よりはるかに精緻であり、反論する余地もないようにも見えるが、しかし、両起源論もいまだに定説とされるには至っていない。

周知の如く、ヌルハチは建州三衛を統一した後に勢力を著しく増強し、しだいに周辺の各部を攻撃し始めたため、各部の間に恐慌状態を起こしていた。1593年9月に海西ジュシェンのイェヘ部の主唱の下にハダ（哈達）部・ウラ（烏喇）部・ホイファ（輝発）部・長白山のジュシェリ（朱舎里）部・ネイェン（納殷）部及びモンゴル・シベ（錫伯）・グァルチャ（卦爾察）等の九部が連合して、ヌルハチに対して著名な「九部の戦」という攻勢に出たが、結局ヌルハチの勝利・九部の敗北に終わった。この戦役は『満洲実録』に記録がある以外に朝鮮史料にも記されている。それは、「九部の戦」後の1595年12月22日から翌年正月5日まで、朝鮮が使者の申忠一らを費阿拉（fe ala）[11)]に派遣した際に、ヌルハチ兄弟との接見を済ませ、新年の宴会に誘われたところ、その宴会にモンゴル・海西ジュシェン・グァルチャ及びシベ等の部も出席していたという記事である。そこには「九部の戦」に関する叙述が見えるが、モンゴルは蒙古という漢語で綴られる一方で、それ以外の諸部族は朝鮮漢字音で登場してくる。

丙申正月初一日巳時、馬臣・歪乃将奴酋言来、請臣参宴、臣与羅世弘・河世国往参。奴酋門族及其兄弟姻親与唐通事在東壁。蒙古・沙割者・忽可・果乙者・尼麻車・諸憊時・東温・兀剌各部在北壁。臣等及奴酋女族在西壁。奴酋兄弟妻及諸将妻、皆立于南壁炕下。奴酋兄弟則于南行東隅地上、向西北坐黒漆倚子、諸将倶立於奴酋後。酒数巡、兀剌部落新降将夫者太起舞、奴酋便下倚子、自弾琵琶、従動其身。舞罷、優人八名、各呈其才、才甚生踈。一、是日未宴前相見時、奴酋令馬臣伝言曰、継自今、両国如一国、両家如一家、永結歓好、世世無替。云、蓋如我国之徳談也。一、宴時、庁外吹打、庁内弾琵琶・吹洞簫・爬柳箕。餘皆環立、拍手唱曲、以助酒興。一、諸将進盞於奴酋時、皆脱耳掩、舞時亦脱、惟小酋不脱。(中略)。自老酋家至蒙古王剌八나바所在処、東北去一月程、晩者部落十二日程。沙割者・忽可・果乙者・尼馬車・諸憊時五部落、北去十五日程、皆以今年投属云。(中略)。如許酋長夫者・羅里兄弟、患奴酋強盛、請蒙古剌八、兀剌酋長等兵、癸巳九月来侵、奴酋率兵、迎戦于諸部落、如許兵大敗、夫者戦死、羅里逃還、夫者太投降、所獲人畜・甲冑、不可勝計。(後略)。

1596年正月初一日の巳の時に、馬臣と歪乃がヌルハチの言葉を伝えに来て、私に宴会に出席するように求めたので、羅世弘と河世国と一緒に行った。ヌルハチの一族及び兄弟の親族と明朝の通事は東側で、蒙古・沙割者・忽可・果乙者・尼麻車、諸憊時・東温・兀剌などの各部は北側で、私たちはヌルハチの女性家族と西側で、ヌルハチ兄弟の妻及び将軍らの妻は、みな南オンドルの前に立った。ヌルハチ兄弟は南東隅側で西北に向いて黒い椅子に座って、その後ろに将軍らは立った。酒は数回まわってきて、兀剌部から新たに帰順した夫者太は踊り始め、ヌルハチも椅子から降りて、自ら琵琶を弾き、体を動かし出した。踊りが終わると、役者の八名はそれぞれ才芸を披露したが、それは甚だ稚拙であった。宴会前に謁見した時に、ヌルハチは馬臣に伝言させて、「今まで両国は同じ国のように、かつ同じ家のように、永遠に好みを結び代々替わりがない」といった。すなわち我が国の徳のような話であった。宴会の時に、庁外では吹奏打楽をして、庁内では琵琶を弾き、洞簫・爬柳箕を演奏した。その他の者たちはみな輪のように立って、拍手しながら歌って盛り上げた。諸将はヌルハチに酒を進める時に、みな耳かぶりを脱ぎ、踊る時も脱ぎ、シュルハチだけが脱がなかった。(中略)。ヌルハチの家からモンゴルラバのところまで、東北一ヶ月ほどの距離で、晩者部落は十二日ほど、沙割者・忽可・果乙者・尼馬車・諸儢時の五部落は北へ十五日ほど、みな今年に帰順した。(中略)。如許酋長の夫者と羅里兄弟はヌルハチが強盛なのを恐れて、モンゴル剌八と兀剌の酋長などに出兵を求めて、癸巳九月に侵攻したが、ヌルハチが兵を率いて、諸部落で迎え討ち、如許の兵は大敗して、夫者は戦死し、羅里は逃げ、夫者太は投降した。捕護した人畜・甲冑は数え切れないほどあった。(後略)[12]。

この朝鮮使者申忠一らの訪問については、ヌルハチが万暦三十三年(1605)に朝鮮に講和を求めた手紙でも触れられていた[13]。そして新年の宴会会場の席次はもっとも興味深い点だが、ヌルハチは親族と唐通事を東側に、ヌルハチ兄弟や諸将軍の妻は南壁のオンドルの前に立たせ、ヌルハチ兄弟は会場の東南角に座り、その西北に朝鮮使者と帰順して間もない蒙古・沙割者・忽可等の諸部の人々を配列している(図表1-1を参照)。

次に宴会に出席した人物や各部族名については、

(1) 馬臣：マンジュ語ではbaksiという。『李朝実録』によると、「馬臣は馬三非の子、老乙可赤(ヌルハチ)の副将である。佟羊才も一般の将官であり、毎年

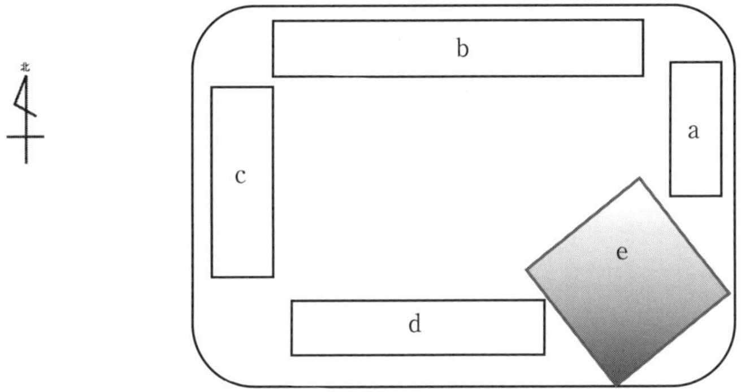

図表1-1　新年宴会図
a　ヌルハチ一族及び兄弟姻親と唐通事
b　蒙古、沙割者、忽可、果乙者、尼麻車、諸儢時、東温、兀剌の各部
c　朝鮮使者の申忠一等及びヌルハチの女族
d　ヌルハチ兄弟の妻及び諸将軍の妻
e　ヌルハチ兄弟及び諸将軍

天朝に進貢し、よく漢語を解する」とある[14]。馬臣の父親は馬三非であり、1592年に遼東都司に朝鮮が倭奴に侵略されていると報告し、後日に建州も必ず侵攻に遭うので、ヌルハチに倭奴を討伐させるべきだと提言をしていた[15]。また、「馬臣は元の名は時下、前年の余相公希元と対面し、満浦に来た時にこの名に改めた」[16] とあり、時下はすなわち siha baksi（錫哈巴克什）である[17]。朝鮮は「第料馬臣非他諸胡之比、乃老胡所親之胡、賞物不可不加給（ただ考える所では、馬臣は他の諸胡の比ではなく、ヌルハチと親密な胡であるから、賞物も加給せざるを得ない）」[18] とあるように、馬臣がヌルハチの側近者であると認識しており、特別な待遇をしなければならなかったのである。

(2) 歪乃：『建州紀程図記』によると、「歪乃、本上国人、来于奴酋處、掌文書云。而文理不通、此人之外、更無解文者、且無学習者（歪乃はもともと明朝の人で、ヌルハチのところに来て、文書を掌るという。しかし、文章の筋は通じず、この人以外に文字を解する人がいない、かつ学ぶ人がいない）[19]」とある。上国人とは、明朝からの漢人である。つまり、歪乃はヌルハチの身辺で文書処理を務めていたことが窺える。これについて和田清（1952）は、歪乃とはすなわち龔正陸であり、しかも当時において唯一の漢人顧問でもあったと指摘される[20]。実は、朝鮮史料によると、ジュシェン人の中には遼陽の黄郎中という人物も存在し[21]、朝鮮からの有識者もいたことが分かる[22]。一方、すでにダハイ（達海）はバクシと呼ばれず、「WAILAN/wailan」と呼ばれており、これは漢字「外郎」からの音訳語であろう[23]。したがって、ヌルハチの身の回りには漢人文人のみならず、朝鮮の有識者もいたことは疑いを入れず、ジュシェン人の顧問もいたことは間違いないだろう。

(3) 奴酋：すなわちヌルハチであり、朝鮮史料では「老乙可赤・老可赤・老羅赤・奴児哈赤・老酋」等の漢字音で表していた。

(4) 羅世弘と河世国：二人はジュシェン語に精通する朝鮮通事で[24]、「郷通事」と呼ばれるものである。河世国はしばしば「満浦の郷通事」と登場するので、境界の満浦地域において活動するジュシェン語の通事であることもわかる。また、彼はヌルハチ等のジュシェン側の事務に熟悉しており、朝鮮の諜報員としてジュシェン側の事情の探索に務めていたものと思われる[25]。「郷通事」は両国の辺境地おいて通訳として交渉の責任を負ったが、当時の通事はそれぞれ「郷通事」と「京通事」に分けられ、通訳業務の他にも朝鮮に来た客人に朝廷の儀式・作法を教える役目にも当たっていた[26)]。

(5) 如許：中期朝鮮の漢字音は셩흥[27)] / zye-hi[28)] という、海西ジュシェンで、hūlun（扈倫）四部のイエヘ部である。夫者は뿡(붕)쟝 / p'utsia で、羅里は랑링 / lari であり、「九部の戦」記事に名前の見えるイエヘ部ブジャイ・ベイレとナリンブル・ベイレである。

(6) 兀剌：ウラ部である。夫者太はウラ部マンタイ・ベイレの弟ブジャンタイ・ベイレのことで、「九部の戦」で俘虜とされた後に、ヌルハチは篭絡するために娘を嫁がせている。しかしその後、ブジャンタイはたびたびヌルハチに背いており、彼はダイチン・グルン初期において唯一誠意をもって帰順しない海西ジュシェン部の首長でもある。

(7) 沙割者：中期朝鮮の漢字音は상갏쟝 / sa-kat-tsia、マンジュ語では「sahalca」という。『満文原檔』には「sahalca」部から貂皮を贈ってきた記録が記されている[29)]。

(8) 忽可：中期朝鮮の漢字音は흟캉 / hit-k'a という、東海の hūrha（kūrka）部のことで、漢字音では「虎爾哈」という。『満洲実録』には、「己亥年（1599）正月、東海渥集部之虎爾哈路長王格、張格二臣率百人、貢黒白紅三色狐皮、黒白二色貂皮、朝謁太祖淑勒貝勒。自此渥集部之虎爾哈路、毎歳朝謁、其長博済裏首乞婚、太祖以六大臣之女配之六人、以撫其心（己亥年（1599）正月、東海渥集部の虎爾哈路長である王格と張格は、百人を率いてやってきて、黒白紅三色の狐皮、黒白二色の貂皮を進貢し、太祖淑勒貝勒に朝謁した。それより渥集部の虎爾哈路は毎年朝謁し、その長の博済裏が婚姻を求めたので、太祖は六大臣の娘をこれら六人に配し、慰撫した）」とある[30)]。「渥集部」は福余衛の「我着」・「兀者」・「我著」で、兀良哈三衛の一つである。嫩江の最も東岸に住んでいたジュシェン集団で、ほとんどモンゴル化した「兀者」人とも呼ばれるジュシェン人である。モンゴル語では「Öjiyed ulus」、明朝には「女直野人[31)]」と呼ばれ、ジュシェン人には「dʒu-ʃiɛn udi-ə nialma[32)]」と呼ばれていた。

(9) 果乙者：中期朝鮮の漢字音は쾅힗쟝 / k'oa-it-tsia、マンジュ語では「guwalca」という。モンゴル語「goulcin」の音訳で、すなわち卦勒察である[33)]。漢文では、「卦爾察・瓜爾察・瓜勒察・刮児恰・掛爾插」と書かれ、伯都訥、東海の

北部、松花江の南北岸、吉林烏拉等の地域に居住していた[34]。

⑽ 尼麻車：中期朝鮮の漢字音は닝망챵 / ni-ma-c'ia という。『満洲実録』には、「輝発部本姓益克得哩、原係薩哈連烏拉江尼馬察部人、始祖昂古里・星古礼（輝発部は元の姓を益克得哩といい、もと薩哈連烏拉江尼馬察部の人である。始祖は昂古里・星古礼である）」とある[35]。輝發部の前身は明代永樂年間に設置した弗提衛である[36]。

⑾ 諸儧時：中期朝鮮の漢字音は졍삥씽 / cie-p'i-ssi という、マンジュ語 sibese の音訳である。和田清（1959）・増井寛也（2007）ともにマンジュ語史料に見える sibe（錫伯 / シベ）部であると指摘される[37]。「時」についての説明がないが、マンジュ語の複数を表す se であろう。したがって「諸儧時」は sibe 等或いは sibe の人々を意味する。

要するに、ヌルハチが本拠地の費阿拉（fe ala）で朝鮮使者を接見した時に、朝鮮のジュシェン語通事やヌルハチの部下の馬臣（siha･baksi / 錫哈巴克什）らが業務を担当している点からすれば、通訳に使われた言語はジュシェン語（後のマンジュ語）であると見てよかろう。朝鮮人はジュシェン語の各部族名や人名を朝鮮漢字音で記したと考えられ、「諸儧時」sibese はその証左である。シベ（諸儧 / 錫伯）・サハルチャ（沙割者）・ホルハ（忽可 / 虎爾哈）・グァルチャ（果乙者 / 卦爾察）・ホイファ（尼麻車 / 輝發）等の五部は、二道河子の老城の北部から十五日行程の範囲にあり、ともに「九部の戦」翌年の1595年にヌルハチに帰順した。つまり、朝鮮史料で登場したのは、天聡九年にホンタイジが部族名をマンジュに改めるときにシベ / 錫伯人と考えた人々である[38]。

3 ホンタイジの主張

『満文原檔』天聡九年（1635）十月にホンタイジは次のように述べている。

(#juwan ilan de)(+tere inenggi:) ■ ■ han hendume musei gurun i gebu daci/ ※ manju: hada.ula.yehe.hoifa kai: tere be ulhirakū niyalma jušen/ sembi: jušen serengge sibei coo mergen i hūncihin kai: tere/ muse de ai dalji: ereci julesi yaya niyalma musei gurun i /da manju sere gebu be hūla: jušen seme hūlaha de weile[39]:

（#十三日）（＋その日）、ハン曰く、我が国の名はもともとは、マンジュ・ハダ・ウラ・イエヘ・ホイファであるぞ。それを知らない人はジュシェンという。ジュシェンというのはシベのチョオ・メルゲンに属するぞ。それは我々に何の関係があるか。今後はいずれの者も我が国のもともとのマンジュという名を呼べ、ジュシェンと呼ぶ者は罪する[40]。

太宗ホンタイジは天聡十年（1636）に、国号のアイシン・グルンをダイチン・グルンに改めるとともに、年号も wesihun erdemugge / 崇徳と称した。実は前年の天聡九年（1635）には、すでに国政の改革に着手していたことも知られている[41]。周知の如く、明末清初においてジュシェンは主に、海西ジュシェンと建州ジュシェン及び野人ジュシェンの三大集団から編成されていた[42]。ホンタイジ自身は建州出身のジュシェンであり、この時期のジュシェンはホンタイジの出身の部族名でもある。天聡九年（1635）に自ら部族名のジュシェンをマンジュに改め、シベのチョオ・メルゲンこそジュシェンであると主張したが、そこには一体どのような寓意が隠されていたのか、これに関して数々の議論がある。

まず、島田好（1941）は、漢文『大清太宗実録』の内容をもとに次のように述べている。「満洲人がジュシェン人たることは日月の如く昭著な事実である。然るに太宗が之を否認したのは、清の最初の国号「金」が前にジュシェン人が建てた金国と同名なるを忌み、之を塗改せんがために為したる強弁である。但だ吾人はこれによって錫伯人は満洲人と同しジュシェン人たることを知り得る」と[43]。つまり、アイシン・グルンは前代のジュシェン人がたてた金国と同名になるから、ホンタイジはこれを忌避したために、部族名を改めるに至ったとする指摘である。ただし、チョオ・メルゲンについて島田好は一言も触れていなので、氏がこの問題を一体どのように考えていたのかは全く分からない。

また、徐恒晋等（1986）は、「超は綽児《チョル》河であり、墨爾根《メルゲン》は嫩江《ノンウラ》市である。これらの地域にはシベ人の故地で、ジュシェン人も住んでいたところでもある。したがって、シベはジュシェン人の一部である」と指摘している[44]。要するに、超は綽児河であり、墨爾根は嫩江市であるという地名説が取り上げられ、従来からこの地域にシベ人或いはジュシェン人が暮らしていたので、シベはジュシェン人の一部であると結論されている。

綽児河は洮児河《トゥル》とも書かれる。『蒙古秘史』（第253節）には、「討浯」河と記されているが、モンゴル語ではtau'ur/tawurといい[45)]、マンジュ語のcooと全く異なる。すでにシベ人は嫩江流域の辺りに住んでいたとしても[46)]、超は「綽児河」、墨爾根は「嫩江市」であると言うことはできない。シベはジュシェン人の一部であるとする結論も簡略に過ぎ、当時から学界の注目を集めることはなかったのである。

一方、吳扎拉克堯（1986）は、「諸申の意味は賤民だという。また、シベは満洲族に属さず、しかも地位が低い。したがってシベ族は諸申と呼ばれて当然である。超墨爾根の超は、漢語の超越の意、墨爾根《メルゲン》は善射（弓術に優れ）という意で、嫩江《ノンウラ》縣である。超とは墨爾根を超えて甘河上流にある嘎仙溝《ガシャンホロ》を指しており、ちょうど嘎仙溝には嘎仙洞がある。したがってシベ人は甘河上流の嘎仙洞の後裔であり、すなわち拓跋鮮卑の直系後裔である」と全く異なる議論を提出している[47)]。吳扎拉克堯の「超墨爾根は甘河上流の嘎仙溝を指す」という地名説は無理なこじつけであるから、認めるわけにはいかない。

ジュシェンに関して『満文原檔』万暦四十年（1612）十月一日の記事に、次のような内容が記されている。「aha wajici ejen adarame banjimbi:jušen wajici beile adarame banjimbi. アハがなくなれば主はどうして暮らしていく、ジュシェンがなくなればベイレはどうして暮らしていく」[48)]、つまり、身分上においてアハとジュシェンは明らかに区別されており、マンジュ語の「アハ」と漢文の「奴僕」も意味の上では明らかに違いがある[49)]。また、字義的にはジュシェンは「賤民」ではなく、「属民」であると理解すべきである。さらに、吳扎拉克堯は諸申はジュシェン人という意味も含んでいることを無視して、漢字の「超」を「超越」と理解したことは完全な誤解でもある。「超」はマンジュ語のcooによって音写された漢字に過ぎず、吳扎拉克堯はcoo mergenの誤解を前提に、シベは鮮卑の後裔であるという誤った指摘までしてしまった。

こうした議論は趙志強（1996）によって否定されるとともに、氏はチョオ・メルゲンとは人名であると述べている[50)]。一方この点について、岡田英弘（1994）はモンゴル語史料から「チョオ・メルゲン」と一致する人物を見いだしたが、チョオ・メルゲンとはモンゴル文学のチンギス・カン叙事詩群中に登場した人物で、所詮文学的創作の産物とすべきであると述べている[51]。しかし、岡田英弘はそれ以上に具体的な議論することはなかった。以下、この人物がジュシェン人とどのような関連があるのかを詳しく検討することにしたい。

4　チョオ・メルゲンの身元

チンギス・カンの次弟であるジュチ・カサルは、『集史』では جوجی قاسار jūchī qāsar という。ジュチは名前で、カサルは猛獣の意味である[52]。『元史』と『聖武親征録』[53]ともに「搠只哈撒児」と書かれている。モンゴル後期に通常 qasar は qasar qarbutu 或いは qasar qabutu と称される[54]。また、『阿薩喇克其史』では qabutu qasar という。チンギス・カンの次弟である qabutu qasar の後裔は、今の qorcin の十旗、aru qorcin の一旗、urat の三旗、muumingγan の一旗、dörben keüked 部落の一旗の王・タイジである[55]。qabutu qasar の qabutu は「射る」、qasar は「善射」の意であり、したがってこのような「美号」ができたのであり[56]、「qasar 射手」と理解すればよい。マンジュ語では「射る」を gabta というが、これは qabutu からの派生語でもある。

カサルの後裔には弓矢に関係する部があり、コルチン部という。実は、『南斉書』鮮卑語執事官の中で「帯仗人—胡洛真」[57]という言葉が記されているが、「兵器を持つ者」の専門用語として用いられている。モンゴル時代に至ると「佩弓矢者」を「火児赤」・「帯弓矢人」を「貨魯赤」という。『蒙古秘史』や『集史』でも同じく「豁児赤／豁児臣」や قورجی と記され、「兵器を持つ者」は「弓矢を持つ者」の専称に変わったことがわかる。それに対応するモンゴル語は qor－čin 或いは qor－či という。語幹の qor－は『蒙古秘史』では「矢筒」と解釈されているが、矢を入れる筒である。突厥語では qūr が「武器」の意であり、突厥語には鮮卑語の成分が残っているとも言える[58]。また、吉田豊（2011）によると、六世紀のソグド文字碑文に出てくる xwrx'pcyn/qur·qor+qapïn（矢筒を持つ者）は、鮮卑の称号に由来するという[59]。要するに、鮮卑語はモンゴル語と突厥語のみに親縁関係があるわけではなく、ソグド語からも影響されていたことが窺える。接尾辞の

「真－čin」或いは「赤－či」は突厥語と蒙古語ともに使われ[60)]、当然「臣－čin」も同様であるが、「執事人」の専用の接尾辞であるので、「射手」の意に過ぎない。これが後にコルチンの部名にもなったのである。

明代においてジュシェン人とモンゴル人との間に文化交流が極めて盛んになり、モンゴル文字をもとにマンジュ文字が造られたことはその証左ともいえる。「九部の戦」に連合軍が惨敗した後の万暦四十年（1612）から、ヌルハチとコルチン・モンゴルの婚姻関係が築かれはじめ、万暦四十二年（1614）にコルチン・モンゴルのミンアン・ベイレが娘をホンタイジに嫁がせた。さらに、ホンタイジが崇徳元年（1636）に改元した時の五人の后妃のうち、中宮皇后国君のフジン（福晋）、東宮宸妃の大フジン、西宮莊妃の側フジン三人はコルチン・モンゴルの出身であり、コルチン・モンゴルはジュシェン人にとって重要なパートナーであることが窺える[61)]。ジュシェンはコルチン・モンゴルと文化上において密接な関係を持っていたから、部族名の変更もホンタイジが勝手に主張したわけではなく、特にモンゴルの伝奇的な物語の影響が極めて大きく作用したと考えられる。また、すでに兀良哈三衛は一部のジュシェン人を制圧し、各ジュシェン部と交流もあったとし、モンゴル人の中には斡赤斤家族とジュシェン人との関係についての記憶もあったとすべきである[62)]。実は、チョオ・メルゲンの身元の解明につながる手がかりは、モンゴル時代の「射手」と大いに関係があった。次はロブサンダンジン『アルタントプチ』（*Altan tobci* 黄金史）には九傑は次のように記されている。

> boγda/ejen ü törü yin tüsiy_e boluγsen/külüg metü yisün örlüg ot ün /aγ_a anu jalairtai yin qou_a/muquli:jürčid ün čuu mergen:/arlad ün külüg boqorci:sültan ü torqan šira:oriyangγan ü jalm_a:/besud ün jebe oirad ün qara/giru:jürgen ü boqorol:tatar ün/sigi qotuγ yisün örlüg ot ede/büo:urida jalam_a qagča moqolitai/eče degu aγsan aču:qoina/bütugelčin qatun i taičiqod eče//abču iregui tur gem gigsen ü/tola:boγda ejen:dörben gümon eče/degu bolgagasan tere boi:jisün örlüg ot ede büo[63)]:
>
> 聖主の為に政権を輔佐する者は九つのヨルリュグ（örlüg）があり、ジャライルタイのコア・ムクリ最年長、ジュリチドのチョオ・メルゲン、アルラド傑出のボコルチ、スルタンのトルガン・シラ、オリャンハンのジャルメ、ベスドのジェベ、オ

イラドのカラ・ギル、ジュルゲンのボコロル、タタルのシギ・コツフ等が九傑である。そもそもジャルメはムクリの次になっていたが、後にブトゲルチン皇后をタイチコドから迎える時に悪事をはたらいたので、聖主は彼を四人の次に降された。これが九傑である[64]。

チンギス・カンには九つのヨルリュグ örlüg がいた。örlüg については、漢字音では「月児呂、月児魯、月呂魯」と書かれ、『元史』や『親征録』にはそれぞれ「能官」と「良将」と直訳されている。配列順によればジャライルタイのコア・ムクリが最年長で、タタルのシギ・コツフが最末である。ムクリとは即ちムクリ国王のことであり、ジュリチドのチョオ・メルゲンはその次に並んでいるので、チョオ・メルゲンは非常に高い地位を持っている将軍であると考えられる。もちろんジュリチドはジュシェン人を指している点は間違いなく、岡田英弘が取り上げられたチョーメルゲンと同一人物である。氏はチョーメルゲンは実在しない人物であると再び主張しているが[65]、これについて筆者はなお議論すべき余地が残されていると考える。

さて『アルタントプチ』に現れたムクリとチョオ・メルゲンの関係を中心に分析し、かれの身元を解明していくことにしよう。

(1) ムクリが所属する jalairtai とは、『集史』では جلایر jalair、『元史』や『親征録』では「札剌児」、『秘史』では「札剌亦児」といい、『南村輟耕録』では「扎剌児歹」として[66]、「蒙古七十二種」に配列しているが、少なくとも jalairtai 部はモンゴル語部族に属することがわかる。また、『元史』では成宗は木華黎の孫速渾察の後裔である脱脱に対して、「扎剌児台、如脱脱者無幾、今能剛制于酒、真可大用矣（扎剌児台に脱脱ほどの者はほとんどいない、今になって断酒するとは、大用を期待してよい）」と言っている。明らかに「札剌児」も「扎剌児台（歹）」もすべて「扎剌児」部を指していることが窺える[67]。
qou_a muquli は、『阿薩喇克其史』では gou_a muquli。漢文文献では「木華黎」、『集史』では موقلي muquli という、チンギス・カン四傑の一人である。一方、『集史』「ジャライル部族史」における موقلي とは جات jat 出身で、部族出身者の中の誰よりも高名な強力者としてチンギス・カンの左翼軍を統帥していることがわかる[68]。

(2) jürčid はジュシェンであり、『南村輟耕録』に女直（ジュシェン）は〔漢八種〕の一種で、宋・金時期に「朱里真」といった。『集史』では جورجه jūrchä、チベット語では bcur ci[69]。漢字音では「住舍 ʤu-ʃə、朱先 ʤu-ʃiɛn である[70]。マンジュ語では jušen という。jürčid の čuu mergen は、ホンタイジが引用した coo mergen と同一人物である。一方、mergen と呼ばれる人物は『蒙古秘史』に何人か出てくるが、「賢者」以外に「神箭手」の意味も含まれている。普通には特殊な才能がある人だけに与えられる「名誉」であるが、アルタイ語系の言語における共通語でもある[71]。čuu mergen も例外なく čuu は名字で mergen はその才能がある人の「美称」である。さらに、『アルタントプチ』によれば、六員の大将と三百の泰亦赤兀惕人との戦いに、čuu mergen は「神箭手」を務めている。

jürčid čuu mergen の事績は『アルタントプチ』以外に『聖成吉思可汗の金言』にも収録されている[72]。『蒙古秘史』や『集史』に記載はないものの、『蒙古秘史』（第137節）では čuu mergen の父親札剌亦児部の「赤老温愷赤 / čila'ūn-qaiyiči」に関する記事が記され、しかも、muquli の父親である「古温兀阿 / gü'ü－u'a」と兄弟であったとされるから、明らかに muquli と čuu mergen はいとこ関係であることが分かる。「神箭手」の čuu mergen は、岡田英弘が指摘したようなモンゴルの文学的創作の産物ではなく、実在する人物であるとすべきだろう。例えば、『元史』巻百二十四、列伝第十一「忙哥撒児」の記事には、

> 忙哥撒児、察哈札剌児氏。曾祖赤老温愷赤、祖搠阿、父那海、並事烈祖。及太祖嗣位、年尚幼、所部多叛亡、搠阿独不去。皇弟槊只哈撒児陰擿之去、亦謝不従。搠阿精騎射、帝甚愛之、号為黙爾傑、華言善射之尤者也。
> 忙哥撒児は察哈札剌児の人で、曾祖父は赤老温愷赤、祖父は搠阿、父は那海がみな烈祖に仕えていた。太祖が即位したときにはなお幼く、所属部の多くは離反したが、搠阿だけ背かなかった。皇弟の槊只哈撒児がこれを連れ去ろうとしたときにも謝して従わなかった。搠阿は騎射に精通し、帝はそれを非常に気に入っていた。黙爾傑と号するのは、漢語では弓術が優れた者という意味である。

忙哥撒児は忙哥撒児那顔（モンゲサル・ノヤン）のことであり、『世界征服者の歴

史』(tārīkh-i Jahāngushāy) では منكسارنوين、『集史』では منكسار نويان という。モンケ・カン時代に反モンケ・カンのオゴデイ系の諸王や諸将を残虐な刑罰で審訊し、カンに寵愛された著名な断事官である[73]。断事官として、反逆にかかわった突厥ウイグル人 (اتراک ایغور ätrak äiγur) リーダー (امیر ämir) のイデコト (يدى قوت idi qut) を尋問する時に、残虐な手法で自白させる過程は、ジュヴァイニーの『世界征服者の歴史』に記されている[74]。

「察哈札剌児」の「察哈」は「札惕」ともいう[75]。ペリオは čaqa(t)jalar と解読し、čaqa(t) とは جايت / جات (čaγā(t)) 人であるとの解釈を提示した[76]。جات jat については、『集史』「ジャライル部族史」の記述が比較的詳しい。

و این اقوم جلاير ده شعبه بزرک اند که هر یکی علی حده قوم بسیار شده اند بدين تفصيل و تريب جات توقراؤت قنكقساون كوماؤت اويات نلهان كوركين طولانكقيت توری سنكقوت

そして、このジャライル部に十個の大分枝があり、すべて各部は多数の人口より成り立ち、詳しく排列すると、ジャト・トコラオン・コンカサオト・コメオト・ウヤト・ニレカン・コロケン・ドランギト・トリ・サンコト等からである。

جلاير jalair 部は十個の分支に分かれており、その中の一つが جات jat 部である。先述したムクリもこの部の出身だった。もちろん、ここでの جلاير jalair は札剌児であるが、『集史』「ジャライル部族史」には忙哥撒児那顔（モンゲサル・ノヤン）の出身に関して詳しい記事がある。

و در عهد منککو منکاسار نويان از قوم جات امیری بزرک و مبین يارعوجيان بوذ و سبب رفعت مرتبه و بزرک او آن بوذه که بوقيى که منككوقان با بذر حود تولوي قان جانب ولايت قبجاق لشكر بر نشسته و قبجاقان را كرفته در ان جنک کیجامشی کرده است و منککو قان قبجاقان معتبر را بدو سبرده تا ایشانرا بیشتر ببرد و باوردو رساند دران باب سعی بیغ نموده دیکر در ان زمان که فرزندان کیوک حان با منککو قان مخا لغت اندينشيدند يارغوجي بزرک او بوذ روی و دل نادیده یاریک برسیده و کناه کاران را یاسا رسانیده دیکر در وقتی که منککو قان جانب ننکاس حنک بر نشسته او نیز با وی بوذه و انجا بمانده.

そして、モンケ時代にジャト部に属するモンゲサル・ノヤンは、大エミリ（異密）、かつ最年長の断事官である。彼は高貴な身分を持つようになったが、その時にモンケ・カンが父であるトルイ・カン（拖雷）と共に軍隊を率いてキプチャク（欽察）に遠征して平定し、かつキプチャク人を捕まえた。そしてこの戦争で勇気だったので、モンケ・カンはキプチャク貴族を彼に渡して、俘虜らを速やかに駐屯部隊に届けた。そこで極めて勇敢さを示した。さらに、その時にグユク・カンの子供たちは共にモンケ・ハンに反逆しようと誓い合ったことを知り、彼は最高の断事官として顧慮なく追究して、有罪者は罪に問われて処罰された。さらに、モンケ・カンと共にナンキャス（南家思）へ遠征した時に彼がそこで残されていた[77]。

とある。ジャト جات 氏族出身のモンゲサル・ノヤンはモンケ・カン時代のトルイ統の政争の際に、非常に強力で地位が高い断事官の長として辣腕を振るったことが明らかである[78]。したがって、『元史』にある「察哈札剌児」は جلاير جات jalair jat の誤りであり、正しくは「札剌児察哈」であるべきで、忙哥撒児は札剌児察哈（jalair jat）人と見做して間違いないだろう。そして、モンゲサル・ノヤンの曾祖父は赤老温愷赤で、祖父は「搠阿／šu̥aw'a」[79] である。しかも、祖父は弓術巧みな者として「默爾傑／merge(n)」の称号を授かり、すなわち「搠阿神箭手」という称号が与えられていたことがわかる。前述したように、čuu mergen の父親札剌亦児部の（赤老温愷赤／čila'ūn-qaiyiči）であり、しかも、čuu mergen は「神箭手」として登場する人物であるが、紛れもなく『アルタントプチ』に登場した čuu mergen と『元史』にある搠阿默爾傑／šu̥aw'a merge(n) は同一人物で、جلاير の جات 出身者として、また、モンゴル帝国の開国功臣、チンギス・カンの世界征服に貢献した大将として、抜群な才能に対して与えられた「美称」であり、「那顔」の職も子孫に代々受け継がれていだ[80]。さらに紛れもなく『元史』にある「搠阿默爾傑」は『アルタントプチ』に登場した「チョオ・メルゲン」と同一人物である。したがって、「チョオ・メルゲン」は jalair の jat 人であり、jürčid 人ではなかったことは明らかである。このような結果は『アルタントプチ』の記事と矛盾する。

『アルタントプチ』については、烏雲畢力格は17世紀末に書かれたとしているが[81]、そうなるとホンタイジが引用したときに作者であるロブサンダンジンはまだ生まれていないことになる。したがって、ホンタイジの引用は『アルタントプチ』によるものではなく、『アルタントプチ』を遡る文献の内容に依拠している可能性が高い。一方、亦鄰真によると、チンギス・カンにあるのは「四傑」と「四犬」だけであり、「九傑」というものは絶対ありえないとされる[82]。また、善巴は『阿薩喇克其史』の編纂時に、「四傑」の「ムクリ」を「トルイ」に換えたが、もしそれがフビライの父親を美化するためであるなら[83]、『アルタントプチ』史源の作者が「チョオ・メルゲン」をジュシェン人に変えた目的は何だろうか。しかも、「九傑」中のjürčidがツングース語部族である以外は、他の八つの部族は『集史』[84]や『南村輟耕録』によると、すべてモンゴル語族であることが確かめられる。このことはモンゴル史学者の生きた時代には、ジュシェン人と密接な関係があったからと考えてよかろう。

チョオ・メルゲンはチンギス・カンの事績をたどるときは、極めて重要な地位に立つ人物である。史書や口承文学の内容は編集の際に、当時の事情に合わせ、人物が勝手に書き変えられていたと考えられる。『四種史』（dörben jüil-ün teüke）に登場するチョオ・メルゲンはjat人でもなくjürčid人でもなく、ただのチンギス・カン将領の一員であっただけである[85]。さらに、『宝貝数珠』にも「九傑」に関する記事があるが、部族の所属ははっきりしていない[86]。

ホンタイジの言辞にあらわれた口承文学の要素は、モンゴル歴史文化の内容にとどまらず、その中には漢文化典籍の内容が引用される比重が相当に高い。マンジュ人が治国の方略を定めるに当たって、モンゴルの文化要素以外にも、漢文化の影響は最も大きかったはずである。マンジュ人は初期から多元的な文化の許容を基本的な要素としたことを無視することはできない。

5　おわりに

ダイチン・グルン時代におけるシベ部は、マンジュ語の史書以外に朝鮮史料にも極めて簡略な形で登場したが、新年の宴会に同席したことからすれば、ヌルハチにとっては重要なパートナーであったことが窺える。そのことが、ホンタイジが天聡九年（1635）に部族名のジュシェンをマンジュに変更するときに、シベ人のことを連想させたのである。

現存するモンゴル語史料は、比較的後の時代に書かれたものが多い。かつ口承の形で長い年月を経過した上に、モンゴル史学者の飾文によって、伝統的な史書の内容はもう正確ではなくなり、驚くべきことに登場人物まで改編の対象になっていた。あらゆる史料を分析した結果、チョオ・メルゲンはホンタイジが主張したようなジュシェン人ではなく、モンゴル時代のムクリ国王が属する جلاير jalair の جات jat ジャト人であったことは明らかである。

しかし、チョオ・メルゲンをジュシェン人であるとすることは、ホンタイジの作り話ではない。ジュシェン人とモンゴル人の間には深い関係があるからである。また、「箭筒士」のもとにつくられたコルチン・モンゴルは[87]、いち早くジュシェン人と婚姻関係を築き、しかもコルチン・モンゴルはシベ部を支配し[88]、ミンガン・ベイレの子も直接 sibe 村の管理を任されている[89]。コルチン・モンゴルは遊牧しながら南の嫩江流域に移り、大量のジュシェン部族をおさめ、貢賦を徴収したり、貢市の利を分け合ったりしていた[90]。また、コルチン・モンゴルとシベの間には支配と被支配の関係があったのである[91]。

ホンタイジにいかに政治的な目的であったとしても、言うまでもなくマンジュ人及びシベ人がジュシェン人の後裔であることは事実である。従来からの言語はジュシェン語であるにもかかわらず[92]、後の史学者はシベはジュシェンであることを無視してきた。もしかするとホンタイジの「ジュシェンはシベのチョオ・メルゲンに属する」という言辞は、ジュシェン人貴族の真心を吐露したものかもしれない。

注：

1）　Álvaro Semedo, *The history of that great and renowned monarchy of China*, London 1655, pp. 21～22。『大中国志』28頁。また、伝記については、*Notices biographiques et bibliographiques sur les Jésuites de l'ancienne mission de chine (1552～1773)*, pp. 143～147。『泰西中国記集』天理大学出版部、1973年、3b ～4a 頁に収録。

2）　Martin, Martinius. *Bellum Tartaricum or The conquest of the great and most renowned empire of China*, London 1654, pp. 33～34。各版本の紹介は『衛匡国の韃靼戦記』を参照。漢文訳は、戴寅（1985）訳『韃靼戦紀』（杜文凱編『清代西人見聞録』）中国人民大学出版社、11頁。何高済訳（2008）『大中国志』台湾書房、351頁。Martin Martiniの伝記は、*Notices biographiques et bibliographiques sur les Jésuites de l'ancienne mission de chine (1552～1773)*, pp. 256～262。『泰西中国記集』天理大学出版部、1973年、2a ～3b 頁に収録。また、中砂明徳（2007）「マルティニ・アトラス再考」『大地の肖像——絵図・地図が語る世界』京都大学学術出版会、116～140頁参照。

3) 白玉冬（2011）「10世紀から11世紀における「九姓タタル国」」『東洋学報』93、1頁。

4) 栗林均編（2009）『『元朝秘史』モンゴル語——漢字音訳・傍訳漢語対照語彙』東北大学東北アジア研究センター、448頁。

5) 『南村輟耕録』巻一、15～16頁。

6) 艾儒略『職方外紀』巻一、「亜細亜総説」「韃而靼」二～三頁。また、鮎澤信太郎（1935）「艾儒略の職方外記に就いて」『地球』23(5)、344～356頁。艾儒略の伝記は、*Notices biographiques et bibliographiques sur les Jésuites de l'ancienne mission de chine. (1552～1773)*、pp. 126～136に収録。方豪（1988）『中国天主教史人物伝』（上）中華書局、185～197頁参照。

7) Martin, Martinius. *Bellum Tartaricum or The conquest of the great and most renowned empire of China*, London 1654, p. 2。また、漢文訳は、戴寅訳（1985）『韃靼戦紀』（杜文凱編『清代西人見聞録』）中国人民大学出版社、2頁。何高済訳（2008）『大中国志』台湾書房、343頁を参照。

8) 『坤輿万国全図』京都大学附属図書館蔵。また、鮎澤信太郎（1936）「利瑪竇の世界地図に就いて」『地球』26(4)、261～277頁。船越昭生（1969）「在華イエズス会士の地図作成とその影響について」『東洋史研究』27(4)、506～525頁。黄時鑒・龔纓晏（2004）『利瑪竇世界地図研究』（上海古籍出版社）を参照。

9) 中砂明徳（2013）「マカオ・メキシコから見た華夷変態」『京都大学文学部研究紀要』(52)、注55、115頁。何高済訳（2008）『大中国志』台湾書房、4頁を参照。

10) 何秋濤『朔方備乘』巻十七、考十一「錫伯利等路疆域考敘述」錫伯利路総裁、3頁。また、賀霊（1981）「錫伯族源考」『新疆大学学報』（哲学社会科学）4、80～88頁、(1989)『錫伯族歴史与文化』新疆人民出版社、13～29頁。肖夫（1986）「錫伯族族属浅析」『錫伯族史論考』遼寧民族出版社、1～19頁。呉扎拉克尭・曹熙（1986）「錫伯族源新考」『錫伯族史論考』遼寧民族出版社、39～51頁を参照。

11) 李仁栄（1954）「申忠一의建州紀程図記에対하여」『韓国満洲関係史의研究』乙酉文化社。また、松浦茂（1995）『清太祖・ヌルハチ』白帝社、119頁。鄭天挺（1998）『清史』台北雲龍出版社、63頁を参照

12) 『建州紀程図記』清芬室叢刊、1940年。また、『李朝実録』巻七十一、宣宗二十九年一月三十日）にも収録されているが、内容はやや異なる。『建州紀程図記』の研究については、稲葉岩吉（1937）「申忠一書啓及ぶ図記」『青丘学叢』29、稲葉岩吉（1939）「申忠一建州図録解説」『興京二道河子旧老城』建国大学。李仁栄（1954）「申忠一의建州紀程図記에対하여」『韓国満洲関係史의研究』乙酉文化社。三田村泰助（1965年）「清初の疆域——申忠一の建州紀程図記を中心として」『清朝前史の研究』同朋舎、400～443頁等を参照。

13) 『事大文軌』巻四十六、万暦三十三年十一月十一日、二十九 a ～三十 b。原文引用は、序章注3を参照。

14) 『李朝実録』巻七十、宣祖二十八年十二月、「馬臣、馬三非之子、老乙可赤副将也。佟

羊才、亦一般將官也、年年進貢天朝、慣解華語。」

15) 『李朝実録』巻三十、宣祖二十五年九月甲戌。

16) 『建州紀程図記』、「馬臣，本名時下，上年余相公希元相會事，出来滿浦時，改此名。」

17) 『八旗滿洲氏族通譜』巻七、131頁。また、増井寛也（2004）「建州統一期のヌルハチ政権とボォイ＝ニャルマ」『立命館文学』587、19頁を参照。また、『北虜風俗』の記事には、「彼文無詩、書字非六体鳥、有所謂師、然就其能書者名曰榜什此師也。学書者名捨畢此弟也、捨畢之従榜什学也」。朝鮮史料では「巴克什」を「博氏」という。

18) 『李朝実録』巻七十三、宣祖二十九年三月己巳。

19) 『建州紀程図記』、「歪乃本上国人、来于奴酋處、掌文書云、而文理不通、此人之外、更無解文者、且無学習者」。また、『李朝実録』巻七十、宣祖二十八年十二月、「浙江紹興府会稽縣人龔正六、年少客于遼東被搶、在其處有子姓群妾、家産万金。老乙可赤号為師傅、方教老乙可赤児子書、而老乙可赤及其厚待。虜中識字者、只有此人、而文理未尽通矣」。『李朝実録』巻一百二十七、宣祖三十三年七月、「有漢人龔正陸者、擄在其中、稍解文字。因虜中無解文之人、凡幹文書、皆出于此人之手。」

20) 和田清（1952）「清の太祖の顧問龔正陸」『東洋学報』35、40～49頁。また同氏（1955）『東亜史研究』（満洲篇）東洋文庫、637～649頁にも収録。

21) 『燕行録全集』巻八、『朝天記聞』1598年、457～458頁。

22) 『燕行録全集』巻八、『銀槎録』1598年、315～317頁。

23) 『満文原檔』第一冊、昃字檔、天命五年三月、328～329頁。

24) 『建州紀程図記』、「郷通事羅世弘・河世国」。『光海君日記』巻四十四、三年八月二日、「以女真訳人河世国為司果。世国、接待奴夷論賞除職。後（＃金景瑞）（＋姜弘立）等降奴（＃夷）世国導之也。」

25) 『光海君日記』巻七、即位年八月甲申、「河世国等諳熟虜情者、装束入送、密密探訪而來為当。」

26) 『燕山君日記』巻十三、二年三月壬午、「客人挙止、専在通事指導。其郷通事及京通事、依律治罪、使彼人知悔」。また、李氏朝鮮時代通事の研究については、河内良弘（1999）「朝鮮王国の女真通事」『東方学』99、1～15頁を参照。

27) 中期朝鮮漢字音の復原は、申叔舟（1417～1475）『東国正韻』建国大学校出版部、1972年影印出版。南廣祐（1966）『東国正韻式漢字音研究』（韓国研究叢書）を参照。

28) 中期朝鮮音の転写については、河野六郎（1979）『「朝鮮語学論文集」河野六郎著作集2』（平凡社）3、342～344頁。伊藤智ゆき（2007）『朝鮮漢字音研究』（汲古書院）本文篇、4～5頁を参照。

29) 『満文原檔』第二冊、張字檔、天命六年六月十一日、127頁、「siyon dekdere ergi sahalca/gurun i ninju nadan niyalma han de hengkileme seke/benjime jihe: 日が出る方向のサハルチャ・グルンの六十七人はハンに叩頭して貂皮を贈ってきた。」

30) 『満洲実録』巻三、己亥年正月、107～108頁、「dergi mederi weji i aiman i hūrgai goloi wangge. jangge gebungge juwe amban tanggū niyalma be gaifi sahaliyan šanggiyan fulgiyan ilan hacin i dobihi. sahaliyan šanggiyan seke benjime. taidzu sure beile de hengkileme jihe. tereci weji i aiman i hūrgai goloi niyalma aniya dari hengkileme jime. bojiri gebungge amban ujulafi sargan gaiki sere jakade. gurun i

ambasai ninggun sargan jui be ujulaha ninggun amban de sargan bufi. niyalmai mujilen be elbihe.」

31) 烏雲畢力格（2009）『十七世紀蒙古史論考』内蒙古人民出版社、40頁。

32) 金啓孮（1984）『女真文辞典』文物出版社、118、141頁。

33) 和田清（1959）『東亜史研究蒙古篇』東洋文庫、650頁。

34) 『満洲実録』巻九、天命十年八月、「taidzu genggiyen han yahū kamdani de cooha afabufi dergi mederi amargi gūwalcai aiman be dailame unggihengge. juwe minggan niyalma be bahafi gajimbi seme donjifi. han hecen tucime okdofi amba sarin sarilafi bedereme jihe.（太祖英明ハンはヤフとカムダニに兵を率いて、東海北のグァルチャ部を討伐に派遣した。二千人を得てつれて来てるのを聞いて、ハンは城を出て迎え、大宴して戻った）」。*jakūn gūsai manjusai mukūn hala be uheri ejehe bithe*（八旗満洲氏族通譜）巻五十五、15頁、guwalca serengge daciba i gebu ba be dahame hala obuha. ere emu hala i urse guwalca i jergi bade son son i tehe bi.（グァルチャとはもともとの地名からなった姓であり、この姓の人々のグァルチャ等のところで点々に住んでいた）。また、島田好（1941）、１～23頁を参照。

35) 『満洲実録』巻一、hoifa i gurun i da hala ikderi. sahaliyan ulai dalin de tehe nimaca aiman i niyalma. da mafa anggūli singgūli。また、『八旗満洲氏族通譜』巻三十九、９頁、「尼馬察、本係地名、因以為姓、其氏族散処与尼馬察等地方」。『盛京通志』（康熙二十三年）巻十、「城池十八、輝発城、城南二百七十里、在吉林峰之上、周囲二百歩、西一門」。

36) 和田清（1959）『東亜史研究蒙古篇』東洋文庫、372頁。

37) 和田清同上（650頁）、増井寛也（2007）「マンジュ国「五大臣」設置年代考」『立命館文学』（601）、注33、70頁（部族名の解読には増井寛也の論稿を参照）。

38) 漢語「錫伯」とは、現在の中国語ではxiboといい、シベ語とマンジュ語のsibeとは語尾 -e 音が異なる。漢字表記については、『太祖武皇帝実録』巻一に「実伯」、『大清太宗実録』（順治初纂版）巻二十八、では「石北」、康熙・乾隆年間重修の『大清太祖実録』巻二、では「席伯」、『盛京通志』（康熙二十三年）巻十、城池志では「席百」、『満洲実録』巻二、では「錫伯」、『大清一統志』巻四百五十、では「西伯」という。以上の書物はすべて朝廷の刊行物であるが、音訳字はすべて異なる。ただし、『満洲実録』の「錫伯」は今日も使い続けられている。『西儒耳目資』では「錫」と「席」、「石」「実」等の字音は、それぞれ色父 s-、第十五攝葉 -ie、siě と石父 x-、第二攝額 -e、xě という読み方である。また、等韻三十六母には、色父＝心 [s] 母、邪 [z] 母、石父＝審 [ʂ/ç] 母、禪 [ʑ] 母で、清音と濁音の区別がされている。これらはマンジュ語の音訳字に過ぎないので、音が近い漢字が当てられたものである。また、「伯」と「北」の字音は同じと考えられるが、『満文原檔』には「北京」に対応する音訳はBAJING/bejingであり、明らかに「北（BA/be）」の音は現代音のbeiと異なる。当時において「席北、実北、錫伯」等、規範に合わない漢字が使われていたとしても、マンジュ語のsibeとずれてはいない。漢字は時間の流れで音も変化するから、現在の「北」と「伯」の韻母は、それぞれ「-ei」と「-o」になって、すでに同じ韻母の「-e」は「-ei」と「-o」に吸収されたわけである。また、羅常培（1933）『唐五代西北方音』中央研究院歴史語言研究所、高田時雄（1988）『敦煌資料による中国語史の研究』創文社、『西儒耳目資』（全三冊）、文字改革出版社、1957年等を参照。

『西儒耳目資』は、宣教師の金尼閣（Nicolas Trigault）が1626年に編纂し、漢字をローマ字で表記した著書である。研究については、羅常培（1930）「耶穌会士在音韻学上的貢献」『国立中央研究院歴史語言研究所集刊』1、267～338頁、陸志韋（1947）「金尼閣西儒耳目資所記的音」『燕京学報』33、藤堂明保（1952）「官話の成立過程から見た西儒耳目資」『東方学』5、高田時雄（2001）「西儒耳目資以前中国のアルファベット」『明清時代の音韻学』（京都大学人文科学研究所）等を参照。

39）『満文原檔』第九冊、満附三、天聡九年十月十三日、408頁。また、中国第一歴史檔案館所蔵の『満文内国史院檔』天聡九年檔にも収録されていたが、内容はやや異なる、「tere inenggi sure han（#hendume）(+hese wasimbume) musei gurun i gebu daci manju. hada.ula.yehe.hoifa kai./ tere be ulhirakū niyalma jušen sembi: jušen serengge sibei coo mergen i hūncihin kai:/ tere muse de ai dalji: ereci julesi yaya niyalma musei gurun i da manju sere gebu be/ hūla: jušen seme hūlaha de weile sehe:.」

40）『大清太宗実録』（順治初纂版）巻二十、四十六頁、天聡九年十月十三日、「上伝諭曰、先是我国原有満洲・哈達・兀喇・夜黒・輝發等名、乃不知者毎呼為諸申。夫諸申之号、乃石北超黙里根之裔、実与我国無与。自今以后、凡我国人止許以満洲称之、永著為令」。また、『旧満洲檔天聡九年』（東洋文庫）2、318頁を参照。

41）磯部淳史（2008）「清初入関前の内三院について―その構成員を中心に」『立命館文学』608、134～147頁。

42）田村実造（1971）『中国征服王朝の研究』（中）東洋史研究會、3～12頁。

43）島田好（1941）「錫伯・卦爾察部族考」『満洲学報』六、満洲学會、1～2頁、

44）徐恒晋・馬協弟（1986）「錫伯族源考略」『錫伯族史論考』遼寧民族出版社、27頁。

45）小澤重男（1989）『元朝秘史全釈続攷』（下）風間書房、266頁。栗林均（2009年）『『元朝秘史』モンゴル語――漢字音譯・傍譯漢語対照語彙』東北大学東北アジア研究センター、450頁。

46）呉元豊（2008）「清初錫伯族居住区域与鄰民族的関係」『錫伯族歴史探究』遼寧民族出版社、20頁。

47）呉扎拉克尭・曹熙（1986）「錫伯族源新考」『錫伯族史論考』遼寧民族出版社、49頁。

48）『満文原檔』第一冊、荒字檔、万暦四十年十月一日、20頁。

49）ahaという語彙については、漢文の『大清太宗実録』に、同一人物が、それぞれ家僕・家人・奴僕という三様に言い換えられている（増井寛也（2004年）「建州統一期のヌルハチ政權とボォイ＝ニャルマ」『立命館文学』587、立命館大学、383頁）。また、石橋秀雄（1989）『大清帝国』講談社、79～126頁を参照。

50）趙志強（2008）「錫伯族源探微――女真后裔説質疑」『錫伯族歴史探究』遼寧民族出版社、1～14頁。

51）岡田英弘（1994）「清初の満州文化におけるモンゴル的要素」『清代史論叢』汲古書院、19～33頁。

52）Rovshan, M. & Mūsavī. M. 1373/1994. *Jāmi'al-Tavārīkh*. 1vol. Tehrān, p. 275.　余大鈞・周建奇訳『史集』第一巻第二分冊、65頁。

53) 王国維（1936）『聖武親征錄校注』文殿閣書莊、27頁。
54) P. Pelliot & L. Hambis, 1951, p. 173.
55) 朱風・賈敬顏『漢訳蒙古黄金史綱』內蒙古人民出版社、240頁。また達力扎布（1997）『明代漠南蒙古歷史研究』内蒙古文化出版社、142頁。
56) 朱風・賈敬顏『漢訳蒙古黄金史綱』內蒙古人民出版社、注２、16頁。
57) 『南斉書』巻五十七、「列伝」第三十八、「魏虜」。
58) Doerfer、Gerhard, *Türkische und mongolische Elemente im Neupersischen,* Bd. 1, F. Steiner, 1963. pp. 427～428.　余大鈞・周建奇訳『史集』第一巻第一分冊、注⑥、257頁。
59) 吉田豊（2011）「ソグド人と古代のチュルク族との関係に関する三つの覚え書き」『京都大学文学部研究紀要』50、６～７頁。
60) 伯希和（1930）馮承鈞訳「突厥語与蒙古語中之駅站」『西域南海史地考證訳叢五編』馮承鈞訳，商務印書館、1962年、20頁。
61) 杜家驥（2013）『清朝満蒙聯姻研究』（上）故宮出版社、19～28頁。
62) 烏雲畢力格（2009）『十七世紀蒙古史論考』内蒙古人民出版社、40頁。
63) Bluva-bsang-bstan-jin（1650-1735）*Altan tobci,* Ulaġanbaġatur, Ulus un Qeblel un Gajar, 1990, pp. 128a ～128b.
64) 色道尓吉『蒙古黄金史』、284～285頁を参照。また、九傑のムクリとチョオ・メルゲン以外の七傑は、arlad は『集史』では ارلات、『南村輟耕録』では「阿児剌歹」、『元史』では「阿児剌」という。boqorci は「博爾朮」とも、『集史』では بوقورجی とも、チンギス・カン四傑の一人である。sültan は『集史』では سولدوس、『秘史』では「速勒都思」という。torqan šira は『秘史』では「鎖児罕・失剌」、『集史』では سوعان شیره という。彼の息子の赤老温はチンギス・カン四傑の一人である。oriyangγan は『集史』では اوریانکقت、『元史』では「兀良合台」、『秘史』では「兀良合歹」という。jalm_e はチンギス・カン四犬の一人である。besud は『集史』では بیسوت、『南村輟耕録』では「別速歹」という。jebe は「哲別」とも、チンギス・カン四犬の一人である。oirad は『集史』では ویرات、『南村輟耕録』には「外剌歹」という。qara giru は不明。jürgen は『集史』では یورکین という。boqorol は boroqol「孛羅忽勒」の誤りで、『元史』では「博爾忽」という、チンギス・カン四傑の一人である。tatar は『史集』では تاتار という。sigi qotuγ は訶額侖太后の養子の一人である。
65) 岡田英弘（2004）『蒙古源流訳注』刀水書房、91頁、注２を参照。
66) 『南村輟耕録』巻一、15～16頁。
67) 札剌亦児部と黄金族の研究については、謝詠梅（2006）「蒙古札剌亦児部与黄金家族的関係」『蒙古史研究』第九輯、69～85頁を参照。
68) RASHID AL-DIN, *JAMI AL-TAVARIKH*（京都大学文学部図書蔵）,
و از تمامت اقوم جلایر مسهورتر و بزرکتر در عهر جینککیزخان موقلي کویانک بوده از قوم
جات و تمامت لشکر دستجب جینککیزخان او دانسته و فرزندان او را نیز لقب کویانک می
کویند و معنی آن بزبان حتایی خان بزرک باشد بوقتی که جینککیزخان او را موضعی که
قراون جیدون می کویند بالشکر کذاشته بود اهل ختای این لقب بر وی نهادند.
【訳文】「そして、チンギス・カン時代にすべて部の中のジャライル部において、最も有名かつ年長なのは、ジャト部に属するムコリであるという。また、チンギス・カンの全ての左翼軍を統帥していることも知られている。彼の子供たちをも国王と称され、それはキタイ語（漢語）ではハンと解釈できる。その時に彼はチンギス・カンにコラオン・ジェドンというところで残された。キタイ人はこの称号を与えた」。また、Rovshan, M. & Mūsavī. M. 1373/1994. *Jāmi'al-Tavārīkh*. 1 vol. Tehrān, p. 6。漢文訳は、余大鈞・周建奇訳『史集』第一巻第一分冊、150頁。また、志茂碩敏（2013）『モンゴル帝国史研究正篇――中央ユーラシア遊牧諸政権の国家構造』東京大学出版会、557頁を参照。

69）百濟康義（2004）「「栴檀瑞像中国渡来記」のウイグル訳とチベット訳」『中央アジア出土文物論叢』京都朋友書店、72頁。

70）金光平・金啓孮（1980）『女真語言文字研究』文物出版社、365頁。また、金啓孮（1984）『女真文辭典』文物出版社、30頁。

71）G. J. Ramstedt, *Kalmückisches Wörterbuch*, Helsinki, 1935, pp. 261～262. Doerfer, Gerhard, *Türkische und mongolische Elemente im Neupersischen*. Bd. 1, F. Steiner, 1963, pp. 496～498.

72）田中市郎衛門（1958）「ツァワン著聖成吉思可汗の金言」『芸文研究』8、慶應義塾大学芸文学会、1～26頁。

73）「断事官」については、『世界征服者の歴史』では یارغوی yarγui、『集史』では ارعوجیا yarγučia、モンゴル語では jarγuči、漢字音では「札魯忽赤」という、モンゴル時代の官名である。亦鄰真（2001）『蒙古学文集』内蒙古人民出版社、900～901頁、908頁。田村実造（1971）『中国征服王朝の研究』東洋史研究會、444～463頁を参照。

74）'Alá'u 'd-Dín 'Aṭá Malik-i-Juwayní, *tārīkh-i Jahāngushāy*. Part 1, Luzac, 1912, pp. 37-38. J. A. Boyle, *The history of the World-Conqueror*, Vol.1, Manchester University Press, 1958, pp. 51～52. 何高済訳（2008）『大中国志』台湾書房、翁獨健校訂『世界征服者史』（上）内蒙古人民出版社、1980年、57～58頁。

75）烏蘭（2000）『『蒙古源流』研究』遼寧民族出版社、206頁。また、森川哲雄（2008）『『蒙古源流』五種』（中国書店）を参照。

76）P. Pelliot & L. Hambis, *Cheng-wou ts'in-tcheng*, Leiden, 1951, p. 66.

77）RASHID AL-DIN, *JAMI AL-TAVARIKH*（京都大学文学部図書蔵）。また、Rovshan, M. & Mūsavī. M. 1373/1994. *Jāmi'al-Tavārīkh*. 1vol. Tehrān, pp. 69～70。余大鈞・周建奇訳『史集』第一巻第一分冊、154～155頁。

78）志茂碩敏（2013）『モンゴル帝国史研究正篇――中央ユーラシア遊牧諸政権の国家構造』東京大学出版会、555頁を参照。

79）「捌阿」の音価については、照那斯図・楊耐思（1987）『蒙古字韻校本』民族出版社、50頁、100頁。羅常培・蔡美彪（2004）『八思巴字與元代漢字』（中国社會科学出版社）等を参照。

80）Bluva-bsang-bstan-jin（1650～1735）*Altan tobci*, Ulaġanbaġatur, Ulus un Qeblel un Gajar, 1990, p. 174a. jürčid ün/čuu mergen ü üre mün jürčid ü/noyan bui:. 【訳文】jürčid čuu mergen の後裔は、同じく jürčid ノヤンである。また、色道爾吉（1993）『蒙古黄金史』呼和浩特蒙古学出版社、381頁を参照。

81）烏雲畢力格（2009）『阿薩喇克其史』中央民族大学出版社、44頁。

82）亦鄰真（2001）『蒙古学文集』内蒙古人民出版社、765頁、「明代蒙古史書中常説的成

吉思汗的九 örlög（能臣）、不見于『秘史』『史集』和元代史籍。成吉思汗有四傑、還有四狗、可是“九能臣”与這八位武将不尽相同、而且多了壹個「楚・蔑児干」（楚・占卜能人）。有些認真的人下功夫考証這個人就是耶律楚材。如果真是、那麼「楚・蔑児幹」這個称呼表明明代中後期的蒙古人対耶律楚材已経恍惚。元代、蒙古人称耶律楚材為亦列・兀図撒罕（長髯）。「九能臣」的制造者只知道有個「楚」字、再加上壹個「占卜能人」的頭銜、就頂個耶律楚材了。這不是蒙元時代的史料、而是藏伝佛教伝入之後、草原史家效仿吐蕃歴史上的 dGu-t´ub（九能）——八世紀駐守青海的九名吐蕃勇将的様板、給成吉思汗安排了九名能官。（玉呂魯那顔、「華言猶能官也」）可以断言、成吉思汗根本沒有什麼九玉呂魯。」

83） 烏雲畢力格（2009）『阿薩喇克其史』中央民族大学出版社、93頁、注4を参照。

84） Rashīd al-Dīn, *Jāmi'al-tavārīkh*, jild-i 1, Nashr-i Alburz, Tihrān 1373, pp. 39～44. また、余大鈞、周建奇訳『史集』第一巻第一分冊、商務印書館、1983年、125～130頁。

85） Каполнаш Оливер, *монгол сурвалж дахь aisin gioron-гийн гарлын тухай домгууд*, угсаатан судлал, ботьхх, Улаанбаатар 2011, p. 283.

86） 烏蘭（2000）『『蒙古源流』研究』遼寧民族出版社、205頁。

87） 烏蘭（2000）『『蒙古源流』研究』遼寧民族出版社、207～209頁。

88）『満文原檔』第八冊、地字檔、天聡六年三月十二日、131頁。

89）『満文原檔』第三冊、列字檔、天命八年二月十九日、231～233頁。

90） 達力扎布（1997）『明代漠南蒙古歴史研究』内蒙古文化出版社、148頁。

91） 楠木賢道（1989）「ホルチン＝モングル支配期のシボ族」『東洋学報』70、27～50頁。

92）『満文原檔』第一冊、昃字檔、天命四年八月、293頁、ikan gurunci wesihun šun dekdere ergi mederi muke de isitala:solho gurunci amasi monggo gurunci julesi jušen gisun i gurun be（#gemu）dailame dahabume（+tere aniya（#gemu）wajiha（#wacihiyaha）.（ikan（明）国から東日が出る海岸に至る、ソルホ国の北、モンゴル国の南、（＋その年（＃すべて））ジュシェン語の諸国を征服し（＃すべて）（＃終わった））。また、『満洲実録』巻六、天命四年八月十九日、280頁、amargi monggo gurun i korcin i tehe dube nūn i ula ci julesi solho gurun i jase de niketele、emu manju gisun i gurun be gemu dailame dahabufi uhe obume wajiha（北のモンゴル国のコルチンが住んだ端の嫩江から南、ソルホ国の境界まで、同じマンジュ語の人々をすべて征服して統一し終えた）。

第2章

マンジュ人の文字文化

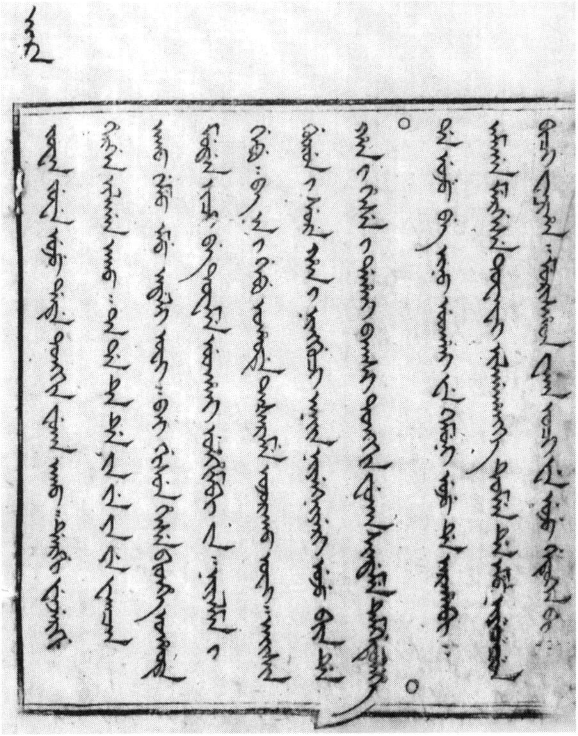

図2-1　文字改革の諭旨
天聡六年（1632）正月にマンジュ文字改革を行われ、至るところに掲示して広く知らせるために、一枚板による版木で刷り上げたものである。
（『満文原檔』第五冊、洪字檔による）

1　はじめに

マンジュ語はアルタイ語系のツングース諸語に属する、類型論的には膠着語に分類され、語順は日本語と同じく「主語―補語―述語（SOV）」の順で、修飾語は被修飾語の前に置かれる言語である。ダイチン・グルン初期においては、ヌルハチはジュシェン各部を統一して建国を宣言したあと、もとのジュシェン文字をもう使わないことし、1599年、モンゴル語に精通する大臣のエルデニ・バクシとガガイ・バクシに命じて、モンゴル文字に基づいてマンジュ文字を創らせた。この文字は30年間にわたって使われ、さまざまな古文書が残っており、この時期の文字をのちに「無圏点文字（tongki fuka akū hergen）」と称する。しかし、初期の文字形態は、モンゴル文字の体系をそのまま用いたため、モンゴル文字と同じく一部の単語に複数の読みを許す文字体系であり、天聰六年（1632）に文字改革を行う必要が生じた。

> 十二頭は最初に点圏がなく、上下の文字は区別がなく、ta と da、te と de、ja と je、ya と ye を書き分けず皆同様なので、普通の言葉が文書となった時には、音は文義によって直ちにわかりやすいが、人名や地名の時には誤解の恐れがあるので、アイシン・グルンの天聰六年春の正月に、ハンの旨を奉じてダハイ・バクシが点圏を施して表記した。最初の字頭もそのままもと通り字頭に書いてある。後世の諸賢が見て、区別したことが万に一つでも裨益するところがあればそれで結構である。もし不都合であれば、旧字頭は明らかに残っている[1)]【図2-1】。

これはヌルハチの命令を受けてエルデニ・バクシらが創ったマンジュ文字に対して、文字改革を行った際の貴重な記録である。t と d は音韻として区別があるのに書き分けず、a と e も区別があるのに書き分けていない、ということがわかる[2)]。とりわけ、文字として有声、無声或いは有気、無気の区別がない、１文字の音価が必ずしも１つではないという欠陥があった【付録2を参照】。マンジュ語或いは借用語を十分に表すことができなかったのである。そこで、ホンタイジは文字の改良を命じ、この改良された文字をのちに「有圏点文字」と呼び、それ以前の「無圏点文字」と区別する。ただし、1632年を境に全面的に加圏点文字に切り替わったわけでもなく、また1632年以前でも、後代の書き込みは別として、圏点が散発的に見られる[3)]。今日、単にマンジュ文字といえば普通、有圏点マンジュ文字をさしており、豊富な文語資料のほとんどは有圏点文字によるものである[4)]。本章では、これらのマンジュ文字が創られた段階から改革に至るまでの書写方法や書写素材等の変遷について見ていきたい。

2　筆記用具

文字を記すのに、書き付けるものと刻み付けるものの二種類の道具を適宜使い分けることは、現代に至るまで基本的には変わっていないが、時代が進むにつれて文字が書かれる素材として木や布、あるいは紙が使われるのが一般的になり、必然的に筆が筆記用具の主流となった[5)]。書き付ける用具としては紙の他にペンとインク、筆と墨がその代表的なものであり、マンジュ語でそれぞれを fi（『満文原檔』には BI と書く場合もある）と behe という。現在の中国で使われている簡体字「笔」は、字意として竹の下に毛があることを示すが、それが筆のもっとも基本的な構造であって、この数千年間まったく変わっていない[6)]。『清文総彙』によると、「fi i dube 筆尖／fi i kitala 筆管児／fi i homhon 筆帽／fi i nenggeleku 筆架／fi i sihan 筆筒[7)]」等の fi からの派生語が窺える。太祖と太宗時代のマンジュ文史料でも筆に関する記事がわずかながらあり、いずれも fii という二重母音の形で綴られている。こうした筆や墨の多くは朝鮮からもたらされたようであるが[8)]、中にはいたちの尾で作られた毛筆も含まれていた[9)]。いたちの尾は全体に弾力があり穂先も利くので、筆線が大変繊細に表現し得る素材として、筆の高級原料としてよく使われた。墨の含みもよく、左右の払いがきれいにかける毛筆となったのである。マンジュ文字には曲線もあるが、旋回の動きも欠かせない。日本語の平仮名のように旋回の動きを伴う筆画は、穂先の動かし方によって、様々な形が生まれる[10)]。当時において fi に gui fi sindakū（玉筆置き）や gui fi fesin（玉筆柄）も使われ

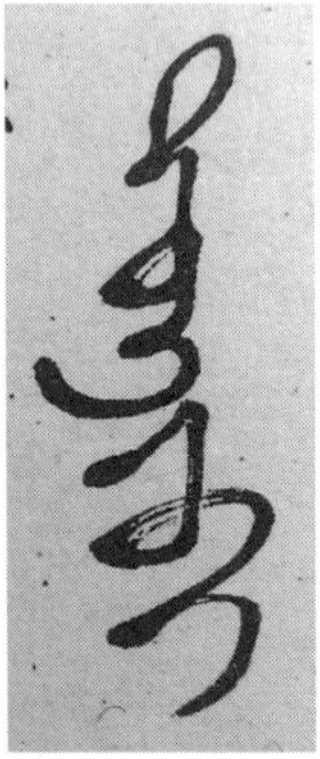

図2-2
『満文原檔』による

ているが[11]、いたち尾の毛筆に比べれば贅沢ともいえないだろう。また、いたち尾の毛筆以外に黄毛筆も多く使われたようで、そして、墨は油を燃やして採った煤《すす》に接着剤等を加えて乾燥させた油煤墨は、朝鮮からのものがほとんどであった[12]。一方、極めて原始的な書写道具として木片（葦）に墨を含ませるペンは[13]、ダイチン・グルンでは実物は確認できないものの、文字史料を分析すればマンジュ文字を書く専用のペンの存在した可能性を指摘できる。ちなみに、『阿拉坦汗伝』の本伝記抄本は貝葉式の紙に竹筆で書写したと言われている[14]。それは竹や葦の一つの端を削って筆の穂先の形にして、インクをつけて書くペンのようである。十七世紀にアイシン・グルンとモンゴル諸部が会盟した際の誓文は、木や葦のペンによって書かれたことが確かめられる[15]。竹筆については、宣教師のパランナン師は「書写のために普通は筆が用いられるが、タルタル人（マンジュ人）のなかには竹で作られたヨーロッパのペンとほとんど同じように削られた一種のペンを使う人たちがいる」と言及している[16]。そして、小川環樹（1972）によれば北京でモンゴル人のラマが、チベット文字をペンで書き、モンゴル文字は毛筆で書いていたのが窺えたという[17]。要するに、竹筆はモンゴルからマンジュを含む広い範囲で使われていたと考えられる。

一方、同じマンジュ文字として紙に書き付ける以外に、石には碑文、木には牌文として文字が刻まれている。それぞれの文字については、碑文の文字は陰文を用い、現物は磨滅して読み取り難いところもあるが、拓本にすれば文字が白抜きで再現できるし、比較的読みやすい。牌文の文字は陽文とともに陰文も用い、文字の部分はくぼんだり、浮き彫りになっているので、そのまま読み取れるものがほとんどである【図２−３】。マンジュ人が刻字職人を漢語からの借用語の形で kesejan（刻字匠）と称する[18]。彫刻刀のような道具で刻み付けたと考えられる。ちなみに『満文原檔』には農業や彫刻に使う sacikū（鏨《のみ》）も出てくるが、鏨は草取り以外に、彫刻匠が木などを切り刻むのに用いる鉄製の工具でもある。大鑽鏨は穴

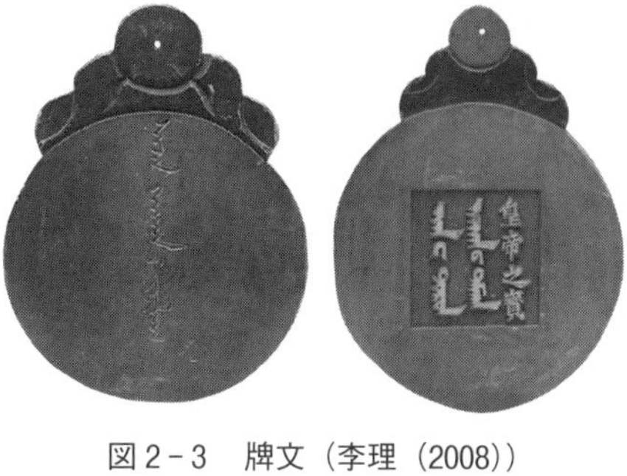

図２−３　牌文（李理（2008））

を穿り出したり穴を開けたりするのに用いる。平口鑿は刻画後の余った木屑を取り除くのに用い、円口鑿は木槌で柄の末端を打ってまっすぐな浅い溝を削るのに用いる。円鑿は円を刻むのに用いる。鑿は、一端が針のように細く小さく、細密な箇所の木屑を削り除くのに用いる[19]。これら伝統的な刻印工具は職人なら必携のものだったろう。

3　書写素材

文字は身の回りのさまざまな素材の上に書かれるが、もっともよく使われる素材は紙である。しかし、文字の用途に応じて石、金属、木等に書くことも可能である。もちろんマンジュ文字も同様である。

1）紙の出処

文字を書くための素材として、中国では古くは甲骨や青銅器、石、竹や木、また絹などが使われていたが、紙が発明されてからはしだいに竹や木などにとってかわり、もっとも代表的な素材となった。ところで、天聡八年（1635）に国書として朝鮮国王李倧に下した詔書には、紙に関する次の記事が見られる。「交易することは、両国が信頼しあって暮らすよい方法である。あらゆる貨財を、公正に取引すればよいであろう。緞子・布を端切れにして用いる。一束の紙に六・七張不足している。我らが『どうして不足したまま取引しようか』と言えば、汝らの商人は『漢人らが不足にした』という。確かに緞子や毛青は漢地より産出するであろう。白布や紙もまた漢地より産出するか。このようなことを王はよく考えよ[20]」。この記事は天聡元年（1627）正月にマンジュが朝鮮へ出兵した丁卯の乱で、朝鮮側が屈服し、城下の盟を結ばれたことで多くの物資を差し出す結果になったことにもとづいている。アイシン・グルン時代から紙は著しい不足状態にあり[21]、『満文原檔』に使用された紙は、遼東の各衙門を占領した際に押収した公文書を再利用したものや高麗紙が多くあった[22]。高麗紙は厚手のもの、紙を漉いたときの線があるもの、薄手のものの三種類に分けられる[23]。また、aisin menggun i hoošan（金銀紙）、orho hoošan（草紙）、iolehe hoošan（油紙）、šanggiyan hoošan（白紙）などの紙も使われている。

一方、太祖時代から太宗時代にかけて、紙を漉く（hoošan hergere）職人を登用する詔書も出されている[24]。当然ながら jijan（紙匠）という人物も現れたし[25]、自ら紙造りに挑戦する者、そしてさらに紙屋まで出現したのである[26]。

2）石を活用

石は紙よりはるかに簡単に手に入る素材であるから、古くから文字を書くための重要な素材として使われていた。以下、石による立碑の事例を見ていきたい。戊申の年（1608）に大明との境界に石碑（wehei bithe、或いは漢字音の šibei ともいう）を立て、天に白馬、地に黒牛を殺して誓い、「漢人がひそかに境を出れば漢人を殺す、ジュシェンがひそかに境を入ればジュシェンを殺す」と記した[27]。このときの碑文は満漢合璧で刻まれていたと考えられる。次に、そもそもラマ教はモンゴルを通してアイシン・グルンに入ったが、太祖の崇敬を受けた人物はチベット出身の nangsu（囊素）ラマである。しかし、天命六年（1621）にラマが死去したので、太宗の天聡四年（1630）になって宝塔を勅建して記念した。それは「喇嘛法師宝塔記」という満漢合璧で刻まれたラマの功績を称える石碑である【図２－４】。天聡四年（1630）という時期はまだ文字改革が行われておらず、したがって碑文に用いた字体はもちろん無圏点文字（tongki fuka akū hergen）で、碑石が粗面である上に字体も甚だ幼稚拙悪を極め、しかも損傷著しいために難解である[28]。これはアイシン・グルンにおいて無圏点文字で刻まれた現存する満漢合璧の碑文でもある。さらに、朝鮮国王は丁卯の乱により、アイシン・グルンと君臣関係を結んでから十年の後、ハンに新たな尊号を勧進する

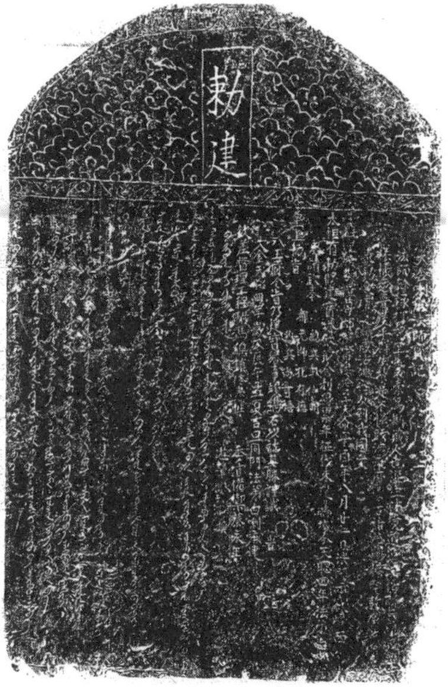

図２－４　『喇嘛法師宝塔記』正面（『北京図書館蔵中国歴代石刻拓匯編』第六十一冊）により

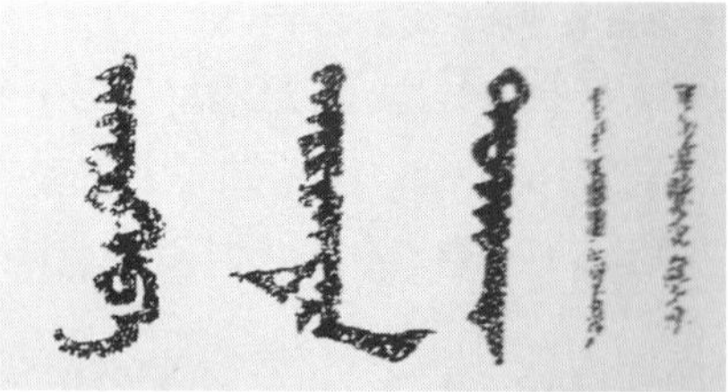

図 2－5　hancikibe hairandara duka / 撫近門の扁額（天命七年（1622））
（『清史図典』（第一冊）太祖・太宗朝）

際に、朝鮮がこれを拒んだことを背誓行為として咎められ、ダイチン・グルンの攻撃を受けた。氷点下の気候に恵まれて、氷結した鴨緑江を渡ったダイチン・グルンの軍隊は、本格的な反抗に遭遇することもなく一気に朝鮮の都に到達した。崇徳二年（1637）正月三十日に国王の李倧は閣老・群臣等を率いて降伏し、ダイチン・グルンと改めて誓約を締結し直すことになった[29)]。これを朝鮮側では丙子の乱と称し、このときのダイチン・グルンの戦勝碑は、現在も三田渡に残っている[30)]。それはマンジュ文・モンゴル文・漢文で石碑に刻まれている。石は石碑の形にするのに運搬から始めて、多大な苦労を要するが、加工して文字を刻んだら耐水性、耐久性の両面で非常に優れた素材である。だからこそ今まで残されているのである。

領土の拡大とともに人口増加も続いたので、新たに城を築くことに着手した。城には城門は欠かせず、それには必ず名称をつける必要がある。名称を石に刻んでから城門の上に掛けるが、それを拓本にすれば文字の部分が黒く出てくるから、もともとは陽文の扁額であったことが分かる【図 2－5】[31)]。扁額の文字が浮き彫りの形になっていれば、文字さえ知っていれば遠くから誰でも読めるだろう。

3）粘土の鋳型

金属に文字を記すには、刻字匠が彫刻刀で刻みつけるものではなく、鋳鑪匠の技術によって鋳込んだ文字でなければならない。まず、銅銭については、「銀が豊富なので銭が使用されない」と告げる者がいたので、銭を鋳るのをやめさせたという[32)]。アイシン・グルンでも早くから銅のコインが作られ流通していたのであり、それは太祖時代にそれぞれマンジュ文の［abkai fulingga han jiha］と漢文の

図２－６　「満漢銅銭鋳型」表と裏（瀋陽市福陵にて撮影）

［天命通宝］と二種の銅銭である[33]。このような満漢の文字は銅銭作成の段階で鋳込むための鋳型が必要である。もちろん当時の銅銭の鋳造に用いた鋳型も残されているので、銅銭の作成過程を知る有力な手がかりとなる。

まず粘土の塊で手で持てるくらいの銅銭の原型を作るが、原型に必要なのは図柄ではなく文字であるので、粘土の表面に文字を彫ってから焼き固めて精巧な原型を作る。それを粘土で作った平面に二行に分けて八つ（四つのものもある）を押し付けると鋳型ができる【図２－６】。原型には正字陽文で文字が彫られているから（図にある印鑑のようなもの）、鋳型に押された文字は反字陰文となり、出来上がった鋳型は銅銭の表である。また、同じ手法で無字の背面鋳型をつくる。最後に文字のあると無字の鋳型をあわせて中に溶かした銅を流し込み、冷えてから鋳型を取り除けば【図２－７】の通りのそれぞれ満漢

図２－７　天命年間の満漢銅銭

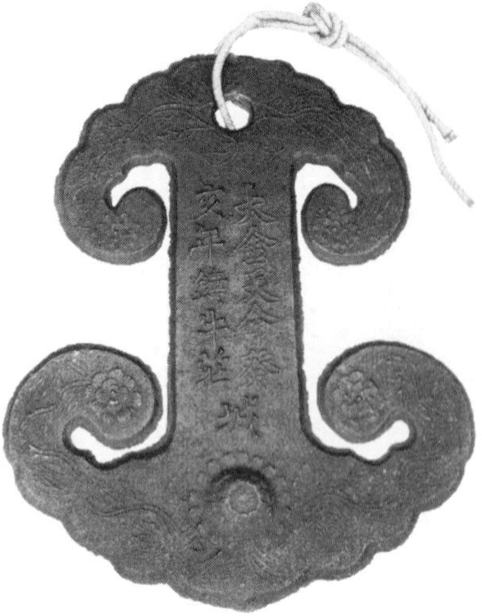

図２－８　雲板
（『清史図典』（第一冊）太祖・太宗）

の銅銭ができる[34]。

さて、「もし夜は報告に来たときには、敵に関する急報ならばPANG／bangを打て、逃亡者が出たとか城内のことならばCAN／canを打て、吉報ならば太鼓を打て[35]。」という天命十年（1625）に定めた法令がある。この中のPANG／bangは鉄の雲形を打ち鳴らすための鋳製板であり、もちろんPANG／bangは漢文「板」の音訳語であるが、漢語では雲板という。従来は楽器の一つであったようであるが、寺院において庫裡または斉堂前に掛けて食時等を報ずる楽器でもある。青銅または鉄製の円形に近い雲形の板で、上部に一つまたは二つの孔があり、これに紐を通して吊り下げる。雲板の中央よりやや下部に撞座があり、そこを木槌で打って鳴らす[36]。今日において牛荘城で使われていた鉄製雲板が残されているが、高さは55.5cm、上部の幅は36cm、下部の幅は44.5cm、厚さは1.2cmである。鉄製なので振動数が最も高く、響きもややかん高いので警報器として戦時にも使われていただろう【図２－８】。雲状の上に花柄がついて、真ん中の部分に「大金天命癸亥年鋳牛荘城」という文字を鋳込んである。天命癸亥年はすなわち天命八年（1623）であり、造り方も銅銭と同じ技術であると考えてよかろう。

４）木簡の登場

紙が発明され普及する前に、中国で文字を書き記すためにもっともよく利用された素材は、おそらく竹や木を細長く短冊状に削った札であろう。竹で作ったものを竹簡、木で作ったものを木簡という[37]。蔡倫よりはるか以前、少なくとも100年から150年以前に、既に紙は中国国内で製造されていたのであった[38]。にもかかわらず17世紀のマンジュ人の間では文字を書く素材として木簡を使用していたことが窺える。上述したように、書写素材としての紙は、決して貴重な、希少価値のある素材ではなく、高麗紙や明の公文書の紙などが量的にも十分に浸透していたにもかかわらず、なぜマンジュ人はあえて木簡を用いたのか。

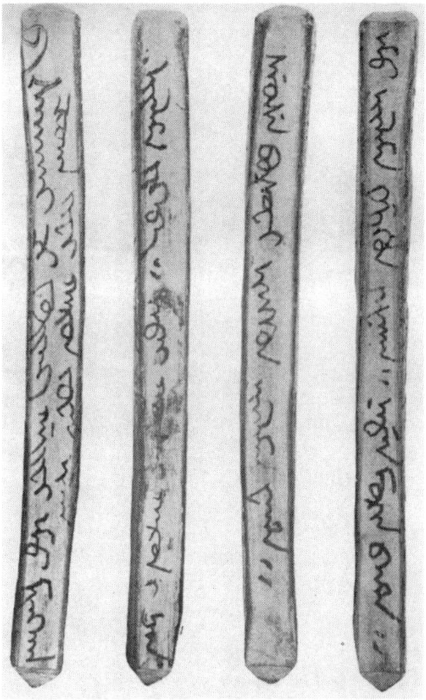

図2-9　満文木簡『文献論叢』国立北平故宮博物院十一週年記念（1936年）挿絵より

最初発見された木簡は高麗紙で包んだ二十六枚に及ぶ木片であるが、崇徳元年（1636）の進軍情報や戦利品などの内容が記されている【表紙を参照】[39]。この木簡は白い木を材料としており、木の地肌が白く墨の吸収もよいことから、マンジュ人が書写素材としたのだろう。ほとんど短冊状のものばかりであり、もっとも大きいもので長さは33cm、一番小さいもので16.7cm、幅は4.7cmから2.0cmの間の木簡である。そこに書かれた行数は、木簡の幅にもよるが、一行から四行くらいで、二行書きのものが多い。ほとんどが両面を利用して文字を記しているが、正面と背面の文章はつながっており、内容に修正を加えたところも散見する。しかも木簡の上下に穴もあったが、下部に穴があいているものが多い。おそらくそこに革紐を通して木簡を結んだり、掛けたりして、書物として広げて読むことを念頭に置いて作製されたのであろうか、合理的な編綴のように思われる。

また特殊例として四角柱の形をした一枚の木簡があり、縦は16.5cm、幅は1.5cmのものである[40]。四面とも使われたが、二行書きは一面で、ほかの三面には一行だけ書かれている【図2-9】。こうした木簡の記載は紙媒体に一致する記録も少なくなく[41]、明地を占領しつつあることで、公文書などの紙の入手が困難でないにもかかわらず、あえて木簡を利用したのであるから、紙が乏しかったとはいえないであろう。とりわけ、17世紀のマンジュ人において紙と木簡が併用されたことは事実であり、木簡に書かれた記事は『満文原檔』の内容一部となっていた[42]。

4 木版印刷の展開

紙が使われはじめると、それまで粘土の封に押しつけていた印を、紙の上にじかに押すようになる。もちろんこれは印刷ではないが、その原理と考え方は印刷と変わらない。印刷術の起源は印鑑であるといわれる[43]。マンジュ人の印鑑といえば、「胡書の印跡は、解篆人の申汝櫂及び蒙学通事に翻解させたところ、則ち篆様の番字であり、それは後金天命皇帝という七字である[44]」という。朝鮮の学者たちが胡書《ジュシェン文字》の解読に苦労した印跡は、マンジュ人が最初に作らせたマンジュ文字「abkai fulingga aisin gurun han i doron」の印璽である【図6-3】[45]。しかし、書体は篆書ではなかった。ウイグル式モンゴル文字の形に似せて作った理由は、モンゴルの文化がマンジュ人によってそのまま受け継がれたという事実に存する。そのときにマンジュ人が玉以外に栴檀香木を印鑑の素材としたことも稀ではない【表6-2】。

1）一枚摺り

マンジュ人が遼東各地の支配を開始するとともに、多くの職人たちが支配下に入れられて印刷術も早くから伝来し、本格的に実用化されている。例えば、上述の【図2-1】は、天聡六年（1632）に公布された文字改革に関する記事であるが、初期の印刷物の遺品の一つとして、一枚板による版木で刷り上げたものである。公布内容を多量に印刷することで、至るところに掲示して広く知らせることができるのも一つの利点である。版面によると本文の上下と左は欄線で囲まれて、上下の線は双欄で外側は太く内側は細い。しかし左の線は一本の太い単欄だけだった。版面を見る限りでは、欄のほうは本文より後に出来上がったと見られる。また、右から四行目の上下に○付けが見られるが、それは版心をあらわす記号に相当するものなのか。そうすると、さらに右より四行くらい欠けているかもしれない。おそらく、新製の十二字頭に間違いないだろう。そして版木作りには文字をうまく読み取れるマンジュ人の匠人が関わっただろうが、その技能水準は低い。

さらに、『満文原檔』（宿字檔）には年月日なしの誓文が記されている。一枚版木で四十二枚も摺られた誓文であるが、いずれもあらかじめ出来上がった刷物に職務や名前だけ手書きの形で記入したものである[46]。そもそもの一枚版木で摺られた一葉ずつを製本するときに、印刷面を外側にして半分に折り、それをページ順に重ねてほかの写本と綴じ合わせたのが『満文原檔』（宿字檔）である。天命年間から印刷の始まりを裏づける重要な版木であると認められる[47]。

2）満漢合璧摺りの登場

> 初二日にハンが言う諭旨には、諸王がタバコ（dambagu）を喫することをなぜみな真似するのか。彼らは剰余金で喫するだろう。貧しいお前は切り詰めた生活しているのに、なぜただの煙のために銀装を出し、タバコを購入して喫することに何があるのか。これからは諸王は喫ってよいが、大臣から民までみなやめること。タバコを植えれば、畑のすべてを没収する。諸王は喫するためにも植えてはならない。朝鮮から適量に購入して吸え。（後略）[48]。

これは天聡五年（1631）に定められた煙草の栽培を禁止する法令である。しかし、この法令はあまり効果がなかったので、崇徳四年（1639）にあらたに戸部から禁令が出されている。もちろん読み手はマンジュ人や漢人であるから、一枚の版木に満漢合璧の形で摺られたものであり、そしておそらく八門の鐘楼に掲示し、マンジュ人や漢人に広く知らせていたのだろう[49]。それには、まず官印の boigon i jurgan i doron（戸部の印）を捺された用紙をあらかじめ用意し、次いで版木の年号にあわせて摺られたに相違ない。これは初期における唯一の現存する合璧の刷物であり、マンジュ文は左から擡頭しないまま十一行書かれ、一方漢文のほうは戸部が一字、王府が二字を擡頭して右から十行書かれており、かなり特殊なところは官印の上に合璧で年号が揃って摺られていることである。また、漢文にはほとんど句読点がないのに対し、マンジュ文には句読点がつけてあり非常に読みやすい【口絵7を参照】[50]。なかなかしっかりした刷物で、おそらくは技巧に富んだ専職の手になったものと見られる[51]。

ちなみに、トルファンの木版印刷物には六種の言語が使われている。ウイグル文、漢文、サンスクリット文・西夏文・チベット文及びモンゴル文の六種で、中でもウイグル文、漢文及びサンスクリット文が主流を占めていた[52]。ダイチン・グルンにおいてはマンジュ文と漢文だけにとどまらず、一枚版木で摺られたモンゴル文の印刷物までも残されている[53]。後の国家出版プロジェクトとして編纂された多言語辞書の『御製五体清文鑑』はもっとも有名なものである。

3）書物の誕生

天聡六年（1632）の漢人大臣からの上奏文に「進兵の日に榜文を一道做《つく》り、板に刊《ほ》って印刷し密かに行《ま》いて広布し、暁諭して天下の人咸《みな》に我を知らせる[54]」とあり、占領地あるいは次の占領目標の漢人に対して、民心を掌握するための冊子の頒布は一般的に行われていたと考えてよかろう。実際冊子として刊行されたものもあった。それは全て二十三丁の、冊子あるいは書籍に相当するもので、半丁十二字詰七行だが、一行十四、五字詰めた頁も二頁ばかりある。全体の字数はおよそ四千字あまりかと勘定される。一見して素朴な書体の刻本と判明するが、しかし素人技ではない、刻字匠の手になったものであることも容易に看取される。それは『後金檄明万暦皇帝文』という漢文で刊行された天命年間のものは、占領地の漢人に対して印頒された刻本であるという【図 2-10】[55]。版面を見る限りでは、確かに行数と字数にばらつきがある。そして、版面のサイズについては、高さは最大で17.9cm、最小で15.5cm で、幅は最大で16.5cm、最小で14.4cm となっており、版面の大きさもまちまちであることがわかる。しかも、欄線は双欄と単欄の方法をともに採用したが、いずれも細い欄と太い欄が均等に刻されていなかったことがわかる。さらに、かなり特殊的な点では、一葉一葉印刷して綴じ合わせた異なるサイズの版木によることに気づく。おそらく技能水準の低い刻

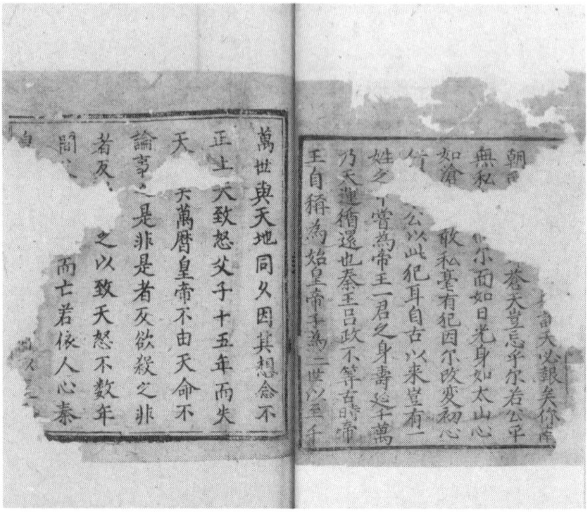

図 2-10　『後金檄明万暦皇帝文』（中国国家図書館蔵）

字匠の作品ではないか。また、右側辺欄の綴じた中に頁ごとに「一王成」・「三李」・「四李」・「十五号佟」・「十六佟」などの記載が見られ、これは版木作成にかかわった刻字匠の名前かもしれない。ちなみに、明の崇禎年間の当時天下第一の出版商であった毛晋の刊刻経費は毎百字三分であったと言われる[56)]。

なお、この漢文「後金檄明万暦皇帝文」と同時に同じ内容のマンジュ語の冊子も作られていた【図2-11】[57)]。もちろん漢文の刻本と同様に版木で摺られて、全体で78頁に及び、半葉のサイズは漢文テキストとほぼ同じの22×17cmになるもので、菊判（22×15cm）に相当するサイズの刷物である。文字も相当大きく、端正な楷書の筆つきが、忠実に刻されている。かなりの熟練の刻字匠が関与していたことがわかる。ただし、本文の四周のふちどりは単欄であるものの、欠点はやはり一葉一葉を綴じ合わせた上下の欄線がずれていることである。また、改行時には、○の上に「耳子[58)]」（耳格とも[59)]）に似せた型を刻していたことで、各条の検索に都合がよく、文章の全体も甚だ読みやすい。○で改行や擡頭を示すのが、この時代の写本によく見られる書式である。版木でも原稿の形を忠実に表そうとしていたといえる。しかし擡頭することは漢文テキストには全く見られない。また、両テキストは版木で冊子として摺られたにもかかわらず、いずれも版心ないし魚尾がないままに装訂された。冊子としても布告のために作られたので、版木を作るときにできるだけ手間が省かれたのかもしれない。ただし、冊子の何よりの利点は、巻物のように物々しくなく、小型で携帯にも都合がよいことである[60)]。

図2-11　Musée Guimet 蔵

マンジュ人が入関後に翻訳して刊行させた書籍の早い例では、*ming gurun i hūng u han i oyonggo tacihiyan*（明洪武ハン要訓）という訳本がある[61)]。大明を受け継いで初めての国家プロジェクトとして、洪武帝の教訓をまとめた書物である。版木で摺られた版面

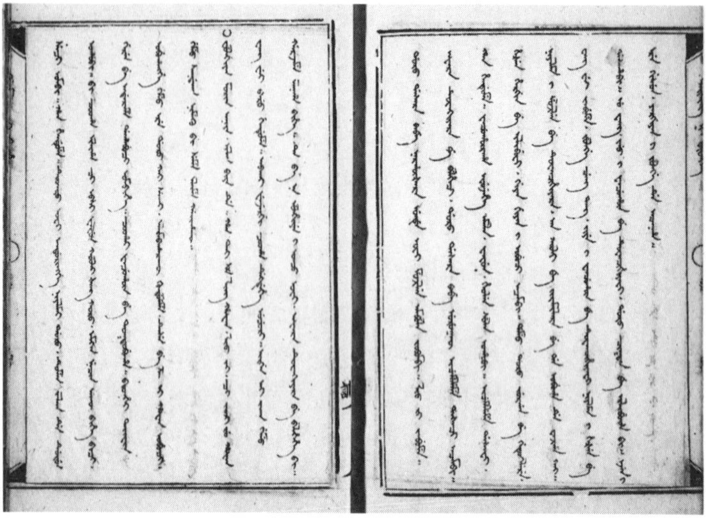

図2-12 *ming gurun i hūng u han i oyonggo tacihiyan*
（明洪武ハン要訓）（BnF蔵）

には、漢籍版本の基本となるデーターがほとんど正確に現れている。例えば、欄線・版心・魚尾などがとられる欄線の外側は太くて内側は細い。版心は一葉の中央の部分にあり、一番上からは魚尾、書名の略称 daiming ni bithe（大明の書）、巻数、丁数（ページ数）、魚尾があって、魚尾は紙を折るときの目印であるが、双魚尾は必ず必要とされる【図2-12】。ただし、中央にある「○」は何の意味をあらわしているのかよくわからないものの、このような「○」は同時期にマンジュ語に翻訳された「遼・金・元」三史や『三国志』などの刊本にもある。おそらく、マンジュ人は入関後、自らの文字文化もそのまま移植した上に、中国の高度な文明を加えることで新しい文化を誕生させつつあったのだろう。

5 おわりに

筆記用具として文字を記すのに書き付けるための筆と刻み付けるための彫刻刀が使い分けられて、ダイチン・グルン初期の段階でも、同じくこのような二種類の道具が使われていた。書き付けるための筆は紙や木簡で使用し、紙の多くは高麗紙以外に大明の公文書の紙が用いられ、マンジュ人が自ら紙作りしていた可能性もあった。そして、木簡は短冊状のようなものと四角柱の形をしたものが使われ、その上に一行から四行までマンジュ文字が書かれていた。かつ、紐で閉じる穴があるものもあった。

また、刻み付けるための彫刻刀は石と木で使用され、それぞれ碑文と牌文というものである。石は石碑の形にするのに運搬から始めて、多大な労苦を要するが、紙と違って碑文を刻んだら耐水性・耐久性の両面で非常に優れた素材である。そして、牌文の素材は木で、その上に文字が刻まれてハンの指令などを送達するときに欠かせないものである。さらに、版木で刷り上げることも盛んになり、一枚の満漢合璧摺り以外に冊子のような書物まで現れていた。

ダイチン・グルンにはマンジュ人のほかにモンゴル人・漢人・朝鮮人などが暮らしていたので、社会では必然的に多種類の言語と文字が用いられていた。グルン樹立初期の社会がマンジュ語・モンゴル語・漢語がいたるところで併用される多言語文化であったとの側面が、様々な形で表れていた実像を明らかにした。こうした入関前から多元的文化がマンジュ的要素と積極的・合理的に融合し、マンジュ人・モンゴル人・漢人からなる多民族体制を構築・形成したのである。そしてその多民族・多言語性は、のちの時代にも受け継がれてゆくことになったのである。

注：

1) 『満文原檔』第五冊、洪字檔、天聡六年正月、139頁（『満文老檔』Ⅴ太宗2、633～634頁）。
2) 早田輝洋（2011）「満洲語と満洲文字」『言語の研究』Ⅱ、大東文化大学語学教育研究所、21頁。
3) 早田輝洋（2011）「満洲語と満洲文字」『言語の研究』Ⅱ、大東文化大学語学教育研究所、3頁。
4) 津曲敏郎（2002）『満洲語入門20講』大学書林、15頁。
5) 阿辻哲次（1989）『図説漢字の歴史』大修館書店、212～214頁。
6) 阿辻哲次（2000）「文房四宝前史・序論」『興膳教授退官記念中国文学論集』汲古書院、25頁。
7) 『清文総彙』巻12、30頁、「fi sere gisun」、296頁。
8) 『李朝実録』巻15、仁祖五年二月十二日、「備局啓曰、以当給七百両銀書示劉海、則海以姑待事完為辞而不受、求得朱鬃笠・紬布・油衫・麝香・筆墨・水銀・硼砂等物云。硼砂則尙衣院有之。鬃笠・筆墨則自戸曹備給。麝香則令内医院覓給。油衫則無得処、不得応副矣」。また、『李朝実録』巻30、仁祖十二年十二月二十九日、「金差使鄭命寿出示小紙、乃求索『三国志』・『春秋』及筆墨等物也。答曰、筆墨・冊子中易得之物覓給可也。」

9) 『内国史院満文檔案訳注崇徳二・三年分』（河内良弘訳）311～312頁と674頁。

10) 北山聡佳（2014）「小学校書写教育における右回旋の筆画について」『歴史文化社会論講座紀要』第11号、京都大学大学院人間・環境学研究科、46頁。

11) 『内国史院満文檔案訳注崇徳二・三年分』（河内良弘訳）崇徳二年正月二十五日、74頁。

12) 『朝鮮国王来書簿』それぞれ崇徳二年四月、崇徳四年十一月二十五日、崇徳五年三月二十二日の条による。

13) 藤枝晃（1971）『文字の文化史』岩波書店、192～200頁。

14) 若松寛（1985）「〈批評・紹介〉珠栄嘎校注「阿拉坦汗伝（蒙文）」『東洋史研究』44.1、162頁。阿辻哲次（1989）『図説漢字の歴史』大修館書店、219頁。小林信彦（1988）「クシャーナ時代のブッダ劇」『京都大学文学部研究紀要』27、1頁等参照。

15) 井上治・永井匠・柳澤明（1999）書評『十七世紀蒙古文文書檔案1600～1650』『満族史研究通信』満族史研究会、99頁。

16) 矢沢利彦編訳『中国の医学と技術』（イエズス会士書簡集）、78頁。また、『耶穌会士中国書簡集』（中国回憶録）第2巻、鄭徳弟等訳、303頁。

17) 小川環樹（1972）「〈批評・紹介〉藤枝晃著『文字の文化史』」『東洋史研究』31.3、108頁。

18) 『満文原檔』第七冊、月字檔、天聡四年二月八日、第50頁（『満文老檔』Ⅳ太宗1、第313～314頁)、「初八日に、灤州に送った書、灤州の者を速く催促して田を耕させよ。官に任じる者を今送る。またこの頭の剃ることについての書を刻字匠（kesejan）に彫らせて、いずれの地で頭を剃らなかった者を得た時は、頭を剃りこの書を待たせて行かせよ。また汝らのそこの芝居役者を悉く送れ、汝らの得た家畜を四旗に分けて保管せよ、財貨はここに送って来い」。また、石碑を建てるのに、塑匠・画匠・木匠・泥水匠・鋳鑪匠・石匠・鉄匠・彫刻木匠などの職人がかかわっていたことが窺える（鴛淵一（1943）『満洲碑記考』目黒書店。M. Elliot, 1992）*Turning a Phrase: Translation in the Early Qing Through a Temple Inscription of 1645.* AETAS MANJURICA, 等を参照。

19) 銭存訓（2007）『中国の紙と印刷の文化史』（久米康生訳）法政大学出版局、191頁。

20) 『満文内国史院檔』天聡八年三月初二日。また、『内国史院檔・天聡八年』（東洋文庫）91頁。

21) 松村潤（1978）「天命朝の奏疏」『日本大学史学科五十周年記念歴史学論文集』、591頁。また、同氏（2008）『明清史論考』山川出版社、259頁にも収録。

22) 陳捷先（1969）「「旧満洲檔」述略」『旧満洲檔』（一）、国立故宮博物院、8頁。

23) 細谷良夫（1991）「「満文原檔」「黄字檔」について——その塗改の検討」『東洋史研究』49.4、23頁。また、崔南善（1965）『朝鮮常識問答：朝鮮文化の研究』（相場清訳）宗高書房。藤本幸夫（2002）「朝鮮の印刷文化」『静脩』39.2、6～9頁参照。

24) 『満文原檔』第三冊、列字檔、天命八年三月二十五日、292頁（『満文老檔』Ⅱ太祖2、705～706頁）。また、『各項稿簿』天聡四年八月、「勅諭永平遷灤等処軍民人等、知悉爾衆中有能造紙匠役、速赴書房報名、另行優養。特諭。」
25) 『満文原檔』第十冊、日字檔、崇徳元年四月初三日、110頁（『満文老檔』Ⅵ太宗3、986頁）。
26) 『満文原檔』第二冊、張字檔、天命六年三月二十八日、59～61頁（『満文老檔』Ⅰ太祖1、297～298頁）。
27) 『満文原檔』第六冊、天字檔、天聡元年正月八日、4～9頁（『満文老檔』Ⅳ太宗1、2～5頁）。
28) 鴛淵一（1943）『満洲碑記考』目黒書店、63頁。
29) 『内国史院満文檔案訳注崇徳二・三年分』（河内良弘訳）崇徳二年正月三十日、84～93頁。
30) 宮島博史（1998）『明清と朝鮮の時代』（世界の歴史12）中央公論社、255頁。
31) 『清史図典』第一冊（太祖・太宗）紫禁城出版社、145頁。また、山本守には（(1937)「撫近門の扁額について」『東洋史研究』2.3、87～88頁）という論文があるが、これは盛京城撫近門についての論説である。ちなみに、盛京城撫近門の写真については、内藤湖南（1935）『増補満洲写真帖』に載っているが、この天命七年の撫近門の扁額と全く異なるものである。また、その漢文撫近門の拓本について、すでに三國谷宏が（1936）(「奎章閣所藏外交文書を瞥見して：鮮満北支地方旅行の一收獲」『東洋史研究』1.4、42頁）において紹介していた。今西春秋（1936）(「孟森氏に答ふ：ヌルハチ七大恨論に関して」『東洋史研究』1.5、75～76頁）においても言及したことがある。
32) 『満文原檔』第四冊、収字檔、天命十年五月二日、284頁（『満文老檔』Ⅲ太祖3、971頁）。
33) 穂積文雄（1942）「清代貨幣考」『東亜経済論叢』2.3、110頁。
34) 唐与昆（1852）『制銭通考』中央民族大学出版社。
35) 『満文原檔』第四册、収字檔、天命十年五月、285頁（『満文老檔』Ⅲ太祖3、972頁)。
36) 栗原正次（1974）「仏教打楽器の音響学的研究（その一)」『東洋音楽研究』34～37合併号、34頁。
37) 阿辻哲次（1989）『図説漢字の歴史』大修館書店、224頁。
38) 冨谷至（2001）「3世紀から4世紀にかけての書写材料の変遷——楼蘭出土文字資料を中心に」『流沙出土の文字資料——楼蘭・尼雅出土文書を中心に』京都大学学術出版会、482頁。また、方豪『中西交通史』(上)、上海人民出版社2008年、260頁「不能否認蔡倫之前有紙、蓋所有大発明、必有若干未成熟之嘗試発明為其基礎也。」
39) 『文献叢編』二十一、国立北平故宮博物院文献館民国二十三年十月分工作報告整理編目、「老満文木簡、二十六片、年月不具備」。『文献叢編』二十三、口絵「満文木牌清内閣大庫蔵凡二十六支内容、記載崇徳元年武英郡王阿済格略明時、戦地殺敵俘虜及占領城池掠護戦利品等事」。『清代文書檔案図鑑』「満文木牌」21頁。また、方甦生（1936）「清代檔案分類問題」『文献論叢』(国立北平故宮博物院十一週年記念)、40頁。李徳啓(1936)『阿済格略明事件之満文木牌』国立北平故宮博物院文献館。今西春秋（1963）「崇徳三年の満文木牌と満文老檔」『岩井博士古稀記念典籍論集』、99～107頁。松村潤(2008)『明清史論考』山川出版社、372～420頁を参照。
40) 『文献叢編』三、1937年。

41)　松村潤（2008）『明清史論考』山川出版社、390頁。
42)　今西春秋（1935）「李德啓編訳．阿済格略明事件之満文木牌」『東洋史研究』1.2、63頁。
43)　藤枝晃（1971）『文字の文化史』岩波書店、219頁。
44)　『光海君日記』巻百三十九、己未四月十九日壬申伝曰、「奏文中後金汗宝、以後金皇帝陳奏、未知何如。令備辺司因（＋伝教）詳察以奏。回啓（＋曰）、胡書中印跡、令解篆人申汝櫂及蒙学通事翻解、則篆様番字、俱是後金天命皇帝七箇字、故奏文中亦具此意矣。令承聖教更為商量、則不必如是翻解、泛然以不可解見之意、刪改宜当。敢啓、伝曰允。」
45)　『文献叢編』14口絵の「天命丙寅年封佟延勅」によったものである。
46)　『満文原檔』第五冊、宿字檔、無年月日、363〜446頁。
47)　今西春秋（1976）「MANJU 雑記３題」『朝鮮学報』81、７〜11頁。
48)　『満文内国史院檔』天聡五年閏十一月二日、「ice juwe de han hendume wasimbuha bithei gisun:beise i dambagu jetere be/geren ainu doorambi:tere funcehe ulin be jembikai:yadara niyalma si beyei/banjirengge umai ako bime untuhun sanggiyan i jalin menggun etuku tūcifi udame jeci jai ai/bi:ereci amasi beise jekeni:ambasa ci aname irgen gemu naka:dambaku/tarici tariha usin nisihai gaimbi「□」, ilan ūbu afafi jūwan ūbu sajin gaifi:emu ūbun yayakan niyalma de bumbi:/beise jembi sehe seme ume tarire:solhoci kemneme udafi jefu:ere bithe（#gisun）be/ jurgan i degelai taiji de benehe:」
49)　『各項稿簿』には、それぞれ「二十一日写一張用印行」ならびに「十三日頒行各官、及貼八門種楼、共百三十二張」とあるように、頒行する法令をほとんど版木で印行した。しかも広範囲に届くように、いたるところに掲示したと考えられる。
50)　『崇徳四年戸部禁煙種丹白桂告示』閣雑24（中国第一歴史檔案館蔵）。また、『文献叢編』12、口絵「崇徳四年戸部禁種丹白桂告示」故宮博物院。『文献特刊』（国立北平故宮博物院十週年記念）、口絵「崇徳四年戸部禁煙葉告示」故宮博物院。W. Fuchs（1936）*Beiträge zur mandjurischen Bibliographie und Literatur.* Tokyo: Deutsche, p. 1。『清代文書檔案図鑑』「戸部論」、22頁等に収録。
51)　今西春秋（1973）「後金檄明万暦皇帝文」について『朝鮮学報』第67輯、138頁。
52)　T. F. Carter（1931）劉麟生訳『中国印刷術源流史』商務印書館、121頁。また、藪内清訳『中国の印刷術２』〈全２巻〉平凡社、46頁参照。
53)　「明清史料」台北中央研究院歴史語言研究所蔵「皇太極致蒙古詔書」登録番号167554
54)　『奏疏稿』天聡六年正月分。「進兵之日做榜文一道、刊板刷印、密行広布暁諭使天下之人咸知我」
55)　『後金檄明万暦皇帝文』（中国国家図書館蔵）登録番号10512。『北京図書館善本書目』巻二、「目二」「史部上、雑史類」、32頁。活字本のテキストは『清入関前史料選輯』（一）、289〜296頁に収録されている。また、研究については、今西春秋（1973）「後金檄明万暦皇帝文」について『朝鮮学報』第67輯、138〜147頁。また、同氏（1973）*Über einen Anfruf der Spätaren Chin an die Ming vo ca.1623, ORIENS EXTREMUS,* 20.1, Wiesbaden, pp. 27〜37。喬治忠（1992）「後金檄明万暦皇帝文考析」『清史研究』３、106〜110頁。葉高樹（2002）『清朝前期的文化政策』稲郷出版社、103〜105頁参照。

56）井上進（2002）『中国出版文化史――書物世界と知の風景』名古屋大学出版会、225頁。
57）*Printed book in Manchu* BG61626（ギメ東洋美術館図書館蔵）、このテキストは Tatiana A. Pang, Giovanni Stary (1998). *New light on Manchu historiography and literature : the discovery of three documents in old Manchu script.* Harrassowitz Verlag・Wiesbaden. pp. 262～340. によって公開された。また、斯達里（2003）「従『旧満洲档』和新発見的史料看満文史料対清史研究的重要意義」『清史論集慶賀王鐘翰教授九十華誕』紫禁城出版社、702～708頁、龐暁梅（2003）「満漢文『努爾哈赤檄明書』何種文字稿在先」『清史論集慶賀王鍾翰教授九十華誕』、709～714頁、Tatiana A. Pang, Giovanni Stary (2010) *Manchu versus Ming: Qing Taizu Nurhaci's "Proclamation" to the Ming Dynasty.* Wiesbaden などの研究がなされた。
58）魏隠儒・王金雨（1984）『古籍版本鑑定叢談』印刷工業出版社、61頁。また、波多野太郎・矢島美都子訳（1987）『漢籍版本のてびき』東方書店、72頁、「耳子は、左欄あるいは右欄の外側上部の角に印刷した小さな長方形である。」
59）『漢籍目録――カードのとりかた』朋友書店、17頁。
60）藤枝晃（1971）『文字の文化史』岩波書店、191頁。
61）*ming gurun i hūng u han i oyonggo tacihiyan*（明洪武ハン要訓）BnF 蔵。明の太祖洪武帝の語録をまとめた『明太祖宝訓』のマンジュ語訳本である。漢文の「宝訓」をマンジュ語で「oyonggo」（緊要）、「tacihiyan」（教え、教訓）との意味で書名を意訳していたことが窺える。このテキストの研究については、渡辺純成（2013）『満文洪武要訓 hūng u-i oyonggo tacihiyan』満洲語思想・科学文献研究資料５、科学研究補助金基盤研究（C）（平成23～25年度）を参照。

第Ⅱ部　漢文化受容と広がり

第3章

マンジュ人の読書生活について

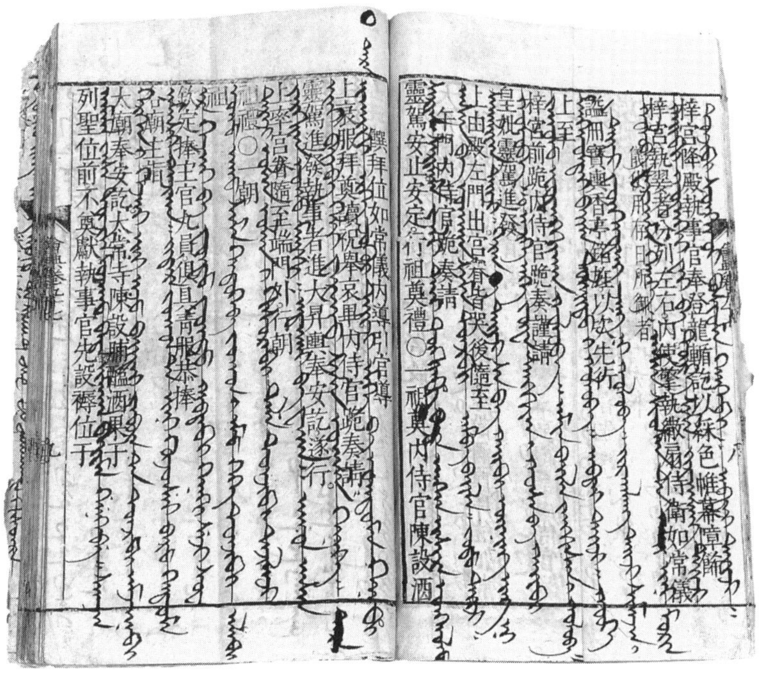

図３－１　『大明会典』に記した「逃人檔」
（中国第一歴史檔案館蔵）

1　はじめに

16世紀後半に、建州ジュシェンのヌルハチはジュシェン諸部を統一し、その直後にハルハ・モンゴルからクンドゥレン・ハン（kundulen han / 崑都侖汗）という称号を授けられた。さらに教育関係者にはバクシ（baksi / 巴克什）やジャルグチ（jarguci / 札爾固斉）、諸子にはタイジ（taiji / 台吉）などのモンゴル時代の称号が与えられ、マンジュ人はモンゴルの伝統を受け継ぎながら、社会制度的には漢文化の影響を受けて、多元的な社会を形成していた。そして言語的にもモンゴル語・ジュシェン語・遼東漢語・朝鮮語などの多言語が使用されていた。岩井茂樹が「華人が外夷に入る時代、言語や種族を乗り越えた華夷共同社会が出現した時代の一つの帰結として理解することである」[1)]と指摘したように、16世紀末期から17世紀中期におけるダイチン・グルン初期の多元的な文化特徴を具体的に究明する必要がある。

さて、「読書」とは「本を読む」ことであり、書物に書かれている文字の意味を理解することでもあるが、しかし本章では単に読むことだけにとどまらず、広い意味での「学ぶ」・「書く」などの意味も含めたかたちで論じることにしたい。

従来中国王朝は周辺諸国に華夷秩序を適用し、それらの国々を一概に朝貢国の概念で捉えてきた。大明の『会典』である『正徳大明会典』と『万暦大明会典』では周辺諸国はすべて朝貢国として扱われ、一度でも来朝すればすべて朝貢国として列挙された[2)]。『大明会典』とは、従来「令」と呼ばれてきた中国歴代の行政法則を、大明に至って総合的な行政法典としてまとめたものである[3)]。大明の会典には『正徳会典』と『万暦会典』の両種があり[4)]、李氏朝鮮が大明律を継受して法を実施し、『大明会典』に倣って『朝鮮経国典』、『経済六典』を編纂し、のちに太宗時代の『続六典』と世祖時代には『経国大典』を制定したという[5)]。『大明会典』が朝鮮に影響を与えたことがわかる。実は、アイシン・グルン時代においてマンジュ人の文人であるダハイ・バクシによって、生前に多くの漢籍が翻訳されていて、その中の一種は daiming hoidiyan/beidere jurgan i hoidiyan 大明会典 / 刑部会典である。『満文原檔』によると daiming hoidiyan を削除して beidere jurgan i hoidiyan と改めた。これについてフックス（1936）はダハイ・バクシは

『大明会典』の刑部の部分を翻訳したと指摘している[6)]。そして、天命十一年(1626)から天聡四年(1630)かけて無圏点満文を用いて、万暦『大明会典』の余白を利用して「逃人檔」を記したが、それは『満文原檔』のオリジナル資料の一つであると指摘している[7)]。マンジュ人に『大明会典』の蔵書のあたことが確かめられる【図3-1】。ただし、『大明会典』を所蔵するだけにとどまらず、マンジュ人はそれを基準にして案件を処置したり、それに基づいて新しい法令を作ろうとする議論が有力になったりと、アイシン・グルン建国の際に国家制度に深く浸透し、行政の基準として重んじられていたという[8)]。入関前の制度が確立する時期に当たっていることがわかる。

しかし、先行研究における言及はこれに止まり、その漢地の文化制度をマンジュ人が受け入れるときにいかに吸収していたのか、また、マンジュ人の文化政策にいかなる影響を与えたのかについてはほとんど触れられていない、従って、本章では異文化がマンジュ文化と接触した時のハンの反応、それに伴う一連の政策決定の姿を明らかにし、最後に、どのような過程を経て漢文化が広がっていたのかについて検討したい。

2　漢文化との出会い

1）新たな行政機関の発足

明末に興ったダイチン・グルンの初期には、政権の基盤が固まるにつれて多くの漢人(或いは漢化ジュシェン人)が政権に加わった。これらの漢人(或いは漢化ジュシェン人)はウジェン・チョオハ(ujen cooha / 漢軍)[9)]に属し、マンジュ八旗とモンゴル八旗と同等の待遇と特権を得ていた。その習慣はマンジュやモンゴルの伝統や習俗に近いものとなり、言葉にも影響を与えていたと考えられる。

こうしたニカン・チョオハの間に優れた知識人が現れて、ダイチン・グルン初期の政治制度に極めて大きな影響を与えている。まず『満文内国史院檔』天聡五年(1631)十二月二十三日の上奏文によれば、

　その日、参将甯完我が上奏して次のように言った。官制が不十分なので、弊害が

起きようとしている。立法が不完全なので、混乱が必ず起きる。事が起きた後で救おうとするよりも、事が起こる前にやれば辛いことまでに至らない。今敵の仇怨を避けず、越権を憚らず、身命を賭して提言し、忠義を尽くして、君主を欺かないことを明らかにする。ハンの恩を被り、アハ（aha）身分から解放されて、官職に登り、我が国にはまだない法例を破り、先代の水魚の交わりの気風を受け継いだ。我は自分の愚かさに構わず、勝手に遅らせないことを考えた。従って、初めて五人を連れてきて推薦し、嫉妬する習慣をなくし、広く賢人を採用しようとした。後に連名で「六部をたて、諫臣を設け、書房の名を変更し、通政を置き、服制を弁別する」など、何度も上奏したにも関わらず、六部を立てただけで、ほかについては諭旨が下らなかった。

とある。ここでひとまず上奏者の寧完我については、『満文原檔』に甚だ簡略な伝記が載せられている[10)]。そもそも寧完我は宗室のサハリャン・ベイレ（sahaliyan beile）すなわち私的な「家」に隷属するaha[11)]であり、直属の主家に奉仕することを任務とする人物である。彼が高い知識を持っていたからこそ、ホンタイジに重用され朝廷に入れられて、官僚として勤めることができた。

こうした漢人の知識人が、国政の改革に関して上奏していた。そもそも官吏の設置や法の制定に不備があり、混乱を招いていたために、アハ出身の寧完我が五人を推薦した。のちに連名で行政機関を設けようと提言したが、結果としては「六部」だけが採用され、それ以外については裁可されなかったので、寧完我は改めて上奏したのであった。これに対してホンタイジは次のように返答している。

（前略）ハンは書を見て穏やかな表情で言うには「この書の言は本当だ。これまでも大臣らが協議することが常にあって、我は一人で大臣らがすでに協議したことを勝手に改定しないことが、汝らには分かるであろう。したがって、我が考えていることが終わったら、次第に詳しくみたい。辛未天聡ハンの五年十二月二十三日にダハイ・ルンシ・クルチャンが書をハンに見せた[12)]」。

とある。確かにここでホンタイジは、漢人大臣の提言を一つ一つ実行したいと考えていた。要するに、制度の整備を求める上奏に関してホンタイジは極めて積極的であった。また、寧完我らの提言によって立てた六部に関して、『満文内国史院檔』天聡五年（1631）七月八日には、ホンタイジは次のようにいっている。

> 初八日に、衙門に諸王や大臣らすべてを集めて、グルンの制度を定めたことばに、「我がグルンにおいてさまざまなことを両院に分けて処理し、各院に旗ごと承政一人、副大臣五人が置かれたが、互いに譲り合っているので、六部を立てた。各部にベイレ一人、その下にジュシェン承政各二人、モンゴル各一人、ニカン各一人。その次にジュシェン参政各八人、モンゴル各四人、ニカン各二人、諸王・大臣を啟心郎としてジュシェン筆帖式[13]各二人、ニカン各二人、また筆帖式の職務の重要さによって任命した[14]」。

とあり、そもそもアイシン・グルンに両院だけを設けたので、大臣たちが互いに譲り合って、政務に支障が出ていたという。ここでの両院とは文院（bithei jurgan）と武院（coohai jurgan）のことを指しており[15]、六部を立てる前は両院ですべてグルンにおける政務が行われていた。行政機関が整わず、混乱が生じていたために、行政を分担して六部を立てることにしたのである。その六部のポストについては、それぞれマンジュ・モンゴル・ニカンの役人が任命され、マンジュ・モンゴル・ニカンという多様な人々を考慮し、六部の人員配置をしていたことは間違いない[16]。こうした各部のポストと担当者に関しては【表3-1】からその実態が大明の六部制度と全く異っていたことも窺える。そして、また寧完我の上奏文を続けて読むと、

> 見るところでは、ハンが六部を建てて官員が置かれてから苦慮することはなくなった。六部を建てて以来、各々に仕事を委ねると仕事の遅れがなくなった。要するにハンが政務を治められ、役に立つ官員を除名する必要がなくなり、政治はこれで完成に至った[17]。

とある。ハンたるホンタイジが、各々の能力が最大限に発揮できるポジションに六部人員を配置し、それに伴いハンの苦慮も消えていたようで、六部各々のポストを構築することによって、政務処理に効果が現れていたことがわかるだろう。しかし、すべてがそううまくはいかなかった。『奏疏稿』天聡六（1632）正月には、

> 刑部承政高鴻中■奏。今者設立六部各有専司、事体亦有頭緒。一、金漢另審。先

表3-1　天聡五年の六部

（　）の数字は定めた人数を示す。

		貝勒／台吉 beile/taiji	承政 aliha amban	参政 ashan i amban	啓心郎 mujilen bahabuko	筆帖式 bithesi	税 cifun	倉 sang
吏部	満洲	和碩貝勒 mergen daicing	dorgei, baintu(2)	hontu, hobai, haksaha, yambulu, kiska jumara, artai, keifu(8)	sonin, nanggetu(2)	sonin, nanggetu(8)		
	蒙古		manjusiyeri(1)	esei, nanai, dalai, nomun,(4)				
	漢		李延庚(1)	yang sing kūwe,「欠」(2)	be ing pin, 呉景道(2)	be ing pin, 呉景道(2)		
戸部	満洲	台吉 degelei taiji	inggoltai, sabigan(2)	sirana, yarana, mafuta, kūri, dayangga, afuni, lolo, jaisa(8)	budan, baturi(2)	budan, baturi(16)	(8)	(8)
	蒙古		obontoi(2)	baisangko, badana, kangkal, henje(4)				
	漢		佟三(1)	呉守進，joo teng ing(2)	jin ju・朱国柱(2)	jin ju・朱国柱(4)	(2)	(4)
礼部	満洲	台吉 sahaliyan taiji	baturi, gisun,(2)	mandarhan, asan, tongsan, mūku, jūjike, nikan, tarko, lama(8)	kicungge, dumbai(2)	kicungge, dumbai(8)		
	蒙古		buyantai(1)	songkai, siran, harsungga, u nagantai(4)				
	漢		金玉和(1)	祖思成，李思忠(2)	斎国儒，ū yan sū(2)	斎国儒，ū yan sū(2)		
兵部	満洲	和碩貝勒 yoto	namtai, jeksio(2)	oota, yabukai, sitangga, tūmen, ubahai, sanuha, tatai, yasita(8)	mūcengge, buran(2)	mūcengge, buran(16)		
	蒙古		suna efu(1)	kaktu, toktokoi, anggetu, mangol(4)				
	漢		石廷柱(1)	ling sioo wen, g'u yung moo(2)	丁文盛，趙福星(2)	丁文盛，趙福星(2)		
刑部	満洲	和碩貝勒 jirgalang	soohai, cakara(2)	langkio, bušai, cookar, olosecen, taisungga, burkoi, loki, bakiran(8)	ergetu, badun(2)	ergetu, badun(8)		
	蒙古		dorji efu(1)	baikolai, bursan, usantai, sarang(4)				
	漢		高鴻中(1)	yang wen ping, jin haisa(2)	王廷選，sin joo ji(2)	王廷選，sin joo ji(2)		
工部	満洲	台吉 abatai	monggatu, kangkalai(2)	basan, langgeri, emungge, omsoko, siltu, kongniyakan, fukana, mootasa(8)	miosikon, cabuhai(2)	miosikon, cabuhai(8)		
	蒙古		nangos(1)	manggei, tuktui, tunggor, nomtu(4)				
	漢		石国柱(1)	佟国印，馬遠隆(2)	羅繍錦，馬鳴佩(2)	羅繍錦，馬鳴佩(2)		

※『満文内国史院檔』（天聡五年七月初八日）と『明清檔案存真選輯』二集「老満文史料参」（図版参之一～図版参之七）により纏めた。

年金漢人同在一処審事、漢人事多有躭延。自天聡二年設立漢官分審、未聞有偏私不公而沉閣前件者。近日刑曹漢官二三人与金官同審、反致事体壅塞、不能速決。蓋因金官多漢官少、不得公同不審、以致前件延遅。若一稽査金人事審之速、漢人事審之遅、漢官之罪又将何辞。合無金官審金人事、漢官審漢人事、事無大小、金漢官互相説知、再回◯大人話以聴分剖。如有金漢人互告者、金漢官同審。或有偏私不公遅誤審断者、各応其罪、夫復何詞、伏乞◯◯上裁。以上数事雖非急務、臣身膺其任、義不容黙、故冒昧上陳、伏候◯◯聖裁施行。但臣不通金語、在別部優可。而刑部是与◯貝勒大人計議是非曲直、臣一語不暁、真如木人一般、虚応其名、雖有若無。再懇◯天恩、另択一通金語者立于刑部、将臣另辦別事、庶為両便、謹具◯奏以◯◯聞。

刑部承政の高鴻中が奏する。今は六部を設立して各部を司る責任者がおり、事柄も処理できるようになった。一、マンジュ人と漢人は別々に審理する。以前マンジュ人と漢人は一緒に事案を審理したが、漢人の事案の多くが遅延している。天聡二年に漢人官員を分けて審理する制度を設立してから、私情に偏ったり不公平があったり、かつ前件を放置したということを聞いたことがない。最近刑部の漢人官員の二、三人がマンジュ人官員と一緒に審理すると、逆に事案が滞り、速やかに解決できない。それはマンジュ人官員が多くて漢人官員が少なく、共同で審理を行わなければならないので、前件が遅延してしまったからである。もし、マンジュ人の事案が速やかで漢人の事案が遅れているのを検査すれば、漢人官員はどうして罪に問われずに済まされようか。マンジュ人官員はマンジュ人のことを審理し、漢人官員は漢人のことを審理し、事の大小を問わず、マンジュ人と漢人官員が互いに知らせてから、ベイレに返事して判断を仰ぐ。もし、マンジュ人と漢人が互いに訴えたものなら、マンジュ人と漢人が一緒に審理する。私情に偏ったり不公平があったり、審判に遅誤する者があったら、各罪に応じて問われ、それで何の言い訳ができようか、伏して陛下に裁決を乞う。以上の数件は急務ではないが、臣にはその任務があり、黙っていることができない。失礼と思いながら上奏し、伏して聖裁を得て施行するのを待つ。ただし、臣はマンジュ語ができないので、他の部にいるのが望ましい。刑部ではベイレ大人と理非曲直を協議するが、臣は一言もわからず、まるで木人のように、有って無きがごときである。さらに天恩を請いほかのマンジュ語ができる者を刑部に立てて、臣には別事を処理させたら、両方とも便宜が図れる。謹んで奏聞する[18]。

とある。各部の承政ポストにはマンジュ人二人以外に、モンゴル人と漢人が一人ずつ置かれ、この上奏者の高鴻中は刑部の漢人承政であった。各々に承政が置かれたが、互いに言語が異なるにもかかわらず、事案処理のためにみな同席して審理を行っていることがわかる。しかし、当面の問題は多く、その一つは漢人の事案が遅れがちになる現象であった。六部が設置される以前、別々に審理が行われた時には遅れることがなかったが、新たに六部の制度を導入した後には、漢人の事案に遅れが出てきたという。それは各役人が同席で審理を行わなければならず、かつ漢人の役人がマンジュ人よりはるかに少なかったからである。もう一つは、マンジュ人と漢人が互いに言葉が通じず、ベイレ大人と協議もできなかったことである。したがって、漢人とマンジュ人の事案を別々に審理すべきこと、なおマンジュ語ができる者と交代すべきことを、高鴻中はハンに建言していた。ところが、これについて寧完我は全く別の方法を考えていた。『奏疏稿』天聰七年（1633）八月九日の上奏文には、

（前略）臣又想、六部漢官開口就推不会金話。乞◯◯汗把国中会金話的漢人、会漢話的金人挑選若干名、把六部承政一人与他一個通事。他若有話、径帯通事奏◯◯汗、再悞了事体、他又何辞。◯◯汗之左右亦該常存両個好通事、若有漢官進見、以便問難覘其才調。不然同于木石、何以知他好歹。選給通事一事、実為後日幹事的好根本。見在漢官知局、勢可大用者少。臨期不得不任用新官、則通事更緊要矣、謹◯奏。

また臣が思うには、六部の漢官は、口を開くとマンジュ語ができないという。どうかハンにおいては国中のマンジュ語ができる漢人と漢語ができるマンジュ人を若干名を選んで、六部承政一人につき通事一人を与えてほしい。承政は話があれば、通事を伴ってハンに上奏することにすれば、さらに事情を誤ったときには、彼は言い逃れようがないだろう。ハンの左右に常に二人の好通事を置くべきである。もし漢官の謁見があれば、難点を質すのに都合が良くその才能を見て任用する。そうでないと木石のようで、どうやって彼の良し悪しがわかるのか。承政のもとに通事を配置する件は、今後の大事の根本のである。現在漢官は一方を担当するだけで、大任を任せられる者が少ない。必要に応じて新官を任用せざるを得

ないが、通事はさらに緊要である。謹んで上奏する[19]。

六部の漢人官僚たちがマンジュ語を話せない、上奏するにあたってマンジュ語ができないゆえの不都合が生じたようである。したがって、ホンタイジに対しマンジュ語ができる漢人と、漢語ができるマンジュ人を何人か選出し、六部の承政にそれぞれ一人の通訳をあたえ、ホンタイジと六部の漢人官僚の間に話をつなぐ役割をする「通事」を設けたいと提言されている。そもそもの「通事」に関しては『満文内国史院檔』によれば、つとにダハイ・バクシが通事（tungserebume）を務めていたように、やはり漢語に得意なジュシェン人が掌っていた[20]。六部などの行政機関が整った上に、さらに人員が増加した一方で、政治をうまく営むために通事が欠けるということはなかった。しかしダハイ・バクシは前年の天聡六年（1632）に病気で死亡していたので、欠員になっている職位を考えなくてはならなかった。ちなみに寧完我自身もマンジュ語・モンゴル語・漢語などの多言語に通じた人物である[21]。

また、国家祭祀のことについては、正白旗備禦の劉学成が天聡八年（1634）十二月二十二日に以下のことを上奏している。

十二月十四日、正白旗備禦劉学成奏為一件、要立壇郊社敬事上帝后土。我国門外設立堂子、凡初一、十五、◯◯汗駕親去叩拝。豈不敬奉天地、這還是尋常的事。味行天子的礼、還不為大敬。我◯◯汗既為天地宗子、須要象漢朝立天地壇、凡行兵出征、天年旱潦、◯◯汗当歩行到壇禱祝、命道士設斎念経。毎年冬至日、郊天用牛一只祭。夏至日、社地用猪羊祭、再把始祖神位入壇配享。道官唱礼、我◯◯汗当九升九奏。這便是天子敬天地的道理、朝廷当行的一宗要務。一件、要視朝勤政体恤民情。我国設立六部、分理民事、逢五日、十日、各部回話。豈不勤政恤民、只憑部官口説。隠瞞人民真情、◯◯汗不得尽知、還不為体恤。我◯◯汗為民父母、須当象漢朝設立通政司一員、大門外東辺設立一面鼓、西設立一口鐘、暁諭人民。有報国者打鼓三下、有伸冤的撞鐘三声、通政司官随即奏上。凡初一、十五日、◯◯汗到都堂衙門親自審問、明白纔知民情真假。這便是勤政恤民、朝廷当行的二宗要務、望我◯◯皇上信能行此両宗、得了天心民心、方成得治天下的大事。為此具奏。

十二月十四日、正白旗備禦の劉学成が上奏する。一、祭壇を立てて天地を祭り、上帝と后土に敬事すべきこと。我が国では門外に堂子を立てて、ハンは一日と十五日に駕行して自ら叩拝を行う。どうして天地を敬奉せず、これも尋常の事務としてしまうのか。天子の礼に昧《くら》くては、天地に大敬しているとは言えない。我がハンは天地の嫡子として、明朝に倣って天地の祭壇を立てて、出兵遠征や旱害水害の年に、ハンは祭壇まで歩行して祭り、道士に斎を設けて読経するように命じる。毎年冬至の日に、天の祭りでは牛一頭を用いて祭る。夏至の日に、地の祭りではに猪・羊を用いて祭り、さらに、始祖の神位を入壇して祭る。道官は礼詞を唱え、我がハンは九回昇壇し九回奏上する。これこそ天子が天地を敬奉する方法であり、朝廷において必ず行う一つ目の要務である。一、朝政に熱心に励み、民情を憐むべきこと。我が国は六部を設立し、民事を分担し、五日と十日に各部が答申する。どうして勤政と恤民に努めず、部官の話だけに従うのか。民の真情が隠蔽されても、ハンはすべてを知ることができないし、また憐むこともできない。我がハンは民の父母である。明朝に倣って通政司一人を設立し、大門の東に太鼓を一つ設置し、西に鐘を一つ設置して、民に諭告する。国事を報告する者なら太鼓を三回打ち、冤罪を訴える者なら鐘を三回鳴らす。ハンは一日と十五日に都堂衙門において自ら審問し、民情の真偽を明白にする。これこそ勤政と恤民であり、朝廷において必ず行う二つ目の要務である。どうか我が皇帝はこの二つの大事を実行し、天心と民心をともに得て、天下を統治する大事を実現してほしい[22)]。

上記の資料から、劉学成が国政に関する二つの重要な提言を行っていることが明らかである。一つは、天地を祀る際には大明のように、始祖の霊位を天地の壇に入れて等しく行うようにということ。もう一つは、六部の各官は実情を隠すこともあるが、ハンは全ての事情を把握できるわけでもないから、寧完我が以前に言上したように、大明と同じように通政司官を設けて民情に応えるべきであるということである。このように大明と同様に「天地を祀る」、「通政司官を設ける」ことによって、天下を治めることができると上奏したのである。

この上奏者の劉学成については、松村潤（1978）は「彼の祖先の一人が、南朝すなわち明に帰順し、女真招撫の功で都指揮同知の職を授けられたとあるから女真出身であることが判る。劉学成自身はすでにすっかり漢人化してしまっていたが、女真出身ということでマンジュ側の招撫《しょうぶ》に直ちに応じて帰順した[23)]」と指摘した。ここからもわかるように、当時は漢人化したジュシェン人も遼東に多く存

図3－2　漢人の帰順『満洲実録』（京都大学文学部図書館蔵）

在していたと考えられる[24)]。しかし、劉学成については、本当に漢人化ジュシェン人なのかどうか疑わしい点がある[25)]。そして、劉学成の建言について、ホンタイジは次のように返答している。

> ハンは書を見終わって、「私が衙門に出て、事を詳しく審理せよと言うのはもっともである。私もずっと考えていたのだが、遠征するので暇がなかった。また天地を祀り、始祖の霊位を立てることを敢えてどうして始めようか。天意がどうするかを知っている。天が慈しんで大政ができるならば、そのときに天命に従い、天地を祀ったり、始祖の廟を立てたりすることができるようになるだろう」と言った[26)]。

ホンタイジは衙門に出ようと思っていたが、遠征のために暇がなかったと答えている。ここで通政司官については全く触れられなかったが、天地を祀り、始祖の霊位を立てることには、極めて積極的な姿が見られる。このようにホンタイジは、開国宣言する一年前から大明の伝統儀礼を積極的に取り入れようと、漢人官僚と議論していた。実は、すでにヌルハチはニカンの事例（kooli）や法例（sajin）に強い関心があって、臣下の李永芳などにその説明要求をしていたこともあった[27]。

ホンタイジ時代から漢人官僚による、国家制度に関しての提言が、国家運営に取り入れられていたことが、後のダイチン・グルンの発展に大いに役立った。さらにダイチン・グルンが成立したあと、『大明会典』に基づいていくつか重要な祭祀の執行に取り入れられていた。次にその実態を見ることにしたい。

2）『大明会典』の応用

崇徳元年（1636）六月六日、スレ親王（サハリャン・ベイレ / 和碩穎親王）が死去した後、ホンタイジは「スレ親王[28]」が「牛が欲しい」と訴える不思議な夢を見た。これについてビトヘイダ（bithe i da / 書物を扱う長）らが「会典の書（hūi diyan i bithe）に、親王が死んだときには、初祭にハンの旨によって親王に牛一頭を殺して祭る」とあるが、この典例に書かれたしきたりを知らなかったので、ハンがそのような夢を見たのではないか、と答えた。そもそも諸王が亡くなった時に確かに牛を用いることはなかったようである[29]。そのため六月十一日に黒牛を殺して祭らせた。その祭文には、

> ダイチン・グルンの聖ハンの旨、和碩穎親王よ。汝は既に死んではいても、汝の聡明な心は生前通りなので、牛を乞う夢を私に見させた。思うに昔の典例を見ると、親王が死んだ時には初祭に牛を供える例があるが、先例を知らなかったので供えなかった。今夢に見た上、典例にもあるので大いに驚嘆し、特に大臣等を遣わして、汝の意を適えて牛を供えて祭る[30]。

とあり、ホンタイジが「会典」に書かれた典例に大いに驚嘆し、さっそく牛を供えて祭ることにした。初期に「会典の書（hūi diyan i bithe）」と称するものは、基本的にはあくまでも『大明会典』であり[31]、朝廷百官の組織から、その諸務に至るまでを余すところなく集大成したものである。「会典」という漢字音をそのまま写したものであることはいうまでもない。そもそも先代のハンや祖先の墓に二歳

の牛を用いて祭ったが[32]、親王に関して祭ることはなかったかもしれない。こうしてスレ親王に牛を供えて祭ることによって、国としての葬儀が定められるに至った。『清太宗実録稿[33]』によると、

> 合碩親王卒、輟朝三日。礼部官辦祭、合碩親王以至輔国章京倶臨喪。初祭用牛犢一隻、羊八隻、焼酒九缾、紙二万張。七日祭羊九隻、紙三万張、酒九缾。凡辦喪匠人上与之。親王妃及与未分家子卒、亦差該部官辦祭、合碩親（＋王）以至輔国章京倶臨喪、紙二万張、羊五隻、焼酒二缾。
>
> 合碩親王がなくなったら、朝政を三日休む。礼部の官が葬式を掌り、合碩親王から輔国章京までみな葬式に参加する。初祭では子牛を一頭、羊を八頭、焼酎を九瓶、紙を二万枚用いる。七日の祭では羊九頭、紙三万枚、酒を九瓶を用いる。すべての葬祭をつかさどる匠人と皇帝がこれを支給する。親王妃及びまだ分家していない子がなくなったら、また礼部の官を派遣して葬式を掌り、合碩親王から輔国章京までみな葬式に参加する。紙二万枚、羊五頭、焼酎二瓶とする。

とあり、合碩親王に牛を用いて供えた以外に、羊や酒なども用いて、合碩親王や家族についてそれぞれの葬儀に関する新たな「儀式」が定められていた。おそらくホンタイジがスレ親王に牛を供えて、しばらくもない間に頒布されたのではないかと思われる。

そうして『大明会典』では親王と親王妃の葬儀について詳しく記されている[34]。両グルンにおいての「儀式」がやや異なっており、『清太宗実録稿』の記録には牛と羊の数や紙と酒に至るまで詳しく定められていた一方で、『大明会典』には見当たらない。すでに神田信夫（1987）は、「いわゆる「崇徳会典」の条項は、『大明会典』では処理できないマンジュ王朝として独自の事例を多く集めたもののように思われる」と指摘した。これはある意味で、いわゆる初期に定められた事例の特徴を指している。『大明会典』は決して法令集ではなく、明朝の国制総覧というべきものでもあった[35]。そもそも天聡六年（1632）正月に刑部の高鴻中が「近奉上諭、凡事都照『大明会典』行極為得策、我国事有可依而行者、有不可依而行者、大都不其相遠／近頃上諭を受けて、すべてのことは『大明会典』に倣って行われるのが極めて得策で、我が国はそれによって行うべきものがあり、それによって行うべきでないものもあり、ほとんど相違がない[36]」と述べている。漢人の知識人

が『大明会典』を参照する際にはすべてを利用したわけではないと述べていた。

またアイシン・グルンからダイチン・グルンとグルン号を改めた直後に、同じく『大明会典』に基づいて、歴代王朝の建国者と同様に聖師孔子を祭ることが行われていた。崇徳元年（1636）八月の条には、

> 同じその日、孔子の神位に祭った祝文。崇徳元年丙子秋八月六日丁丑、皇帝は秘書衙門の大学士范文程を遣わして、聖師孔子の神位の前に祭って言う。師の徳は天地に合い、道は古今を覆っている。六経を刪述《さんじゅつ》したのは、万世のために定めたものである。畜生帛酒等の供物を準備して謹んで祭る。旧例に従い、顔子・曾子・子思・孟子をあわせて祭る[37]。

とある。周知の如く、儒教の祭祀を行うことは、大明のみならず、従来の異民族が建てた政権においても、一種の朝廷のしきたりとして行われていた。このように大規模に行われる祭祀は、当時のダイチン・グルン成立直後においては、非常に重要な意味を持って、またそれは儒教文化政策の一環として行われていたと考えられる[38]。祝文の内容については、まず儒教の聖人である孔子を「聖師孔子」としてダイチン・グルンで祀らせると同時に、「四聖の顔子、曾子、子思、孟子」を配享として祀った。ここで注目したいのは、何よりもこの祝文がマンジュ語で記され語られていたということである。そして孔子を祭ることについては、『大明会典』に見える[39]。大明では孔子を「大成至聖文宣王」と称していたが、その称号は大元モンゴル時代と同じであり、曲阜の孔子廟に建てられたパスパ文字による蒙漢合璧の「加封孔子制誥碑」（大元大徳十一年（1307）九月）に見える孔子の「加封」号と一致する[40]。配享の四聖については、従来の封ぜられた国公の上にさらに「加封」することによって配享が行われていた[41]。『大明会典』でも大元モンゴル時代のしきたりに従って、祭祀を執り行っていたことが明らかである[42]。

しかし『満文原檔』は、『大明会典』の祝文をそのまま引用し、しかも共通項を持つという点が見られるが、「孔子」と「四聖」という称号についてはやはり違いが見られる。

一方、婚姻制度に関しては、ヌルハチは天命六年（1621）に次のように語っている。

（前略）。法では、男は女が好きならば娶り、好きでないならば与えられない、このように定められて三十年になる法例を、汝らの姑や嫁はなぜ壊そうとするのか（後略）[43]。

とある。天命六年（1621）から30年遡れば、ヌルハチが建州女直の統一、建州配当勅書全五百道の制覇、さらに建州左衛都督僉事への陞叙《しょうじょ》を果たした万暦十七年（1589）前後と考えられる[44]。要するに建州衛時代の婚姻を確定したのは男女両性の同意に基づき、男は女が好きなだけでよく、同族との関係なく勝手に娶るという法例であったのかもしれない。

こうした制度がホンタイジの時代に至ると、天聡五年七月八日に「禁止同族内結婚勅諭」という新しい婚姻制度が定められていた。

ハンが言うには、これから継母・伯母・叔母・兄嫁・弟嫁を嫁として同族（uksun）の間で娶るのを永遠に止める。妻が各々に子供を養いながら、家を守って暮らそうと思うのであれば暮らさせよ。慈しんで養え、家で暮らさない夫に嫁ぐのであれば、同族の兄ら、弟らは好きなように別の姓を与えよ。ここで読まれた言に背いて同族の中で娶ったら、その男女を姦通する罪とする。ニカン（漢／大明）、ソルホ（solho／朝鮮）は礼儀がよくわかる国であるから、同族の間では娶らないだろう。彼らも人間として暮らしており、同族の間で娶ったら禽獣と区別がないと思って、法例を立てていたのはそのためだ。我が国に何か心の狭い人が、この法例に背いて娶りたいとしたら、彼が死んだときに泣いても、出棺に行ってもならない。中の嫁を娶ったという喜びをおさえて、表面に不満を装うのは何のためだ。この言がまたわからない馬鹿なものらが、法例をわかって止めるがよい。同族の間で娶ることを永遠に禁止した。天聡五年七月初八日[45]【口絵３】。

とある。この中で同族（uksun）という語彙は、共同祖先から別れ出た男系血統のすべてを総括している。いわゆる血縁関係が近いものと理解すればよい。ここで頒布された同族間の婚姻に関する禁止令は、大明や朝鮮の婚姻慣習をよく知ったもので[46]、いずれも夫がなくなった寡婦となっている妻を、同族の間で再婚させないとする詔書である。

こうした同族間の結婚は古くからの伝統であり、『史記』に出てくる匈奴の慣習まで遡ることができる。代表的な事例としては、「父が死ねばその継母を娶る、兄亡くなればその妻を娶る」（『史記』「匈奴列伝」）という慣習が挙げられる。また朝鮮王朝の官撰史料『李朝実録』に、ジュシェン人が同族間で婚姻関係を結ぶことに関する記事が残っている[47]。こうした千年以上にわたって続けられてきた伝統的な婚姻習俗が、時代が下ったアイシン・グルン時代においても、一般的に行われていたのである[48]。

すなわち『大明会典』がアイシン・グルンから広く受け入れられたグルンの初期には、さまざまな制度を模範として取り入れられつつあったことが分かる。しかし、天聡七年（1632）八月に寧完我は『大明会典』の事例のすべてが適合するとは言い難いとした。

参将寧完我謹奏、我国六部之名、原是照蛮子家立的。其部中当挙事宜、金官原来不知。漢官承政当看「会典」上事体、某一宗我国行得、某一宗我国且行不得。某一宗可増、某一宗可減、参漢酌金用心抽思。就今日規模立個金典出来、日毎教率金官到◯◯汗面前担当講説、務使去因循之習、漸就中国之制。必如此庶日后得了蛮子地方不止手忙脚乱。然『大明会典』雖是好書、我国今日全照他行不得。他家天下二三百年、他家疆域横亘万里、他家財賦不可計数。況「会典」一書、自洪武到今、不知増減改易了幾番、何我今日不敢把「会典」打動他一字、他們必説律令之事、非聖人不可定。我等何人擅敢更議。此大不通変之言。（後略）。
参将寧完我が謹しんで奏する。我が国の六部の名は、もともと明朝に倣って立てた。その部中で行うべき事務については、もともとマンジュ人の官員は知らない。漢官承政は「会典」上の記載を見て、ある件は我が国に合う、ある件は合わない、ある件は増やすべき、ある件は減らすべきと、漢制を参照しマンジュの制を斟酌して慎重に考慮すべきである。現在マンジュの典制を模範として、毎日マンジュの官がハンの前で講説を担い、務めて旧習を改め、しだいに中国の制度に倣う。こうしたら今後は明朝の領土を得たときにも困ることはない。しかし、『大明会典』は良本ではあるが、我が国が全てこれに倣って行うことはできない。明朝の天下は二三百年、領域は万里にわたり、財力も数え切れない。まして「会典」は洪武帝から今までどれだけの改訂増減を経てきたのか、どうして今は「会典」を一文字も動かすことができないのか。彼らは必ず「律令は聖人しか定められない。

我々はどういう資格で勝手に改めようと議するのか」という。これは時勢に通じない発言である[49]。

アシイン・グルンの六部の名称は、蛮子家[50]（大明）に照らしてつくったものであり、その中の重要な事例をマンジュ人官僚たちはもともと知らなかった。そこで大明とマンジュ人の両方を考えた上で、新たにマンジュ人の『会典』を作るべきであると上奏した。毎日マンジュ人の官僚を集めて講義を行い、学習した後で、古い因習を捨て、しだいに大明の制度を取り入れれば、後日大明の領地を手に入れた後も、あわてることはない。上に高鴻中が述べたように『大明会典』は良い本ではあるが、わが国はすべてそれにしたがって実行することはできない。『大明会典』は今に至るまで何度も改定されているから、どうしてわれわれが一文字も『大明会典』を動かすことができないというのか、と述べ、『大明会典』の改定を示唆している。

こうして見てくると、『大明会典』はダイチン・グルンで広く受け入れられた時期には、まさしく根幹をなす制度であった。大明の政治を知っておかねばならず、その政治のあり方を伝える中心となった一人が、やはり太祖時代からに仕えてきた漢人の寧完我であった。『大明会典』などの書物をアイシン・グルンに紹介する上で大きな作用を果した人物でもあったと思われる。彼は最初にサハリャン・ベイレの「booi aha / 家人」となっていたからマンジュ文化も熟知しており、『大明会典』を読んで、そのまま流用することはできないと考えた。彼は自ら天聡三年（1629）に『行軍律』という書物を編纂したが、ダハイ・バクシはこれを「我国且行不得[51]」といって上奏もしなかった。

この時代の新たな制度、政策の導入に担い手となったのが、大明からやってきた知識人層たる漢人であった一方で、識字層たるマンジュ人の知識人もその受容する上では、極めて重大な役割を果していたことも明らかである。とりわけ初期の段階からも国づくりにあたっては、大明の法則にのっとった対応をし、最も影響力のあった『大明会典』から始まって、ダイチン・グルンの制度、政策の規範化に向けて力を注いだと考えられる。ところがそれは大明の制度と全く異なる性格を持っており、すべてを『大明会典』の法則で処理できたとは言えない。そのためマンジュ人が自らの伝統文化も考えながら、新たな文化制度を生み出していったと思われる。

３）固有名詞の影響

この時期、制度を受容する上でマンジュの実情にあわせた改変も考慮に入れる必要があるが、基本的には大明の制度をその基礎としていたのは間違いないが、大明の制度沿革を窺い知ることのできる書物である『大明会典』の規定とは明らかに異なる部分もあり、さらに六部の各々「部名」に対して、新たな官名も登場しつつある。こうした漢文化を導入しながら、一方で、むしろマンジュ人が自らの文化も守らなければならないとしている。例えばポストの呼び方については、マンジュ語と漢語の呼び方では区別がなされていた。『満文原檔』には、

> 寛温に聖ハンの旨により、ハンの家のチグ（cigu / 旗鼓）と親王、郡王、多羅貝勒等の家のチグ（cigu / 旗鼓）との名称を定める。「ハンの家のチグを今後チグと呼ぶな、マンジュ語で呼ぶときにはファイダンイ・ジャンギン（faidan i janggin)、漢語で呼ぶときは旗手衛指揮（cišeo wei jy hoi）と呼べ。親王、郡王、多羅貝勒等の家の旗鼓を同じく旗鼓と呼ぶな。マンジュ語で呼ぶときはバイタイ・ダ（baitai da)、漢語で呼ぶときは長史（jengse）と呼べ。この書を布告せよ」と礼部に下した[52)]。

とあり、そもそもハンの家及び王府で働く者については、ダイチン・グルン建国以前からいずれもチグ（cigu / 旗鼓）と呼ばれたが、それは漢語の文字通り「旗」と「鼓」に関係する仕事であり、『大明会典』にも同様のポストがあった。このポストは大明においては「旗手衛」と「長史」と呼ばれていた[53)]。マンジュ人は職務としては大明のものを踏襲したが、名称についてはマンジュ語と漢語とが全く異なる言語であることから、マンジュ語で「ファイダンイ・ジャンギン」と「バイタイ・ダ」という呼び方にした一方で、漢語ではそのまま『大明会典』にしたがっていた。

さらに領土の拡大とともに人口も増加し続けたから、あらたに城を造るのは当然である。こうして造られた城の「城門」は大明に倣って名づけられていたが、ハンはそれを認めようとはしなかった。たとえば、崇徳元年（1636）四月十五日には、

内院の者が新たに築くアンシェオ城の門に掲げる書を、ニカン（大明）に倣って揚威門（horon be algimbure duka）、昭徳門（erdemui elbire duka）、永安門（enteheme goro elhe obure duka）、興化門（wembuhe be algimbure duka）、定遠門（goroki be toktobure duka）と書いてハンに見せると、ハンは「このような倣慢僭越な文字を書くのは、元来私の好むところではない。興したり、あげたり、定めたりすることは天のすることであって、倣慢僭越人のよくするところでない。このような文字は皆やめて、事実の通りに文字を書け」といって、鞏固門（jecen be bekilere duka）、靖遠門（jecen be tuwakiyara duka）、鎮西門（wargi be alire duka）と更めて書かせた[54]。

とある。ホンタイジは大げさな大明の名称をやめ、それを改めた呼び方を定めた。この改称には、次のような事柄が影響していると思われる。天聡八年（1634）四月九日の記事には、

同じ初九日に、下した書の言葉。ハンが語るに「私が聞くところによると、天佑

表3-2　職名等の改定一覧

『満文内国史院檔』	『清太宗実録稿』	『満文内国史院檔』	『清太宗実録稿』
改定前	漢文	改定後	漢文
dzung bing guwan	総兵官	amba janggin	昂邦章京
fujiang	付将	meiren i janggin	梅勒章京
sanjiang	参将	jalan i janggin	甲喇章京
iogi	遊撃	jalan i janggin	甲喇章京
beiguwan	備禦	nirui janggin	牛彔章京
daise	代事（署事）	funde bošokū	風（分）得撥什庫
janggin	千総	ajige bošokū	小撥什庫
kirui ejen	旗録（小旗長）	juwan i da	狀大
gašan bošokū	屯守堡（屯撥什庫）	gašan bošokū	噶尚撥什庫
ハンの cigu	旗手衛指揮	faidan i janggin	凡担章京
親王の cigu	長史	baitai da	擺塔大
simiyan	瀋陽	mukden	盛京
hetuala	老城	yenden	興京

※　『清太宗実録稿』（中国国家図書館蔵）、（　）は『大清太宗実録』（順治初纂）による。

によって政を得たあらゆる国で、自分たちの国の言葉を棄てて別の言葉を用いるようになった国で栄えたものはない。モンゴル国のベイレらは自分たちのモンゴル国の言葉を棄てて、名をみなラマ国の言葉で記したため、国政が衰えた。今我が国の諸官の名称は、漢語で漢人を手本として呼んでいた。善をみて手本とせず、悪を見て察知しないことは、時宜にかなった道ではない。私はいくら大業を得る前であるといっても、よその国の命令を承けずにいる。そこで我が国の諸官の名や城の名を我が国の言葉で新たに呼んだ（hūlaha）。総兵官（+dzung bing guwan）（# sumingguwan）、副将（fujiang）、参将（sanjiang）、遊撃（iogi）、備官（beiguwan）と呼ぶ（hūlarabe）のを止めよ。賞賜する檔子に記す名称は、五備官の総兵官（+dzung bing guwan）（# sumingguwan）を一等公（ujui gung）、一等総兵官をamba janggin、二等総兵官を二等amba janggin、三等総兵官を三等amba janggin、一等副将を一等 meiren i janggin、二等副将を二等 meiren i janggin、三等副将を三等 meiren i janggin、一等参将を一等 jalan i janggin、二等参将を二等 jalan i janggin、遊撃を三等 jalan i janggin、備禦を nirui janggin、代事（daise）を funde bošokū、janggin を ajige bošokū、kirui ejen を juwan i da とする。なお gašan bošokū を gašan bošokū とする。実際に管理する官の名称については、あらゆる者を世職を考慮せずに gūsa を管理させれば gūsa ejen とする。meiren を管理させればmeiren i janggin とする。jalan を管理させればjalan i janggin とする。niru を管理させれば nirui janggin とする。bayarai tu i ejen を tui janggin とする。bayarai jalan i ejen を jalan i janggin とする。瀋陽（simiyan）城を天の慈しんだムクデン（mukden）とする。ヘトゥアラ（hetuala）城を天の慈しんだイェンデン（yenden）とする。今後、すべての者は旧い漢語の通りに呼んではならない。新たに定めた我が国の言葉の名称で呼べ。国の言葉で名称を呼ばず、漢語で名称を呼ぶ者は、国政が気に入らず、混乱をまねく者である。それが明らかになったときは、いかなる者でも軽々しくは片づけない[55)]。

とある。そもそも大元モンゴルはラマ国（チベット）を手本としたために、国政が衰えていた。そしてアイシン・グルンでも漢文化を手本として、マンジュ文化に甚だ強い影響を与えていたが、これはマンジュ文化が衰えていく傾向が顕著に強まっていることだとして、ホンタイジは深刻な危機感を抱いていた。したがって、

「城名」と「官名」について漢語を手本とすれば国政が必ず衰えるから、漢語で呼びかけるのをやめて、新しい固有名詞が創られたことが分かる（その一部は漢語によるものだったにせよ）。相手文化を否定しながら自己文化を肯定する一方で、新たな文化を築いていくことを大いに強調しているのである。ただし、「新」という文化の要素には相手文化の影響が多少見られることは否定できない。新しい語彙が相手文化の要素も取り入れて創られ、マンジュ人の言語生活において豊富な語彙が広く使われるようになっていた。ダイチン・グルンが成立する直前から、独自の国づくりに向かって、異文化を受容しつつかつ自らの伝統を重んじながら、豊かな文化を生み出すようになっていた。

3　漢文化の広がり

1）漢籍の伝播

ヌルハチ時代のアイシン・グルン時期においては、ジュシェン語及びモンゴル語についてはエルデニ・バクシが担当し、漢文については、ダハイ・バクシが中心となって翻訳事業が行われていた[56]。この時期は、両者がそれぞれの文化面において極めて重要な役割を果たしていた。まずジュシェン語とモンゴル語が得意なエルデニ・バクシは、ハダ出身であり、彼は周知の如くウイグル式モンゴル文字に基づいてジュシェン文字を創製した。ダイチン・グルン初期の歴史を記録した『満文原檔』の編集者でもあり、初期における有名なバクシとして知られている。彼の事績は『満文原檔』や『八旗通志初集』などに少なからず収められている。特に彼はモンゴル文に長じ、漢文にも通じたため、バクシという称号を得た大学者でもあった[57]。二十一歳のときにハダからヌルハチに帰順し、ハンの側近として書院（bithei jurgan）に配属され、その明晰さを買われて昇進し、副将として活躍した[58]。このエルデニ・バクシの才能があまりにも優れていたので、1599年に、ヌルハチの命令でガガイ・ジャルグチ[59]とともにジュシェン文字の創製に携わった。その直後にも、卓越した記憶力を備えたエルデニ・バクシがダイチン・グルンの編年体の史書である『満文原檔』の編纂を開始したが、最終的には二人とも罪に問われて処刑された。

漢文に秀でたダハイ・バクシは、ダイチン・グルンの初期においてはエルデニ・バクシに継ぐ代表的な大学者の一人であり、かつ有圏点満文を考案した人物としてよく知られている。天命五年（1620）に、ダハイ・バクシも死罪に当たる罪を犯していたが、漢籍や漢語によく通じた人物は彼を除いてほかにいないという理由から、死罪を免れた[60]。赦免されたダハイ・バクシと処刑されたエルデニ・バクシに関するホンタイジのコメントを読むと、「いくら免職したとしても、ダハイの徳がすぐれていたため後に大臣となった。ただエルデニ・アグはどう言ったらいいのか、悔しむべきである[61]」と述べているが、エルデニ・バクシが処刑されたのに対し、ダハイ・バクシは若くして病死した。彼の功績に対しては、天聡六年（1621）にホンタイジがその事績を次のように語っている。

> マンジュの大軍はバイスハルに到着して駐屯した後に遊撃職のダハイ・バクシは病死した。六月一日に病気になった。四十四日目の七月十四日の未の刻に亡くなって、未年で三十八歳だった。九歳から漢文を習って、マンジュ文、ニカン（漢）文に大いに通暁していた。先に太祖の時代から天聡六年に至るまでニカン・ソルホ（朝鮮）の文職に遣われた。文に大いに通暁し、心は穏やかで、かつ聡明であった。……漢籍をマンジュ語に翻訳して、完訳したのは『万宝』・『刑部会典』・『素書』・『三略』、また、未完訳は、『通鑑』・『六韜』・『孟子』・『三国志』・『大乗経』である。漢籍では聞いてないわからない言を書き始めたのである。もともとマンジュ・グルンは典例、道義を全く知らなかったので、初心で行動を起こしていた。ダハイ・バクシが歴代の事例をマンジュ語に翻訳してグルンに広めてマンジュ・グルンは典例、道義をそれより理解し始めた。ゲンギェン・ハンは天命を受けて生まれた人なので、自分の意思で行動を新たに起こしたが、それは古の聖賢等となんら異なるところがない。国の勃興期にエルデニ・バクシ、ダハイ・バクシが相続いで出てきたが、この二人こそ文職において現れた一国随一の賢人であった[62]。

要するに、ダハイ・バクシはエルデニ・バクシと同様に多言語に通暁し、ダハイ・バクシの場合はその力を多くの漢籍の翻訳に注いで、未知の漢文化の伝播に関わったことがよく知られている。彼は生前一人で多くの秀才達をまとめて仕事をしていたが、彼の病死した後、書房における仕事を一人でとりまとめることがで

きる人物はいなかったようである。その実態は『奏疏稿』によると、

書房秀才李棲鳳謹◯奏、臣一向蒙大海及衆榜什、言臣小心勤慎説奏過、◯◯皇上逐令臣辦写国書、収掌一応文書、総在大海経営。今大海病故、書房事宜竟無専責、其柜子中収貯文書人得乱動。臣言軽職微実難担当、不容不◯奏。倘有露洩疎失、臣死不足惜、有負◯◯皇上任使至意。謹◯奏。

書房秀才の李棲鳳が謹んで奏す。臣はこれまで大海及びバクシらが臣を細心で慎重であると言って上奏したおかげで、皇帝が逐一臣に国書を書かせ、あらゆる文書を引き受けて大海のところで処理した。今は大海が病死し、書房での仕事に責任者がいなくなり、書架に収貯してある文書は人が勝手に持ち出している。臣は言葉も地位も軽く、職務を果たせないので、上奏せざるを得ない。もし文書の流出や紛失があれば、臣は死んでも罪を償えず、皇帝の任用の意志に背くことになってしまう。謹んで上奏する[63)]。

とあるように、ダハイ（大海）が国書や一切の文書を担当して、書房で重要な役割を果たしたことが明らかである。彼が死んだ後、責任をもって書房の事務を掌る人がいなくなり、保存していた文書を人々が勝手に動かしたりする事態に陥っていたことがわかる。こうした書房のエリートにまで務めたきっかけは、やはりヌルハチが漢文化に関心を有し、またこうした学問を重視する趨勢のもと、書物の蒐集にも極めて興味が盛んであったことである。『満文老檔』の記事によると、

二十三日、昔の永楽帝の誥命という勅書を見て、ハンは「この勅書の言は皆な善言である。他人の手に頼り、他人の恩を被って暮らしながら、悪逆の行いをなすことができるか。ハンが登用して養っても、ハンを敬わず軽く思えば、身は亡くなったり衰えたりするものである。この書を保存せよ。善言の類である」と言った[64)]。

とあるように、大明の永楽帝年間に作成された誥命をきちんと保存するように指示していた。こうした書物を所蔵することは、そもそも建州衛出身の朝鮮王朝に帰化したジュシェン人の家にも、さまざまな書物が保存されていた。そもそも高度な知識を持っていた建州衛出身のジュシェン人の蔵書には、モンゴルの実録から仏教関係の書籍にいたるまでさまざまな書物が含まれていた[65)]。そして同じ建

州衛のヌルハチもしばしば仏典に関連する物語を取り上げているが[66]、このような書物がジュシェン人の間で普通に読まれていたと考えられる。

一方ホンタイジの時代になると「(天聡四年（1630）二月五日) 遵化に送った書に、(略) 建昌の周辺に降伏した、あるいは降伏していない地域の数、兵数がみなニカンの書にある[67]」という報告からもわかるように、知りたい情報を得る場合にも、書物は非常に大きな役割を果たしていた。またホンタイジ時代の書房に漢籍が所蔵されていたことは、『奏疏稿』天聡六年（1632）十一月二十八日に記録が残っている。

> 編修国史。従古及今、換了多少朝廷。身雖往而名尚在、以其有実録故也。書之当代謂之実録、伝之後世謂之国史、此最緊要之事。我◯◯金国雖有榜什在書房中、日記皆係金字而無漢字。◯◯皇上即為金・漢主、豈所行之事止可令金人知、不可令漢人知耶。「遼・金・元」三史見在書房中、倶是漢字・漢文。◯◯皇上何不倣而行之。乞選実学博覧之儒公、同榜什将金字翻成漢字、使金・漢書共伝、使金・漢人共知、千万世後知先漢創業之艱難、◯◯皇上続統之労苦。凡仁心善政、一開巻朗然、誰敢埋没也。伏乞◯◯聖裁。
>
> 国史を編集すること。昔から今まで、王朝がどれだけ交代してきたか。身体は亡くなっても、なお名声は残るのは、実録があるからである。これを現代に書き表わせば実録といい、これを後世に伝えれば国史という。これは最も重要なことである。我が金国にはバクシが書房にいるのに、日記の全てはマンジュ文字で、漢字のものはない。皇上はマンジュと漢人の主であるから、どうして皇帝の行為をマンジュ人だけに知らせて、漢人には知らせないのだろうか。『遼史』・『金史』・『元史』の三史は書房にあるが、全ては漢字・漢文のものである。皇帝はどうしてこれに倣わないのか。どうか実学博覧の学者を選んで、バクシと共にマンジュ文字のものを漢字に翻訳させ、マンジュ文字と漢字の書物を共に伝わるようにし、マンジュ人と漢人共に知らせるようにし、千万世の後でも先代のハンの創業の困難、皇上の継続の労苦を知られるようにしたい。仁心善政は巻を開けば明らかとなり、何一つ隠滅しないだろう。伏して聖裁を乞う[68]。

とあるように、楊方興[69]は国史を編集することを提言している。その国史編纂にあたっては、これまで『遼史』・『金史』・『元史』がいずれも漢文で書かれているが、これに倣って、すでにジュシェン語で書かれた自国の歴史を漢文に翻訳して、より広く伝わるようにすべきであると述べている。『遼史』・『金史』・『元史』が所蔵されていたことは明らかである。実際に『満文原檔』には、ジュシェン人が中国史をよく読んでいたことが記録されている。その記録の中に、単に『遼史』・『金史』・『元史』三史に留まらず、古代三皇から大明初期にかけての中国の正史も、しばしばマンジュ語に翻訳された形で引用されている。詳細については【表3-2】と【図表3-1】を参照されたい。

ではダイチン・グルンは漢籍をどのように収集していたのであろうか。まず朝鮮側の史料である『柵中日錄』の記事を見てみると、

(庚申) 年三月二十日朝聞録成。上年九月間、大海将『性理群書』・『二程全書』・『名臣言行錄』・『皇華集』共三十余巻送於柵中。蓋其書乃我国所印、而東征之役、為天将所取去。鉄嶺之破流入胡中者也。拘縶巾日夜誦読、以之消遣。但其書皆断熳不秩、不能参考首尾。遂箚其格言至論而録之、凡三巻、名之曰『朝聞録』。
庚申年三月二十日に『朝聞録』が完成した。前年九月に大海は『性理群書』・『二程全書』・『名臣言行錄』・『皇華集』など三十冊の書籍を柵中に送ってきた。みな我が国が刊行した書物で、東征の役に明の将が持ち出した。鉄嶺で破った後マンジュ人の手に入ったものである。抑留の時に日夜に通読し、これで暇をつぶした。しかし、書物はみな断ち切れて繋がらず、首尾は見当がつかない。そこから格言・至言を抜き書きして、およそ三巻、名は『朝聞録』という[70]。

庚申年は1620年であり、その前年の九月には大海 (ダハイ・バクシ) が『性理群書』・『二程全書』・『名臣言行錄』・『皇華集』などの三十巻以上の書籍を朝鮮人に渡していた。それらの本はもともと朝鮮のものであり、朝鮮での戦争のさなか遼東に流入して大明の手に渡り、ジュシェン人が鉄嶺[71]で大明を破った際に入手したものである。こうした背景から、戦利品の一つとして書物を手に入れることがあったことが分かる[72]。戦争によって書物を集める以外に、ジュシェン人が北京を訪問した際にも必要な書籍を求めていた。1598年に書かれた朝鮮人の旅行記「朝天記聞」には、

(前略)。燕京有売書人王姓者、毎朝鮮使臣到館必出入売。(中略)。吾等一行留会

表3-3　マンジュ人が語られた歴史人物一覧（数字は回数を示す）

王朝	歴史人物							
夏	尭 A.C/1;B/2	舜；A/1; B.C/2;D/4	禹 A.B/2	桀王 A/6;C/1				
殷	成湯 A/3	伊尹 B/1	紂王 A/5;C/1	文王 A/1;B/2	武王 A/2;B/1			
周	宣王 D/1	姜太公 A/1;C/1						
戦国 秦	斉桓公 A/1;B/2	管仲 A/1;B/2	呉起 A/4	秦始皇 A/1;D/3	蘆生 C/2;D/1	秦二世 D/2	楚覇王 A/3;B/4	
漢	漢高祖 A/6;B.D/2	韓信 A/3;B.C/1						
三国	孫呉 B/1	曹操 D/1	諸葛亮 C/1	黃忠 B/1	関云長 B/2	張飛 B/1		
隋	煬帝 A/2	劉武周 A/1	尉遅敬徳 A/2					
唐	太宗 A/1	玄宗 B/1	程咬金 A/1					
北宋	太祖 B/1	趙徽宗 A/6;D/2	趙欽宗 A/4;D/1	蕭奉先 A/1				
大遼	天祚帝 A/7	張覚 A/3;D/1						
南宋	高宗 A/1	劉整 A/1						
金	太祖阿骨打 A/5;B/1;D/7	世宗 B.D/1	熙宗 B.D/1	粘罕 A/1	呉乞買 A/1	完顔亮 B/2	章宗 A.D/1	永済 A/6
元	成吉思汗 A/8;D/3	太宗 A/1	忽必烈 A.B/1	順帝 A/1;D/2	也先 A/1			
明	朱元璋 A/4;D/3	郭光卿 D/1	劉伯温 A/1					
朝鮮	箕子 A/1	趙位寵 A/2						

※　【表3-3】の参考史料については：

A：『満文原檔』万暦三十五年三月～崇徳元年十二月；

B：『満文内国史院档』天聡五年、七年～九年、崇徳二年～崇徳八年（一部欠）；

C：『太祖武皇帝実録』であり、ただ『満文原档』にない内容だけを参考；

D：『後金檄明万暦皇帝文』105)。

以上すべては崇徳八年までの内容に限る。

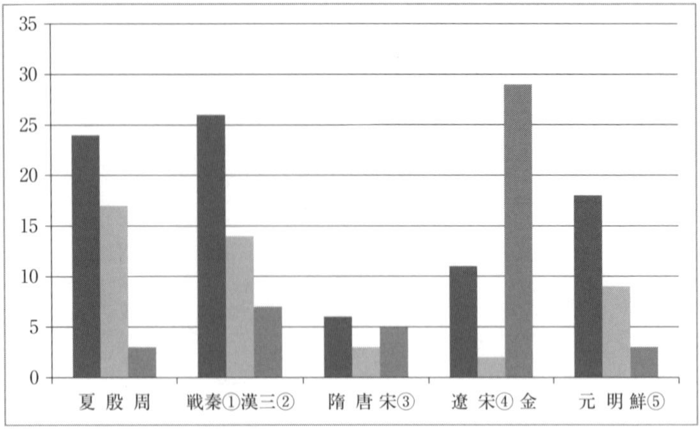

図表３－１　歴史を語るデータ（表３－３に基づく）
注：①戦国と秦；②三国；③北宋；④南宋；⑤朝鮮

同館五十余日、朝貢達子六百余名亦留北館、与吾等一行下人顔情稔熟。(中略)。後数日到通州、有売書人来過、仍言近来㺚子朝貢、過此者極求書冊、尤好医卜等書云。

(前略)。燕京に王姓の書籍を売る人がおり、いつも朝鮮使者が会同館につくと必ず出入りして売る。(中略)。我々一行は会同館に五十日あまり留まったが、朝貢の達子人六百名も北館に留まり、我々一行の下人とよく親しんでいた。(中略)。数日後に通州に到着すると、書籍を売る人が来て、最近朝貢に来た達子人は、ここを通るものは必ず書物を求め、特に医学と占いの書物を好んだと語った[73)]。

とある。この史料に現われた「達子」とはおそらくモンゴル人やジュシェン人であると推定されるが、彼らは北京やその周辺の通州あたりまでやって来て、書籍の購入に熱中し、医学書や占いの本を最も好んで購入していたことが明らかとなっている。

こうした北京への訪問や戦争で書物を集めていたことがありながら、李光濤たちはジュシェン人が読む書物がなかった時代に、朝鮮に書物を求めていたというあやまった指摘もなされている[74)]。それはジュシェン人が朝鮮を訪問する際のことであり、これについては、『各項稿簿』天聰二年（1628）十一月初八日の「金国

汗致書」の中には、

> 朝鮮国王、両国通好、情意周匝、未及候問、心甚闕然。敬遣英吾児代・叉哈喇・慢打児韓、恭候興居、兼致薄儀、少伸鄙意、伏維鑒納。外、聞貴国有金・元所訳『書』・『詩』等経及『四書』、敬求一覧、惟冀慨然。
>
> 朝鮮国王については、両国はよしみを結び、情意は周到であるが、まだ問候に及んでいないので、心意は満たされないままでいる。英吾児代・叉哈喇・慢打児韓を派遣して、謹んで平安を問い、併せて寸志を贈呈し、当方の心意を伝えるので、どうか収められたい。ほか、貴国に金・元時代に訳した『書経』と『詩経』等の経典及び『四書』があると聞いたが、是非一覧したく、ここに感嘆の念を伝えたい[75)]。

とあり、これは明らかにホンタイジが金国や大元モンゴル時代に、ジュシェン語あるいはモンゴル語に訳された『書経』・『詩経』および『四書』の書物を朝鮮に求めたものである。この要求に対して、朝鮮は次のように返答した。

> (前略)。見索『詩』・『書』・『四書』等書籍、此意甚善。深嘉貴国尊信聖賢、慕悦礼義之盛意也。第金・元所訳則曾未得見。国中所有只是天下通行印本。雖非来書所求、而不欲虚厚望、聊将各件通共三十六冊呈、似只可領情也。
>
> (前略)。『詩経』・『書経』・『四書』等の書籍を求めているのを知ったが、その意志は甚だ良い。貴国の聖賢を深く信じ、礼儀を恋い慕う誠意を喜ぶものである。ただし、金・元時代に翻訳したものは未だかつて見たことがない。国内にあるのは天下の通行印本ばかりである。手紙で求められた書物ではないが、要望に背きたくはないので、ほぼ全部の三十六冊を贈呈するから、厚情を受領する[76)]。

結局は金や元の時代に訳された『詩経』・『書経』・『四書』などの書籍はまだ目にしたことがないとして、それ以外の三十六冊の別の漢籍を贈ってくれた。この「三十六冊」の具体的な書名は明らかではないが、「天下の通行印本」であることに間違いないだろう。このことからも相当の量に登る漢籍がジュシェン人の手に入っていたと考えられる。さらにその後の1629年10月と1643年12月にも、『春秋』・『周易』・『礼記』・『通鑑』・『史略』・『三国志』などの漢籍が朝鮮から贈られた[77)]。このようにして集められた漢籍が、おそらくアイシン・グルンの書房に収められていたと考えられる。

すでに天命十一年（1626）に『書経』[78]の内容が断片的に引用されていることから、この時点で、ある程度の漢籍がジュシェン語に翻訳され、読まれていたと考えられる。

一方ジュシェン人の読書の範囲は先に取り上げた漢籍に止まらない。『満文原檔』にはっきり書名を取り上げてはいないが、記録の中に登場する漢籍に関する話題を分析した結果、『易経』・『孫子』・『呉子』・『文選』・『尚書』・『逸周書』・『論語』・『孔子集語』・『韓非子』・『朱子語類』・『帝鑑図説』などの書物やそれに関連する物語が読まれていたと考えられる。

『満文原檔』などの文献に現われる漢籍を「経史子集」に則してまとめると、次の【表3-4】の通りである。

こうして集められた漢籍を、ジュシェン人が原典を用いながら読むのは難しいことだろう。従って、目的に応じて学ぶべき漢籍が寧完我[79]によって推薦されて

表3-4　蒐集の漢籍（四庫全書に基づく）

経	易類	『易経』『周易』
	書類	『尚書』『書経』
	詩類	『毛詩』
	礼類	『周礼』『礼記』
	春秋類	『春秋』
	孝経類	『孝経』『忠経』
	四書類	『論語』『孟子』『大学』『中庸』
史	正史類	『史記』『遼史』『金史』『元史』『三国志』
	編年類	『通鑑』『史略』
	別史類	『逸周書』
	雑史類	『貞観政要』
	伝記類	『名臣言行錄』
	地理類	『皇華集』
	政書類	『大明会典』
子	儒家類	『孔子家語』『性理群書』『二程全書』『朱子語類』『帝鑑図説』
	兵家類	『六韜』『素書』『三略』『孫子』『呉子』
	法家類	『韓非子』
	類書	『万宝』
	釈家類	『大乗経』
集	総集類	『文選』

いたといえる。寧完我の上奏文『奏疏稿』天聡七年（1633）七月初一日には、

> 参将寧完我謹奏。臣観『金史』乃我国始末、◯◯汗亦不可不知、但欲全全訳写十載難成、且非緊要有益之書。如要知正心修身、斉家治国的道理、則有『孝経』・『学』・『庸』・『論』・『孟』等書。如要益聡明智識、選練戦攻的幾権、則有『三略』・『六韜』・『孫』・『呉』・『素書』等書。如要知古来興廃的事跡、則有『通鑑』一書、此等書実為最緊要大有益之書。◯◯汗与◯貝勒及国中大人、所当習聞明知、身体而力行者也。近来本章稀少、常耐・恩革太二人毎毎空閑無事、可将臣言上項諸書、令臣等選択、督令東拝・常耐等訳写不時呈進。◯◯汗宜静覧深思、或有疑蔽不合之処、願同臣等講論庶書中之美意良法、不得軽易放過。而◯◯汗之難処愁苦之事、亦不難迎刃而解矣。『金史』不必停写止仍令代写。
>
> 参将寧完我が謹んで奏す。臣の思うところでは、『金史』は我が国の歴史である。ハンも知らないわけにはいかないが、ただ全訳しようとすれば十年かかっても難しく、かつ重要で有益な書物でもない。もし心を正し身を修め、家を斉えて国を治める道理を知ろうとすれば、『孝経』・『大学』・『中庸』・『論語』・『孟子』などの書がある。もし知識を聡明にし、兵卒の訓練と戦闘の方法に役立てようとすれば、『三略』・『六韜』・『孫』・『呉』・『素書』などの書がある。もし歴史上の興亡の跡を知ろうとすれば『通鑑』の書がある。これらの書は、誠に最も重要で大いに有益な書物である。ハンと貝勒及び国中の大臣が、習得して明確に認識し、全体で実行すべきものである。近ごろ常耐・恩革太の二人は暇にしているので、臣が挙げた上記の諸本を臣らに選択させ、東拝・常耐らに促して翻訳させて、その都度進呈させる。ハンは静かに読み深く考え、あるいは疑問のところがあれば、臣らと書中の美意良法について講論し、軽々しく放置しない。また、ハンの困難なことについても、解決するのは難しくないだろう。『金史』については翻訳を停止する必要がなく、引き続き翻訳させられたい[80]。

とあるように、『金史』は我が国の歴史でもあるが、グルンの現在の政治においてそれほど重要かつ有益な書物でもない。自己修養と自己研鑽に読書が不可欠の前提となり、中国伝統の学術である経史子の諸書を基本の実学として政治を営むべきである。こうした学問的書物を政権運営におき、寧完我は経史子学を取り入れることを提案した点が注目される。しかし、マンジュ人は如何に重要な書物で

あっても漢籍原典を読むのは無理であるから、寧完我はこれらの漢籍原典を常耐[81]・恩革太[82]・東拝[83] などのジュシェン人に翻訳させようと、ホンタイジに国家プロジェクトの一貫として、翻訳事業を促進することを勧めていた。ちなみに、経史子の諸書が科挙のための学習教材として、官吏登用試験の基本書籍とされていることもよく知られている。それでは当時のグルンにおいて、子弟に対する教育体制の整備はどのように行われていたかを次に探りたい。

2）漢字の学習

天命六年（1621）に「八旗に書を教える漢人の外郎に、一人ずつ三両銀を与えた[84]」という記事があり、漢文学問を重んじるヌルハチは、読み書きをはじめとする庶民教育を担った漢人の教育者に対して褒美を授けた。この政策は漢人知識人に対する懐柔政策の一端であろう。そもそもヌルハチの建州衛時代のことが記録された朝鮮記事には、南方出身で少年時代に遼東に移り住んだ龔正六という漢人が、ヌルハチのところに連れてこられ、多くの財産を与えられるかわりに、ヌルハチの子供たちに書を教え、ヌルハチからも「師傅」と呼ばれて厚遇されていた[85]。このことからヌルハチの子供たちも、漢文や漢籍を読み書きしていた可能性があると考えられる。

すでに和田清（1952）は、この「師傅」と呼ばれる人は、当時ヌルハチの回りにいる唯一の漢人顧問であると指摘される[86]。しかし、朝鮮使節の旅行記『朝天記聞』（1598年）によると、抜群の才能を持っていた黄姓の遼陽人も、あるベイレ（貝勒）に招聘され、「郎中」と呼ばれており、知識人として尊敬されていた人物もいる[87]。もしかすると、彼も龔正六と同じようにベイレの家族に漢字の「読み書き」を教えていたのかもしれない。また同じ時期の『銀槎録』（1598年）に、ジュシェン人と朝鮮人の会話からヌルハチの身の回りには、高麗（朝鮮）人が二十名おり、文武に秀で、騎射の方法も教えていた。また小児哈赤（シュルハチはヌルハチの弟）にも愛されていたことが記されており、漢人以外にも朝鮮人の知識人や武人がヌルハチの側近として活躍していたことが明らかである[88]。

要するに、ヌルハチ時代から漢人と朝鮮人がジュシェン社会で活躍し、手厚い待遇を受けていたことがわかる。そしてダイチン・グルン成立後も、このような人々が国家建設や文化事業に携わっていたと推測される[89]。

中国に古くから伝わる啓蒙識字教育を施すテキストとしては、『急就篇』・『千字文』・『三字経』・『百家姓』などがある。いずれもその「句」は短く覚えやすいテキストとして、中国及び東アジア漢字圏にも広く用いられていた。その中では『百家姓』が、四字一句の韻文という子供が暗誦しやすい形式でよく知られており、ダイチン・グルン初期においても、漢字を習得するテキスト、或いは習字の手本として用いられていた。その具体的な内容が『満文原檔』に残されている【図3-2】[90]。

【図3-3】は、マンジュ語記事（……songkoi cimari yamji baica / ……の通り明日の夕方に調べろ）という内容が記録された大明公文書の紙背の空白のところを利用して、稚拙な漢字が書かれている。書かれた漢字を窺うと、明らかに筆で書いたものではなく、ジュシェン語を書く専用のペンで書かれたものである。

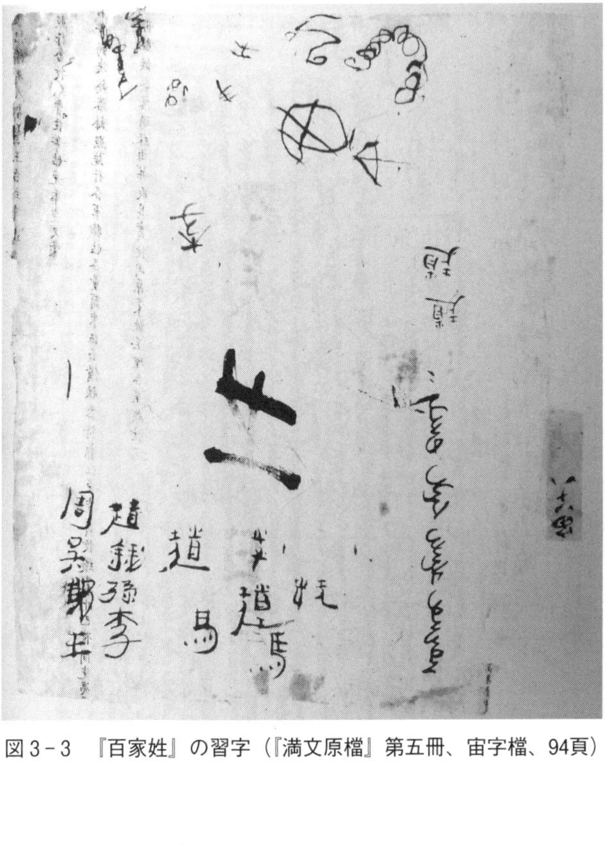

図3-3　『百家姓』の習字（『満文原檔』第五冊、宙字檔、94頁）

まず、図の左下に、漢字四字ずつで書かれた二行が確認できる。一行目には「趙銭孫李」、二行目には「周呉鄭王」と四文字ずつ語句が連写され、明らかに『百家姓』を写したものである。その横にも「趙」の字が六文字ほど書かれているが、ただ注意すべきは「走」偏を書き間違っており、「肖」の上の形も間違っている。「馬」という字もうまく書けていない。二行目の第三字は、「おおざと」であることしか分からないが、『百家姓』の順によると「鄭」という字に違いない。おそらく書き方がかなり難しいため、書けなかったのではないだろうか。漢字の構成原理が全く理解されていないようで、敦煌から発見された『百家姓』の写本と比べれば[91]、漢字を熟知したものではないことが明らかである。

ジュシェン人が自らの文字と全く違う構造を持つ漢字を習得するために、どのような工夫を凝らしたかについてははっきりとは分からないが、漢字学習の初期の段階をここから窺うことができるだろう。

それでは漢字の読み方についてはどのようにして覚えたのであろうか。次に漢字の読み方の学習方法について見てみたい。

天聡二年（1628）にイングルダイ（inggūldai / 英吾児代、朝鮮の漢字音には龍骨大および龍胡とも書く[92]）が使者として朝鮮に『詩経』と『書経』を求めていた。使者が差し出した紙には、それぞれ『詩経』・『書経』という漢字の書名があり、その書名の横には「蒙書」（モンゴル語あるいはジュシェン語）の添え書きがあった。このやりとりで使者は『詩経』や『書経』を求めたが、これに対して朝鮮の大臣たちは、天朝（明朝）にはモンゴル語あるいはジュシェン語の翻訳の書物があるかもしれないが、朝鮮にはそのような書物がないと答えている[93]。漢字の書名の横に「蒙書」を書いていたということから、書名を漢字ではない文字で記していたことがわかる。

続いて、学習計画を立てることである。『満文内国史院檔』天聡五年（1631）閏十一月の記事には【図3-4】、

> 一日に、下された書の言葉、「ハンが言うには、我が国のベイセ、大臣の子供が読書することを、ある父親たちは自分から断って行かせないという。断る者は我が国では読書しなくても誤りがないと言っている。我が兵が灤州を失ったのは、永平に駐屯していたベイレが救援に行かなかったからである。永平・遵化・遷安を

失ったのは読書せず、道義に通じていなかったせいではないか。今回我々は大凌河を四ヶ月に至るまで包囲したが、兵士は人肉を食べたり煮たりして死守し、我々は応援に来た兵を殺して大凌河を得たとすれば、錦州・松山・杏山を失っていないのは、みんな読書して、ハンのために忠誠を尽くす道義をわきまえていたからではないか。子供に読書させないと断る者は「俺は断ります」と聞かないのであるならば、お前の鎧を脱がせて、征伐に参加させないし、お前の勝手にしたらよい。読書については、十五歳以下八歳以上の子供に読書させよ[94]。

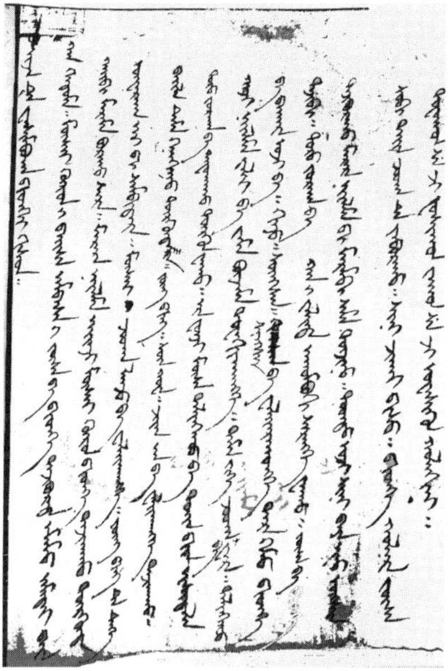

図3－4　読書の諭旨（中国第一歴史檔案館蔵）

とある。まずここから親たちが子供の教育にあまり積極的ではなかったことが確かめられる。そして永平などの地を失ったのは、教育を施さなかったからではないか、という危機意識を持つようになったため、八歳から十五歳までの子供に教育を施そうとする本格的な「文教政策」が初めて実施された[95]。

しかし当初の「文教政策」は思い通りには進まなかったようである。例えば、大学士范文程の上奏文には次のように述べられている。

范文程奏。臣昨見汗諭、国中子弟読書、実得図治根本。但読書一事、似易而実難、全在教師云。得人師傅、善教数年、即可成材。師不善教、[＃百年]+[＋雖久]亦帰無用。今八孤山雖有十数秀才教学、多不通義理、不明世務、不過借此免差避役。任令子弟嬉劇頑笑、雖有十年之名、[＃並無][＋未得]一日之益。是以我国至今不見通学、衆見読書無益、以為[＃読書][＋漢文]難学。不亦誤乎、不亦終乎。臣既不能摧鋒陥陣、作龍驤虎躍之。臣又不能決策実算、為運籌帷幄之士。願請皇上令臣替管八孤山子弟読書之事、師有不職、許臣奏更。学生頑惰、許臣責治。以学生進益多少、定[＃教][＋師]傅教学之功罪。為此二・三年学生大変、五・七年文運昌熾矣。汗既有志中原、読書実第一急務。凡百戦攻之事、[＃旦夕][＋剋日]可成。唯此読書事、就旦夕所[＃可][＋能]収効、不[＃能][＋可]不早為之計也。伏乞裁酌。速賜允行、国家幸甚。謹奏。

范文程が奏す。昨日臣がハンの諭旨を見たところ、国中の子弟に読書させてこそ、誠に統治の根本が得られる。ただし、読書は、簡単に見えて実際は難しく、全ては教師にかかっている。師傅に適切な人を得て、数年よく教えると、人材を育成できる。師がよく教えないとどれくらい掛けても全く無駄である。今の八旗では数十名の秀才が教えているが、多くは経義に通じず、時務にも疎く、ただこれによって差役を免除されているにすぎない。子弟が遊戯に耽るままに任せては、十年教えた名目があっても、一日の実益もない。そこで、我が国では今まで学問に通じず、みな読書は無駄であり、漢文を学ぶのは難しいと考えられている。なんと誤ったことではないか、なんと窮まったことではないか。臣は敵陣を撃破し、武威堂々たる将となることができないし、また、臣は政策策定に携り、皇上の周囲で謀を巡らす士になることもできない。どうか皇上は臣に八旗子弟の読書に代わって当たらせ、教師が職に適わなければ、臣が奏してこれを交代し、学生が怠慢であれば、臣がこれを懲戒し、学生の進歩の度合によって、教師の功過を定めるようにしてほしい。そうしたら、二・三年で学生の資質が大きく変わり、五・七年に文運は盛んになるだろう。ハンは中原征圧に志があり、読書は第一の急務である。普通の戦事は短期間で実現できる。ただ、読書は短期間で効果を収めることができないので、速やかに図らなければならない。伏して裁決を乞う。速やかに承諾を賜れば、国家は幸いである。謹んで上奏する[96]。

とあり、「文教政策」を初めて試みたものの、読書とは容易なことではない。まず教育には優秀な教員が必要であるが、八旗の中で数十名の秀才が教えてはいるといっても、みな道理に通じず、政務に明らかでない者が多く、八旗の子弟たちを十年くらい教えたにもかかわらず、ほとんど効果がなかった。漢文を習うのは難しいことではないとして、范文程[97]は自ら八旗の読書について責任を持って取り組むことを求め、そこでは読書の理由として、今後中原をめざすにあたって重要な課題であるためとしている。そして八旗で教鞭をとっていた数十名の秀才がお

表3-5　八旗の漢人教師

正黄旗	黄昌・舒芳	鑲黄旗	董世文・孟継昌・劉泰
正紅旗	呉義寧	鑲紅旗	陳楚賢・水英卓
正藍旗	尤悦竜	鑲藍旗	劉養性・王世選
正白旗	斉国鐘・霍応選	鑲白旗	董敬書・李維煥

り、これらの漢文を教える十六名の秀才に対しては、男丁の公課が免じられていた。もちろん彼らこそ范文程が指しているところの道理に通じず、政務に明らかでないにもかかわらず教鞭をとっていた秀才たちであると考えられる【表3-5】[98]。そして彼らの中には天聡三年（1629）に、アイシン・グルンにおいて初の科挙と言われる人材選抜制度によって秀才となった者も含まれていたかもしれない。それは『各項稿薄』に、

勅諭各城屯堡秀才知悉、朕思自古及今莫不以武安邦、以文治世、両者缺一不可。朕今欲与文教。爾等諸生、有懐才抱異、或在各王府及金・漢・蒙古部下者、倶限本月二十三日赴鐘楼前高・殷二游撃処報名、二十七日完畢。九月初一日考試、各秀才主不許阻攔。如考中者与人換出、無得自換、特諭、天聡三年八月二十三日。每固山十張、仍貼鐘楼八門。

各城・屯堡の秀才に勅諭して承知させる。朕の思うところでは、古から今まで武を以て国を鎮め、文を以て世を治め、両者のどちらも欠けてはならない。今朕は文教を盛んにしたいと思う。諸生のうち人より抜き出た才能を持つ者、あるいは各王府及びマンジュ・漢・蒙古部にある者は、今月二十三日を期限として鐘楼前の高游撃と殷游撃の所に申し込み、二十七日に完了させる。九月一日に試験を行う。各秀才の主は阻止してはならない。もし試験に合格した者は別人と交代させるが、勝手に交代してはならない。特に諭す。天聡三年二十三日。各旗ごとに十枚、鐘楼八つの門に貼る[99]。

とある。そもそも武によって国を安定させ、文によって世を治めるが、そのどちらも欠かすことはできない。そのために文教を盛んにするために優れた文人を登用する試験制度が定められて、ジュシェン・モンゴルの家にアハ（aha）とする者を考査によって二百人採用し、それぞれ褒美も与えていた[100]。このような文人の

登用について評価は極めて高かったが[101]、学問のレベルはそれほど高くなかったようである。崇徳三年（1638）正月のホンタイジの詔書を見てみよう。

聖ハンは上奏文をご覧の後に、大学士范文程・ガリン・ロショ・啓心郎ソニンを遣わせて、都察院の上奏した官員に向かって諭した。そもそも遼東を得た後、遼東の民を二・三度殺した。各々アハになりたかった者をアハとした。私は（ホンタイジ）こうして賢人が、賢人の家にアハとして暮らしているものが多いと思う。高貴者を庸劣な者がアハとして推薦しようと、慈しんでベイセの家より以下、民より以上の賢人をアハとするものを推薦して全て民となした。また、二・三度、秀才を試験にやや文儀に通じていることを口実に推挙して秀才とした（後略）[102]。

とあるように、そもそも賢人を民とし、またやや文儀に通じる者を二・三度の試験によって、かろうじて秀才に登用した。まさしくこれは天聡三年（1629）に行われた秀才試験そのものが学問的ではないことの証左といえ、范文程の上奏の傍証となるだろう。しかし徹底した「文教政策」を実施するためには、秀才の学問レベルの問題だけではなく、例えば、漢人の胡貢明が次のように上奏していることも課題となった。

皇上論金・漢之人都要読書、誠大有為之作用也。但金人家不曾読書、把読書極好的事、反看作極苦的事、多有不願的。若要他自己請師教子、盖発不愿了、況不暁得尊礼師長之道理乎。以臣之見、当於八家各立官学、凡有子弟者都要入学読書、使無退縮之辞。然有好師傅、方教得出好子弟。
皇帝が諭旨して、マンジュ人と漢人すべて読書させるのは、誠に大いに有用な働きである。しかし、マンジュ人は読書せず、読書という良いことを、反対に辛いことのように思って、多くは読書を願わない。もし彼ら自らが先生を招聘して子弟に教えさせようとしても、誰もそれを願わないだろう。まして先生を尊敬する道理も分からないではないか。臣が思うには、八旗ごとに官学を立てて、すべての子弟は必ず入学して読書することとし、読書しない口実をなくさせる。しかしながら良い師傅がいて初めて、良い子弟を育成することができる[103]。

読書はよいものであるのに、ジュシェン人は苦しいことと見なし、多くのジュシェン人は読書を望まなかった。もし彼らが自ら教員を求めて子弟に教育を施すようにすれば、ますます読書をしなくなるのであろう。それゆえ八旗に官学を設立し、すべての子弟達を入学させて読書をさせれば、行かない口実はなくなると上奏している。秀才の問題だけにとどまらず、この上奏文の内容から、上述の八歳から十五歳の子供に対しての「文教政策」が、ジュシェン人の抵抗もあって、実際にはうまく受け入れられなったことを看取できる。

従って、胡貢明がジュシェン人に対する漢語教育を上手く実施するために、各八旗に官学を立てようと提案し、范文程も「良い先生があってこそ良い弟子を出せる」と上奏していたが、実際にその八旗の官学の秀才達に公課を免じた優遇措置のせいで、のちに不平が生じることもあった。『満文原檔』天聡六年（1632）十月二十一日には、

> 正黄の劉秀才・舒秀才が、自分たちが余分であると外されたので、ハンに訴えた内容は、「漢文を教える四人の秀才は、二旗の子弟を教えて十二年となった。私たちの教えたドムバイ・バドン・エンゲデイの三人を皆職務に任用した。新たに入門させた二旗の諸大臣の子弟も、すべて教えて二年目となった。（去る）丑の年に秀才等を殺す時に、ハンが慈しんで、私たちに書を教えるのがよいと選んで養った。殺された秀才の家のすべてを皆私たちに与えた。穀物が凶作の年には、穀物を買えて食べよと銀を与えた。今ハンが慈しんで、書を教える秀才等に、各二人の男丁をあわせて公課を免じる時に、正黄の秀才が余分であるとして、ただ董秀才と黄秀才だけが教えよと委ねた。私たち劉泰・舒秀才の二名はやめさせられ公課に入れられた。鑲黄の旧新の子弟を私たちから連れていって、鑲黄に新しい秀才を入れて教えている。私たちは十二年間苦労して教えたのである」と、ハンに告げたので、各二男の公課を免じた[104)]。

とある。以上のことから、以前は自らと異なる旗の子弟を受け入れて教えていた教師が、新たにそれぞれの旗に設置された教師の登場によって、教師からはずされることもあった。そして、上記の子弟として挙げられるドムバイとエンゲデイは、前節で寧完我が取り上げたジュシェン人の翻訳者である「東拝」と「恩革太」と同一人物であり、後に書籍の翻訳に携わった人物である。さらにドゥムバイ（東拝）とバドンについては、各々天聡五年（1631）に立てた六部の礼部と刑部に筆帖式として勤めている【表3-1を参照】。

このように、天聡年間に八歳から十五歳まで八旗の子弟に対しての読書が義務化される「文教政策」が定められたが、ジュシェン人たちは読書に関しては苦痛であると感じていたことから、当初この政策はうまく受け入れられなかった。そのため、八旗ごとに官学を設置し、すべての子弟たちを入学させ、読書させることとなった。官学で書を教える秀才達は公課の免除を受けられるほど優遇されていた。その秀才達に教えられた子弟の中には、のちに翻訳に従事することとなったドムバイ（東拝）やエンゲデイ（恩革太）などの役人もいたのであった。

4　おわりに

本章においては、特にジュシェン人が影響を受けた漢文化の側面を重視してその具体性と内実を実証してきた。グルン政権の基盤が固めるにつれて多くの人々がジュシェン政権に加えられた。その中にはモンゴル人以外に大明から帰順してきた漢人も少なからずおり、しかも大明の科挙資格を得た者や試験に合格して官途に就いた役人もいたはずである。こうした漢人の中にマンジュ語やモンゴル語をマスターした者がいて、実は彼らこそジュシェン文化に甚だ馴染んだ者だとも言える。

グルンの領域拡大に伴って、従来のマンジュ制度では処理しきれず、弊害が現れるようにもなっていた。その時に漢人たちは積極的に動いて、グルンの新しい制度の導入に関して提案をしていた。提案といっても、彼らに馴染みがあるのは大明の制度である。もちろん全ての条例でジュシェンの事情が処理できるとは言い難いし、その規定には大明の条文と性格の異なる箇所も窺える。こうした新たな制度の成立には漢人集団に限らず、ジュシェン人の知識人も極めて重要な役割を果していたことは明らかである。

ジュシェン人は、ダイチン・グルンが成立する前から独自の国づくりに向って、異文化を受容しながらも、自らの伝統を重んじて豊かな文化生活を生み出す可能性を有していた。

そして、やみくもに漢籍を大明と朝鮮から蒐集していたわけではなく、これらは政治の手本や戦闘方法に役立てるために行われていたのである。また、蒐集した漢籍は、ジュシェン人の知識人が関与するかたちで、翻訳して読むように勧められたのであり、ジュシェン人が漢文化の知識を持つようになったきっかけは、大明や朝鮮からやってきた文人と深い関わりがあった。こうしたジュシェン社会で活躍する文人に手厚い待遇が与えられていたことは確かである。しかし、初期の段階では教師に採用された知識人の学問レベルの問題に直面していた。一部の秀才となった者が新しい知識人に取って代わられるケースまで現れたが、こうした新しい知識人はグルンにおいてさらに漢文化伝授の担い手となっただろう。

注

1） 岩井茂樹（1996）「十六・十七世紀の中国辺境社会」『明末清初の社会と文化』京都大学人文科学研究所、643頁。

2） 檀上寛（2013）「明清時代の天朝体制と華夷秩序」『京都女子大学大学院文学研究科紀要史学編』12、171頁。

3） 山根幸夫（1989）『正徳大明会典・解題』汲古書院、571頁。

4） 大明会典については、正徳四年（1509）に『正徳会典』180巻が刊行され、万暦15年（1587）に増修した『万暦会典』228巻が刊行された二種のバージョンがある。本章の引用にあたっては『万暦会典』を利用したい。

5） 島田正郎（1970）『東洋法史』明好社、159頁。

6） W. Fuchs *Beiträge zur mandjurischen Bibliographie und Literatur.* Tokyo, 1936. pp. 40～44.

7） 加藤直人（1993）「入関前清朝の法制史料」『中国法制史基本資料の研究』東京大学出版会、539～582頁。また、同氏（2007）『逃人檔』東北アジア文献研究叢刊、pp. i ～ v.

8） 神田信夫（1961）「清初の会典について」『和田博士古稀記念東洋史論叢』講談社、337～348頁。

9） 漢軍の研究について、細谷良夫（1994）「烏真超哈（八旗漢軍）の固山（旗）」『松村潤先生古稀記念清代史論叢』汲古書院、165～182頁参照。

10） 『満文原檔』第十冊、日字檔、天聡十年二月、60～61頁（『満文老檔』Ⅵ 太宗3、942～943頁）。「寧完我は最初 sahaliyan beile の家の aha であったが、書によく通じているとしてハンが登用して、書の衙門に入れて機務に用い、六世続き二等 jalan の将軍として、アハや荘を与えたと言う。北京に出兵したときに、永平府を見張らせていた。寧完我が賭け事をしたとして李伯龍・佟整が告発した事実があって、ハンは罪を免じた。ハンは彼の悪い行為を知り、常に言っても聞かない。また大凌河から投降して来た jalan の将軍、劉士英との賭け事を、劉士英の家の者が告発したが、罪は事実なので寧完我に罪として職をやめさせた。ハンの与えたものをすべて取り上げた。職をやめさせて同じサハリャン・ベイレにアハとして与えた。劉士英の全てものを取り上げて庶民として、尚陽堡に住まわせた」とある。この後、寧完我は十数年にわたって消息が全く消えてしまった。そして順治二年に弘文院大学生に復職してから、漢籍の『三国志』・『遼史』・

『金史』・『元史』・『洪武要訓』などの漢籍をマンジュ語に翻訳する事業において、大きな役割を果たしたメンバーの一人である。

11）増井寛也（2004）「建州統一期のヌルハチ政権とボォイ・ニャルマ」に、「ahaという語彙は、漢語系列の『大清太宗実録』に、同一人物にもかかわらず、家僕・家人・奴僕という三様に言い換えられた」と指摘される。また、石橋秀雄（1989）『大清帝国』（講談社）を参照。

12）『満文内国史院檔』天聡五年十二月二十三日。

13）筆帖式（bithesi）はbiti（聖書）>bitik（書く）からの派生語であり、「-si」は者及び人を表す書記という意味である。アルタイ語系のテュルク語、モンゴル語でも同じく語源を持っているが、発音はやや異なる。Gerhard Doerfer（1965）pp. 261～267、*Türki tillar divani* 等参照。

14）『満文内国史院檔』天聡五年七月初八日。

15）『満文原檔』第四冊、黄字檔、天命十一年五月、350頁（『満文老檔』Ⅲ太祖3、999頁）。「天命を奉じて時運を受けたハンが言うには、昔の聖帝が天下を治めたことをみるに、武威をもって黎民を定めていた。文院（bithei jurgan）だけが行い、武院（coohai jurgan）を治めなかったものはない。私は昔に倣って武官（coohai hafan）を置いた。（後略）。」また、文院（書房あるいは文館という）については、既に神田信夫氏（1995）が「漢官が文館を改めて中書府あるいは内閣中書科とすべきことを主張していたが、やがて内国史院・内秘書院・内弘文院による内三院という機関に改めた」と指摘された。

16）『奏疏稿』天聡七年十二月二十三日、「今我国設立六部、用金・漢両官、未有不公平治事、各尽才能者」。この『奏疏稿』を底本として羅振玉（1924）は『天聡朝臣工奏議』と題して編纂されたが、欠落したところが多いのである。なお校訂については、細谷良夫（1992）「校訂『天聡朝臣工奏議』天聡六年」という研究がなされる。また、『奏疏稿』の研究については、中見立夫（1992）「日本の東洋史学黎明期における史料への探求」『清朝と東アジア神田信夫先生古稀記念論文集』（山川出版社）、97～126頁。また、同氏（2002）「盛京宮殿旧蔵漢文旧檔和所謂「喀喇沁本蒙古源流」」『恭賀陳捷先教授七十嵩寿論文集』（遠流出版）、414～432頁参照。

17）『満文内国史院檔』天聡五年十二月二十三日、「tere inenggi sanjan ning wan ū owesimburengge:hafan sindaha yoni ako ofi efujen i sangga/neire isika:sajin ilibuha akombuhako ofi:facokon i dahin oronako isinjire be:oile wajiha/amala aitubureci:oile unde i onggolo gosikon gisurere de isirako:te bata kimun/de jailarako:dabali latunaha de sanggu tandarako:beye be efuleme silhi sabtame:mentuhun i/tondo be wacihiyame:gidasarako be（#genggilara）genggiyalara oile:mimbe./han gosifi aha beyebe ūwasimbufi hafan i jergi de tafambufi mūse i gurun de biheko kooli be/efuleme nenehe jalan i mūke nimaha i kooli be jalgame gamara jakade:bi ede mentuhun be bodorako:/balai sartarako gonime:tuttu tuktan gajifi yabure de uthai sunja niyalma be//tucibuhe ujulame silhitere gūcihiyare tacin be nakabure:saisa mergen（□）baitalaki/sehe :amala be ūhe owesimbuhengge:ninggun jurgan obuki tafulara hafan bithe bai gebu halaki:/dasan hafunbuko sindaki:etuku i kemun ilgaki seme ūtutu jergi owesimbuhe:damu ninggun/jurgan oboha:guwa be wasimbuhako:

tuwaci/※ han ninggun jurgan ilibume hafan sindara de:jobome gonime suilame seoleme/akombume isibuha:ninggun jurgan iliha amala:meni meni oile afafi:oile tookarako/※han ainci gūrun i uile dasara de oho:tusaha hafan waliyaburengge ako:/dasara doro ede wajiha sembi kai:」。また、『大清太宗実録』（順治初纂版）巻八、天聡五年十二月、25b ～26a、「〇参将甯完我上疏云、為設官未備、弊竇将開。立法不周、乱階必至。与其拯救於已事之後、何若痛言於未事之先。今不避仇怨、不憚越俎、捐躯披瀝、以竭愚忠、以明無欺事。臣蒙※汗出之奴隷、登之将列。破我国未有之格、紹先代魚水之風。臣不揣庸愚、妄自期許。是以初時召対輒薦五人、首袪嫉妬之習、用広賢良之途。後臣等連名具奏、設立諫臣、更館名、置通政、弁服制等事、疏経数上、而止立六部、余事尽留中不下。窃見※汗設立六部等官、可謂焦労周至。自六部立後各司其事、事不留行。※汗業以為国事就理、任無冗員、図治之道尽是矣。」

18）『奏疏稿』天聡六年正月分。

19）『奏疏稿』天聡七年八月初九日。この寧完我の上奏文について、藤本幸夫（1994）「清朝朝鮮通事小攷」『中国語史の資料と方法』（京都大学人文科学研究所）は次のように述べられていた。「金（清）語を解す漢人、漢語に通じた金人を求め、六部の承政に侍らすことを求めている。それは承政には金人蒙人と並んで漢人がおり、汗と話しが通じなかったからである」と指摘されたが、実際には、寧完我が上奏していた事はそうではない、藤本幸夫の解釈には問題がある。

20）『満文内国史院檔』天聡五年十一月二十九日。「（前略）ハンはダハイ・バクシを通事（tungserebume）として呼ばれて「私は出征して以来、国のことで君らと久しぶりに会う」と言った後に、副将の祖可法は、ハンがこのように食べさせてくれること、さらに毎日ガチョウやアヒルなどをくれることは、全てハンの慈しみであると答えていた。」

21）『欽定盛京通志』巻七十八、国朝人物十四、「寧完我、隷正紅旗漢軍、世居遼陽、天命初来帰、事貝勒薩哈璘。以兼通蒙古・漢文、任事文館」。

22）『奏疏稿』天聡八年分十二月十四日。マンジュ語訳は『内国史院檔・天聡八年』天聡八年十二月二十二日、397～400頁を参照。

23）松村潤（1978）「天命朝の奏疏」『日本大学史学科五十周年記念歴史学論文集』、264～265頁。

24）杉山清彦（2015）『大清帝国の形成と八旗制』名古屋大学出版会、324～384頁。

25）Guimet 61625 のマンジュ語史料によると、劉学成についてこのような記事があり、「aisin gūrun genggiyen han de:lio hio/ceng i gebungge nikan bithe owesimbuhe/gisun:…………owesimbuhe.lio hio ceng serengge enteheme tūbai niyalma/kai: ere hono ini goniha gisun be bithe/arafi owesimbumbikai:han i tūkiyehe//hojihoso geren ambasa sūwe geli meni/meni goniha babe gisurereko:beye be/kocifi ekisaka bisirengge antaha:」.「劉学成は金国ゲンギン・ハンに漢文書を上奏する。…………上奏した。『劉学成は永遠にあそこ（大明）の人で、彼は考えたことを文書にして上奏しているぞ。ハンに昇進した者や婿らのすべての大臣らは、汝らも別々に考えたことを話せよ、自分を畏縮したり静かにしたりするのはまるで客のようである』」（Tatiana A. Pang & Giovanni Stary（1998）*New light on Manchu historiography and literature : the discovery of three documents in old Manchu script*. pp. 186～192）を参照。

26)　『満文内国史院檔』天聡八年十二月二十二日。また、『内国史院檔・天聡八年』(東洋文庫)、397〜400頁。

27)　『満文原檔』第二冊、張字檔、天命六年四月、72頁(『満文老檔』Ⅰ太祖1、305頁)、「ハンの書を都堂アデン、副将李永芳・馬友明、漢人の遊撃たちに下した。「ニカンの人々の暮らしを記録した様々な事例(kooli)や法例(sajin)をすべて書に書いて上奏せよ。(私たちに)不適切なところを棄て、適するところを聞きたい(donjiki)。よその国の人の事は知らない、といっても、偽って告げるな。遼東のところの兵数はいくつ、城堡の数はいくつ、百姓の数はいくつ、木匠(mujan)・画匠(howajan)いろいろの匠人(faksi)を全て書に書いて上奏せよ。」

28)　『満文原檔』第十冊、日字檔、崇徳元年五月十九日、205頁(『満文老檔』Ⅵ太宗3、1068頁)。崇徳元年五月十九日、ハンの旨「サハリャンよ、汝は我が兄の子であった。一つの重要な部を引き受けて政治を助け、国家のために勤め力を尽くした。その功は誠に小さくない。そうして、我は古制に倣って、和碩穎親王と追封して、功名を万世に宣揚する。」聖ハンはまた一度慟哭した。準備した一切のものを収めさせ終わると、聖ハン、衆人は皆跪いて指示の書を読み上げさせた。その書の言。「大清国の和碩穎親王サハリャンよ、汝は甲辰の年(1604)五月二十五日に生まれ、丙子の年(1636)五月九日に三十三歳で死んだ。汝は叔父たるハン、養育した父、衆兄弟が会して諸物を悉く準備して五月十九日に祭を致す。」

29)　『満文原檔』第八冊、地字檔、天聡六年三月十三日、134頁(『満文老檔』Ⅴ太宗2、727頁)。「○tere inenggi(+toktobume)wasimbuha bithei gisun:gosa ejelehe beise:gosa ejelehe ako bime doro be/ aliha beise bederehe de han i gosime bure doro hoošan emu tumen:honin/ duin:arki juwan malu bumbi:」。【訳文】「○その日、(+定めて)下した書の言、グサを掌るベイセ、グサを掌らない執政ベイセが亡くなったときに、ハンの恩賜の礼としては、紙一万枚、羊四頭、酒十壺を与える。」

30)　『満文原檔』第十冊、日字檔、崇徳元年六月初六日、256〜257頁(『満文老檔』Ⅵ太宗3、1112〜1113頁)。

31)　中国国家図書館所蔵の『清太宗実録稿』によると、明らかに「会典の書 / hūi diyan i bithe」を「大明会典」と翻訳していた。また、神田信夫(1987)「いわゆる「崇徳会典」について」『東洋法史の探究島田正郎博士寿記念論集』汲古書院、17頁。

32)　『満文原檔』第六冊、天字檔、天聡元年九月一日、144頁(『満文老檔』Ⅰ太宗1、103頁)、jai nendehe han i eifu. han i mafari eifu de fe an i iten sindambi.　また、先代ハンの墓やハン祖先の墓には旧例によって二歳牛を葬る。

33)　『清太宗実録稿』(中国国家図書館蔵)登録番号 A01217。活字のテキストは清初史料叢刊第三種李燕光編『清太宗実録稿本』(遼寧大学1978年)に収録されている。中国国家図書館所蔵原文と比べてみると、活字のテキストには誤字などが甚だ多かったので、利用には注意が必要である。『清太宗実録稿本』を編纂に関わった李燕光(1978)は、偶々「崇徳会典」という名称を用いられたものであって、張晋藩(1983)「清『崇徳会典』試析」『法学研究』(中国社会科学出版社)、また、同氏(2003)「再論『崇徳会典』」『『崇徳会典』・『戸部則例』及其他』(法律出版社)では、それにしたがって「崇徳会典」と呼ぶべきであると主張している。しかし、原文をみる限りでは「崇徳会典」という内容が出てこない、表題に「崇徳元年『□録稿』十四巻き、自丙子年四月登基、議定会典、諸王喪礼起、本年六月止」という内容しか窺われない【口絵2】、かつ本文の内容には天聡年間に定められた法令も含まれ、むしろ「入関前の会典」と呼ぶべきである。すでに、島田正郎（1986）『明末清初モンゴル法の研究』創文社。神田信夫（1987）「『朝鮮国来書簿』について」『満族史研究通信』5。山根幸夫（1993）「明・清の会典」『中国法制史基本史料の研究』東京大学出版会。加藤直人（1993）「入関前清朝の法制史料」『中国法制史基本資料の研究』（東京大学出版会）が、この「崇徳会典」の呼び方に関して疑問を抱いていた。

34）『大明会典』巻九十一、礼部五十、喪礼二、「親王喪礼、喪聞、上輟朝三日。礼部奏差官、掌行喪祭礼。翰林院撰祭文、諡冊、壙誌文。工部造銘旌、差官造墳。国子監取監生報訃各王府、御祭聞喪一壇、牲用牛犢羊豕、余祭止用羊豕。（略）親王妃喪礼、喪聞御祭一壇。太皇太后、皇太后、中宮、東宮、公主各祭一壇。翰林院撰祭文、壙誌文。工部造銘旌行、布政司委官開壙合葬、及専属買辦祭祀品物、祭用羊豕。」

35）山根幸夫（1993）「明・清の会典」『中国法制史基本史料の研究』東京大学出版会、475頁。

36）『奏疏稿』天聡六年正月分。

37）『満文原檔』第十冊、日字檔、崇徳元年八月初六日、373～374頁（『満文老檔』Ⅵ太宗3、1223頁）。

38）『影鈔清太宗聖訓残稿』に、この祝文を「尊儒」という子目に配列した。また、『清太宗聖訓残稿』の研究については、胡鳴盛（1925）『清太宗聖訓底稿残本（附校勘記）』（『北京大学研究所国学門周刊』第1巻（第1期、第2期、第3期、第5期、第8期、第10期）を参照。

39）『大明会典』巻八十四、礼部四十三、祭祀五、「維洪武某年、歳次某甲子月日、皇帝遣具官某、致祭于大成至聖文宣王。惟王徳配天地、道冠古今、刪述六経、垂憲万世。謹以牲帛醴、斎粢盛庶品袛奉旧章式陳明薦、以兗国復聖公、郕国宗聖公、沂国述聖公、鄒国亜聖公、配尚享。」

40）『北京図書館蔵中国歴代石刻拓本彙編』第四十八冊、「加封孔子詔碑」、192頁

41）『元史』巻七十六、「至順元年以漢儒董仲舒、従祀斎国公叔梁紇、加封啓聖王魯国太夫人、顔氏啓聖王夫人、顔子兗国復聖公、曾子郕国宗聖公、子思沂国述聖公、孟子鄒国亜聖公。」

42）これ以前の孔子の封号については、『宋史』巻一〇五、礼志五十八、礼八によれば、「大観三年（1109）礼部太常寺請以、文宣王為先師、兗鄒荊三国公配享、十哲従祀。咸淳三年（1267）詔封曽三郕国公・孔伋沂国公・配享先聖」とある。「文宣王」は周知の如く、唐の玄宗のとき孔子におくった諡である。なお、配享についての四聖を、それぞれの国ごとに封ぜられた孟子を鄒国公、顔子を兗国公、曾子を郕国公及び子思を沂国公として配享することと、最後に十哲を従祀することによって祭りが行われる。ただし、これら孔子の諡「文宣王」と四聖に封ぜられた「国公」とは、『大明会典』と一致しないところがある。

43）『満文原檔』第二冊、張字檔、天命六年閏二月二十九日、30～31頁（『満文老檔』Ⅰ太祖1、278頁）。

44)　増井寛也（2007）「マンジュ国〈五大臣〉設置年代考」『立命館文学』601、99〜74頁。
45)　「明清史料」（台北中央研究院歴史語言研究所蔵）登録号167430、天聡五年七月初八日。このほか同じく漢文の内容は『大清太宗実録』（順治初纂版）巻七、十二〜十三、天聡五年七月初八日に記録されていた。「又勅諭曰、（前略）。以後継母・伯母・嬸母・嫂与弟婦・姪婦同族中不許配偶。容彼守節、享其産業、撫養幼子、厚加憫恤。若有不欲守節、願適人者、許母家兄弟作主、任其所願、択異姓嫁之。如有不遵、仍旧配偶、男婦倶坐以通姦之罪。明朝・朝鮮皆礼儀之邦、従不与族中苟合、彼亦同是人耳。若同族中配偶、与禽獣何異、是以禁之」とある。また、『清太宗実録稿』巻十四に、やや口語体に近いと思われる文体で採録されていた。「◯自今以後、◯凡人不許娶庶母及族中伯母、嬸母、嫂子、媳婦。凡女人若喪夫、欲守其家資、子女者、由本人宜恩養。若欲改嫁者、本家無人看管、任族中兄弟（＋聘）与異姓之人。若不遵法、族中相娶者、与淫乱之事一例問罪。（＋漢人）高麗人因暁（＃漢人）道理、不娶族中婦女為妻。凡人既生為人、若娶族中婦女、与禽獣何異。我想及此、方立其法。我国若有淫乱之人、欲娶族中婦女者、其夫死後不許哭。心内既欲娶其妻、外則虚意哭之何為。此言欲令愚魯之人暁之、今禁革不許乱娶」とある。ただ、『大清太宗実録』（乾隆漢文版）には採録されなかった。
46)　『大明会典』巻百六十三、「婚姻」、「娶親属妻妾」、「凡娶同宗無服之親、及無服親之妻者、各杖一百。若娶緦麻親之妻、及舅甥妻、各杖六十、徒一年。小功以上、各以姦論。其曾被出、及已改嫁、而娶為妻妾者、各杖八十。若収父祖妾、及伯叔母者、各斬。若兄亡収嫂、弟亡収弟婦者、各絞。妾各減二等。若娶同宗緦麻以上姑姪姉妹者、亦各以姦論、並離異」とある。大明において同族の間で娶った場合、罰則はかなり細分化されており、処罰内容についても血縁関係の遠近によって異なっていた。もっとも重い罪は死罪であり、それは父祖の妾、伯叔の妻、兄弟の妻を娶った場合にあたる罪である。
47)　『李朝実録』巻八十四、世宗二十一年一月己丑に「忽剌温亐知哈兀者衛指揮僉事都児也言、本衛管下人三百六十余戸、軍数一千余名。（中略）其婚礼、女生十歳前、男家約婚後、逓年三次筵宴、二次贈牛馬各一、待年十七八、乃成婚礼。父死娶其妾、兄亡娶其妻（後略）」とある。
48)　李民寏「建州聞見録」『紫巌集』巻六、132〜137頁。（前略）新旧之相見者、必抱腰接面。雖男女間亦然、嫁娶則不択族類、父死而子妻其母。また、『満文内国史院檔』天聡九年十二月初五日、「（前略）元来、マンジュ国は同族者の妻、伯母、叔母、嫂を妄りに娶っていた。（スレ）・ハンは＃法例（＋禁令）を出し、同族の中に叔父、兄弟らの妻を娶る条理がないということでやめさせた（後略）」。また、天聡九年（1635）に、次のような条例が加えられている。「その日、ハンの旨を承けて戸部の和碩貝勒が言うには、『ジャンギン（janggin）等、ジャンギン等の兄弟、ベイセの家丁、十の長、バヤラ（bayara）、フンデボショコ（funde bošokū）の娘や寡婦は部員に報告し、部員は各自のベイセの承認を得て嫁がせる。承認を得ずに隠して嫁がせれば罪とする。また民間の身分の低い者や寡婦は、各自のニルイ・ジャンギン（niru i janggin）の承認を得て嫁がせよ。いずれの者の娘も、十二歳になった後に嫁がせよ。十二歳になる前に嫁がせれば罪とする。専管ニル（niru）も内ニル（niru）もすべて同様とする』」（『満文原檔』第九冊、満附三、天聡九年三月初十日、109頁（『旧満洲檔・天聡九年』1、東洋文庫清代研究室、86〜87頁））とある。全ての娘や寡婦は、結婚するなら必ずベイセとニルイ・

ジャンギンの承認を得ないといけない。これはおそらく同族間で再婚することを防ぐための方策であろう。しかも、女子は十二歳に成らないと結婚してはいけない、という規定が定められている。

49)　『奏疏稿』天聡七年八月分。

50)　中砂明徳（2012）『中国近世の福建人、士大夫と出版人』名古屋大学出版会、序説、1～12頁を参照。

51)　『奏疏稿』天聡七年八月分初九日。

52)　『満文原檔』第十冊、日字檔、崇徳元年五月初三日、166頁（『満文老檔』Ⅵ太宗３、1034～1035頁）。また、『清太宗実録稿』巻十四にも採録されていた。「◯皇帝旗鼓、合碩親王、多羅郡王、多羅貝勒旗鼓、倶更定其名、今後倶不許呼旗鼓。駕下旗鼓、滿州叫凡担章京、（＃滿州）漢人叫旗手衛指揮。親王、郡王、多羅貝勒旗鼓、滿州叫擺塔大、漢人叫長史」とある。凡担章京と擺塔大については、それぞれ『満文原檔』のファイダンイ・ジャンギン（faidan i janggin / 儀仗のジャンギン）とバイタイ・ダ（baitai da / 事の長）にあたる音訳職名である。しかし、乾隆年間に重鈔した『満文老檔』には、バイタイ・ダ（baitai da / 事の長）は faidan i da（儀仗の長）と改めている。

53)　『大明会典』巻二百二十八、「旗手衛、国初置旗手千戸所。洪武十八年、昇為衛。永楽中、照例開設。掌大駕金鼓旗纛、統領随駕力士及宿衛等事」。また、『明史』七十五巻、長史「掌王府之政令、輔相規諷以匡王失、率府僚各供乃事、而総其庶務焉。凡請名、請封、請婚、請恩沢、及陳謝、進献表啓、書疏、長史為王奏上。若王有過、則詰長史」とある。

54)　『満文原檔』第十冊、日字檔、崇徳元年四月十五日、296頁（『満文老檔』Ⅵ太宗３、994頁）。

55)　『満文内国史院檔』天聡八年四月九日。また、『内国史院檔・天聡八年』（東洋文庫）、114～116頁。

56)　『満文原檔』第三冊、冬字檔、天命八年五月、442頁、「nikan bithei jurgan de dahai、jūšen monggo ai ai bithe de erdeni、ere jūbe genggen han de salhabufi banjibuha.」

57)　バクシはそもそも漢語の「博士」に由来する語句である。また、釈念常『仏祖歴代通載』巻二十二、「北人之称八哈石、猶漢人之称師也」とある。

58)　『満文原檔』第三冊、冬字檔、天命八年五月初三日、440～441頁。原文引用は、序章注５を参照。また、エルデニ・バクシの伝については、『八旗通志初集』巻二百三十六、儒林伝（満文11b ～13b 頁、漢文5327～5328頁）を参照。

59)　ガガイ・ジャルグチの伝については、『八旗通志初集』（満文）巻一百四十三、名臣列伝三、24a ～25a 頁。（漢文）3732頁。各原文引用は、序章注６を参照。

60)　『満文原檔』第一冊、昃字檔、天命五年三月、328～329頁（『満文老檔』Ⅰ太祖１、214～216頁）、原文引用は、序章注10を参照。ダハイ・バクシの伝については、『八旗通志初集』巻二百三十六、儒林伝（満文4a ～10a 頁、漢文5324～5326頁）。碑文については、『北京図書館蔵中国歴代石刻拓本彙編』第六十二冊、達海誥封碑（満・蒙・漢合璧）、52～53頁。『東洋文庫所蔵中国石刻拓本目録』達海誥封碑（満・蒙・漢合璧）、達海勅建碑（満・漢合璧）111頁。「京都大学人文科学研究所所蔵石刻拓本資料」達海誥封碑（満・蒙・漢合璧）等を参照。

61)　『満文原檔』第三冊、冬字檔、天命八年五月初三日、442頁。【原文転写】「ūdu efulecibe dahai erdemui sain de amala kemuni amban oho、damu erdeni agu be asembidere hairakan.」

62)　『満文原檔』第八冊、地字檔、天聡六年七月、222～224頁（『満文老檔』Ⅴ太宗２、824～826頁）。「(※tere ineggi)(+manju amba cooha)baishal(#de deduhe□inenggi□)(+gebungge bade isinjihe ing iliha manggi iogi hergen i dahai)baksi nimeme ako oho:/ ninggun biyai ice inenggi nimeku baha:dehi duici inenggi nadan biyai juwan duin de honin erinde// ako oho:honin aniya gūsin jakose bihe:uyon seci nikan bithe tacifi:」(+manju bithe)nikan (#jusen)bithe de/ ambula šoo bihe:nenehe(#genggiyan han)(+taidzu)ci (#ebsi):sure han i ningguci aniya de isitala nikan solho i / bithe i jurgan de takurabuha:bithe de ambula soo:mujilen nomhon dolo(+sure)(#genggiyen)bihe.…………nikan bithe be (+manju)(#jusen)gisun i ubaliyabume (+yoni)arahangge wanboo(#tong jiyan/ daiming hoidiyan cooha bithe)(※taigung):(#su šu sanlioo lioo too gulhon arahangge tere:arara/ eden bithe menggsi daiceng ging :san kuwe jy: ○aisin gurun de)nikan bithe(#deribume araha)(#selgiyehengge dahai □:)gurun de donjihako sahako gisun be (#ambula banjibuha:terei onggolo/)//(#kooli suduri be sarko bihe:)genggiyen han be abka banjibuha niyalma ofi:terei mujilen i fukjin/yabuhangge julgei enduringge mergese (#seci)ci inu encu oho:gurun yendeme muktendere de erdeni/ baksi:dahai baksi ilhi ilhi (#tucike)(+tucinjike):juwe inu bithei jurgan de emu gurun (#de)i teile/ tucike mergese bihe:/(+beidere jurgan i bithe/ su su:san lioo:jai (+eden arahangge)tung jiyan:loo too:beidere jurgan i hoidiyan:mengsi:san guwe jy:daicing ging be arame deribuhe/ bihe dade manju gurun julgei kooli doro jurgan(+be) umai sarko fonjin□mujilen i yabumbihe dahai baksi julgei jalan jalan i (#kooli)(+banjiha)be (#uthai)/ kooli be manjurame manju (+gisun)(#bithe)ubaliyamebume arafi gurun de selgiyefi (#doro lur)manju gurun julgei an kooli:doro jurgan/tereci ulhime deribuhe: //genggiyen han be abka banjibuha niyalma ofi:terei mujilen i fukcin/yabuhangge julgei enduringge mergense ci inu encu ako:gurun yendeme mukdendere de erdeni/ baksi:dahai baksi ilhi ilhi tucinjihe:juwe inu bithei jurgan de emu gurun i teile/tucihe mergese bihe)」。

63)　『奏疏稿』天聡六年十一月二十一日。李棲鳳の伝については、『清史稿』巻二百三十九、列伝二十六、「李棲鳳、字瑞梧広寧人、本貫陝西武威。父維新、仕明為四川総兵官。嘗官薊、遼、家焉。馬鳴佩字潤甫、遼陽人、本貫山東蓬萊。其先世嘗為遼東保義副将、因占籍遼陽左衛。棲鳳・鳴佩皆以諸生来帰、事太宗、並值文館。崇徳元年、甄別文館諸臣、棲鳳・鳴佩倶列二等、賜人戸、牲畜。漢軍旗制定、同隷鑲紅旗。世祖定鼎、授棲鳳山東東昌道、鳴佩山西冀南道。順治二年、収湖広、移棲鳳上荊南道、鳴佩下湖南道。方棲鳳值文館、治事勤慎、達海等聞於上。上命司撰擬、迻写国書。達海卒、棲鳳言文館無専責、櫝貯官文書、人得窃視、慮有漏言。(後略)。」

64)　『満文原檔』第四冊、盈字檔、天命八年七月二十三日、93～94頁（『満文老檔』Ⅱ太祖２、856頁）。

65）『李朝実録』巻九十八、成宗九年十一月九日、「童清礼家蔵『蒙古世祖皇帝』冊一、『知風雨』冊一、『善悪報応』冊一、『南無報大』冊一、『陰陽占卜』冊一、『福徳智慧』冊一、『飲食燕享』冊一、『日月光明』冊、『陰陽択日』冊二、『開天文』冊一、『真言』冊一、『仏経』冊七、『礼度』冊一、『勧学』冊一等、其付司訳院伝習」。ここで取り上げられた書籍の研究に関しては、宮紀子（2006）『モンゴル時代の出版文化』名古屋大学出版会、240頁において詳細かつ網羅的な検討がなされている。また、童清礼については、『燕山君日記』巻十六、二年七月二十三日に「兵曹判書成俊等啓、平安道辺事、以臣等之議為可。臣等以議向化部将童清礼之族戚、多居建州衛、而兼司僕李山玉信実可遣人也、請遣此両人。且宣諭之意、雖馳書于監司、然書不尽意、不若択遣朝臣之諳錬者、与監司同議、到渭原、召金主成可以諭之為当」。また、『李朝実録』巻七、中宗三年十二月三日に「辛服義、童清礼、凌遅処死、妻子為奴、籍没家産」とある。また『李朝実録』巻十二、中宗五年八月十三日に「童清礼在向化中、位最高、自奉諭書」とある。

66）『満文原檔』第一冊、荒字檔、万暦四十三年十二月、62頁（『満文老檔』Ⅰ太祖１、567頁）。

67）『満文原檔』第七冊、月字檔、天聡四年二月五日、46頁（『満文老檔』Ⅳ太宗１、305頁）に、「ice sunja de. dzun hūwa de unggihe bithei gisun......giyan cang ni šurdeme dahaha dahahakū ba i ton. coohai ton. gemu nikan bithe de bi」とある。

68）『奏疏稿』天聡六年十一月二十八日。

69）『清史稿』巻二百七十九、列伝六十六、「楊方興、字浡然、漢軍鑲白旗人。初為広寧諸生。天命七年、太祖取広寧、方興来帰。太宗命直内院、与修太祖実録。崇徳元年、試中挙人、授牛彔額真銜、擢内秘書院学士。性嗜酒、嘗酔後犯蹕、論死、上貰之、命断酒。順治元年、従入関。七月、授河道総督。（後略）。」

70）李民寏『紫巌集』巻五「柵中日録」、115〜130頁（『韓国文集叢刊』82冊）。『皇華集』については、『韻石斎筆談』巻上「丹陽」「朝鮮人好書」、「朝鮮国人最好書、凡使臣入貢、限五六十人、或旧典或新書、或稗官小説、在彼所欠者、日出市中、各写書目、逢人遍問、不惜重直購回、故彼国反有異書蔵本也。余曾見朝鮮所刻『皇華集』、乃中朝冊封使臣与彼国文臣唱和之什、鏤板精整、且繭紙瑩潔如玉、海邦緗帙、洵足称奇」。また、東征之役については、1592年から1593年および1597から1598年にかけて二度にわたって朝鮮に援軍を派遣し、日本の朝鮮侵攻を防ごうとした戦いであり、「万暦の三征」とも称する。日本では文禄、慶長の役という。

71）『満文原檔』第一冊、昃字檔、天命四年七月二十五日、269頁（『満文老檔』Ⅰ太祖１、169頁）「tiyei ling ni hecen be afame gaifi、tere hecen de ilan dedume olji icihiyafi cooha bederehe」。【訳文】「鉄嶺城を攻め取ってその城に三泊し、浮虜を処理して兵は戻った」。また、『明実録』巻五百八十五、「万暦四十七年八月壬子、大学士方従哲題適、接得遼東巡撫周永春塘報及巡按陳王庭掲帖、皆称七月二十五日奴賊約五六万、于寅時従三岔児堡進入、辰時将鉄嶺城攻開」とある。

72）日本において文禄・慶長の役でも朝鮮から多くの書物がもたらされて、さまざまな学問分野に影響を与えていた。中山久四郎（1934）『史学及東洋史の研究』賢文館、三木栄（1951）「養安院蔵書中の朝鮮医書」『朝鮮学報』第一輯、藪内清（1959）「中国の数学と関孝和」『数学』第10巻第３号、辺恩田（2001）「朝鮮刊本『金鰲新話』の旧所蔵者養

安院と蔵書印 - 道春訓点和刻本に先行する新出本」『同志社国文学』55、などの研究を参照。

73）『燕行録全集』巻八、「朝天記聞」、457～458頁。会同館の研究について、松浦章（1992）「明清時代北京の会同館」『清朝と東アジア神田信夫先生古稀記念論文集』山川出版社、359～380頁。また、夫馬進（2015）『朝鮮燕行使と朝鮮通信使』（名古屋大学出版会）参照。

74）李光濤（1973）「老満文史料」『明清檔案存真選輯』中央研究院歴史語言研究所、5頁。また、葉高樹（2000）「清朝前期的満文教育訳書事業」『明清文化新論』文津出版社、177頁。同氏（2002）『清朝前期的文化政策』稲郷出版社、57頁にも収録。

75）『各項稿簿』天聡二年十一月初八日。この『各項稿簿』のテキストが1929年に市村瓚次郎によって公刊された（『史苑』巻二と巻三）。また、この国書については『仁祖実録』巻十九、六年十二月四日の条にも、収録されている、「上御崇政殿、接見龍骨大等。其国書曰、両国通好、情意周匝、未及候問、心甚闕然。敬遣英吾児代・叉哈喇・慢打児韓、恭候興居、兼致薄物、少伸鄙意。聞貴国有金・元所訳『書』・『詩』等経及『四書』、敬求一覧、惟冀慨然。」とあり、内容はやや異なる。また、『清入関前与朝鮮往来国書彙編』（50頁）にも収録されているが、人名の「叉哈喇・慢打児韓」は「叉哈喇慢・打児韓」と間違っているところが散見する。『各項稿簿』の研究について、謝肇華（2000）「関於漢文旧檔『各項稿簿』」『文献』2、268～278頁参照。

76）『朝鮮国王来書簿』天聡三年分、正月分初七日到。この国書の内容ついては、『李朝実録』巻十九、仁祖六年十二月六日の条に「備局啓曰、金汗之書、辞意平順、似無別情。其答書宜云、来書情意懇懃、副以厚貺、足見両国通好、出於誠信、良用感悦。見索『詩』・『書』・『四書』等書籍、此意甚善、深嘉貴国尊信聖賢、慕悦礼義之盛意。第国中所有、只是天下通行印本、而金・元所訳、則曾未得見。玆未能奉副、無任愧歉」とあり、内容はやや異なる。また、『清入関前与朝鮮往来国書彙編』（51頁）にも収録されている。『朝鮮国王来書簿』の研究については、神田信夫（1995）「『朝鮮国来書簿』について」『満族史研究通信』5、9～14頁参照。

77）『李朝実録』巻二十一、仁祖七年十月二十三日、「金汗求書冊、以『春秋』・『周易』・『礼記』・『通鑑』・『史略』等書賜之」。また、『李朝実録』巻三十、仁祖十二年十二月二十九日、「金差使鄭命寿出示小紙、乃求索『三国志』・『春秋』及筆墨等物也。答曰、筆墨・冊子中易得之物覓給可也。」

78）Tatiana A. Pang、Giovanni Stary（1998）、pp. 185. 影印による、【原文転写】「sioging bithede henduhengge、sain yabuci abka ci tanggo hacini huturi wasimbi、ehe yabuci abka ci tanggo hacini jobolon wasimbi sere gisun」。【訳文】「書経に言うには、うまく行けば天から百祥がくだる、悪く行けば百殃がくだるという」とある。『書経集註』には、「為善則降之百祥、為悪則降之百殃」とある。

79）寧完我の伝については、『八旗通志初集』（満文）巻百七十九、名臣列伝三十九、2a～6b 頁。「ning wan o.gulu fulgiyan i ujen coohai gūsai niyalma./ abkai fulingga i forgon de dahame jifi.nikan bithe/ bahanambi seme bithei yamun de baita icihiyabuha.sure/ han i duici aniya amba cooha yung ping fu.be/ gaiha manggi./ taidzung genggiyen šu hūwangdi i hese be alifi dahai baksi sei/ emgi suwayan kiru jafafi.hoton de tafafi hafan cooha/ irgese de bireme ulhibume selgiyefi uju fusibufi. uthai/ abatai beile sei emgi yung ping fu de seremšeme/ tuwakiyahabi geli dailingho jai char be. dailara de// dahame genefi albime dahabuha gung de jalan sirara nirui/ janggin obuha sunjaci aniya hacilame wesimbuhe bithei gisun/ gurun boo de ninggun jurgan ilibufi meni meni afaha tušan/ bisire jakade toohabuha sartabuha hacin akū.gurun i/ baita yooni dasabuhabi……。」（漢文4298〜4299頁、寧完我、漢軍正紅旗人、天命年間来帰、以兼通漢文、在文館辦事。天聡四年、大兵取永平。太宗文皇帝命同大海巴克什等執黄旗登城、遍諭官軍百姓薙髪。遂同阿巴太貝勒等鎮守永平。又従征大凌河及察哈爾、並以招撫有功、授牛彔章京世職。五年、上疏言、朝廷設立六部、各有所司、無曠廃之処、国事已尽理矣。（後略））。また、「明清史料」（台北中央研究院歴史語言研究所蔵）登録号185056〜006、康熙六年閏四月三日、「張国棟佐領下、原任内閣大学士甯完我、係遼陽人。由生員蒙太祖招賢進用、于天聡三年取永平征査哈拉、招撫大凌河有功。又于天聡五年、条奏五事、一立六部、二設言官、三更館名、四設通政使司、五辦服色恭逢。世祖皇帝取北京後、于順治元年十月内甯完我入閣時、蒙世祖皇帝擢用為内閣大学士、三次会試大主考、議政内閣大臣。至順治九年初一日奉命修理実録館勅書開後、皇帝勅諭内閣翰林国史院大学士甯完我茲者恭修。十三年原品休致、康熙四年病故、康熙六年勅賜祭碑文並諡号」。碑文については、『北京図書館蔵中国歴代石刻拓本彙編』第六十二冊、満漢合璧、86頁を参照。

80）『奏疏稿』天聡七年七月初一日。

81）『順治朝満文国史檔』３、順治八年閏二月二十八日、pp. 083〜084、「garin i emgi/ mergen wang de genehe turgun be.cangnai de fonjici garin i mergen wang ni jakade dorgideri/ yabuha be.bi sarkū.mergen wang de generede emgi genehe inu.tere fonde geneci acarakū// seme gisureci ombio sembi:cangnai be sini ahun garin / dergi ejen be cashūlafi mergen wang de haldabašahai genehe:yaya narhūn hebe be sini sarkūngge akū/ seme hafan gemu efuleme.jurganci nakabume. tanggū šusiha tantafi boigon gaime：……」。「ガリンと一緒に睿王のところに行った理由を、チャンナイ（常鼐）に聞くと、『ガリンが睿王のところにひそかに行ったことを、俺は知らない、一緒に睿王のところに行ったのは事実である。そのときに行くのが適切ではないと言うべきだった』という。『チャンナイ、君の兄ガリンは聖主に背いて、睿王への媚び諂いを行って、詳議していることを君が知らないわけがない』と、すべての職を免じ、部に罷免され、百回の鞭を打って、家産を没収した。（後略）」。また、『大清世祖実録』巻五十四、順治八年閏二月、二十三頁、「乙亥、剛林弟常鼐、同剛林往随睿王、潜通往来、是実。常鼐応革職、解部任、鞭一百、籍其家。」

82）『奏疏稿』天聡六年九月、「翻訳之筆帖式在書房之通文理者止恩国泰一人、事繁人少至稽遅。再択一二以助不逮、制立号簿、注限日期。要使大事不過五、小事不過十、分任之後、課其勤惰、察其能否。」。また、崇徳三年四月には、礼部の漢文筆帖式（bithesi）になっている（『満文内国史院檔』崇徳三年四月初一日、河内良弘訳『内国史院満文檔案訳注崇徳二・三年分』、300頁）。また、『八旗満洲氏族通譜』巻二十四、七页、「恩格徳、正藍旗人、世居輝発地方、来帰年分無考。歴任礼部尚書兼佐領。其子納海原任驍騎校。納敏原任都統兼佐領。孫諾敏、原任山西巡撫。諾敏原任二等護衛。（后略）」。また、『清史稿』巻二百九十四、列伝八十一、「諾岷、納喇氏、満洲正藍旗人。先世居輝発。祖恩国泰習漢書、天聡八年挙人直秘書院、授礼部理事官洊擢尚書。父那敏、官鑲黄旗満洲都統。」

83）『八旗通志初集』（満文）巻一百四十八、名臣列伝八、38b～39a。「dumbai.gulu fulgiyan i manju gūsai niyalma/ bihe.te tukiyefi gulu suwayan i gūsade obuha/ fuca hala.jalan halame šaji i bade tehe/ bihe.ini ama pingkuri toktan/ taidzu dergi hūwangdi be weilere fonde jušeri i// juwan ilan aiman i da iorengge.wen de/ eljeme daharakū ofi.pingkuri/ hese be alifi.oforo amban dalai i emgi dailaname/ genefi. fafuršeme baturulame gung mutebure jakade/ suhe baturu gebu/ buhe.fukcin niru banjibure de.emu niru bošobuha/ amala faššaha gung de.sunja niru be kamcime/ kadalabuha.akū oho manggi.dumbai.ahūngga/ jui ofi.nirui baita be sirame kadalaha.....」（漢文3802～3804頁。敦拝 、満洲正紅旗人、今改隷正黄旗。姓傅察氏、世居沙済地方。父彭庫里、初事太祖高皇帝時、有朱社理十三部長尤楞格、梗化不服、彭庫里奉命偕鄂仏洛昂邦達頼往勦之、奮勇著績、因賜蘇赫巴図魯号、創立牛彔、俾管其一、後以功兼統轄牛彔、既卒、敦拝以長子襲管牛彔事。（後略））。

84）『満文原檔』第二冊、張字檔、天命六年十二月三十日、335頁（『満文老檔』Ⅰ太祖１、463頁）。

85）『李朝実録』巻七十、宣祖二十八年十二月五日、「浙江紹興府会稽県人龔正六、年少客於遼東、被搶在其処、有子姓群妾家産致万金。老乙可赤号為師傅、方教老乙可赤児子書、而老乙可赤極其厚待。虜中識字者只有此人。而文理未尽通矣」という、龔正六は手厚い優待を受けたため、ずっとヌルハチに忠誠を尽くしていたようである。また、『按遼疏稿』によると「万暦三十六年十二月二十三日、有杜総兵東来、本職接至高橋界、杜総兵問本職、中左営所属有幾箇辺堡、看辺属夷係那営部落、当職回云、共有四辺堡、倶係供兔営達子。問畢、到所経過、分付本職、将貴英先差来、討賞龔学文等達子都栓来。（中略）将貴英下属夷龔郎中等十三名、肘鎖到衙門」とあるように、龔学文或いは龔郎中ともすなわち龔正六（陸）であると考えられる。一方、龔正六（陸）について、和田清（(1952）年「清の太祖の顧問龔正陸」『東洋学報』35、49頁。同氏（1955）『東亜史研究』（満洲篇）東洋文庫、648頁）は、エルデニ・バクシも真珠を隠した疑いで処刑されたので、龔正六（陸）は恐らく太祖に誅戮されて、そのために後にまた聞こえなくなったのではないかと疑われるという指摘もなされる。しかし、『按遼疏稿』にも出てくることを考えれば、和田清の指摘を再検討する必要がある。

86）和田清（1952）清の太祖の顧問龔正陸」『東洋学報』35、40～49頁。また、同氏（1955）『東亜史研究』（満洲篇）東洋文庫、637～649頁にも収録。また、和田清は、申忠一『建州紀程図記』に出てくる歪乃（wailing / 外郎）という人物は、龔正陸の別号であると指摘している。しかし『満文原檔』（本章注60参照）によると、ダハイ・バクシもある時期に（wailan）外郎と呼ばれた時もあったようであるから、誤った論説ではないかと考えられる。また、『建州紀程図記』の研究については、稲葉岩吉（1937）「申忠一書啓及ぶ図記」『青丘学叢』29、また、同氏（1939）「申忠一建州図記解説」『興京二道河子旧老城』建国大学。李仁栄（1954）「申忠一의建州紀程図記에対하여」『韓国満洲関係史의研究』乙酉文化社。三田村泰助（1965）『清朝前史の研究』同朋舎、400～443頁等参

照。

87) 『燕行録全集』八巻、「朝天記聞」、457～458頁、「是夕、余適往江上等商舶散悶、有前日留館達子数人来見訳官等、欣慰。殊甚与語欸欸。言及虜中之事、具言遼陽有士人黄姓者、自少以能文知名、被擄在胡中、称為黄郎中。胡人呼文士為郎中、今方以貢胡来此、虜頗敬之。資産極豊。常書、美姫四人、牛馬弥山云。」

88) 同上、「銀槎録」、315～317頁、「(前略) 問、老乙阿赤向我国謂何曰、渠常説、称高麗。曰、強国如得高麗人則心極貴之。問、如今部裏有幾箇高麗人口否、曰、麗人二十名、時在手下、解文能射、訓誨騎射之法。小児哈赤極愛之、毎人給使喚二十名、十名力農治活、十名跟護出入、少有搶掠処、則必帯二十名倶去。問、二十名何地何姓人。曰、居住姓名我不知云。」

89) 『満文原檔』第二冊、張字檔、天命六年七月十一日、147頁（『満文老檔』Ⅰ太祖1、353頁）、「十一日に下したハンの書「jontai. bebuhei. sahaliyan. ubatai. yasingga. koboi. jahai. hondai、この八旗の先生として出した八博士は、汝たちの下に弟子入りさせた子供に、よく詳しく書を教えて通じさせれば功を与える。子供が勉強に学ばず文儀に通じなければ罪とする。弟子たちが勉強に学ばなければ、先生汝はベイセに告げる。八の先生はさまざまな事に関与させない。」

90) 『苑洛集』四、巻十九、九頁、「(略) 我們倣秀才時、読了『百家姓』、便読『千字文』。」

91) 『シルクロード文字を辿って』ロシア探検隊収集の文物、134頁。

92) 『八旗通志初集』巻一百五十四、名臣列伝十四、正白旗満洲世襲大臣三、英俄爾岱伝、(満文8b ～17a、漢文3900～3902頁)。

93) 『李朝実録』巻十九、仁祖六年十二月五日、「龍胡出嚢中小紙以示之、先書『詩経』、其傍又以蒙書書二字、次書『書経』、傍書蒙字、仍言汗之所求也。臣等曰、天朝則或有蒙書翻訳之冊、我国豈有以蒙書印此『詩』・『書』之理乎。」

94) 『満文内国史院檔』天聡五年閏十一月一日（図3－4の図は、原文の二枚に分けた内容からあわせた)。この読書諭旨についてはマンジュ語に限らず、漢文のものも残されていたが、内容はやや異なるところが見られる。『各項稿薄』五年閏十一月分、「勅諭金・漢・蒙古官員知悉儒書一節、深明道理。朕聞各官多有不願子弟読書、以為我国歴来取勝何用書。為然作年灤州失守、是二王不救。其遵化・遷安・永平棄城、皆由不読書不暁義理之故也。昨我兵囲困大凌河三月有余、城内官兵食人死守、及救兵殺尽凌城已抜。而錦州・松山仍守不棄。皆因読書通暁尽忠守節之道。爾金・漢官但有子弟、八歳以上十五歳以下倶令報名読書、不許姑息容隠。如有愛惜不令読書者、其父兄不許披甲随征、可与子弟一同在家閑処、特諭。初一日写一張行佟総爺転行。」また、『大清太宗実録』(順治初纂版) 巻八、天聡五年閏十一月初一日、二十二～二十三頁、「上曰、貝勒曁諸官之子、令其読書、或有溺愛不教読書者。不過謂我国雖不読書、亦無錯誤。昔我兵棄灤州城、皆由永平駐守貝勒、不行救援、以致永平・遵化・遷安等城倶失。豈非不読書、不通道理之故乎。今番困大凌河、経四越月、人皆相食竟以死守、雖殺援兵、降凌河。而錦州・松山・杏山不肯棄去者、皆是読書明道理、為朝廷尽忠故也。爾等有不願教子読書者、親来明言。若如此則自身不必披甲、亦不必出征、任意自便可耳。今後凡子弟十五歳以下、八歳以上皆令入学読書。」

95) 『読書分年日程』巻一「八歳以前は『性理字訓』を習う、八歳から十五歳までおよそ六七年の間に、入門書『小学』からはじめ、『四書五経』の正文までをしっかり学ぶ、十五歳から『四書五経』の注釈を学ぶ。その後『四書五経』を復習しながら、『通鑑』、『楚辞』などを二十～二十二歳頃までに習って、最後に「古賦」「詔書」「詩」などの作成法を学ぶことである。」一方、『医閭集』巻六、一頁、「存稿」「簡韓良弼公子」に、「令弟内有賢父兄外有厳師友、如此事業之成不待卜矣。但不知挙業之外、更看何書、更用何功古人、為已之学諸令弟亦嘗有志否、有一書名曰、『程氏読書分年日程』者不可不看、若能依拠用功、決成君子儒也。遼陽必有此書、可訪観之却以見報」とあうる。

96）『明清檔案巻・清代』「後金内秘書院大学士范文程接管八孤山弟子読書事奏稿」上海古籍出版社、2006年、184頁。また、寧完我と連名で上奏した文書は『奏疏稿』に収録されており、天聡六年正月分、「臣寧完我・范文程同奏、臣二人昨年見〇〇汗論国中子弟読書的告示、十分懇切、実得図治根本。但読書一事、似難而実易、惟在於教師之好与不好耳。師傅善于教訓、五・六年間可以成材。師傅不善教訓、雖十数年也不中用。今日八孤山、雖有十五・六個秀才教学、多不通文理、不暁世務。師傅既然不通、何以教徒弟通。況這十五・六個秀才、多係〇〇先汗在日教学的、当向年査人之時、這幾人性命家私多苟全于徒弟之乎。公道者固有私情者、不無其所以得免不殺者。非善寅緣、即会買売卑污、苟且気概消磨。不過借教学為免差遮身之由、是以任事弟子作嬉戯頑笑之場。読書雖有十年之名、実無一日之実、是以我国無大通学生。人見学生難通、以為読書是個難事、不亦謬乎、不亦誤乎。臣二人既不能推鋒陥陣、作龍驤虎衛之。臣又不能決策定籌、為運籌帷幄之士、尸為素餐、大可羞恥。敢啟奏、〇〇皇上願精択能師者十六人、分与八孤山設教。原旧師傅不通者裁革、通者存之、以為副、即令臣二人総督其事。如師傅有不識者、許令奏更。如徒弟有頑惰者、許令責治。一年之終、以学生進益多寡、考定師傅功罪。有功者昇賞、有罪者懲罰。必如此一年之間、学生大変。五・七年間文運昌熾矣。若三・五年間不見功効、臣二人甘受欺誑之罪。臣等尽夜思維、〇〇汗既有志中原、則読書実第一急務。凡百戦攻之事、旦暮可成。惟此読書一節、非工夫不到可能収其功者、是不可不早為之計也。伏乞材酌、速〇賜允行、国家幸甚、臣等幸甚。僅〇奏。正月二十四日奏過。」

97）范文程の伝については、『八旗通志初集』巻一百七十二、名臣列伝三十二（満文2a～26a、漢文4188～4194頁）。墓誌については『北京図書館蔵中国歴代石刻拓本彙編』第六十二冊、満漢合璧、115頁。また、W. Fuchs（1925）*Fan Wen-ch'eng 范文程, 1597～1666, und Sein Diplom 誥命*『史学研究』。14～36頁、遠藤隆俊（1995）「范文程とその時代—清初遼東漢人官僚の一生—」『東北大学東洋史論集』6、434～458頁等参照。

98）『満文原檔』第八冊、地字檔、天聡六年九月二十三日、253頁（『満文老檔』Ⅴ太宗2、850頁)、「八旗の漢文を教える秀才である正黄の黄昌・舒芳・鑲黄の董世文・孟継昌・劉泰、正紅の呉義寧、鑲紅の陳楚賢・水英卓、正藍の尤悦竜・李度、鑲藍の劉養性・王世選、正白の斉国鐘・霍応選、鑲白の董敬書・李維煥、この十六人の秀才について、男丁の数を倍にするために、イングルダイ、マフタはハンに伺って調べ、各二人の男丁の公課を免じた。」

99）『各項稿薄』天聡三年八月二十三日。また、『大清太宗実録』（順治初纂版）巻四にも収録されたが、内容はやや異なる。「天聡三年八月、二十三日、上伝諭、朕思自古及今、莫不以武克敵、以文治世、両者並用。予今欲与文教考校諸生、或在各王府及満・漢・蒙古部下者、尽数令出、限九月初一日、令衆官公同考試、其主不許隠蔵。如考中者、仍以別丁償之。」

100）『大清太宗実録』（順治初纂版）巻四、天聡三年九月初一日。「初試秀才。先乙丑年（天命10年）十月、太祖将紳衿査出、謂凡作悪、倶係此輩、乃尽殺之。隠匿得脱者、約三百人、至此揀選止得二百人。凡在満洲・蒙古家為奴、自黄旗下及八固山内悉皆抜出、取一等者、賞緞二尺。二等三等者、賞青布二尺。準免二丁差徭。」

101）「清崇徳三年漢文檔案選編」『歴史檔案』2、1982年、「都察院衙門承政臣祖可法、臣張存仁謹奏、臣聞国家掄才、期得真士、以図実効。但賢才不択地而生、豪傑多出寒微。（中略）。況金・元二代、凡搶来儒生皆令換出、后来往往得其効力、至今垂之史冊、以為盛事。且皇上前科取士、部落皆換出、仁声遠播。今改此制、臣等料皇上聖意不過恐又費一番更張耳。（後略）。」

102）『満文内国史院檔』崇徳三年正月（『内国史院満文檔案訳注崇徳二・三年分』（河内良弘訳）、192頁）。

103）『奏疏稿』天聡六年二月二十九日。

104）『満文原檔』第八冊、地字檔、天聡六年十月二十一日、264〜265頁（『満文老檔』Ⅴ太宗2、860〜861頁）。

105）『後金檄明万暦皇帝文』（中国国家図書館蔵）登録番号10512。詳しく説明は本書「第4章」注の20と22を参照されたい。

第 4 章

17世紀におけるマンジュ人の語る漢文化

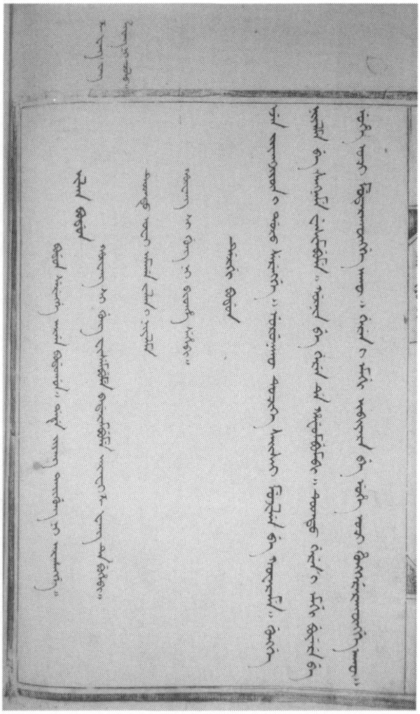

図 4－1　ダハイ・バクシ訳 *san liyo*（*ilan bodon* / 三略）
（『故宮博物院蔵品大系善本特編・満文古籍』収録）

1　はじめに

崇徳元年（1636）九月三十日、ホンタイジが大臣らに向かって語った言葉がマンジュ語で以下のように記録されている。

> 「昔の故事（ジュレン / julen）の例にある人が、鬼が（その人を）捕まえて食べようとするので格闘していると、その人のカサラ（kasar）、バサラ（basar）という二匹の犬が主人を助けて格闘し、鬼をかみ殺して主人の命を救った。そして家に帰るときに、二匹の犬は激しい格闘に疲れて家にたどり着けなくなってしまった。主人は『私が先に行って食べるものを持って迎えに来よう』といったが、家に帰って妻子に会って飽食すると苦しんだことを忘れ、犬を迎えに（行くのを）忘れてしまった。二匹の犬は、『主人が迎えに来ない。私たちが死ぬ程格闘して主人を救ったのに、主人が私たちを忘れて迎えに来ないならば、私たちは主人のもとにどうして帰ることがあろうか』と、そのまま気が変わって山に入って狼になったという。これには道理がある。おそらく恩を知らず、人の苦労を忘れるのを諷しているのである。この話のように、汝ら大臣が先に家に帰って、汝らのために戦死した兵士を忘れて迎えに行かず、彼等が道中で苦しみ、まだ帰れないで苦労しているのであれば、犬を迎えに行かなかった者と何ら異なるところがあろうか」といった[1)]。

とあり、昔、鬼が主人を食べようとした時に、二匹の犬のカサラとバサラが現れて主人の命を救った。しかし、犬が格闘で疲れて家まで辿り着けることができなくなったのを見て、主人は食べ物を取ってくるといって、その後主人の姿があらわることがなかったようなジュレンの例を出し、大臣らにグルンのために兵士が戦死して、連れて帰らないことは犬の主人のようなものであり、戦死した兵士を連れ帰らなければならない、と大臣らに向かって語っていたことがわかる。

カサラとバサラは、北アジア・中央アジアを含むマンジュ周辺において犬の名前としてよく使われていたこともうかがえる[2)]。こうした故事は、ホンタイジが教訓としていることからも、長年にわたって口承により伝えられていたジュレンであると考えられる。ただし、グルン初期の『満文原檔』などの文献において、ジュレンのかたちで今に伝わるものは、この事例が唯一である。

すでに岡田英弘（1994）は、ホンタイジが、モンゴルの格言集にあらわれたチンギス・カンの次男チャガタイとオチル・セチェンの問答の原典や、モンゴル文学のチンギス・ハン叙事詩中の登場人物であるチョーメルゲンの故事を引用して語っていたことから、マンジュ文化の中にモンゴル的要素があることを指摘している[3)]。また、李勤璞はホンタイジがチベット文学作品のめでたい言葉を教誡として用いたことは、モンゴル的チベット要素であると指摘している[4)]。これらは全てマンジュ人中において、ジュレンのかたちで伝わっていたと考えられる。

そして、グルン初期において、大明の制度と政策の導入に担い手となったのは、大明からやってきた漢人或いはマンジュ人の知識人であった。筆者は、こうした大明的な要素を受容しながら、新しい文化の誕生しつつあることを明らかにした（本書第4章を参照）。つまり、グルン初期においては、多元的な文化社会となっていたことは明らかである。

また、今日まで太祖のヌルハチと太宗のホンタイジは好んで『三国演義』を読んでいたことが重視され研究がなされてきた[5)]。しかし、マンジュ語を母語とするヌルハチやホンタイジが漢籍中の故事をいかにして知り得たのか、ということについてはほとんど検討されていない。本章ではこうした問題意識をもってマンジュ人の漢籍受容の実態を明らかにする。さらに、漢籍の扱われ方に注目し、その一端に考察を加える。

2　読書のしかた

『満文原檔』によると、ヌルハチは「昔の仏説あるいは仏典」という物語を教訓として語る場面がしばしば窺えるから、当時仏教に関する書籍が流行していたことがわかる。だが、ヌルハチの語る物語には、仏典だけにとどまらず、さらに幅広い知識を織り交ぜた思想があらわれている。たとえば、*taidzu horonggo enduringge hūwangdi yargiyan kooli*（太祖武皇帝実録）には、

二十四日に、ゲンゲェン・ハンが全てのベイレに教えて言うには「むかし我々の

ニングタイ・諸王、ドンゴ、ワンギヤ、ハダ、イエヘ、ウラ、ホイファ、モンゴルグルンはみんな金銭に執着して、忠誠心が低く、邪貪を上となし、兄弟は互いに財産の奪い合いをして殺害した。私が教えるだけではなく、汝らは目や耳のない者なのか」という。（中略）昔の衛鞅（wei yang）という人がいうには「軽薄の言葉は美しい、至言は事実である。苦き言葉は薬であり、甘き言葉は病む」という。また、『忠経／junggin』には「事態が始まる前に諫めれば何より上であり、事態が終わった後に諫めれば何より下であり、見て諫めなければ正直な人ではない」といっていた。（中略）昔の宋国（sung gurun）の劉裕（lio ioi）ハンが全ての大臣らに向かって「むかしの世代の聖ハン、賢大臣などはみんな貧しく、苦しんで生きて、そして後に出世した。舜ハンは自ら畑をしていたという、傅説（fu iowai）は関を築いたという、百里奚（belisi）は牛を見張っていたという、膠鬲（jioo guo）は塩を煮て魚を探していた」というが、神様、それは何だろう。そうして全ての大臣は「ハン、大臣らに委ねることは大きい。天は大きいことに委ねようとして生まれ、ハン、大臣なるものを先にその心を苦しませて、あらゆることを考えさせて、安心させない。筋骨を苦しませて寸暇をおしまない。腹を減らしても食物を食べられない、故に貧しさと苦しさなどあらゆる苦しみに耐えさせて、慈しむ礼をする者が道義である。賢人の心を得られて、そのような人がハンになった後に、国民のことが分かる。そのような人が大臣になった後に、民の苦しみが分かる。天が考えたのはそれだ」と答えたという[6)]。

とある。ここで何よりも注意すべきなのは、ハンたるヌルハチは全てのベイレたちを集め、『史記』に出てくる衛鞅の言葉や、後漢の儒学者である馬融が著した『忠経』[7)]や、さらに、南朝の宋の初代皇帝である劉裕[8)]が語った言葉を用いて、彼らに語っていることである。衛鞅や劉裕に関する記事は、もちろん、いずれも漢籍にしか出てこないものである。馬融の『忠経』も同様であるが、書名の通り主君に仕える忠義の道、忠道を概説した経典である。ヌルハチが語る内容は「忠諫章第十五」に相当し、忠臣が最も心掛けるべき職能は「諫諍」であるとするのに対応すると考えられる[9)]。ヌルハチは仏典以外に漢籍の記事を用いて、マンジュ語で語っていることに着目すべきである。さらにヌルハチが語る内容はこれだけにとどまらず、昔の金国に関する史実も引用している。上に挙げた引用には、次のような故事が続く。

（前略）むかし金国の大定ハンは、汴京城に居てむかし暮らしていた白山の東会寧府の故地を見に行こうとし、息子の太子に向いて「汝は憂えるな、人々を誉めさせて信頼をとる。怖がらせて（太子の）権威を示せ。商人を育て金銭を集める。農夫を育て食糧を集める」といったという。（後略）。

大定は金国の四代目ハンの年号である。ここで引用した事例は『金史』大定二十四年（1184）三月の条で確かめられるが、その内容は完全に合致するわけではない[10)]。このような金国のハンに関わる事例を用いて語る例は、天命三年（1618）まで遡ることができる。例えば、天命三年（1618）四月の条によると、

翌十四日の巳の刻に雨が降った。二道に別れて行った八旗の兵は、その日それぞれ進む方に向いて八列に別れて進んだ。ハン自身はワフン・オモの野原に泊まった。その晩ハンはモンゴル・グルンのベイレエンゲデレ、サハルチャ・グルンの大臣サハリャンという名前の婿に向かって、昔の金のハンが暮らした事例を告げて、そして言うには「古来のハン・諸王の事例を見れば、自ら苦労し戦い合ったが、いずれも永遠にハンであったものはない。今私はハンの位を得たい、永遠に生きたいと思ってこの戦いを始めたのではない。ニカンの万暦ハンが大いに私を恨ませたので、私は耐えられず戦いを始めたのだ」と言ってそこで泊まった[11)]。

とあり、ここでヌルハチが切実な関心をもって、行軍の途中に皆が寄り集まっているところで、金国ハンや諸王の事績について言及している。さらに天命六年（1621）四月の条には、

ハンの書を都堂アデン、副将李永芳・馬友明、漢人の遊撃たちに下した。「ニカンの人々の暮らしを記録した様々な事例（kooli）や法例（sajin）をすべて書に書いて上奏せよ。（私たちに）不適切なところを棄て、適するところを聞きたい（donjiki）。よその国の人のことは知らない、といっても、偽って告げるな。遼東のところの兵数はいくつ、城堡の数はいくつ、百姓の数はいくつ、木匠（mujan）・画匠（howajan）・いろいろの匠人（faksi）を全て書に書いて上奏せよ[12)]。」

とある。ヌルハチは金国の事例を語る一方で、さらにニカンの事例（kooli）や法

例（sajin）を適用する際には、自分達に適さない部分を棄てて、適するところを「聞きたい／donjiki」と強く要求し、金国以外の事例にも関心を寄せさまざまなニカンの事例の抜粋をするように求める令を出していた。さらにマンジュ語文献には、ヌルハチは自らが「聞くところ（donjici）」によって得た漢籍の故事が断片的に記録されている。

① 私の聞くところによれば（donjici）、周の武王は彼の大臣箕子を朝鮮国の初代の王に封じたという[13)]。

② 昔の例を聞くところによれば（donjici）、福に頼った者は栄え、力に頼った者は衰えている[14)]。

③ 私の聞くところによれば（donjici）、汝のニカンの劉邦（liobang）は淮水のちかくで人夫を監督していたが、それをまた天が愛しんだので、漢の王ハン（han wang han）となって暮らした。趙太祖（jao taidzu）は町で無頼にたよって暮らしていたが、天がまたこれをも愛しんだので、ハンとなって何代も国の主となって暮らした。朱元龍（jū iowanlong）は自分の父母を亡くし独りで乞食をしていて、郭元帥の下に使われて暮らしていたが、これを天が愛しんだので皇帝となって、十三、四世を経ている[15)]。

上述のように、いずれも漢籍の記事や事例を引用する際に、ヌルハチは自らが「聞くところによれば（donjici）」として語っていることは着目すべき点である。このことから、ヌルハチはこれらの故事を読んだのではなく、聞いて覚えたと考えられる。

ここで注意すべき点は、上記の③の朱元龍は『満文原檔』に綴られた名前であるが、乾隆年間にあらたに有圏点マンジュ文字で書き写された『満文老檔』では、朱元璋と改められている。朱元璋はもちろん大明の太祖であり、これについては、既に Tatiana A. Pang & Giovanni Stary（2000）の研究が『英烈伝』[16)]に由来した名であることを指摘している[17)]。『英烈伝』は、郭勲が編纂したもので、その内容は元末明初の群雄時代を取り扱った通俗小説であり、おもに太祖朱元璋を主人公として、庶民向けの講談や雑劇でよく扱われ、「章回小説」と称する白話形式のものである。『英烈伝』の中では朱元璋を「朱元龍」としており、この影響を受けてダイチン・グルン初期のマンジュ語史料は、朱元璋を「jū iowanlong（朱元龍）」

という名前で記していたのである。この事例からも当時のマンジュ人社会においては『英烈伝』のような歴史小説の影響があったと推測される。

ちなみに、ヌルハチの身辺で読み聞かせを行う人物が現れることについては、天命十年（1625）六月に記録されている。

> 十□□にトゥシャが 漢文を学んで、ハンが用いて事例（kooli）を告げさせ（alabume)、ハンの家に泊まっていたが、ハンの子の乳母に通じたので殺した[18)]。

このように、ヌルハチの身辺で漢文を学んだジュシェン人が家庭教師を務めていたことが確かめられる。また、ヌルハチやその家族にさまざまな書物の事例（kooli）を教え、このような知識人がヌルハチ時代から学問の伝授に大いに役割を果たしていたと考えられるのである。

こうしたことで、ホンタイジの時代にも同様に、金国ハンの故事を読み続けていたことが分かる。たとえば崇徳元年（1636）十一月十三日の条には、

> 十三日、聖ハンはそれぞれ親王・郡王・ベイレ等・旗主等・都察院の官人等を集めて、鳳凰楼の下に坐って、弘文院の筆帖式等をして金国の第五代の世宗ウル・ハンの事例を読み上げさせるとき、聖ハンは諸人に向って、「この書を汝ら集まった諸人は書の言葉をよく聞け。この世宗ハンなる者は、ニカンの人、モンゴルの人いずれの国でも名声のある優れたハンである。そうして後世の賢者等は小尭舜ハンと称賛し語っている。私はこの書を翻訳させマンジュ語で書いて読んで以来、馬が獣を見た時に、駆けようとして耳がぴくぴくするように、私が耳目は明快となり、この上なく感歎する」[19)]。

とある。ホンタイジが鳳凰楼に宗族の諸王から各官員を集めて学問の勉強をしている様子が窺え、講師の担当者は弘文院の筆帖式たちだった。筆帖式は読み上げる際、ホンタイジのコメントでは史書をマンジュ語に翻訳して読んでいたという。とりわけ、マンジュ人は漢文を原典のままに読めるわけではなく、やはりマンジュ語訳にしてからなのは明らかである。当時にマンジュ語訳にした金国の第五代ウル・ハンの事例を読ませていたことがわかる。

このウル・ハンを「小尭舜」と称していたことは、つとにヌルハチ時代から知られている。たとえば、中国国家図書館所蔵の『後金檄明万暦皇帝文』[20)] という

入関前の漢文刻本には、

> 又観我国史書、世宗皇帝最為文明之主。明達政事、好賢納諫。天下太平、家給人足、倉廩有余。□□□号為小尭舜。善政懿行、上格皇天、下服臣庶、是以得為皇帝、揚名于千万世之後。此其十一也。
> また、我が国の史書を見ると、世宗皇帝は最も文明の主であった。政務に精通し、賢人を好み諫言を受け入れる。天下太平で、家も人も満ち足りて、倉庫には余裕があった。□□□小尭舜と称した。善政と善行は、上は皇天に通じ、下は臣民を納得させ、そこで皇帝となって、千万世の後世まで名声を高める。これは第十一条である。

とある。今西春秋（1973）によると、この漢文『後金檄明万暦皇帝文』は天命年間に作られた遼東占領地の漢人に対して印頒された刻本で、その内容は史上古今の治乱興亡の例十九条を挙げて、天が後金を授けて明を咎める所以を説いたものであるという[21]。ちなみに、筆者が所蔵先にある原文を確認したところ、右側辺欄の綴じた中に頁ごとに「一王成」・「三李」・「四李」・「十五号佟」・「十六佟」という内容が見られ、これは版木にかかわった刻字匠の名前かもしれない。つまり、一頁は王成、二と三頁は李等々の漢人職人によって刻されたに違いないだろう。一方、1998年、Tatiana A. Pang & Giovanni Staryによって、ギメ東洋美術館図書館所蔵の三件の古いマンジュ語文献が公開され、その中のBG61626は、版木で印刷された刻本が、この中国国家図書館所蔵の『後金檄明万暦皇帝文』と全く同じ内容のものであると、新たな発見が学界に紹介された[22]。次はこの漢文に対応するマンジュ語の内容を取り上げると、

> また、私の事例を見るところによれば、金国のアグダ（阿骨達）・ハンの五世のウルはハンになったあとに、ダイデン・ハン（大定）と称していた。ダイデン・ハンはおよそハンより明君であり、賢人を遣って諫言を受け入れる。天下が太平になって、国は富み民は豊かに暮らしていた。□□□□□□□□。従ってダイデン・ハンを小尭舜と称した。忠義を天が讃えて、みんなに擢用《たくよう》させてハンになって、代々に忘れず称する事例で、第十一条である[23]。

とある。両テキストを比較すると、漢文では世宗皇帝の廟号に対して、マンジュ

語では年号の大定を用いたことがわかる。冒頭部分がやや異なる以外に他の内容はほとんど一致し、ともにこれは第十一条であることを示している。そして、漢文とマンジュ語の下線部分中の、「□□」は欠落した部分を示したものであるが、あいにく漢文とマンジュ語は全く同じところが欠落している。両テキストを見る限りでは、文章には何か大きなミスがあったようで、両版木をともに故意に削られた跡が見られる。両テキストについては、Tatiana A. Pang & Giovanni Staryは同じ時期に作られたものであると指摘している[24)]。一方、加藤直人（2013）は「筆者も実際この刻本をギメ美術館図書館で調査したが、満文の一部に有圏点がみられ、天聡六年（1632）以降の刻字であることは明らかである」と主張している[25)]。周知のごとく、無圏点と有圏点マンジュ文字とは乾隆帝時代に、『満文原檔』に用いた天聡六年（1632）文字改革を行う前の字体と文字改革以降に使われた字体を区別するために作られた学術用語である。ただし、『満文原檔』第一冊を見る限りでは完全に無圏点という文字は見当たらず、無圏点と有圏点が点在していることがわかる。さらに、Tatiana A. Pang & Giovanni Staryが公開したテキストを見る限りでは、書体はやはりウイグル式モンゴル文字の跡が多く見られ、かつ古い字音を表す文字が用いられている。例えば、典型的な例を挙げると、天聡六年（1632）文字改革後に先行形を表す［-］は、ほとんど［-］で表している（字音［］については本書附論を参照）。従って、加藤直人（2013）の指摘が明らかに誤っていることがわかる。つまり、マンジュ語テキストは天聡六年（1632）文字改革前に作られたものと考えたほうがよかろう。さらに両テキストにおいて第十一条の部分を共に削ったこともその証左と言えるものだろう。

そして、両テキストを見ると、漢文の「観」はマンジュ語で「見るところによれば（tuwaci）」と対訳されており、「読めば」という表現にもなる。また「我国史書」とはもちろんヌルハチが立てた「aisin gurun」（金国）の史書ではなく、12世紀に同じ女真人がたてた金国の史書『金史』をさしているに違いない。要するに、ヌルハチは『金史』の故事を「読む」ことによって知り得たことを表している。こうして「tuwaci」という表現で『後金檄明万暦皇帝文』に『金史』の故事を七条に分けて取り入れていたのである。

さらに『後金檄明万暦皇帝文』では五帝の舜帝から、周の宣王・始皇帝・前漢の劉邦、三国の曹操・孫権、宋の徽宗・欽宗、元の順帝および朱元龍（朱元璋）を

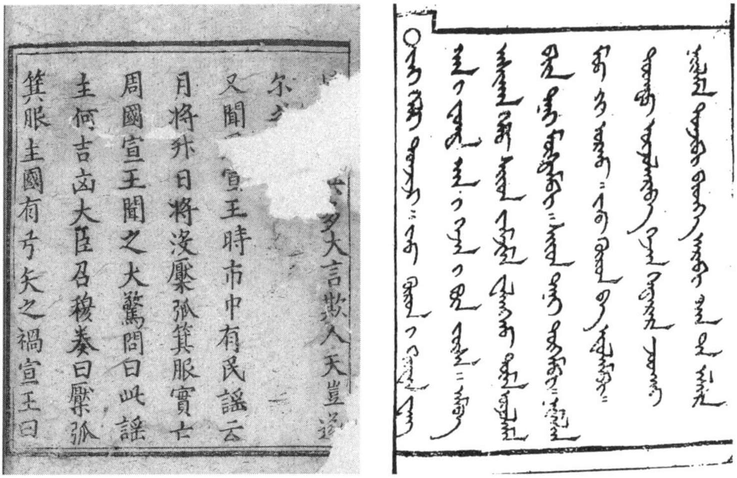
又聞…宣王時市中有民謡云
月將升日將沒檿弧箕服實亡
周國宣王聞之大驚問曰此謡
主何吉凶大臣召穆奏曰檿弧
箕服主國有弓矢之禍宣王曰

図4-2　漢文とマンジュ文『後金檄明万暦皇帝文』
注）漢文は中国国家図書館蔵、マンジュ文は Musée Guimet 蔵。

含む中国歴代の興亡の歴史を載せており、それらに関する故事を八条に分けて「聞くところによれば (donjici)」という表現によって記している。これらの記述から、明らかにマンジュ人は「donjici」と「tuwaci」という二つの方法によって「読書」を行っていたといえる。要するに、「tuwaci」はマンジュ語訳された書物を読んで知り得た内容であるのに対し、「donjici」は「講談者」に読み上げさせることによって知り得た内容であると考えられる。宋代から「平話」と呼ばれる形式の歴史小説が庶民の間で流行し、明代に至ると、各地で「講史」(評話 / 説書) という歴史故事を語る習慣が盛んになった。こうした時代の中で、マンジュ人もそのような文化背景の影響を受けて「donjici」によって故事を伝えていた可能性が高い。

それを踏まえて『後金檄明万暦皇帝文』の内容に戻ると、正史には載っていないエピソードが多く収載されている。しかも、それらは白話の文体で記され、周の宣王・始皇帝・大宋の徽宗と欽宗などの故事がわかりやすく語られている。そこで、『後金檄明万暦皇帝文』で使用されたエピソードを、宋から明にかけて講談者が用いたテキストである『春秋列国志伝』と『大宋宣和遺事』[26] の内容と比べてみよう。

表4-1　テキスト対照一覧

『後金檄明万暦皇帝文』マンジュ語	『後金檄明万暦皇帝文』漢文	『春秋列国志伝』
また聞くところによると、「周国の宣王ハンのときに、	また聞くところによれば、周国宣王のときに、	
ハンの都で子供、大人が共に昼夜に拍手しながら	市中の民謡では、	都では子供が長幼を問わず、みな晩まで手拍子して数句の風説歌を市場で伝唱していた。その風説歌とは、
「月が只今消える（mūkumbi）、日が只今沈む（tūhembi）、人間がモウジ草で、周国を壊す」と歌っていた。	月が昇ろうとし、日が沈もうとしている。桑の弓や草の箙が周国を滅ぼすといっていた。	月が昇ろうと、日が沈もうとしている。桑の弓や草の箙が周国を滅ぼすというものだった。
そのように歌ったことを、城を巡廻する兵士が聞いて、書を書いてハンに報告したことで、		五城の兵馬司が皇城の巡回中にその歌を聞いて、記録して天子に上奏した。宣王が朝政の場で、政務を行う時に、近臣が奏した、「都の子供が四句の風説歌を唱え、市街の中を鼓舞している。その歌を兵馬司が記録して報告する」。王はその歌に「桑の弓や草で周国を滅ぼす」とあるのを見て、
ハンは驚いて「これはどういうことか」と問うと、召穆という大臣が「人間が木で弓を造り、ジ草で箭桶を造る。愚見は国にはこれから弓矢の災害がある」といった。	宣王がこれを聞いて驚き、「この民謡は何の吉凶か」と聞くと、大臣の召穆は、「桑の弓や草の箙は、国に弓矢の災いがあるという意味である」と上奏した。	大いに驚いて群臣に「このことは何の吉凶か」と聞くと、左宗伯の召穆が言うには、「檿は山の桑木の名で、弓を作る。箕は草の名で、それを編んで箙を作る。臣が思うには、国家に将来弓矢による災いがあるだろう」。
ハンが「そうすると城内の弓矢を造る人を殺せ、全て倉庫にある弓矢を焼いたら如何だろうか」というと、	宣王は「弓矢を作る職人をすべて殺し、弓矢を収めている倉庫を焼いたらどうか」というと、	王が、「だとすれば都の弓矢を作る職人をみな殺しにし、倉庫の弓矢を焼き尽くしたらどうだろう」というと、
伯陽父という大臣が「私が空のようすを見ると、その兆候はハンの宮殿にあり、弓矢のことではない。	太史令の伯陽父は、「臣が天象を見たところ、災いは宮中にあり、弓矢のことに関わりはない、	太史令の伯陽父は、「臣が天象を見たところ、その兆星が宮殿の上に落ちたから、弓矢のことではない。
後世に必ず女王があらわれて国を終わらせる。		必ず将来に女主の災いで国が乱れる。
それでまた月は只今消える、日は只今沈むといって、	まして、民謡が月が昇ろうとし、日が沈もうとしている」というのは、	まして風説歌が、月が昇ろうとし、日が沈もうとしているというのは、

日というのはハンの如く、沈むというのはよくない。月というのは女の如く、消えるというのは女王があらわれて礼儀を終わらせるということだろう。	日は君主の象徴であり、沈もうとしているとは不祥の兆しである。月は后妃の象徴であり、昇ろうとしているとは女主が天下を乱すということでなければならない。	日は君主の象徴であり、沈もうとしているのは不吉である。月は太陰の象徴であり、それが昇るというのは女主が政治を得て国を乱す災いであることが明らかである。
ハンは罪のない庶民を殺し、兵士の武器を焼けばいいのか」と勧めてやめさせた[27]。	無罪の人を殺し、弓矢を燃やそうとは……[28]。」	どうして陛下は無辜の民をみだりに殺し、かつ軍隊の武器を燃やすのか」と上奏した[29]。

『春秋列国志伝』は、周代武王から春秋五覇、戦国七雄までの故事を扱った白話文の故事であり、大明の余劭魚と馮夢龍による二つのバージョンが編纂され、二種の内容にはやや異なる箇所が見られる[30]。『後金檄明万暦皇帝文』のマンジュ語訳の底本は余劭魚のテキストであることが分かる【表４－１】。

まず、マンジュ語を余劭魚のテキストと比較すると、漢文をどのようにマンジュ人が理解して訳したのか、解釈に困る箇所がある。たとえば、「月将升、日将没」の「升」と「没」は、マンジュ語でそれぞれ「mūkumbi」（消える）と「tūhembi」（沈む）と訳されているが、「升」は「昇る」という意味ではなく、「mūkumbi」（消える）と訳され、「没」は「沒《méi》」（ない）ではなく「沒《mò》」（沈む）とそのままの意味で理解して訳されている。

そして、「檿弧箕服」は、「人間がモウジ草」と訳すだけではなく、「人間が木で弓を造り、ジ草で箭桶を造る」とも訳されている。ここから、「箕」を「モウジ」草と意訳する一方で、「ジ」草と音訳もしていることがわかる。『国語』韋昭解では「山桑曰檿、弧弓也。箕木名、服矢房也／山桑は檿という、弧は弓である。箕は木の名で、服は矢を入れる袋である」[31]のように、「箕」は「木名」だと解釈する古注釈がある。マンジュ人が「箕」は草と理解したのは、もちろん原典の召穆の解釈にしたがっていたのであるが、古くは「草」と解釈した字は「箕」ではなく「萁」であり、『漢書』師古注に、「檿弧萁服」「檿山桑之有点文者也。木弓曰弧、服盛箭者、即今之歩叉也。萁草、似荻而細、織之為服也／檿は山桑の斑点模様があるものである。木の弓を弧といい、服は箭を入れるものであり、すなわち今日の歩叉である。萁は草で荻に似て細く、織って服を作る」[32]という解釈もある[33]。

これらのマンジュ語訳のできばえを見ると概して簡潔に翻訳されており、原典に忠実で厳密であることよりも、通読できることを優先させたと考えられる。

一方、漢文『後金檄明万暦皇帝文』の方は、体裁が整っていない部分が多く見られ、原典の姿を復元しながら、マンジュ語から翻訳されたものではないかと考えられる。

さらに「春秋五覇」・「戦国七雄」の故事だけに止まらず、『後金檄明万暦皇帝文』は宋代のエピソードも含まれていた。その内容は次の【表4－2】の通りである。

『大宋宣和遺事』については、宣和は北宋徽宗皇帝の年号であり、講談形式で白話小説の文体を用いて書かれたものであり、元代になっての作であるか、あるいは宋人の原作に元代の人が加筆したものとする説もある小説である[37)]。いずれにせよ、講談のための材料として作られた講談者の用いた種本「話本」であったものである。

表4－2　テキスト対照一覧

『後金檄明万暦皇帝文』 マンジュ語	『後金檄明万暦皇帝文』 漢文	『大宋宣和遺事』
		六年十二月開封と洛陽、河北と浙江の地方に大水が起こって、その頃災害と怪異がしばしばあらわれた。
また聞くところによると、ニカンの宋の徽宗ハンの時に、 狐が入って玉座に登って座った。	また聞くところによれば、宋代の徽宗の時に、 狐が御座に昇り、	
また、一人のリンゴを売る男子が妊娠して子供を産んだ。	男子が子供を産み、	都では青果売りの男が、妊娠して子供を生んだ。産褥を収められず、七人も換えた。ようやく出産すると逃げ去ってしまった。
また、酒を売る朱という女に突然ひげが生えてきた。ひげの長さが十四ウルフン（ūrhun）となって、	女子に髯が生えたので、	また、豊楽楼の酒保の朱という人の妻は四十歳余りで、突然ヒゲが生えて、その長さは六・七寸で、ふさふさと美しく、まるで男のようであった。
		京兆尹がこれを朝廷に報告したところ、
それを徽宗ハンは聞いて女道士とした[34)]。	詔して女道士とした[35)]。	詔して朱の妻を得度して道士となした。 七年九月狐が艮岳山により禁中に進入し、御座に坐した[36)]。

まず、【表4－2】の『大宋宣和遺事』には宣和六年（1124）十二月と宣和七年（1125）九月の故事が取り上げられている。ところが、『後金檄明万暦皇帝文』がこの内容を取り替えており、しかも、マンジュ語はかなり略され、宋の徽宗ハンのエピソードを中心として語っているのみである。特に、ひげの長さの比喩は、両文章では異なっていることがわかる。原文の「寸」に対して、マンジュ語のほうはウルフン（ūrhun）という尺貫法が使っており、半寸の長さにあたる[38)]。従って、六・七寸を十四ウルフン（ūrhun）と訳するのは正確であり、アイシン・グルンでは大明と異なる伝統的な尺貫法が用いられていたこともわかる。

一方、『後金檄明万暦皇帝文』の漢文は比較的理解しやすく、しかもマンジュ語の内容と比べてみると簡略すぎる。したがって、漢文は底本ではなく[39)]、マンジュ語で書き上がった内容をもとに、漢文が作られたのではないかと考えられる。こうした、天命年間に頒布した『後金檄明万暦皇帝文』は、それまでの「史書」の故事や「白話小説」からのエピソードを抜き出してまとめたものが多かったが、ヌルハチが自らの「tuwaci」のみに基づいて書いたものではなく、「donjici」という講談者を介したものも含んで読書を行っていたことは確実である。もはやアイシン・グルンの人々が「白話小説」などの書物に馴染んでいたことは間違いないだろう。また、後の時代になると、マンジュ語で記された各「小説」は、モンゴル語訳も大いに流布していたことが知られている[40)]。

表4－3　ダハイ・バクシ訳書一覧

完　訳	『万宝』（*wanboo*）/『刑部会典』（*beidere jurgan i hoidiyan*） 『素書』（*su su*）/『三略』（*san lioo*）
未完訳	『通鑑』（*tung jiyan*）/『六韜』（*loo too*）/『孟子』（*mengsi*） 『三国志』（*san guwe jy*）/『大乗経』（*daicing ging*）

3　兵書を読む

グルンの行政機関である六部の設立前は、すべての政務を両院の文院（bithei jurgan）と武院（coohai jurgan）に分けて処理していた[41)]。そしてグルンの勢力が拡大しつつある中で、両院だけですべての政務を治めきれない状況になったので、天聡五年（1631）七月に大明の制度を倣ってマンジュ的六部が立てられたのである（表3－1を参照）。実はその前の天聡三年（1629）四月に、文院（bithei jurgan）において大きな動きがあり、グルンの文人をそれぞれ文書処理班と漢籍翻訳班の二班に分けて、国家プロジェクトとして新たな文化事業が実施されたのである[42]。このようなプロジェクト翻訳班のリーダーでもあるダハイ・バクシは、天聡六年（1632）七月に死ぬまでグルンの多元的文化事業において、多大な貢献者として認められてきた。こうした翻訳事業の中の兵法書 *ninggun too*（六韜）の跋文によると、

> 大アイシン・グルン天聡五年（辛未）春の初月に、ダハイ・バクシが兵書の『武経七書』の『三略』と『六韜』をジュシェン語に翻訳し始めて、『六韜』の「兵道」第十二篇・「文伐」第十五篇・「三疑」第十七篇・「王翼」第十八篇の四篇を翻訳していなかった。飛ばして「励軍」第二十三篇まで翻訳に至ったが、すべての翻訳には間に合わなかった。壬申天聡六年に亡くなった。『六韜』六十篇をダハイ・バクシは十九篇を翻訳し、飛ばして翻訳しなかった四篇、「陰符」第二十四篇から以降の三十六篇のすべての四十篇を後の筆帖式が翻訳し、ダハイ・バクシは翻訳していない。飛ばして四篇の前に後の筆帖式が翻訳したと書かれてある。また、言葉が定めてから書きたいと空白のところに書き詰めており、筆帖式が文字ごとに丸をつけて記号で表した。ニカン（漢）法例のよい言葉に丸をつけてある。このような丸をつけることはよくないと思われるが、先と後に書いたことを表したものである[43]。

とあるように、天聡五年（1631）から兵法書『武経七書』の『六韜』と『三略』の翻訳に取り組んだことが分かる。古来、武人のテキストとして用いられてきた『武経七書』は、中国における兵法の代表的古典とされる。七つの兵法書は武科の必須科目であり、武挙と呼ばれる上級武官資格試験の科目とされていた。『孫子』[44]・『呉子』・『尉繚子』・『六韜』・『三略』・『司馬法』・『李衛公問対』からなる『武経七書』である。

この跋文は遼寧省図書館所蔵の *ninggun too*（六韜）によった内容であり、明らかに後世の文人によって書かれたに違いない。また、このマンジュ文に対して漢文訳の跋文もあって、両文章は必ずしも一致するとは言い難い。『六韜』はダハ

表4-4　ダハイ・バクシ訳『六韜』篇名一覧

文韜 wen too 十一篇	文師　第一［wen sy emu］
	盈虚　第二［jalu kumdu jai］
	国務　第三［gurun i baita ilaci］
	大礼　第四［amba dorolon duici］
	明伝　第五［genggiyen tacibure sunjaci］
	六守　第六［ ninggun tuwakiyan ningguci］
	守土　第七［ba na be tuwakiyara nadaci］
	守国　第八［gurun be tuwakiyara jaūci］
	上賢　第九［saisa be dele uyuci］
	挙賢　第十［saisabe tukiyere juwanci］
	賞罰　第十一［šang weile juwan emuci］
武韜 u too 三篇	発啓　第十三［mujilen bahabure juwan ilaci］
	文啓　第十四［šu be neire juwan duici］
	順啓　第十六［ijishūn neihe juwan ningguci］
龍韜 muduri too 五篇	論将　第十九［jiyanggiyūn be leolehe juwan uyuci］
	選将　第二十［jiyanggiyūn simnere orici］
	立将　第二十一［jiyanggiyūn ilibure orin emuci］
	励軍　第二十三［cooha be huwekiyebure orin ilaci］
	陰符　第二十四［buttu i hontoho orin duici］

イ・バクシの未完訳リストにも含まれており【表4-3】、跋文にも窺えるが生前ダハイ・バクシは『六韜』六十篇からなる内容の十九篇を翻訳したが、篇の順に翻訳したのではなく、飛ばした部分もあったようで【表4-4】、それ以外の篇の翻訳は後世の筆帖式が済ませたという[45)]。

ところで、ダハイ・バクシが翻訳事業を進めるとともに、ホンタイジが兵法書を読んでいた痕跡が、しばしば記事の中に現れてくる。例えば崇徳三年（1638）八月の事例には、

> 上諭、姜太公（jiyang taigung）を引き合いにして教訓している時、グサの長の石廷柱は答えていうには、太公は人をほしいままに殺したり生かしたりする。我々は彼のように人をほしいままに殺したり生かしたりするだろうか[46)]。

とある。姜太公とは、一般的には太公望呂尚という名でも知られる人物である。前十一世紀の半ば、西周の武王に仕えて牧野の戦いで勝利をおさめ、殷・周の王朝交替をもたらしたという。太公望に関しては多くの伝説が生まれて、その故事はいろいろな書物に残された。広く知られているのはその軍略が伝説化し、太公

望を著者として仮託した兵法書『六韜』が後に編まれるに至ったという[47]。このような姜太公の故事はグルンでも扱われ、かつ「生」と「殺」という概念が教誡として用いられたことがわかる。さらに、兵法書を読むことによって、さまざまな事情に対する努力において、武力も必要だと認められていたのである。例えばホンタイジ天聡五年（1631）八月の諭旨には、

> その日（十三）、ハンは営を出て、大陵河城の日が沈む丘の上に座って、城を見ているときに、ヨト・ベイレは、ハンが営に来てくれたというので酒を用意して酒宴をする。（中略）。マングルタイ・ベイレが腰刀を前に向けて柄をもってひねりまわしていると、彼の同母弟のデゲレイ・タイジが「汝のふるまいはよろしくないぞ」と拳で殴ると、居丈高に去った。（中略）。彼の侍衛などに向いて剣を抜き、座った椅子から立ち痛罵し、汝らを私が扶養したのは何のためか。彼が私を斬ろうと剣を抜けば、なぜ汝らが剣を抜いて私のところにこないのか、「姜太公（jiyang taigung）は『刀を持てば割く、斧を持てば斬る』といっているぞ。彼が剣を持ったのは、私を斬りたいと抜いたぞ」と怨み言をいって（後略）[48]。

とある。宴会でホンタイジが異母弟のマングルタイ・ベイレと喧嘩になって、その時にマングルタイ・ベイレは腰刀を出そうとしたところ、同母弟のデゲレイ・タイジに殴られた。ここで姜太公の「刀を持てば割く、斧を持てば斬る」というのを比喩として部下に、「マングルタイ・ベイレは切るために腰刀を出し、ハンが受難する時には、汝らは突発的な事態に備えるべくハンを守る義務がある」と諭している。この比喩は『六韜』「文韜」守土篇の内容から引用したことが確かめられる[49]。もちろん守土篇はダハイ・バクシが翻訳した部分の守土第七［ba na be tuwakiyara nadaci］であるが、ホンタイジの引用内容と多少異なる。その内容は「刀を握れば必ず割く、斧を持てば必ず斬る」という動詞と副詞の違い、ダハイ・バクシが動詞をそれぞれ「握る」と「持つ」という語彙を用い、それは漢文原典を忠実に表したと考えられる[50]。もちろん副詞も原典のまま訳していた。しかし、ホンタイジの引用文には副詞が見られないし、かつどちらも「持つ」という動詞が用いられていた。これはマンジュ語と漢語は言葉上に表現がやや異なるので、ホンタイジが刀でも斧でも「持つ」という語彙を用いたわけである。領土を守るには、親族を粗略に扱わない。手にしている権限を臣下に貸さない。いったん刀

を手にしたら必ず殺し、好機を逃してはいけない。そんなことをすれば、たちまち相手の手にかかって、身を破滅させてしまうという。ホンタイジは『六韜』「文韜」の守土篇を仔細に読んでいたことが看取できるだろう。

また、ダハイ・バクシの完訳リストにある *san lioo*（三略）は兵法書の一種であり、「上略 / dergi bodon」・「中略 / dolimbai bodon」・「下略 / fejergi bodon」の三つの部分により構成された書籍である[51)]【図4-1】。これについてもホンタイジがしばしば引用して語っており、例えば、天聡五年（1631）正月二十五日の記事には、

> 二十五日、ハンは書房に坐り、(中略)、ハンはゲゲエフを見送りに出て、クルチャン・バクシが書を書いている部屋に行って、「何の書か」と問うと、答えて「ハンの事績を記録しており」と言ったので、ハンがいうには「それならば、我が見てはいけない」と言って、ダハイ・バクシが書いた昔の武経を見たところ、武経に言うには、「昔の良将が兵を用いる際に、桶に酒を入れて送ってきたものを河に投げ込ませて、兵士とともに流れを飲んだ。一桶の酒が一河の水に味をつけられようか。兵士はこのことを理解して、死ぬまで尽くそうと思った者は、滋味が身にしみたという」といっている。この言葉を見てハンがいうには、「昔の例を見れば、兵の長、大臣らは、兵士を慈しめと言っている。私たちのグサンタイ・エフは戦死した兵士の死体を脚に縄で結わえ附けて引きずってきたが、これでは兵士はどんな気持ちで死ねようか」といった[52)]。

とあるように、酒を河に流して、将軍も士卒に交じって水を飲んだ。わずかな酒で河の流れに味をつけられなくとも、将軍の意気に感じて全軍が全力で攻める。兵士の心を掴もうと努めれば兵士も必死で戦うだろう。ホンタイジは足を書房に運んで、バクシたちの仕事の様子を見たり、書いている内容を聞いたり、合間に翻訳漢籍を捲って読んだりしている。そして読んだ内容を教訓として部下たちと議論し、歴史の経験に学ぼうとしている。

ホンタイジの語った内容は『三略』「上略」に出てくる内容で、原典の内容とほぼ一致していることが確かめられる[53)]。しかし、やはりホンタイジの引用とダハイ・バクシの訳はやや異なる。一方、先述したようにダハイ・バクシは、天聡五年（1631）の春から兵法書の『武経七書』の翻訳に取り組んでいたという。これ

はホンタイジが読み上げた時期と重なる時期でもあり、あるいはホンタイジが読み上げたものは完成品ではなく草稿ではないかと考えられる。したがって、互いの内容が一致しないのである。

読書することでさまざまな内容を記憶し、より幅広い知識を持つ一方で、自己教養も高めていくことができる。ホンタイジは中国古典のなかでもとくに兵法書に傾倒し、さまざま事態に即応して、通暁した部分を引用する事例が数多く見られる。たとえば以下の記録には、

> シウリ・エフのグサの一人が台を攻めるとき、砲に当たって脚が折れた。それをハンが聞いて医者を遣わして治療させたが、手遅れで治療できず、傷が腐って蛆がわいていると報告があったので、ハンは悲しんで、シウリ・エフや他の官僚たちに向っていうには、「これを汝らが自ら見舞って治療させるように。汝らができなければ、なぜ早く私に報告しなかったのか。私が治療させるものを、手遅れで治療できないぞ。汝らは何も故事を知らないのか。昔ある良将が出征した先で、桶に酒を盛って送って来たものがあるので、『この酒を飲めばみんなに不足する』と、桶の中の酒を河に投げ込んで、河の流れを兵士と共に飲んだことがある。またある身分の低い兵士に癰《よう》ができたのを、呉起将軍が知って吸った。その兵士の母が泣くと、他人が『汝の子は身分の低い兵士であるぞ。将軍が自ら癰を吸うのになぜ泣くのか』と言うと、母は『これの父の癰を呉起将軍が吸ったので、恩に報いるために戦死した。私はこれがまた一体どこで死ぬのかと思って泣くのである』と言ったということである。汝ら官人はみな故事を知る輩であろう。兵士が負傷すれば治療させよ。病めば見舞いに行け。そうすれば兵士の心中は死を恐れず、汝の前で死のうとするぞ」[54)]。

とあり、ここでも先に引用した『三略』の語句に、さらに戦国時代の魏の将軍呉起の事例を加えて諭している。呉起の事例は『韓非子』にも出てくる語句であり[55)]、しかも呉起は『武経七書』の『呉子』の作者でもある。ホンタイジが兵法書を読んだ上で、自ら議論を組み立てたと考えざるを得ない。やはり重要な教訓として、将兵の心を掌握することが第一であると説いている。

グルンにおいて第一翻訳者であるダハイ・バクシの業績には、経書から史書及び兵法書まで含まれた。これらの諸書はマンジュ人が単なる翻訳だけにとどまら

ず、常に書籍に親しんで漢籍の故事を深く理解し、政治を営む上で極めて重要な参考書籍と意識してことが分かる。

4 『通鑑』から絵本へ

『通鑑』(tung giyan) といえば、ダハイ・バクシ未完訳のリストに載っており、すでにマンジュ人が読んでいたのがわかる。また、書房秀才の上奏文にしばしば取り上げられている史書でもあった。例えば、王文奎という秀才が『通鑑』を含む漢籍をマンジュ語に翻訳して、ハンたるホンタイジが読むべきであると勧めており、『奏疏稿』天聡六年(1632) 九月には、

書房秀才王文奎謹奏、時宜以憑採納、其一、謂勤学問以迪○○君心。昔魯哀公問政、而孔子対曰、文武之道具在方冊。又、孟子云、聖如尭舜、不以仁政、不能平治天下、是可見法不師古終行之而有斃者也。臣自入国以来、見上封事者多矣、而無一人勧○○汗勤学問者。臣毎嘆源之不清、而欲流之不濁、是何不務本而務末乎。○○汗雖睿智天成、挙動暗与古合、而○○聡明有限、安能事事無差。且○○汗嘗喜閲『三国志伝』、臣謂此一隅之見、偏而不全。其帝王治平之道、微妙者載在『四書』、顕明者詳諸史籍。宜於八固山読書之筆帖式内、選一二伶俐通文者、更於秀才内、選一二老成明察者、講解翻写、日進『四書』両段、『通鑑』一章。○○汗於聴政之暇観覧黙会、日知月積、身体力行、作之不止、乃成君子。(後略)。

書房秀才の王文奎は謹んで奏す。時宜に適えば採用されたいこと。一、学問に励んで君心を導くこと。昔魯哀公が政務について聞くと、孔子が答えて、「文武の道はすべて書籍にある」といった。また、孟子は、「尭舜のような聖人でも、仁政を用いなければ、天下を治めることはできない」という。ここから、法は古人の学を手本としないと、これを行っても斃れることがわかる。臣が国に帰順して以来、封事を上奏する者は多いが、ハンに勉学を勧めるものは一人もいない。臣はいつも源が清らかでないことを嘆き、流れが濁らないことを欲し、どうして根本に務めず些末に務めるのか。ハンの聡明さは天賦のものであり、挙止は自ずと古代と一致したとしても、聡明さに限りがあり、どうしてあらゆることに誤ちがないと

言えるのか。かつハンは『三国志伝』を好んで読むが、臣に言わせれば、これはちっぽけな見解であり、偏りがあって完全ではない。帝王の治道の奥深いものは『四書』に載っており、明快なものは多くの史籍に詳しい。八旗中の読書の筆帖式から、一人・二人の賢明で文義に通じた者を選んで、さらに秀才の中から一人・二人の経験豊富で聡明な者を選んで、翻訳と購読に当たらせ、毎日『四書』を両段、『通鑑』一章を進呈させよ。ハンは朝政の合間に見て理解し、日ごとに知り月ごとに蓄積し、全体で努力して継続すれば、君子になるだろう[56)]。

とあり、『三国志伝』はハンの愛書として読まれてきた書物であるが、それは偏りがあって完全なものではない。それゆえ文武の道は書物にあり、帝王の治道としては『四書』や『通鑑』があり、これを八旗の中から筆帖式を選び、さらに秀才の中から明察の者を選んで翻訳すれば、毎日に『四書』を二段、『通鑑』を一章、それぞれの翻訳をすることができ、ハンが政治を行う間にこれらを閲覧し、日々積み重ね、できるかぎりこれを実行すれば、そこでようやく「君子」になるという。とりわけ、『四書』や『通鑑』の真剣な読書を阻害した要因の一つは『三国志伝』である。この時点ですでにダハイ・バクシは亡くなって、『三国志』（san guwe jy）も未完訳であったが、ここで王文奎がいっている『三国志伝』は、漢文の『三国志伝』[57)] なのか、あるいはダハイ・バクシの未完了のものなのかはっきりとはわからない。それは偏りがあって不完全なものであるという。一方、順治七年（1650）に完訳した『三国志』（ilan gurun i bithe / 三国の書）には、ダハイ・バクシが翻訳を終えてないことに一切触れておらず、新たに翻訳したかもしれない点を考える必要がある[58)]。要するに、ホンタイジが兵書以外に、『三国志伝』も好んで読んでいたことが分かる。

ちなみに、上奏者である書房秀才の王文奎は、そもそも大明の諸生であり[59)]、諸生とは童試の中の最初の三つの試験である県試・府試・院試に合格したものである。彼は天聡三年（1629）にグルンに帰順してのちに書房に採用された知識人である。実は、彼がそれぞれ順治六年（1649）と順治七年（1650）に『大清太宗実録』の編纂、および『三国志』や『大遼史』・『金史』・『大元史』三史の翻訳事業に関わった人物でもある[60)]。

一方、大明で『四書』は科挙試験の必須科目なので、必ず勉強しなければならず、王文奎も例外なく学問の基礎知識として徹底的にマスターしなければならなかった。加えて大明の朝廷で用いられた経筵のテキストは、内閣大学士であった張居正が『資治通鑑』と『四書集注』に基づいて書いた『四書直解』と『通鑑直解』という注釈書であり、いずれも雅文漢文で節略し、そのあと古文を平易に順々に白話で解説し、全体の意味を簡単に説くテキストである[61)]。これをもとに王文奎は『四書』と『通鑑』を必読書として推薦していたと思われる。ちなみに、寧完我も「歴代の興廃を読むなら『四書』や『通鑑』などが重要である」と勧めていた[62)]。このように相次いで推薦された『四書』には、周知の如く南宋の儒学者朱熹が『礼記』中の「大学」、「中庸」二篇を単独の書物として『論語』・『孟子』と合わせた『四書集注』を総称したものもある。さらに張居正はこれに白話で解説を加えて、『四書直解』というテキストの編纂に至った。

ところで、ホンタイジが相次いで推薦を受けたことから、四書五経に関連する内容が読まれていたことも窺える。『大清太宗実録』崇徳二年（1637）四月二十八日には、

上御翔鳳閣下集和碩親王・多羅郡王・多羅貝勒等、固山貝子等、固山額真等、都察院承政新進議事大人等諭曰、（中略）。経曰、身修而後家斉、家斉而後国治。爾等若待女子小人以義交、朋友以信、如此身則修矣。孝其親、悌其弟、恩恵其子孫親戚、如此則家治矣。爾等当忠信為国、忽怠、忽敗事。太公曰、閑居静処而誹時俗、此奸人非吾民也。（中略）。孔子曰、恭而無礼則労、慎而無礼則葸。財物牲畜、固不可太費、亦不可太吝。所以令爾等養育窮民新人者、蓋先哲有言。賞一人而勧者衆、罰一人而懼者衆。朕蒙天佑、諸国雖平、明国尚在賞罰可不明乎。（後略）。

上は翔鳳閣に和碩親王・多羅郡王・多羅貝勒・固山貝子・固山額真・都察院承政の新進議事の大臣らを集めて言うには、（中略）。経書によると、「身を修めた後に家を斉える。家を斉えた後に国を治める」という。もし汝らが女子や僕隷と正義をもって交わり、友達と信用をもって交わり、そうすれば身も修まる。親に孝を尽くし、弟と仲睦まじく、子孫・親族に恩恵を施し、そうすれば家も治まる。汝らは忠信をもって国に尽くし、怠ってはならない、失敗してはならない。太公によると、「静所に閑居して時務を誹るのは、これは奸人であり我が民ではない」という。（中略）。孔子によると、「恭敬にして礼がなければ徒労になり、慎重にして

礼がなければ臆病になる」という。財物と牲畜は費消しすぎてもいけないし、惜しみすぎてもいけない。したがって、汝らに窮民と新人を養わせるのは、先哲の言葉にあるのだ。一人を賞すれば勧めるものが多く、一人を罰すれば恐れるものが多い。朕は天の助けで諸国を征服したが、明国はまだ賞も罰も明確にはなっていないか。（後略）[63]。

とあり、ここに「経」という書物が登場するが、マンジュ語史料によると「聖経・šeng ging」のことであって[64]、儒教の「経書」に関連する書物が指していることは間違いない[65]。それぞれ聖経（šeng ging）や孔子が語る「身を修めた後に家を斉える。家を斉えた後に国を治める」と「恭敬にして礼がなければ徒労になり、慎重にして礼がなければ臆病になる」という文章は、いずれも『四書直解』に出てくる文章である[66]。また「太公」とは先述した『六韜』の作者姜太公（giyang tai gung）のことであり、もちろん引用の内容は『六韜』に見える[67]。まさにホンタイジは「兵書」を代表的書籍として読んでおり、多くの内容にも通じていたことがわかる。

さらに王文奎の次にもう一人の大明からの帰順者の仇震は、ハンたるものは『通鑑』を翻訳して読むべきであると主張し、各「経史」や『通鑑』の緊要なところをまとめて「君鑑」を創るように勧めている。天聡九年（1635）三月二十五日の記事には、

訳書史簡明以便睿覧。古来明聖帝王、莫不勤好書史。※汗令好学将書史尽皆訳写金国字様、誠天従聡明尭舜再見。但人君之学与衆人之学不同。衆人之学在章句、人君之学在精要。古人云、務博不如務約。郎中国宿儒亦皆選精要専用工夫。況国君機務甚多、精神有限、何能傍及煩史。昔唐太宗集古今書史、凡係君道国事者、編為一冊、名曰君鑑。日夜披覧、成真観之盛治、后世法之。今※汗宜選漢人通経史者二、三人、金人知字法者三、四人、将各「経史」・『通鑑』択其精要、有俾君道者集為一部。日日講明、則一句可包十句、一章可并十章。此挙約該博執要貫煩之法、工夫極簡明便易。聖心一覧、便知道理在目前。五帝三王不能過也。

経書と史書を翻訳して簡明なものとし、御覧に供すること。昔から聖明なる帝王で経書と史書を勤勉に学ばない者はなかった。ハンは学問を好み、経書と史書をすべてマンジュ語に翻訳させたのは、誠に天賦の聡明を示し尭舜の再現となるも

のである。ただし、君主の学は衆人の学とは異なる。衆人の学は章句に努め、君主の学は要点に努める。古人は、「博覧を務めとするより簡約を務めとした方がよい」といった。郎中も国の博士も、みな要点を選んで専ら修養する。まして国君は政務が甚だ多く、精神には限りがあるから、どうして煩瑣な史書まで学問の対象とできようか。昔、唐太宗は古今の経書と史書を集めて、王道や国事に関わる者を一冊にまとめて「君鑑」と名付けた。日夜これを閲覧し、誠の治世を成し、後世の規範となった。今ハンは漢人の「経史」に通じた者二・三人、マンジュ人の文字を知る者三、四人を選んで、各「経史」・『通鑑』の精要を選択して、王道に役立つものを集めて一書とする。日々講じ、一句には十句分の内容を包含し、一章には十章分の内容を包含する。こうした要約と博学のうち要点を採って煩瑣を捨てる方法は、修養がとても簡明にして容易である。ハンはひとたび見れば、道理が目の前に現れてくるのがわかる。五帝三王もこれに及ばないだろう[68]。

とある。ハンたるものは皆と違って、緊要なところだけ読むべきであり、昔唐太宗の時代に、古今の書史を集めて一冊の『君鑑』を編纂させて読まれたという。ハンも漢語とマンジュ語に精通する者に「経史」（経書と史書）と『通鑑』の優れたところを編纂させ、一句には十句分の内容、一章には十章分の内容を包含しており、日々にハンに進講するべきであるという。あくまでも、仇震の主張では原典を通読するよりも、最適なところだけ読むことを優先させたいと考えている。これは寧完我と王文奎の主張とはやや異なる点でもある。

ちなみに歴史を為政者のための鑑とする認識に基づいて編纂を始めたことについて、礪波護は「十一世紀末に、宋の神宗の詔をうけて司馬光が完成させた編年体の『資治通鑑』は、史実の正確無比をもって知られます。当初は『通史』と名づけたのに、神宗から『資治通鑑』という名を賜ったのは、歴代の史実を明らかにして、皇帝が政治を行う際の参考に資することができる、という意味からです。日本の平安時代、歴史文学の代表作『大鏡』やそれにつづく『今鏡』『水鏡』などの〈かがみもの〉とよばれる作品群も、このような観念の系譜につながります」[69]と指摘している。このような影響力は明の万暦帝の時代にも及んで、内閣大学士であった張居正が『資治通鑑』と『四書集注』に基づいて、入門書『通鑑直解』[70]と『四書直解』[71]という注釈書を書き、しかも毎日万暦帝に侍して講読を行っていた。

『通鑑』については大明に数種の版が出て、たとえば、『通鑑』と『綱目』がある。また、両書の一字をそれぞれ採った『綱鑑』がある[72]。しかし、ダハイ・バクシの翻訳リストにある『通鑑』（tung giyan）や、三人の知識人の寧完我・王文奎・仇震が次々に必読書として推薦した『通鑑』がいずれを指すのかははっきりとはしない。ところが『北京地区満文図書総目』には *hafu buleku bithe*（通鑑）「明／王世貞編、達海等訳」[73] というダハイ・バクシのマンジュ語訳『通鑑』が掲載されている【口絵4】。王世貞については、嘉靖年間から万暦年間にかけての文人および政治家である。しかも、通鑑体と綱目体を合体させ、それぞれ綱目・通鑑から一字を取って、『歴朝綱鑑会纂』と名づけられた編年史書を編纂した[74]。ところで、「『綱鑑』が通俗史書として明末に横行し、以後歴史教科書として広く読まれていた。また、嘉靖以後に「綱鑑」が流行したとするのも正確ではない。万暦年間以後とすべきである」という[75]。こうした認識にもとづいてダハイ・バクシは『通鑑』（tung giyan）のマンジュ語訳に努めたが、全訳はのちのバクシたちが済ませて *hafu buleku bithe*（通鑑）という意訳の書名に変わっていた。

ホンタイジはいよいよ『通鑑』に肯定的な評価を下し、それ以外の書物の扱いをやめようとしていた。それに関してホンタイジは次のように語っていった、

> 二十日、ハンは三部の文臣を皆集めて、「私が漢文の書を見ると空虚で虚偽の言が多い。全てを見たということはない。今は大遼・金・宋・大元この四国の政道を勉め治めて国を盛んにした。逆を行って政道を壊した。征討し、勝ち、敗れた。賢臣、忠臣が政道を治め尽くした。奸臣が政道を壊した。そのような緊要なところをぴったりと事実にあわせて書いたものを常に見たい。漢文の『通鑑』以外の他の事例に書いたのは、敵に回数を数えて攻めた。誰がしかけたという言葉はみんな嘘である。そのような書を国に伝えれば、道理を理しない民が信じる。そうしたものを書くことはやめよ」と言った[76]。

とある。大遼・金・宋・大元の政道を鑑として政治も盛んになった[77]。ところが、ここでより重要なのは、『通鑑』以外の書物は皆嘘ばかり書いてあるから、多くの読者がこれらを読むのを止めさせようとしていた。やはり、王文奎・寧完我・仇震が推薦した通り、『通鑑』を読むことに相当の熱量が注ぎ込まれていたことはた

図4－3　ヌルハチの即位『満洲実録』（京都大学文学部図書館蔵）

しかであり、それは政治の隆盛を表してもいるのである。三代目のハンたる順治帝は、太祖時代から太宗時代にわたって中国歴代によく似た政治が行われていたことで、太祖と太宗時代の政治的価値を認めながら、自らも漢籍に親しんで読むように努めていた[78)]。

だが、グルン初期においては漢籍の影響が政治的な面だけでなく、さらに年画や絵本などの書物の編纂に及ぶようになった。

> 除夜に家の梁に貼られる紙に描く時、この梁に貼られる紙に、騎射した敵を攻める姿は決して描くな。昔の優れた事例、ハン、大臣が行った得失の処を描けと云った後に、画匠などが書房の大臣などのもとに来て云った言を告げた。文官の大臣等ダイハイが先に出て議し、『帝鑑図』というハンの鑑の図の書を探して、それぞれ二尋の五枚紙に有益なよい場面を描いて貼り付けた。ハンは見ると、分からないと絵の下に文字を書けとジュシン文字で書かせた[79)]。

毎年の中国のにぎやかな旧正月（春節）をいろどるさまざまな小道具の中でも、年画はひときわ華やかなものである。年画の起源であり、またもっともオーソドックスな題材でもある門神図は、ふつう秦叔宝と尉遅恭の二人の武将を描いたものである。歴史上実在の人物でありながら、神としてあがめられていたことが端的にあらわれている[80]。また門神として登場する人物は、それぞれ周の武王を助けて紂を討った姜太公、身を捨てて秦王を刺した荊軻などが出てくる。いずれも魔除けとして、大晦日から貼り付けられ新しい年を迎えるのは昔から中国の習慣である。

こうした漢人の地域で最も普及している年画はまさに新年の象徴であり、除夜から描いて貼り付けられるのと同様に、ダイチン・グルン初期にもとりあげられ、かつ世俗的な「吉祥」をテーマとして描くことにさらに工夫を凝らしていた。その参考書とした『帝鑑図』とは『帝鑑図説』という書物であり、やはり書房のリーダーであるダハイ・バクシは画匠をつれて描かせた。ここで非常に気になるのは寸法の大きさで、「尋」とはマンジュ語の表現では「da」という、長さの単位として『御製五体清文鑑』と『清文総彙』ともに「両腕を広げた長さ、五尺」と解釈しており、「二尋」になると「十尺」にも及ぶ長さになるはずである。つまりメートルに換算すると「3メートル」という巨大な絵になるわけである。年画として考えられないものになるが、もしかすると入関前の単位はこれより小さいかもしれない。

ところが、参考資料になった『帝鑑図説』については、礪波護の解説によると、

> 明の政治家、張居正と呂調陽の共著した図説中国史と称すべき書物である。八十一事はもとに善にして模範とすべき故事と、三十六事はいずれも悪にして戒めとすべき故事を選んでいます。八十一と三十六という数字、善事は陽であり吉であるから陽数の九の九倍、悪事は陰であり凶であるから陰数の六の六倍、という事例を歴史故事から選択したのである[81]。

とある。張居正は『通鑑直解』と『四書直解』という注釈書以外に、『帝鑑図説』の作者でもある。『通鑑』の最大の意義は、やはり一つのタイトルのもとに中国通史を実現し、それに普及力を持たせたことで、『帝鑑図説』は絵入りかつ口語体で書かれた中国通史の絵本となった。ちなみに、中国国家図書館所蔵の『帝鑑図説』（di giyan tu šuwe bithe）晒藍本を確認したところでは、本文のすべてはマンジュ語

のみで編纂されたものであるが挿絵は一枚もなかった[82]。

ただし、入関前には国家プロジェクトの一貫として、絵本の創作をしていたことも確かめられる[83]。それはグルン初期において初の絵本「太祖実録図」が登場し[84]、漢人画匠の張倹と張応魁によって完成されたという。このような漢人の画匠が職人として勤めるきっかけになったのは、太祖であるヌルハチがつとに関心を持っていた経緯があるからである[85]。そもそも匠人は極めて重要な存在であり、ダイチン・グルンにおいて画匠が乏しいことはなかった。それは書物の印刷に関わる刻字匠（kesejan）や造紙匠も同様であった[86]。いずれにせよ、絵本『帝鑑図説』との結びつきとして登場する年画から始め、「太祖実録図」までの完成に役割を果たしたのは、やはりこれらの漢人匠人である。

現在、「太祖実録図」は残されていなかったが、乾隆年間に国家プロジェクトの下でこれを底本として絵本の『満洲実録』が編纂されたという[87]【図4-3】。

5　おわりに

吉川幸次郎は「元の君主、始祖のジンギスカンはもとより、比較的漢族の文化を尊重したフビライも中国語を話さず、中国文を読み得ず。清朝の諸帝は異なって、入関以前は、もとよりその能力を充分にしなかったであろうが、入関後最初の君主である順治帝が、代作ではあろうけれども、すでに「孝経」の注を書いている」と指摘していた[88]。これに対して、マンジュ人は入関前から漢籍を読んだりしていたという、これと対立する異論もある。しかし、母語は非漢語のマンジュ人は、漢籍を如何に読まれたのか、ということについて、疑問を抱く説はほとんどなかった。こうしたことは現在でも通用している状況が続いている。

朝鮮史料ではしばしばヌルハチ身辺の漢人文人を取り上げており、彼らが外交交渉のポイントとなる手紙やグルンにおける漢文化の展開に貢献したことは否定できない。また、ヌルハチ時代からホンタイジ時代まで、マンジュ人の漢文化に対する造詣は深かったし、特に中国庶民文化の「白話小説」という作品まで使用していた。「白話小説」とは漢語口語を用いて作られたのを特徴とするから、マンジュ語を母語とするマンジュ人は本当に理解できたのかを疑わなければならない。

事実グルンでは『三国志』の翻訳から劉備・関羽・曹操・諸葛亮という人物まで語られておるが、それらはいずれもマンジュ語のみの形で現れている。書名は漢語で出て来る場合は、『三国志伝』・『通鑑』・『四書』などの書籍があるが、それはあくまでも漢人秀才の上奏文に限っており、彼らマンジュ人にこのような典籍を読むように勧めていることにポイントがある。しかし、マンジュ人は漢文で読むことができないから、マンジュ語に翻訳してから読むのが彼らの目的である。こうした一連の流れの影響により、マンジュ人もかなりの知識が蓄えられ、政治運営にも影響をもたらしたと言えるだろう。

だが、その影響は政治面だけではなく文化展開にも現れ、国家事業で大きな役割を果たしたのはやはり漢人の職人だった。かれらは多元的文化の展開に欠かせない存在でもあったであろう。

注：

1）『満文原檔』第十冊、宇字檔、崇徳元年九月三十日、465～466頁（『満文老檔』Ⅶ太宗4、1297頁）。

2）『『蒙古秘史』詞彙選釈』に、「「合撒児」qasar「狗名」、蒙古語、一切猛獣之概称。内蒙古民間神話故事、鳳凰下了両箇鉄蛋、孵出哈薩爾和巴薩爾両只狗。薩満祭詞里有hasar・basar両只天狗」（173頁）。また、В. В. Радлов. 1905. *словаря тюркскихъ наръчій. IV*. Санктпетербург. 1905. pp. 1528 によると басар（basar）は犬の名前でよく使うようである。ほかにも、小沢重男（1985）『元朝秘史全釈』（風間書房）は「合撒児」qasar「狗名」、モンゴルの何人かの友人から‘モンゴル人は自分の犬に好んでχasarとかbasarの名をつける’という話を聞いたことがある（『元朝秘史全釈』中、86頁）。また、『『蒙古秘史』校勘本』巻二、93頁。これに関しては、種焓（2013）「従『満文老檔』的相関記事看満洲文化中的蒙古—突厥因素」『記念王種翰先生百年誕辰学術文集』中央民族大学出版社、721～746頁において詳細かつ網羅的な検討がなされている。

3）岡田英弘（1994）「清初の満洲文化におけるモンゴル要素」『清代史論叢：松村潤先生古稀記念』汲古書院、19～33頁。

4）李勤璞（2003）「天聡九年皇太極談話中的「元壇宝蔵」」『漢学研究』21～2、279～304頁。

5）稲葉岩吉（1914）『清朝全史』（上）早稲田大学出版部、121頁。蕭一山（1927）『清代通史』（上）、商務印書館、220頁。李光濤（1947）「清太宗与三国演義」『中央研究院歴史語言研究所集刊』12、251頁。陳捷先（1995）「努爾哈斉『三国演義』」『満族史研究通信』第5期、8頁。

6）*taidzu horonggo enduringge hūwangdi yargiyan kooli*（太祖武皇帝実録）（台北国家図書館残巻蔵）巻四、天命十一年六月二十四日。また、*daicing gurun i taidzu horonggo enduringge hūwangdi i yargiyan kooli*（大清国太祖武皇帝実録）巻四、天命十一年六月

二十四日（『東方学紀要』2、270～272頁、影印本が収録)。また、『太祖武皇帝実録』(巻四）に、「二十四日。帝訓諸王曰、昔我祖六人及東郭・王佳・哈達・夜黒・兀喇・輝発・蒙古倶貪財貨、尚私曲、不尚公直、昆弟中自相争奪殺害、乃至於敗亡。不待我言、汝等豈無耳目亦嘗見聞之矣。(中略)。昔衛鞅云、貌言華也、至言実也、苦言薬也、甘言疾也。又忠経云、諫于未形者上也、諫于既形者下也。違而不諫、則非忠臣。凡事、勿謂小而無害、不知由小及大、有害于国者多也。凡我訓言、莫非成就汝等、豈貽累于汝等耶。昔宋劉裕、謂群臣曰、自古明君賢相、皆由困而亨。舜発畎畝、傅説挙版築、膠鬲挙魚塩、百里奚食牛、天意何居。群臣対曰、君相之任、大任也。故天将降大任于是人、必先苦心志、使之遍慮事物、而内不得安。労觔骨、使外不得逸。餓体膚、使食不得充。所以動心忍性、増益其所不能。是人而為君、必能達国事。是人而為相、必能悉民隠。天意如此而已。(中略)。昔定帝、自汴京幸故都会寧府在白山之東。謂太子曰、汝勿憂也。国家当以賞示信、以罰示威。商賈積貨、農夫積粟。(後略)」とある。また、『清太祖武皇帝弩児哈奇実録』(巻四、十一頁）にも収録されているが、「有害于国者多也」は「有壊于国者多也」となっているだけであり、それ以外はほとんど一緒である。『太祖武皇帝実録』の研究については、今西春秋（1967)「満文武皇帝実録の原典」『東方学紀要』2、同氏(1974)「清太祖実録纂修考」『対校清太祖実録』(国書刊行会）を参照。

7) 『宋史』巻二百五、芸文志一五八、芸文四、馬融『忠経』一巻。

8) 『宋書』巻一、「本紀」一、「武帝」上、「高祖武皇帝諱裕、字徳輿、小名寄奴、彭城県綏輿里人、漢高帝弟楚元王交之後也。(後略)。」

9) 『忠経』「忠諫章十五」、「忠臣之事君也、莫先于諫。下能言之、上能聴之、則正道光矣。諫于未形者上也、諫于已彰者次也、諫于既行者下也。違而不諫、則非忠臣。夫諫始于順辞、中于抗議、終于死節、以成君休、以寧社稷。書云、木従縄則正、后従諫則聖。」

10) 『金史』巻八、「本紀第八」「世宗下」二十四年三月庚寅朔、「万春節、宋・夏遣使来賀。甲午、以上将如上京、尚書省奏定皇太子守国諸儀。丙申、尚書省進皇太子守国宝、上召皇太子授之、且諭之曰、上京祖宗興王之地、欲与諸王一到、或留三・二年、以汝守国、譬之農家種田、商人営財、但能不墜父業、即為克家子、況社稷任重、尤宜畏慎。」

11 『満文原檔』第一冊、荒字檔、天命三年四月、82頁（『満文老檔』Ⅰ太祖1、89～90頁)。

12 『満文原檔』第二冊、張字檔、天命六年四月、72頁（『満文老檔』Ⅰ太祖1、305頁)。

13 『満文原檔』第二冊、張字檔、天命六年七月八日、143～144頁（『満文老檔』Ⅰ太祖1、352頁)。

14 『満文原檔』第三冊、列字檔、天命八年正月二七日、196頁（『満文老檔』Ⅱ太祖2、641頁)。このことばは『史記』に「恃徳者昌、恃力者亡」とある。

15) 『満文原檔』第五冊、宙字檔、天命八年五月、5頁（『満文老檔』Ⅱ太祖2、760頁)。

16) 『英烈伝』第五回、「衆牧童成群聚会」、「朱公将孩子送到皇覚寺中仏前仟悔、保佑易長易大。因取個仏名叫做朱元龍、字廷瑞。四歳五歳、也時常到寺中頑要。(後略)」。『英烈伝』の研究については、大塚秀高（1994)「嘉靖定本から万暦新本へ―熊大木と英烈・忠義を端緒として―」『東洋文化研究所紀要』124を参照。

17) 龐暁梅・斯達理（2000)「最重要科学発見之一、老満文写的『後金檄明万暦皇帝文』」『満学研究』第六輯、民族出版社、186～191頁。

18) 『満文原檔』第四冊、収字檔、天命十年六月、294頁（『満文老檔』Ⅲ太祖3、976頁)。

19）『満文原檔』第十冊、宇字檔、崇徳元年十一月十三日、647～648頁（『満文老檔』Ⅶ太宗４、1438～1439頁）。

20）『後金檄明万暦皇帝文』（中国国家図書館蔵）登録番号10512。また、『北京図書館善本書目』巻二、「目二」「史部上、雑史類」、32頁。活字本のテキストは『清入関前史料選輯』（一）、289～296頁に収録されている。また、今西春秋（1973）「後金檄明万暦皇帝文」について『朝鮮学報』第67輯、138～147頁。また、同氏（1973）*Über einen Anfruf der Spätaren Chin an die Ming vo ca.1623, ORIENS EXTREMUS,* 20.1, Wiesbaden, pp. 27～37。喬治忠（1992）「後金檄明万暦皇帝文考析」『清史研究』３、106～110頁。葉高樹（2002）『清朝前期的文化政策』稲郷出版社、103～105頁参照。

21）今西春秋（1973）「「後金檄明万暦皇帝文」について」『朝鮮学報』第67輯、138～139頁。

22）*Printed book in Manchu* BG61626（ギメ東洋美術館図書館蔵）、このテキストはTatiana A. Pang & Giovanni Stary (1998). *New light on Manchu historiography and literature : the discovery of three documents in old Manchu script.* Harrassowitz Verlag・Wiesbaden. pp262～340. によって公開された。また、斯達里（2003）「従『旧満洲档』和新発見的史料看満文史料対清史研究的重要意義」『清史論集慶賀王鐘翰教授九十華誕』紫禁城出版社、702～708頁、龐曉梅（2003）「満漢文『努爾哈赤檄明書』何種文字稿在先」『清史論集慶賀王鍾翰教授九十華誕』、709～714頁、Tatiana A. Pang, Giovanni Stary (2010) *Manchu versus Ming:Qing Taizu Nurhaci's "Proclamation" to the Ming dynasty.* Wiesbadenなどの研究がなされた。また、『文献叢編』上（台聯国風出版）上に掲載された口絵の「老満文上諭」（図４－４）の内容を見ると、Tatiana A. Pang & Giovanni Stary (1998) の公開テキストの272～274の内容に全く合致し、刻本と写本の違いがあるだけである。さらに、『文献叢編』下（1053～1055頁）は、清太祖が旗を管理する貝子に頒布した上諭なので「太祖上諭」と称している。その解釈によると、上諭に挙げられた事例は十九条で、テキストのサイズは21.1×20cm、全ては四十一頁であるという。ギメ東洋美術館図書館所蔵のテキストと関係することを明らかである。また、呉元豊（2015）「満文古籍叢談」『満語研究』１（24～30頁）では、「中国第一歴史檔案館蔵有老満文課本図書両種、均無題名河刊刻時間、根拠其内容分別冠以『天命律令』和『天命宝訓』之名、並依拠版本特徴暫考訂為天聡年間版本。『天命律令』布分巻、一冊、線状、開本22.2×13cm、版框19.6×11cm、白口、無魚尾、無巻次、無頁碼、四周双辺、無欄線、半葉５行、装訂線内有漢文頁碼、内容為清太祖治国安邦、厳明法紀相関事宜以及審案程序量刑標準、判例等。該書是迄今発現清太祖時期最早的法律文本。『天命宝訓』四巻、一冊、毛装、開本26.5×17.5cm、版框20.5×15 cm、白口、無魚尾。上下双辺、左右単辺、無纜線、半葉６行、該書四巻分別装訂之後又訂在一起、一至三巻版口処標有満文巻次和満文頁碼、第四巻版口又満文巻次、頁碼、漢文巻次和頁碼、第一巻第十五頁末頁記曰、英明汗伝授之政教訓辞、由額爾徳尼巴克什記注」という、新たな入関前の刻本が発見されたことがわかる。さらに、呉元豊氏は天聡六年前に作られたテキストであると指摘している。ちなみに、筆者は2015年７月29日に中国第一歴史檔案館満文処主任呉元豊氏の研究室にて、「満文古籍叢談」に言及された『天命宝訓』の写真一枚を閲覧する機会を得た、その写真を見る限り、それが無圏点マンジュ文字のテ

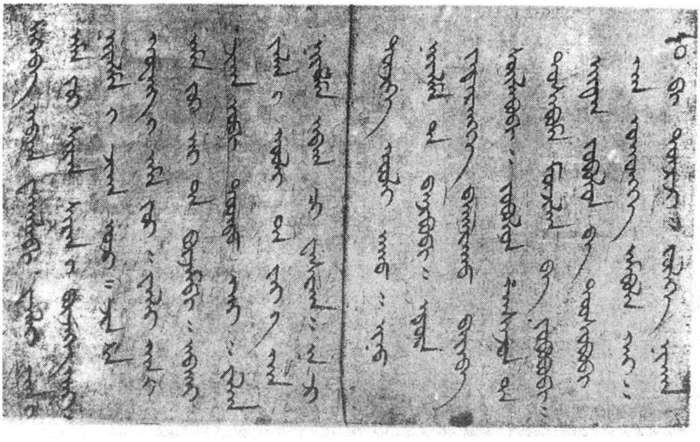

図4－4 「老満文上諭」『文献叢編』(上)

キストであって、ギメ東洋美術館図書館所蔵のGuimet61625という文献の内容の一部と合致することがわかった。Guimet61625の刻本版であることも考えられる。今後、中国第一歴史檔案館による公開が期待される。

23) Tatiana A. Pang, & Giovanni Stary (1998) *New light on Manchu historiography and literature : the discovery of three documents in old Manchu script. Harrassowitz Verlag*・Wiesbaden,. pp. 311～312. 「○geli mini kooli be tuwaci aisin gurun i aguda/ han i sunjaci jalan i ūlu han tehe manggi:/daiding han seme gebulehebi:daiding han aisin i/yaya han ci genggiyen bihebi:sain niyalma be baitalame/tafulara gisun be gaime:abkai fejergi taifin//ofi:gūrun bayen irgen elgiyen banjihafi://□□□□□□□ □/tuttu ofi daiding han be ajige/yoo siyun sehebi:tondo sain be abka saišafi/geren tūkiyefi han ofi jalan halame onggorako/maktara kooli ere juwan namu:」

24) Tatiana A. Pang, & Giovanni Stary (1998). *New light on Manchu historiography and literature : the discovery of three documents in old Manchu script.* Harrassowitz Verlag. p. 50.

25) 加藤直人 (2013)『清代文書資料の研究』(2013年度早稲田大学博士学位論文)、37頁。

26) 『七修類稿』巻四十六「事物類」「徽欽被擄略」には、「宋徽・欽北擄事迹、刊本則有『宣和遺事』、抄本則有『窃憤録』、二書較之、大事皆同。惟虜人侮慢之辞、醜汚之事、則『窃憤』有之也。至于彼地之険、彼国之事、風俗之異、時序之乖、則「宣和」較録為少矣。二書皆無著書人名、且遺事雖以宣和為名、而上集乃北宋之事、下集則被擄之事、首起如小説、院本之流、是蓋当時之人著者也」とある。また、神谷衡平 (1958、361頁) は、「『大宋宣和遺事』は宋代の作で、中国における口語文小説の最も古いものの一つであるといわれ、北宋末期の史実に小説的の説話を織混ぜた興味ある読物であるが、その作者の誰であるかは不明である」と述べている。

27) Tatiana A. Pang & Giovanni Stary (1998) *New light on Manchu historiography and*

literature : the discovery of three documents in old Manchu script. Harrassowitz Verlag・Wiesbaden,. pp. 277～280.「○jai geli donjici:jeo gurun i hiwan wang/han i fonde.han i hecen i buya jūse.amba/asika gemu siyun yamjime falanggo tūme ūcileme/biya teni mūkumbi.siyun teni tūhembi.niyalma/moo ji orho.jeo gurun be efulembi.tutu ūculerebe hecen heterere coohai/niyalma donjifi bithe arafi han de alara//jakade han sesulafi hendume.ere gisun ai/serengge.sioomu gebungge amban hendume/niyalma moo be beri arambi.ji orho be/ladu arambi.mini mentuhun i dolo gurun de/amala beri sirdan i jobolon bi sembi.han hendume tutu oci hecen i dorgi beri/sirdan arara niyalma be gemu wara.kūi beri//sirdan be gemu tuwa sindara oci antaka//tede beyeng fu gebungge amban hendume bi/abkai arbun be tuwaci.tere ganio han i/kowai dolo bi:beri sirdan i oilen waka/amagan jalan de urunako hehe ejen tūcifi/gūrun be facuhurambi:tere anggala biya/teni mukumbi:siyun teni tūhembi sehefi//siyun serengge han niyalmai arbun:tūhembi/serengge sain ako:biya serengge hehe/niyalmai arbun: mukumbi serengge hehe ejen/tūcifi doro be facuhurarengge yargiyan/kai:han oile ako irgen be ware:coohai/agura be tuwa sindare oci ombio seme /tafulame nakabuha:」とある。

28)『後金檄明万暦皇帝文』(中国国家図書館蔵)、「又聞周宣王時、市中有民謡云、月将升、日将没、檿弧箕服、実亡周国。宣王聞之大驚、問曰、此謡主何吉凶、大臣召穆奏曰、檿弧箕服、主国有弓矢之禍。宣王曰、尽殺造弓矢之人、焼蔵弓矢之庫何如。太史令伯陽父曰、臣観天象、禍在宮中、非干弓矢之事。況謡云、月将升、日将没、日者人君之□、没者不祥之兆、月者后妃之□、□者当有女主以乱天下。□□□殺無罪之人、焼弓矢之□。」

29)『新鐫陳眉公先生批評春秋列国志伝』第一巻「中国歴史小説選集２」ゆまに書房、1983年、170頁。また、余邵魚『春秋五覇七雄列国志伝』上巻二、古本小説集成、上海古籍出版社、266～267頁、「京城児童不拘長幼、至晩皆拍手伝誦謡言歌数句于市上。其謡言歌曰、月将升、日将没。檿弧箕服、実亡周国。五城兵馬司巡綽皇城聞其歌、録奏于天子。宣王出朝治政、近臣奏、畿内児童誦謡言四句、鼓舞於三街六市之中、兵馬司録其歌以聞。王覧其歌曰、檿弧箕服、実亡周国、王大驚問群臣曰、此事主何吉凶。左宗伯召穆奏曰、檿是山桑木名、可以為弓。箕草名、可結之以為箭袋。據臣愚見、国家後有弓箭之禍。王曰、若此尽誅京師做弓箭之人、尽焼庫内弧矢何如。太史令伯陽父奏曰、臣観天象、其兆落在陛下宮中、非干弓箭之事、必主後世有女主乱国之禍。況謡言曰、月将升、日将没、日者人君之象、将没不祥。月者太陰之象、言昇女主得政乱国明矣。陛下豈可妄殺無辜之民、而焚軍旅之器哉。」

30) 魯迅『中国小説史略』『魯迅全集』第九巻、人民文学出版社、2005年(註21、158頁)は、「『東周列国志』二十四巻一〇八回。明余邵魚撰『列国志』、明末馮夢龍改訂為『新列国志』、清蔡元放刪改為『東周列国志』、并加評語」と指摘している。

31)『国語』「鄭語」第十六。

32)『漢書』巻二十七、「五行志第七下之上」。

33)『説文解字注』一篇下、「艸部」、四頁、「萁」豆莖也。「当云尗而曰豆、従漢時語也、或後人改之。楊惲伝、種一頃豆、落而為萁。孫子兵法曰、萁秆一石、当吾二十石。曹操注、萁音忌、豆稭也、按萁即萁字。潘岳馬汧督誄曰、萁稈空虚、用萁秆字」とある。また、

同書「五篇上」、「竹部」、二十一頁、「箕」所以簸者也。「所以者三字今補、全書中所以字為浅人刪者多矣。小雅曰、維南有箕、不可以簸揚。広韵引世本曰、箕帚、少康作。按簸揚与受垄皆用箕」とある。「萁」と「箕」は、それぞれ属する部首の「屮部」と「竹部」に配列して、実は「竹」は『説文解字』に「冬生艸也」冬にも生きる草だと釈がなされる。

34) Tatiana A. Pang & Giovanni Stary (1998) *New light on Manchu historiography and literature : the discovery of three documents in old Manchu script. Harrassowitz Verlag*・Wiesbaden. pp. 300～301. 「○jai geli donjici nikan i sūng hoisong//han i fonde:dofi dosifi han i basargan/de tafafi tehebi:jai emu tūbike uncara/haha niyalma beyede ofi jui banjihabi:jai nūre uncara jū halangga niyalmai sargan de/gaitai andan de salu banjihabi:salu golmin /juwan duin ūrhun bikibi:terebe hoisong/han donjibi hehe doose obuhabi:」とある。

35) 『後金檄明万暦皇帝文』(中国国家図書館蔵)、「又聞宋徽宗時、有狐升御坐、男人生子、女人生鬚、詔為女道士。」

36) 『大宋宣和遺事』「利集」国学基本叢書244、台湾商務印書館、1968年、82頁、「(宣和)六年十二月、两京、河、浙路大水、是時災異畳見。都城有青果男子、有孕而誕子。坐蓐不能収、換易七人、始分娩而逃去。又豊楽楼酒保朱氏子、其妻年四十余、忽生髭髯、長六、七寸、毓秀甚美、宛然一男子之状。京尹以其事聞于朝、詔度朱氏妻為道士。(中略)。(宣和) 七年九月、有狐自艮岳山直入中禁、據御榻而坐。(後略)。」日本語訳については、神谷衡平 (1958)「大宋宣和遺事」『中国古典文学全集』第7巻、平凡社、293～294頁参照。また、大塚秀高 (2000)「天書と泰山――『宣和遺事』よりみる『水滸伝』成立の謎」『東洋文化研究所紀要』140、123～155頁)参照。

37) 魯迅『中国小説史略』『魯迅全集』第九巻、人民文学出版社、2005年 (128頁)、「『大宋宣和遺事』世多以為宋人作、而文中有呂省元『宣和講篇』及南儒『詠史詩』、省元南儒皆元代語、則其書或出于元人、抑宋人旧本、而元時又有増益、皆不可知、口吻有大類宋人者、則以鈔撮旧籍而然、非著者之本語也。」

38) 『清文総彙』巻二 ur、四十二頁。

39) 龐曉梅 (2003)「満漢文『努爾哈赤檄明書』何種文字稿在先」『清史論集慶賀王鍾翰教授九十華誕』、709頁。「満、漢文両個版本雖出自同一時期、但是漢文本早于満文本、漢文本是満文本的底本。」

40) 李福清 (Борис Львович Рифтин) (1982)「中国章回小説与話本的蒙文訳本」『文献』第4期、96～120頁。

41) 『満文内国史院檔』天聡五年七月初八日。「初八日に、衙門に諸王や大臣らすべてを集めて、グルンの制度を定めたことばに、「我がグルンにおいてさまざまなことを両院に分けて処理し、各院に旗ごと承政一人、副大臣五人が置かれたが、互いに譲り合っているので、六部を立てた。各部にベイレ一人、その下にジュシェン承政各二人、モンゴル各一人、ニカン各一人。その次にジュシェン参政各八人、モンゴル各四人、ニカン各二人、諸王・大臣を啟心郎としてジュシェン筆帖式各二人、ニカン各二人、また筆帖式の職務の重要さによって任命した」。また、『満文原檔』第四冊、黄字檔、天命十一年五月、350頁 (『満文老檔』Ⅲ太祖3、999頁)。「天命を奉じて時運を受けたハンが言うには、昔の聖帝が天下を治めたことをみるに、武威をもって黎民を定めていた。文院（bithei jurgan）だけが行い、武院（coohai jurgan）を治めなかったものはない。私は昔に倣って武官（coohai hafan）を置いた。（後略）。」

42）『大清太宗実録』巻四、天聡三年四月、七ａ～八ｂ頁、「上命分文人為両班職掌。命大海榜式翻訳明朝古書、筆帖式剛林・蘇開・孤児馬弘・托布戚四人副之。庫里纏榜式記本朝往来移及得失事蹟、筆帖式呉把什・加素哈・胡丘・詹巴四人副之。満洲文字太祖由心肇造、著為軌範。上即位聡明盛徳、復楽聞古典、故分清漢文人為両班、以歴代帝王得失為鑑、因以考已之得失焉。」

43）*ninggun too*（六韜）中国遼寧省図書館蔵、「amba aisin guru i sure han i sunjaci šahūn honin aniyaci niyengniyeri/ujui biyade dahai baksi.coohai jing nadan bithe ilan bodon/ninggun dobton be jušen gisun i ubaliyambume arame deribufi ninggun/dobton i coohai doro juwan juweci fiyelen.šu afara tofohoci fiyelen./ilan kenehunjere juwan nadaci fiyelen.wang ni asaha juwan jakūci fiyelen/ere duin fielen be arahakū. dulefi cooha be huwekiyebure orin//ilaci fiyelen de arame isinafi wacihiyame arame dasame jabduhakū./sahaliyan bonio sure han i ningguci aniya akū oho.ninggun dobton i/ninju fiyelen be dahai baksi juwan uyun fiyelen araha.arahakū/duleke duin fiyelen.buttui hontoho moo（+orin）duin ci fiyelen ci/amasi gūsin ninggun fiyelen. uheri dehi fiyelen be amagan bithesi araha dahai baksi arahakū.duleke duin fiyelen uju de amagan/bithesi araha seme arahabi.jai gisun be toktobufi araki seme//funtuhu bihengge jalukiyame araha bade bithesi hergen toome fuka/šurdeme temgetu obuhabi.nikan kooli sain gisun de fuka šurdembi.ere fuka šurdehengge araha sain serengge waka neneme/amala arahangge be temhetulehengge kai.」。また、『故宮博物院蔵品大系善本特蔵編・満文古籍』（故宮出版社）、234～235頁参照。

44）平田昌司（2009）『『孫子』解答のない兵法』書物誕生あたらしい古典入門書、岩波書店、67頁、「『孫子』・『呉子』・『司馬法』（武闈三子）という三点の満洲語訳、蒙古語訳を1710年に完成させている。この満洲語訳本がさらなる広がりをもつのは、十八世紀ヨーロッパ『孫子』が紹介されるきっかけを作ったからである。」

45）*ninggun too*（六韜）中国遼寧省図書館蔵、満漢合璧、以下はダハイ・バクシと後世の筆帖式が翻訳した『六韜』六十篇の目次であるが、後世の筆帖式が翻訳してない内容も少なくならず、［欠］は翻訳してなかった部分を示す。

【表4－5】*ninggun too* の目次。

文韜 wen too 十二篇	文師	第一	［wen sy emu］
	盈虚	第二	［jalu kumdu jai］
	国務	第三	［gurun i baita ilaci］
	大礼	第四	［amba dorolon duici］
	明伝	第五	［genggiyen tacibure sunjaci］
	六守	第六	［ ninggun tuwakiyan ningguci］
	守土	第七	［ba na be tuwakiyara nadaci］
	守国	第八	［gurun be tuwakiyara jaūci］

	上賢　第九［saisa be dele uyuci］
	挙賢　第十［saisabe tukiyere juwanci］
	賞罰　第十一［šang weile juwan emuci］
	兵道　第十二［coohai doro juwan juweci］
武韜 u too	発啓　第十三［mujilen bahabure juwan ilaci］
五篇	文啓　第十四［šu be neire juwan duici］
	文伐　第十五［šu i afara tofohoci］
	順啓　第十六［ijishūn neihe juwan ningguci］
	三疑　第十七［ilan kenhunjere juwan nadaci］
龍韜 muduri too	王翼　第十八［wang ni asaha juwan jakūci］
十三篇	論将　第十九［jiyanggiyūn be leolehe juwan uyuci］
	選将　第二十［jiyanggiyūn simnere orici］
	立将　第二十一［jiyanggiyūn ilibure orin emuci］
	将威　第二十二［jiyanggiyūn i horon orin juweci］
	励軍　第二十三［cooha be huwekiyebure orin ilaci］
	陰符　第二十四［buttu i hontoho orin duici］
	陰書　第二十五［buttui bithe orin sunjaci］
	軍勢　第二十六［coohai muda orin ningguci］
	奇兵　第二十七［cooha baitalara orin nadaci］
	五音　第二十八［欠］
	兵徴　第二十九［coohai duile orin uyuci］
	農器　第三十［usin agūra gūsici］
虎韜 tasha too	軍用　第三十一［欠］
十二篇	三軍　第三十二［ilan faidan gūsin juweci］
	疾戦　第三十三［hūdulame afara gūsin ilaci］
	必出　第三十四［urunakū tucire gūsin duici］
	軍略　第三十五［coohai bodon gūsin sunjaci］
	臨境　第三十六［jecen de latunara gūsin ningguci］
	動静　第三十七［aššra arbušara gūsin nadaci］
	金鼓　第三十八［loo tungken gūsin jakūci］
	絶道　第三十九［jugūn be lashalara gūsin uyuci］
	略地　第四十［babe bodome bargiyara dehici］
	火戦　第四十一［tuwai afara dehi emuci］
	塁虚　第四十二［ing kumdu dehi juweci］
豹韜 yarga too	林戦　第四十三［weji afara dehi ilaci］
八篇	突戦　第四十四［holkon afara dehi duici］
	敵強　第四十五［bata etungge dehi sunjaci］
	敵武　第四十六［bata baturu dehi ningguci］
	烏雲山兵　第四十七［gaha tugi alin i cooha dehi nadaci］
	烏雲沢兵　第四十八［gaha tugi šele i cooha dehi jakūci］
	少衆　第四十九［komso geren dehi uyuci］
	分険　第五十［gese haksan susaici］

狗韜 indahūn too 十篇	分合　第五十一［dendere acabure susai emuci］
	武鋒　第五十二［dacun cooha susai juweci］
	練士　第五十三［cooha be sonjoro susai ilaci］
	教戦　第五十四［afan tacibure susai duici］
	均兵　第五十五［cooha be neigenjere susai sunjaci］
	武車士　第五十六［sejen i baturu urse susai ningguci］
	武騎士　第五十七［moringga baturu urse susai nadaci］
	戦車　第五十八［sejen i afara susai jakūci］
	戦騎　第五十九［morin i afara susai uyuci］
	戦歩　第六十［yafaha afara ninjuci］

46）『満文内国史院檔』崇徳三年八月（『内国史院満文档案訳註崇徳二・三年分』（河内良弘訳）、500頁）。

47）平田昌司（2009）『『孫子』解答のない兵法』書物誕生あたらしい古典入門書、岩波書店、9頁。

48）『満文原檔』第七冊、余字檔、天聡五年八月、430～431頁（『満文老檔』Ⅴ太宗2、539～542頁）。

49）『六韜』「文韜」守土篇、「文王問太公曰、守土奈何。太公曰、無疏其親、無怠其衆、撫其左右、御其四旁。無借人国柄。借人国柄、則失其権。無掘壑而附丘、無舍本而治末。日中必彗、操刀必割、執斧必伐。日中不彗、是謂失時。操刀不割、失利之期。執斧不伐、賊人将来。涓涓不塞、将為江河。熒熒不救、炎炎奈何。両葉不去、将用斧柯。是故、人君必従事於富。不富無以為仁、不施無以合親。疏其親則害、失其衆則敗。無借人利器。借人利器、則為人所害而不終其世。」

50）『説文解字注』十二篇上、「手部」、二十七頁、「操、把持也、把者握也。操重読之曰節操、曰琴操、皆去声。」また、『説文解字注』十篇下、「幸部」、十二頁、「執、捕辠人也。辠各本作罪、今依広韵、手部曰、捕者取也。引申之為凡持守之偁。」

51）『三略』一巻『故宮博物院蔵品大系善本特編・満文古籍』故宮出版社、230～231頁。また、*ilan bodon*（三略）中国遼寧省図書館蔵、満漢合璧。

52）『満文内国史院檔』天聡五年正月二十五日（『内国史院檔・天聡五年』Ⅰ、24～26頁）。また、『大清太宗実録』（順治初纂版）巻六、天聡五年正月二十五日「取大海榜式、所修武経観之。其中有云、昔良将之用兵、有饋箪醪者、使投諸河、与士卒同流而飲、夫一箪之醪、不能味一河之水、而三軍之士、思為致死者、以滋味之及已也。上覧至此曰、観此乃主将欲得士卒之死力也。如我国孤三泰額駙与敵交鋒、士卒有戦死者、尚以縄繋其足曳帰。主将若此誰肯用命。」

53）『三略』「上略」、「夫将帥者、必与士卒同滋味而共安危、敵乃可加。故兵有全勝、敵有全因。昔者良将之用兵、有饋箪醪者、使投諸河、与士卒同流而飲。夫一箪之醪、不能味一河之水、而三軍之士思為致死者、以滋味之及已也。」

54）『満文原檔』第七冊、余字檔、天聡五年八月、436～439頁（『満文老檔』Ⅴ太宗2、543～544頁）。

55）『韓非子』「外儲説左上」、「呉起為魏将而攻中山、軍人有病疽者、呉起跪而自吮其膿、傷者之母立泣、人問曰、将軍於若子如是、尚何為而泣、対曰、呉起吮其父之創而父死、今是子又将死也、今吾是以泣。」

56) 『奏疏稿』天聡六年九月分。

57) 『三国志伝』については、明末の政界の有名人の湯賓尹が編纂したテキスト『新刻湯学士校正古本按鑑演義全像通俗三国志伝』、万暦年間の建陽劉龍田喬山堂の刊本『新鋟全像大字通俗演義三国志伝』、万暦中鄭氏聯輝堂の刊本『新鍥京本校正通俗演義按鑑三国志伝』、明の武林夷白堂の刊本『新鐫通俗演義三国志伝』、明の藜光堂劉栄吾の刊本『鼎峙三国志伝』、および万暦二十年余象斗双峯堂の刊本『音釈補遺按鑑演義全像批評三国志伝』などのテキストがある。そのうち湯賓尹本の研究については、金文京（2011）「明代『三国志演義』テキストの特徴――中国国家図書館蔵二種の湯賓尹本『三国志伝』を例として」『東アジア書誌学への招待』第二巻、東方書店、81～96頁）参照。

58) 『三国志演義』は中国近世の小説の中でもっとも有名で、おそらくもっとも多種類のテキストが出版された小説である。だがダハイ・バクシが用いた底本は正史の『三国志』なのか、あるいは王文奎が述べているテキストなのか、現段階で断言することは極めて難しい。一方、ヨーロッパ人が最初にフランス語に翻訳した底本は、漢文の『三国志演義』ではなくマンジュ語 *ilan gurun i bithe* によって、完訳の（San-koué-tchy（Ilan kouroun-i pithé): Histoire des Trois Royaumes）である。「満文三国志」の研究について、岸田文隆（1997）『「三訳総解」の満文にあらわれた特殊語形の来源』東京外国語大学アジア・アフリカ言語文化研究所、早田輝洋（2008）「満文三国志について」『狩野直禎先生傘寿記念三国志論集』汲古書院、357～382頁参照。

59) 『清史稿』巻二百三十九、列伝二十六、「沈文奎、浙江会稽人。少寄育外家王氏、因其姓。年二十、為明諸生、北游遵化。天聡三年、太宗伐明、下遵化、文奎降、従貝勒豪格。以帰、命值文館。漢軍旗制定、隷鑲白旗。」

60) 『大清世祖実録』巻四十二、順治六年正月丁卯、三頁、原文引用は序章注13を参照。

61) 『千頃堂書目』巻三に、「張居正『四書直解』二十六巻、万暦元年進呈」とあり、同書巻四に、「張居正『通鑑直解』二十五巻、万暦初年講筵所編進」とある。

62) 『奏疏稿』天聡七年七月初一日。

63) 『大清太宗実録』（順治初纂版）巻二十四、崇徳二年四月二十八日、五十二頁。

64) *taidzung genggen šu hūwangdi enduringge tacihiyan*（太宗文皇帝聖訓）巻一、二十四頁、「šeng ging bithede henduhengge.boo be teksileki seci.neneme/beyebe dasambi. beyebe dasara boo be teksilere oci.gurun/dasabumbi sehebi.suwe saišara ubiyara babe olhošoro.yaya/niyalma be tuwara doro be kimcire.fejergi urse de jurgan i / ojoro.gucu gargan de akdun ojoro oci tere beyebe/dasaha kai.ama eme de hiyoošūlara.unggata be kundulere/juse omosi.niyaman hūncihin be tacibure oci tere boo be/teksilehe kai.beyebe dasaha boo be teksilehe bime gurun/dasaburakū kooli bio.suwe tonde sijirhūn mujilen be jafafi//gurun i jalin kice.sula heolen mujilen be jafafi.ejen be/ume ufarabure.giyang tai gung ni henduhengge.baibi tehede/gurun i banjire be fakšame gišerengge.musei niyalma waka sehebi.」

65) 『国朝典故』巻四十八、「天順日録」、「上曰、然、如鐘鼓司承応無事、亦不観聴、惟時節奉母后方用此輩承応一日。閑則観書、或観射。賢曰、前聖経書惟書経是帝王治天下大経大法、最宜熟看。上曰、書経、四書、朕皆読遍。賢曰、此時正好玩味、況聖質聡悟、一見便暁、最有益。」

66) 張居正等編『彙鐫経筵進講四書直解』「大学」、「古之欲明明徳於天下者、先治其国。欲治其国者、先斉其家。欲斉其家者、先脩其身。欲脩其身者、先正其心。欲正其心者、先誠其意。欲誠其意者、先致其知。致知在格物、物格而後知至、知至而後意誠、意誠而後心正、心正而後身脩、身脩而後家斉、家斉而後国治、国治而後天下平。」また、『彙鐫経筵進講四書直解』「論語巻四」「泰伯第八」、「子曰、恭而無礼則労、慎而無礼則葸、勇而無礼則乱、直而無礼則絞。」

67) 『六韜』「文韜」「上賢」第九、「四曰、奇其冠帯、偉其衣服、博聞弁辞、虚論高議、以為容美、窮居静処、而誹時俗、此姦人也。王者謹勿寵。五曰、讒佞苟得、以求官爵、果敢軽死、以貪禄秩、不図大事、貪利而動、以高談虚論、説於人主、王者謹勿使。六曰、為雕文刻鏤、技巧華飾、而傷農事、王者必禁。七曰、偽方異技、巫蠱左道、不祥之言、幻惑良民、王者必止之。故民不尽力、非吾民也。」

68) 『明清檔案存真選輯』三集、「瀋陽旧檔」、56頁。また、『奏疏稿』天聡九年三月分二十五日にも収録。

69) 礪波護（2006）『中国歴史研究入門』（名古屋大学出版会）「序説」「鏡鑑としての歴史」3頁。

70) 『千頃堂書目』巻四、張居正通鑑直解二十五巻、万暦初年講筵所編進。

71) 『千頃堂書目』巻三、張居正四書直解二十六巻、万暦元年進呈。ちなみに、張居正の『四書直解』は、雍正年間に至ると出題する部分を訳する筆記試験が行われ、科挙に向きのテキストになっていた（『欽定八旗通志』巻一百一「学校志八」、於貢院内考試に「将『四書直解』内限三百字為題、繙満文一篇、其繙訳精通者、聴考官選取之後、将巻冊交送礼部。」とある）。

72) 中砂明徳（2012）『中国近世の福建人、士大夫と出版人』、名古屋大学出版会、370頁。

73) 『全国満文図書資料聯合目録』1991年、157頁。また『北京地区満文図書総目』（2008年107頁）にも収録されたが、それぞれ『綱鑑会纂』と『通鑑』と題して編纂した。また、『国家図書館蔵満文文献図録』、64頁に収録され、「『綱鑑会纂』（明）王世貞編、達海等訳、不分巻、満文。康熙三年刻本、正文半葉7行、小字双行、白口、双魚尾、四周双辺、框28.2×20.2cm」。また、『故宮博物院蔵品大系善本特蔵編・満文古籍』144～145頁にも収録。

74) 『綱鑑会纂』（京都大学人文研究所蔵）三十九巻、大文堂刊本。

75) 中砂明徳（2012）『中国近世の福建人、士大夫と出版人』、名古屋大学出版会、369～370頁。

76) 『満文原檔』第九冊、満附三、天聡九年五月二十日、190～191頁（『旧満洲檔・天聡九年』、144～145頁）。

77) この史料について烏蘭巴根（2010）「清初遼金元三史満蒙翻訳史考述」（『西域歴史語言研究集刊』第四輯、300頁）は、「天聡汗原来只想翻訳金史、這次卻要求翻訳遼、宋、金、元四史」と誤解をしている。

78) *ming gurun i hūng u han i oyonggo tacihiyan*（明洪武ハン要訓）BnF 蔵、「我々の太祖、太宗の威徳が教えられて、基礎を築いて礼を広めた。政治を治して、国を守るという方向は、昔からの帝王の法度に大きく一致している。しかしながら、ハンは唐宋の歴史、遼、金、元の事例の得失を勤勉に読み、講読し、鑑みないことはなかった（後略）」。これは明の太祖洪武帝の語録をまとめた『明太祖宝訓』のマンジュ語訳本である。漢文の「宝訓」をマンジュ語で「oyonggo」（緊要）、「tacihiyan」（教え・教訓）との意味で書名を意訳していたことが窺える。このテキストの研究については、渡辺純成（2013）『満文洪武要訓 hūng u-i oyonggo tacihiyan』満洲語思想・科学文献研究資料5、科学研究補助金基盤研究（C）（平成23～25年度）を参照。順治帝は漢文を学び始まったのは順治二年からのことであると考えられる。たとえば、『大清世祖実録』巻十五、順治二年三月乙未、五～六頁。「大学士馮銓、洪承疇等奏言、上古帝王、奠安天下。必以修徳勤学為首務。故金世宗、元世祖、皆博綜典籍、勤於文学、至今猶称頌不衰。皇上承太祖、太宗之大統、聡明天縦、前代未有。今満書倶已熟習、但帝王修身治人之道、尽備於六経。一日之間、万幾待理、必習漢文、暁漢語、始上意得達而下情易通。伏祈択満漢詞臣、朝夕進講、則聖徳日進、而治化益光矣。」

79） 松村潤（2001）『清太祖実録の研究』東北アジア文献研究叢刊2、86頁。

80） 金文京（1998）「年画のなかのヒーローたち――年画と芝居・物語」『月刊しにか』2、35～40頁。

81） 礪波護（2006）『中国歴史研究入門』名古屋大学出版会序説に「鏡鑑としての歴史」（3頁）とある。

82） 『満文帝鑑図説』（中国国家図書館蔵）、不分巻、二冊、晒藍本、登録番号満文64、版框25×17cm。

83） 『満文原檔』第九冊、満附三天聡九年八月八日、322頁（『旧満州檔・天聡九年』2、241頁）、「その日、天聡ハンは、先代のゲンギン・ハンの実録の書について張倹・張応魁の二人の画匠に絵を描けと委ねた仕事をよく完成したと、張倹に一対の人、牛一頭、張応魁に一対の人を賞した。」また、『大清太宗実録』（順治初纂版）巻二十、天聡九年八月八日、十四頁、「是日、張倹・張応魁恭画「太祖実録図」成、上称善。賞、張倹人一双、牛一隻。張応魁人一双。」

84） 「清太祖実録」の研究については、今西春秋（1935）「清三朝実録の編纂」（上）（下）、『史林』第20巻、第3、4号、同氏（1967）「満文武皇帝実録の原典」『東方学紀要』2。三田村泰助（1957）「近獲の満文清太祖実録について」『立命館文学』141、同氏（1959）「清太祖実録の纂修」『東方学』19を参照、また、『清朝前史の研究』（東洋史研究会）1965にも収録。

85） 前掲注12参照。

86） 『満文原檔』第七冊、月字檔、天聡四年二月八日、50頁（『満文老檔』Ⅳ太宗1、313～314頁）。初八日に、灤州に送った書、灤州の者を速く催促して田を耕させよ。官に任じる者を今送る。またこの頭の剃ることについての書を刻字匠（kesejan）に彫らせて、いずれの地で頭を剃らなかった者を得た時は、頭を剃りこの書を待たせて行かせよ。また汝らのそこの芝居役者を悉く送り、汝らの得た家畜を四旗に分けて保管して、財貨はここに送って来い。また、『各項稿簿』天聡四年八月、「勅諭永平遷灤等処軍民人等、知悉爾眾中有能造紙匠役、速赴書房報名、另行優養。特諭。」

87） 松村潤（2001）『清太祖実録の研究』東北アジア文献研究叢刊2、東北アジア文献研究会。また、『満洲実録』を用いて、言語学的研究については、上原久（1960）『満文満洲実録の研究』不昧堂書店を参照。
88）吉川幸次郎（1995）『吉川幸次郎遺稿集』第一巻、筑摩書房、407頁。

第Ⅲ部　グルン文書と印璽の展開

第5章
漢文文書から『太宗実録』の編纂へ

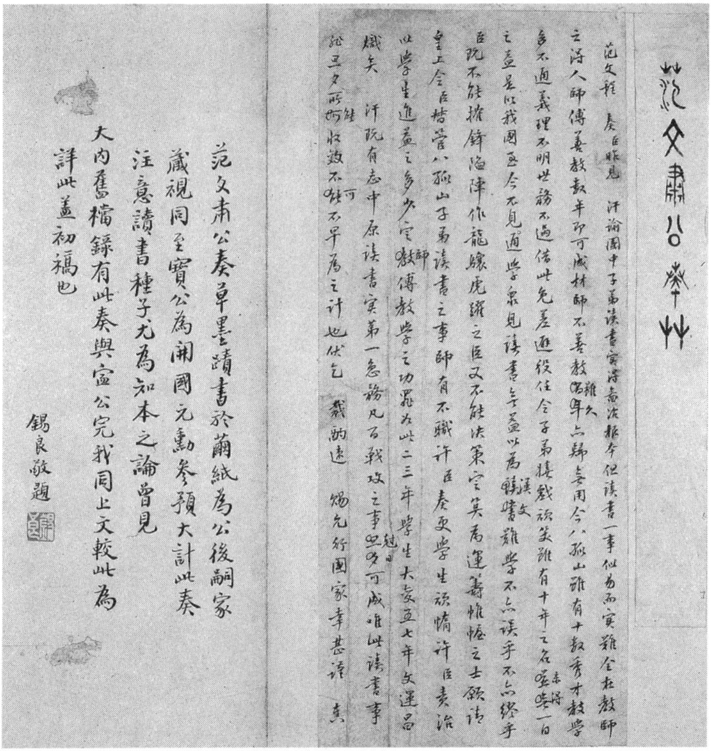

図５－１　「後金内秘書院大学士范文程接管八孤山弟子読書事奏稿」
中国国家博物館蔵（『明清檔案巻・清代』収録）

1　はじめに

アイシン・グルン初期の太祖ヌルハチ時代（1616～1626年）には、政治にかかわった漢人官僚は多くない。そのため、ハンへの提言も少なかったと考えられる。松村潤（1978）が、「漢人の奏疏も保存されず、満文の記録の用紙に用いられたのである」と述べたのを裏付けるように[1)]、太祖時代における上奏文は、現時点でほとんど残されていない。しかし、太宗のホンタイジ時代になると[2)]、漢人に対する懐柔策をとるようになったことで、大明から多くの漢人がグルンに加わり、政治においても大勢の漢人知識人が活躍するようになった。したがって、天聡年間から崇徳年間にかけての漢文上奏文はある程度の量が残されている。

漢人大臣による上奏文に対して、太宗ホンタイジは、「汝らの上奏した書の言葉はすべて良い。書を上奏する者は、このようにきっぱりと上奏すべきだ。ある者が上奏するに古典の言葉を詩のように引いて上奏する。その言葉は書のなかにある」[3)]と述べている。ホンタイジは漢人からの上奏文の内容を完全に理解していたが、古典の引用には嫌悪の念を示し、上奏文によく馴染んでいたことがわかる。これについては、すでに荘吉発（1979）が、「清の世祖の入関以前、大明から満洲に投降した文武臣民の間では、大明で行われていた奏本の形式で満洲の君主に上奏して意見を述べた例が少なからず見られる。太宗の天聡年間、高鴻中・范文程らは相継いで奏本を進呈して意見を述べた。よって、満洲の君主が明代の上奏文制度にうとかったとは考えられない」[4)]と述べている。また、楠木賢道（1995）は、「清朝では、大明の文書制度を踏襲し、正式の上奏文として題本という形態を用いた[5)]」と指摘している。

『満文原檔』・『大清太祖実録』（満漢文）・『大清太宗実録』（満漢文）等入関前の史料は、ダイチン・グルンの初期段階を研究するのに不可欠の史料であると認められている。これらの史料が互いに密接な関係にあることは、学界においても議論が盛んに行われてきた。たとえば、今西春秋（1935）は、「最も古い内容を伝へる『太祖武皇帝実録』（漢文本に就いていふのであるが）と太祖『満文老檔』と比較するに、両者の記事の性質内容甚だ接近し、密接不離の関係にあるものであることは想像に難くない。即ち『太祖実録』は『老檔』若しくは『老檔』編纂に使用した資料を資料とする以外、更に広く諸資料を捜査付加して編修したものであると考へられるのである[6]」と述べている。また、石橋崇雄（1994）は、「『太宗実録』の満文と漢文とにおける文法構造上の相違に起因すると思われるが、結果として両記事には微妙な差異が生じている。漢文本が満文本の直訳であるとは言い難く、『太宗実録』の利用に際しては満文本の利用が不可欠であると言わざるをえない[7]」と述べている。神田信夫（1997）は、「「天聡七年檔」の原文は、順治初纂『太宗実録』の満文に近いことである。恐らく「天聡七年檔」は、この『太宗実録』の編纂過程において作られた稿本の一つであろう[8]」と述べる。また陳捷先（1981）は、「漢文実録とその他の官書を編纂するとき、満文の旧檔にもとづいて編纂したのであり、太祖・太宗の漢文実録の内容は旧満洲檔の記事に多く由来している」[9]という指摘をしている。いずれにせよ、『満文原檔』と『実録』、あるいはマンジュ語『実録』と漢文『実録』との間に深い関係があることは、学界の共通理解となっている、といえよう。

しかし、グルン初期の段階における漢文文書の作成・翻訳などの問題については、従来の研究ではほとんど言及されていなかった。本章では、現存の漢文上奏文に見られる特徴、その影響を受けて登場したマンジュ語上奏文の形態、さらに上奏文を素材とする実録編纂プロセス等の視点から、如上の問題について検討を行う。

2　漢文上奏文の作成

清朝の初期、ヌルハチとホンタイジの在位期（1616－43年）には、詔勅・奏章・祭文など、あらゆる文書がマンジュ語で書かれた[10]。しかし、つとに神田信夫（1960）が、「章奏の上呈という中国的な政治の方法が盛んになって、書房の重要さは大いに益してきたのである[11]」と指摘している。ここでいう中国は、大明に当たる。そこで、まず大明の公文書のシステムを一瞥することにしたい。大明の公文書は、大別して皇帝にのぼす上奏文と、官庁間でやりとりされる一般公文書からなる。まず上奏文であるが、政務上重要なものには奏本と題本の二種があった。このうち奏本は古くから用いられ、明代前半に最も普通に使用された上奏文で、直接には元制を継承している。また、題本は緊急・重要案件専用として、皇帝本人へ速やかに届けられることを特徴とする[12]。

グルン初期には多くの漢人知識人が政権に加えられ、彼らは行政制度見直しの必要性と留意点について、ハンに提言を続けてきた。文化事業に関しても同様で、その教育の重要性を強調したのである。例えば范文程の上奏文では言及している【図５－１】[13]。

グルンとして文教政策を定める一方で、教育の質も大切であると実情に即して、范文程が提言した内容である。奏文の至るところに修正が加えられ、まだ定稿ができていない時点での改訂稿といえる[14]。また、文書には日付が含まれず、書かれた年代を知ることは大変難しく思われるが、この文書に書き加えられたコメントが、書写年代を知るための手掛かりとなっている。

> 范文粛公奏草墨蹟書於繭紙、為公後嗣家蔵、視同至宝。公為開国元勲、参預大計。此奏注意読書種子尤為知本之論。曾見大内旧檔録有此奏、与寧公完我同上、文較此為詳、此蓋初稿也。錫良敬題。
> 范文粛の公奏文の墨蹟は繭紙に書かれており、公の子孫の家に所蔵され、家宝と認められていた。公は開国の元勲で、国家の大計に参与した。この上奏文は読書と育成に注意することが最も基本を知るものだとする議論である。以前大内旧檔にこの上奏文が収録されてあるのを見たが、寧完我と一緒に上奏し、文はこれよりも詳しい。これは初稿である。錫良は謹んで題す。

とある。錫良（1853―1917）は蒙古鑲藍旗の人、同治十三年（1874）の進士で、東三省総督まで務めた大官である[15]。范文粛公とはもちろん贈られた范文程の諡号で[16]、范文程は開国の元勲として、国家の大計にも参与していた。この文書は范家の家宝として蔵されていたが、寧完我と連名の文書の形で大内旧檔にも収録され、その初稿と考えられるものだという。ここで言う大内旧檔とは「内閣大庫」の檔案を指し[17]、内閣檔案はそもそも清代内閣大庫に所蔵されていた。羅振玉刊印の内閣大庫檔冊によると、「清檔」・「瀋陽旧檔」・「明檔」等の檔案が三つに分けられ、そのうちの「瀋陽旧檔」は盛京から移された天聡・崇徳年間の文書である。入関以後はすべての「盛京旧檔」は、内院に従って内閣に入れられたり、あるいは康熙や乾隆年間の実録編纂時に移されてきたが、現在その具体的な経緯はよくわからない。日本の内藤湖南博士は、すでに明治三十八年および四十五年に瀋陽故宮の崇謨閣旧檔を二回訪れ、閣中所蔵の「漢文旧檔」・「満文老檔」を先後にわたって青写真に撮り影印したのであるという[18)]。「漢文旧檔」とは入関前の漢文文献であるが、『各項稿簿』・『朝鮮国王来書簿』・『奏疏稿』等で、その晒藍本は現在京都大学人文科学研究所に所蔵されている。錫良が述べている大内旧檔で目にした寧完我と連名の上奏文は、『奏疏稿』天聡六年（1632）正月分に収められているが[19)]、錫良が見たのはこれなのか、あるいは『奏疏稿』の原文にあたるものなのかはわからない。『奏疏稿』の内容を見る限り、范文程の文書よりはるかに長く、連名の奏文はそもそも范文程の書稿に修辞の面で大幅に修正を加えたものであるが、何よりも、「范文程奏」から「范文程＋寧完我同奏」の形へ変わった点が注目される。両文書に密接な関係が存在したことは否定できない事実であり、おそらくその完成前に奏文の内容について范・寧両者に意見の相違があったのであろう。その争いの焦点は「読書すること」にあった。とはいえ天聡六年（1632）正月に范文程と寧完我は連名で正式に上奏するに至った。

このように、大臣たちが国務についていたるところで意見交換を行い、第三者に委ねてハンに伝奏することは稀ではなかったようである[20)]。范文程の上奏文のケースも同様で、寧完我と意見を交換しながら、その体裁に不備があるにせよ、結局連名の形で呈上したと考えられる。これは管見の限り、文化事業に関する唯一のグルン初期の漢文上奏文である。しかし、范文程の書稿において、文字と文字の間に一文字を空けて擡頭を示している点に注意せねばならない。一方、『奏疏稿』においても、擡頭すべき箇所について、「○」や「○○」でそれぞれ一文字と二文字の擡頭を表している。要するに、これらはいずれもあくまでも編纂物に過ぎないのである。漢人の官僚たちは、グルン初期の文書制度形成に大いに影響を与えたと考えられる。次に実在の奏本を見ておきたい。【表５－１】は『明清檔案存真選輯』初集（ア）、三集（イ）に影印された漢文上奏文、台北の中央研究院語言研究所内閣大庫に所蔵されたマンジュ語（ウ）上奏文を天聡二年（1628）から崇徳四年（1639）までを対象としてまとめたものである。

漢文上奏文を一見してわかるように、サイズと行数についてばらつきがある。幅は最大で33.5cm、最小で20.9cmとなっている。行数は五行あるいは六行までのものが多いことが注目される。それは、大明で定められた公文書の書式と大きな

表5-1　グルンの各奏文　(サイズの単位はcm)

上奏者	年代	紙サイズ	葉行数	葉サイズ	備考
高鴻中	欠	33.5×67.2	五行	9.9	二月十一日到、十三日奏了（イ）
祝世胤	天聡二年十一月	25.7×79.0	六行	9.8	（イ）
祝世胤	天聡二年十一月	25.9×60.0	九行	9.5	（イ）
馬光遠	欠	28.4×43.0	五行	10.8	（イ）
馬思恭	天聡三年十二月	28.9×129.0	六行	11.8	（イ）
金有光	天聡四年四月	29.7×129.0	五行	11.4	天聡四年五月十一日到（イ）
臧国祚	天聡六年三月	28.2×134.0	六行	11.8	（イ）
鮑韜	天聡八年十二月	25.5×55.5	六行	9.6	（イ）
鮑承先	天聡九年正月	26.0×55.7	六行	10.0	正月二十四日到、二十七日奏了（イ）
張文衡	天聡九年正月二十三日奏	28.5×93	六行		正月二十三日到、二月初三日奏了（ア）
馬光遠	天聡九年二月	27.9×102.8	七行	11.0	二月二十四日到、三月初一日奏了（イ）
許世昌	天聡九年二月	27.5×127.0	十行	10.7	二月十二日到、十八日奏了（イ）
甯完我	天聡九年二月十六日奏	31.5×33.7	五行	8.7	十七日奏了（イ）
范文程	天聡九年二月	29.3×82.5	六行	11.5	二月十六日到、十七日奏了（イ）
祖可法	天聡九年二月	20.9×88.0	四行	7.0	二月十五日到、本日奏了（イ）
張文衡	天聡九年二月二十三日	28.5×94.5	六行		二月二十三日到、二十□□了（ア）
仇震	天聡九年三月	24.0×223.0	六行	9.5	三月二十一日到、二十五日奏了（イ）
仇震	天聡九年三月二十五日 ＃167434	46.5×257.5	一葉		上の奏文のマンジュ語、巻軸（ウ）
李延庚	天聡九年四月四日 ＃167565	46.4×70	一葉		マンジュ語、巻軸（ウ）
馬光遠	天聡九年七月	29.5×51.0	七行	11.6	七月二十四日到、二十五日奏过《ママ》（イ）
張存仁	天聡九年十二月	25.5×142.0	五行		初九日到、十三日晩范章京口□／此本不訳（ア）
麻登雲	崇徳元年八月四日 ＃167566	53.1×48.2	一葉		マンジュ語、巻軸（ウ）
馬光遠	崇徳四年九月	28.8×90.8	五行		崇徳四年九月二十二日到、本年十月初一日大孝《ママ》士剛・習奏过《ママ》了（イ）

関係があると考えられる[21]。しかも、劈頭には「奏・奏本・奏章・奏疏」という、奏本であることを示す用語ばかりが標されている[22]。

さて、一般的には、上奏文においては、「汗」と「皇上」は改行して二文字を擡頭するか、一文字を擡頭する。しかし、表中の上奏文の体例あるいは用語はまちまちである。上奏者はみな大明で生まれ育ち、ほとんどが官吏として大明に仕えた人々であり、大明の制度に通じていたはずである。

用語についてみると、『大明会典』では「某衙門、某官、姓某等謹奏為某事備事由云云」というように「謹奏」を用いることが定められた部分で、ダイチン・グルンの上奏文は「謹奏」・「謹陳」・「直陳」・「奏」・「同奏」等の用語を用いている。この点に関して、マンジュ語については、崇徳元年（1641）六月に新たに文書に用いる用語が定められた。

> 聖ハンの旨、我が国では事例を知らなかったときには、口頭でも文書でも上下貴賤を区別せずしていた。現在昔の事例を見ると、上から言う、下から答えるのをすべてそれぞれ区別していた。今上下を区別して次の通り定める。今後文書で訴えるものは、ハンには「聖ハンに上奏する（wesimbumbi）」という。親王、郡王、ベイレ等には訴える（habšambi）という。大臣等には告げる（alambi）という。ハンの言は文書で書いても口頭で語ってもハンの旨（han i hese）という。もし、ハンが語ったときには旨を下した（hese wasimbuha）という。下のものがハンに対して問うても答えても上奏する（wesimbumbi）という。………[23]。

もともと「諭旨」を下す行為、「奏文」を呈上する行為について区別せずに用語を使っていたが[24]、それぞれ「wasimbuha」と「wesimbumbi」という用語が定められ、大臣に文書を差し出すならば「alambi」を用いるものとされたのである。これはグルン号をアイシンからダイチンに改めた直後のことである。つまり、用語の面からもハンの権威をより強くする、ないしは、その政策方針を示すための施策であり、しかも、ハンの地位が諸王より一段高いことを認識させる目的もあったと考えられる。また、宗族の中でも呼び方で互いに区別を明確にしている[25]。

注目すべきは、文書でも「口頭」でも「han i hese」を必ず用いること、つまり、口頭での上奏が一般的に行われていたと考えられる点である。例えば、天聡九年（1635）十二月張存仁の上奏文の劈頭には（内容は本章と関係がないから省略す

る。以下も同様)、

初九日到／奏本／十三日晩范章京口□／此本不訳[26]。

とある。上奏文に出てくる「范章京」とは、もちろん武人としてはジャンギン(janggin / 章京)であり、かつ、文人としては秘書院大学士であった范文程である。「口」の後の文字は復元が不可能であるが、「奏」に間違いないだろう。そして、「不訳」とは訳さないという意味であるが、これは『満文原檔』のに採録するか否かにつながるような指示ではなく[27]、范文程は口頭でハンに伝奏したので、漢文の内容を翻訳しないように指示を出したのである。したがって、この張存仁の上奏文は『満文原檔』に採録されなかった。このように漢文文書を口頭で伝奏することは稀ではなかったようである。崇徳三年(1638)の文書を二件見てみよう[28]。

① 撫順総兵臣沈志祥謹奏。(中略)。原注：崇徳三年十月初二日到、本日参机葛力・大馬・末番口奏、奉聖旨、知道了、初三日李外郎伝、他原人在大清門外、分付他去了。

② 撫順総兵臣沈志祥謹奏。(中略)。原注：崇徳三年十一月二十九日到、□□范章京、噶力、大馬口奏、奉聖旨、知道了、外掲貼一本同。

上奏者の沈志祥は、もともと大明東江の総兵官であり、崇徳三年(1638)二月二十六日に石城島の官兵を引き連れて、ダイチン・グルンに帰順した人物である[29]。上の①と②はともに沈志祥がハンに進呈した文書で、すべて国史院大学士葛力 / 噶力(garin・剛林)と秘書院の大学士范章京(范文程)等によって「口奏」されたことがわかる。このように、口頭で上奏することは天聡年間においても普通に行われたようである[30]。

ところで、口頭で上奏するときの使用言語は一体漢語なのかマンジュ語なのか。その実態は「口奏」の担当者から確認できる。まず、上奏者の范文程については、次のような記事が残されている。

七日、ホショイ、エレケ、チゥフル・ベイレが凱旋すると報告に来たので、ハンはアムバ・ベイレ、アバタイ・タイジ、ホショイ・デゲレイ・ベイレ、アジゲ・タイジを率いてムケテン(盛京)城の西方懐遠門を出て五里の先まで出迎えて、ハンは黄天幕に坐った。ジャラ・ジャンギン范文程を通事（tungserebume）として、（#投降した官員）アムバ・ジャンギン王世選、メイレイ・ジャンギン馬登雲・祖可法・祖沢洪・張存仁・孫定遼・李雲・薛大湖・鄧長春・陳邦選等に対して次のように告げるには、（後略）[31]。

范文程を通事として、ハンたるホンタイジと漢人との間で、マンジュ語と漢語を巧みに操って活躍していたことがわかる。したがって、范文程にマンジュ語の読み書きの知識があることは明らかである。一方、大学士 garin（剛林）も漢文の読み書きの能力があったことから、大学士の地位にまで昇った人物である[32]。したがって、「口奏」とは、おそらく大学士の范文程および garin らが漢文文書をマンジュ語に訳しながらハンに読み上げたことを言うのではないかと考えられる。しかも、当時に上奏内容を緑頭板に書いて上申する制度もあったことを確かめられる[33]。

3　マンジュ語上奏文の登場

モンゴルカアンの命令はまず口頭でモンゴル語によって発せられ、普通にはウイグル文字で書写されたのち、非モンゴル語人・地域を対象とする場合には、しばしば該当地域の言語・文字に訳された[34]。モンゴル帝国や元朝における政治主体の中核を担ったのはモンゴル貴族であるが、帝国の領域には多様な言語や文字を持つ人々が暮らしていた。多元的な文化環境の下では、その公文書も多様で、同じ内容の文書が二種あるいはそれ以上の種類の文字で記されていた[35]。ダイチン・グルンの成立に至る主な政治上の動向が、マンジュ・モンゴル・漢の三族に深く関わっており、その後の清朝の複合多民族国家としての展開を窺わせる。こうした入関前のモンゴル・漢との深い関わりこそが、マンジュ・モンゴル・漢の世界にまたがって君臨する複合多民族国家としての性格をつちかったのである[36]。多元的な文化を内包してモンゴル人が建てた元朝と同様に、ダイチン・グルン初期においても、重要な文書をマンジュ語・モンゴル語・漢文の三体で同時に発布するという習慣が入関前から存在していた[37]。マルチリンガルな公文書が用いら

れた事例については、例えば、『満文原檔』に載録される天命七年（1622）六月初七日付けの文書には、

> 劉副将が書を上奏して（wesimbume）、蓋州の北方三十里のボロフのもとにコシタ・ニルのアハ・ショセが住んでいるが、彼と一緒になって住んでいる漢人が蓋州の劉副将に「北方では僕の牛でジュシェンが耕し、僕の身もジュシェンが使い、僕の妻にも飯を炊かせる、僕が飼った豚の大きい豚に一二銭を投げ与えて無理に捕まえて殺す」と訴えることで、私は一人を遣わしてジュシェン文と漢文が半分ずつで「ハンは先日に法令の書を書いてニカンの牛をジュシェンが使うな、各々別室に住んで、穀物は分けて人数を考えて食べよと聞いている」と書いて送った。(後略)[38]。

とある。劉副将とはすなわち劉興祚であり、彼は早い時期から太祖ヌルハチのもとに来帰した漢人であり、マンジュ名はアイタ（aita / 愛搭）という[39]。初期の漢をもって漢を治める式の政策で、しかも来帰した者のなかでも比較的信頼度の高い漢人として、金州などの管轄に当たった[40]。彼の所轄区域でジュシェン人と漢人の間にトラブルがあり、ハンに書を上奏した。これに対して、ヌルハチは互いに仲良く暮らすようにと、それぞれジュシェン文と漢文の諭旨を下した。ジュシェン人と漢人の間のトラブルであったために、両言語の文書の諭旨を下しただけではない。そもそも劉副将は通事として投降した人物でもあり、ジュシェン文書を読むことも当然可能であった[41]。

マルチリンガルであったのはハンの諭旨だけではなく、臣下らがハンに提言するときにおいても同様であった。たとえば『奏疏稿』天聡七年（1633）正月の条には、

> 兵部啓心郎丁文盛・趙福星謹陳、(中略)。本日奏了、本人写来金字[42]。

とある。六部の兵部啓心郎の丁文盛と趙福星が連名で上奏した文書についての記事であるが、句末に本文よりやや小さい文字で書き加えられた注記がある。もちろんこれは本人が書いたものではなく、文書を処理した文官が書いたと考えられる。「本日」とは正月二十日のことであるが、「本人写来金字」という文言に注意する必要がある。金字とはジュシェン文字の意味である。つまり、ここでの上奏

者が漢文以外にジュシェン文字の文書も併せて呈上したことは明らかである。ただし、今日この上奏文は漢文の内容しか残されていない。

上奏者の一人、丁文盛は、広寧の人ではじめは大明の諸生であったが、ヌルハチの天命六年（1621）に帰服して漢軍に隷属し、崇徳三年（1638）に改めて兵部の啓心郎に任じられた[43]。なぜ丁文盛らは漢文以外にマンジュ文も併せて提出したのか。

ところが、甯完我や范文程の上奏文は、漢文と共にマンジュ語の内容も残されている。たとえば、天聡九年（1635）二月の甯完我の上奏文は、

「瀋陽旧檔[44]」	『満文原檔[45]』
臣甯完我が奏す。ハンは聖諭をくだし官民に対して良い人を推挙させたのは、（中略）。天聡九年二月十六日奏／**附**／**十七日奏了**。【図5-2】	その日、甯完我が上奏する、先日、ハンは賢人を推薦しようと諭旨を下したこと（後略）。

また、范文程の上奏文には、

「瀋陽旧檔[46]」	『満文原檔[47]』
二月十六到　十七日奏了 ジャラン・ジャンギンの范文程は、近ごろ人材の推挙が乱れており、聖明を仰いで厳格に考査・選抜し、国計に役立てたいこと。先頃人材を推挙させる諭旨は、中外の臣民で喜ばないものはいない。ハンの意は漢人を知者は必ず漢人だということなので、漢人は各自知る者を推挙し、国家のために役立てたいと考えた。（後略）。 天聡九年二月　　　日	范文程の上奏するところ、今ハンは賢人を推薦しようと諭旨を下したので、中外の民は欣幸しないものはない。然しハンの意には、各々が知るよいものをあげさせて、国に用いたいと言ったことがある（後略）。

となっている。両上奏文の漢文は「瀋陽旧檔」に、マンジュ文は『満文原檔』に残されている。寧完我の漢文上奏文の最後には「**十七日奏了**」という語が本文と異なる筆跡で書き加えられている。これに対して、マンジュ文は十六日の記事につけて「その日」としている。一方、同じ内容の上奏文は『満文内国史院檔』にも載録されているが、「ineku tere inenggi（その本日）」を抹消して「十六日」と

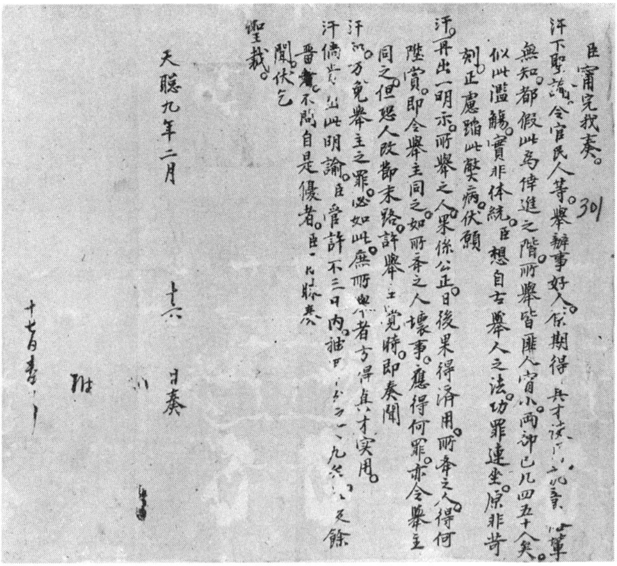

図5-2　寧完我の奏文（『明清檔案存真選輯』三集収録）

書き替えている[48]。したがって、『満文原檔』の「その日」は「十六日」の記事であると考えられる。

范文程の漢文上奏文にも、劈頭の右下に本文と異なる筆跡で、それぞれ本文よりやや小さい文字で「**二月十六日到**」、「**十七日奏了**」と書き加えられている。これに対してマンジュ語のほうは、寧完我の上奏文と十八日の記事の間に、日付がないままの記事として記されている。しかし、『奏疏稿』には十六日の記事として収められ[49]、寧完我の記事も「同日」との記事となっていて、いずれも文書の提出日であると考えられる。

范文程以外に寧完我もバイリンガルであると考えられるが[50]、実際に上奏文が漢文とマンジュ文の双方で書かれていた可能性は否定できない。しかし、漢文とマンジュ語の内容を比較すると、一致しない箇所が若干あり、自らマンジュ語で書いたとしても省略され過ぎている。これと関連する問題として日付に注目すると、文書の提出日と実際に上奏された日のズレが浮かび上がる。

『奏疏稿[52]』

天聡八年分十二月二十一日

廂藍旗下参将臣朱継文長子朱延慶謹○奏、

（中略）二十四日奏了。

『大清太宗実録[51]』

天聡八年十二月二十四日、甲喇章京朱継文長子朱延慶奏疏云：（後略）。

上奏者の朱延慶は、漢文以外にマンジュ文字にも通じるとされた人物である[53]。また、父親の継文は天命十一年（1626）八月の記事に「自分の力を尽くして上奏することで、遊撃を昇進させて参将とした[54]」とある人物で、太祖から太宗の時代、親子ともハンに積極的に助言したことで重用された。

注意すべきは、『奏疏稿』に書かれてある「南朝」と「皇上」は、『大清太宗実録』では「大明」と「上」と書き換えている。また、「廂藍旗下」の4文字は省かれている。参将に対応する語には甲喇章京（マンジュ語の『大清太宗実録』では jalan i janggin[55]）が当てられ、これは天聡八年（1634）に定められた職称が用いられたことがわかる[56]。それ以外の内容はほとんど合致し、まるで原文のまま写し取ったようである。ただし、互いの日付は異なり、『奏疏稿』に書き加えられた「奏了」の日付は、「実録」の日付に一致する、それは上奏された日付と考えられる。一方、先掲の寧完我と范文程の上奏文は、『満文原檔』と『太宗実録』では上奏された日付がはっきりしないが、『奏疏稿』ではいずれも天聡九年（1635）二月十六日付けとなっている。

また、漢文しかできない者の上奏文を見てみよう。

「瀋陽旧檔[57]」

奏／正月二十三日到　二月初三日奏了

臣の張文衡は謹んで奏し。王事は成功しようとしており、時期は失うべきでなく、機会は過つべきでなく、遠くの患いを揺るがせにせず、中国を取るべき理由を謹んで述べ、大事業を実行する決意を固める件。臣は国に来てから政事を担えず、マンジュ語にも通じない。（後略）。

『満文原檔[58]』

二月初三日に、張文衡が上奏したこと、僕は国に入ってから政事に任せず、ジュシェン語も通じない（後略）。

これらの記事からすると、張文衡は全くマンジュ語を解さないにもかかわらず、同じ内容の上奏文は『満文原檔』二月初三日の記事として収録されている。「二月初三日」は漢文のほうに書かれた「奏了」の日付に一致する。ただし、『奏疏稿』では、正月二十三日の記事となって、それは文書を受け取った日付を示したのであり、ハンへ上奏された日付は「二月初三日」である。しかし、このような上奏文にいかなる人物が関与しているのか、あるいはほんとうにマンジュ語の檔冊に編纂するために漢文上奏文を翻訳したのか[59]。

前節の【表５－１】にも名が見える仇震は、自称庚戌年（万暦三十八年1610）の武進士として、都督僉事までに務めた「俘臣」とされ、かつて大明の官吏であったことがわかる。表内の漢文上奏文には、「二十五日奏了／三月二十一日到」と記されるが、マンジュ文上奏文では「sure han i uyuci aniya ilan biyai orin sunja 天聡九年（1635）三月二十五日」と書き加えられる。「二十五日」は「奏了」の日付に一致する。一方、『奏疏稿』では三月二十一日の記事になっている。文書を受け取った日付とハンの面前で実際に奏上した日付のいずれを記録につけるかは、編纂物それぞれによって方針が異なっていた。仇震は決してバイリンガルではなかったと考えられる。彼のマンジュ文上奏文には「han tuwafi ehe sehe/hede araha / ハンが見て悪いと赫徳が書いた」と書かれているが、この内容は漢文上奏文には確認できない。ところで、【表５－１】の麻登雲のマンジュ語上奏文を見てみると、その上奏文には「cangnai arafi ／常耐が書いて」という内容が書き加えられている。麻登雲は、天聡三年（1629）十二月に大明の総兵官であったときに捕まったが[60]、天聡七年（1633）に三品総兵官として復職した人物である[61]。「araha」とか「arafi」は、動詞「arambi」の過去形と先行形であり、「書いた」と「書いて」という意味である。しかし、天聡五年（1631）の文献に現れる同語には「翻訳」という意味も含まれる[62]。他者による翻訳を介さなければならないことからすれば、麻登雲も仇震と同様に漢語や漢文の能力しか持っていなかったと考えられる。

これらの文書で「書く」と「書いた」、つまり、漢文文書からマンジュ文文書への変換にかかわったとされるのは hede（赫徳）と cangnai（常耐）である。赫徳の伝は『八旗通志初集』に収められ、「蒋赫徳、元の名前は蒋元恒、字は九貞。漢軍鑲白旗の人で、代々遵化県に住んでいた。天聡三年（1629）太宗皇帝が軍隊を率いて山海関に入って遵化県を収め、後に儒生の中で優秀なものをムケテン（盛京）に送って、内三院で読書するための選抜試験で蒋元恒は二番目になった。そのとき十五歳で、蒋赫徳という名を賜った」という[63]。漢人出身の赫徳は十五歳から書房「内三院の前身」で勤め始め、のちに narhūn bithei yamun（秘書院）の筆帖式として、崇徳三年（1638）に建てられた実勝寺の碑文製作や、順治七年（1650）に *ilan gurun i bithe*（三国志）の翻訳に関わった人物でもある。つまり、hede（赫徳）はマンジュ語の読み書きには困難がなかったと推測できるだろう。

もう一人の cangnai（常耐）は、大学士ガリン（剛林）の弟であり[64]、天聡七年（1629）の漢籍の指名翻訳者の一人でもある[65]。また、崇徳三年（1638）に新挙人として半ニル・ジャンギンの品級を与えられている[66]。彼の経歴からすれば、母語であるマンジュ語以外に、漢文の読み書きも当然できたはずである。

また、【表５－１】内の李延庚の上奏文の最後には、「han tuwafi ohohako. ハンが見て許さず」と、ハンが上奏文を見て怒りがあらわにしたことが書き加えられ

図５－３　李永芳の帰順『満洲実録』（京都大学文学部図書館蔵）

ている。上奏者の李延庚は、天命三年（1618）に帰順した撫順城の遊撃李永芳[67]の長男であり、マンジュ語の名前はyanggaという。李永芳には九人の子がおり、みなマンジュ語の名前が持っていたらしい。よく知られているのは、次男の率太（sotai）が漢文とマンジュ文字の両者に通じていたために、甯完我に推薦されたことである[68]。また、李延庚は天聡五年（1631）に六部の吏部承政に任じられたが、のちにaita／劉興祚が逃げるときに通謀し、また大明に軍事情報を送ったという疑いで処刑された人物である[69]。父である李永芳は単身で帰順してきた際に[70]、ヌルハチの七子abataiベイレの娘を娶ってフシエフ（撫西額駙）となったことでよく知られる[71]。したがって、李永芳の家庭では日常的にマンジュ語と漢語の中で生活をしていたと考えられ、グルン初期の段階におけるバイリンガルの一家の典型といえるだろう。

とりわけ、非バイリンガルの仇震と麻登雲の上奏文には、バイリンガルであるhede（赫徳）とcangnai（常耐）が関わったことが明らかである。ところで、【表5-1】に示した李延庚・仇震・麻登雲の文書のサイズを見てみると、漢文上奏文の縦幅よりはるかに高く、大きいものは漢文上奏文の二倍に近い53.1cmとなっており、『満文原檔』に相当する大きさになっていることがわかる[72]。ちなみに、甯完我が行政機関の設置に関して提案した上奏文の最後に「ダハイ・ルンシ・クルチャンは書をハンに見せた（tuwabuha）」と書き込まれているが、このとき、ハンはきわめて丁寧に応じている[73]。また、天聡六年（1632）から天聡九年（1635）にかけて甯完我らが、ハンたる者は漢籍を訳して読むべきだと次々に勧めていることから考えると、漢文上奏文の翻訳は基本的にはハンが自ら政務を執るためであると考えてよい。そして、裁定はマンジュ語で下されるのも当時において通例だったと考えられる[74]。

従来の研究には、こうした文書制度の存在に対する認識はほとんどない。たとえば、喬治忠（2003）は、「重要な漢文文書はマンジュ語に翻訳してから、マンジュ語檔案に編纂する。そして、それほど重要でない漢文文書を漢文檔冊に収録したにも関わらず、マンジュ語に翻訳せず、また檔案にも収録しない[75]」と述べ、多元的文書制度についての全体的な視座を欠き、制度そのものの意味を全く理解していなかったといえる。

4　史書への編纂

1）稿本の文体

漢語は東アジアにおける主要な言葉であり、特にスパイ活動には欠かせなかったことも否定し得ない。それに漸次マンジュ人やモンゴル人が現れて重要な役割を果たしていた。中国第一歴史檔案館所蔵の『明檔蒙古満洲史料』には、末端部門から次々に伝えられてきたいくつかの報告から構成された塘報《とうほう》について、兵部尚書や兵部主事が記載内容に対して、処理意見を付して題本にまとめた文書が残されている。中には大明に奉仕する守口夷人（関を守るモンゴル人）或いはモンゴルおよびマンジュ側のスパイを捕まえたことなどが記されている[76]。たとえば、崇禎十一年（1638）七月初七日の塘報には、

兵部為盤獲奸細事、職方清吏司案呈奏。(中略)。本年七月初七日辰時準，宣府独石路参将薛光胤塘報，本月初五日戌時，拠松樹堡防守趙延対稟称，拠号令楊尚文監門家丁梁枝口報，盤獲夷人一名謝良貴、夷名乞炭太。(中略)。奸細謝良貴到職、再三細加研審。拠謝良貴供称、「我原係西夷、原名小乞炭、父早死了記不得。母親嫁了一個人、名俺児兔。十二歳、上在地裡与俺児兔放羊、被不知名夷人偸的売了、得茶葉二包。売在山西灰溝営鼓楼東馬王廟王和尚、号天然、家做徒弟。天然教我念経、我不会念、赶出在外。游食到灵丘県、謝家住、叫来福。至崇禎七年、大虜入内、将我搶出去在東夷、頭目陀零太部下改名乞炭太。今年正月初一日頭陀零太差我們三人進来打細、毎人与銀二両。得了消息叫七月二十日回去、他們在堂角梁接応、離辺約有十余日路」。(中略)。該本道覆看得、夷人用奸細多用漢人、以其能漢語令人不疑也。今又不用漢、而用夷、亦以乞炭太久居中国、逐習於漢語、而能賭能唱。此醜類中之最黠者、且其言語絶無隠諱、而視一死亦毫無畏懼之色。蓋不如此則虜必不廁之為用、而独其毎部落又畜若。(中略)。乞炭太於十二歳会売入内地、改有謝良貴・来福之名。(中略)。其声音・詞典与漢無異。(後略)。宣大総督・宣府巡撫合咨。崇禎十一年七月十七日。

兵部は奸細を捜捕したこと。職方清吏司が案呈したところでは、(中略)。今年の七月七日辰時、宣府独石路の参将薛光胤の塘報により、今月五日の戌時に、松樹

堡防守の趙延対の稟文により、号令である楊尚文監門の家丁梁枝の口報により、夷人で一名を謝良貴、夷名は乞炭太という者を捜捕した。（中略）。奸細の謝良貴が自分の所に到着すると、繰り返し詳しく訊問した。謝良貴の供述によれば「もともと我は西モンゴル人で、元の名前は小乞炭、父は早く亡くなり覚えておらず、母は俺児兔という名の人と結婚した。十二歳の時に俺児兔と放牧していたところ、名を知らないモンゴル人の盗賊に売られ、茶二包を得た。山西灰溝営鼓楼の東馬王廟の王和尚、号は天然という者に売られ、徒弟とされた。天然は我に経を唱えさせたが、我は唱えることができず逃げ出した。放浪して灵丘県に到着すると、謝家に住んで、来福と呼ばれた。崇禎七年、マンジュ人が長城内に侵入し、我を捕まえてマンジュリアに連れてきて、頭目陀零太の部下として名を乞炭太と改めた。今年正月一日、頭目陀零太が我ら三人を密偵に行かせ、一人あたり二両の銀を与えた。情報を得ると七月二十日に帰り、彼らは堂角梁で応接する。辺境から十日余りの距離がある」という。（中略）。本道が再度見たところ、夷人が多くの漢人を奸細に用いるのは、漢語がよくできるので、人に疑念をもたせないからである。今また漢人を用いず夷人を用いたのは、乞炭太は中国に永く住み、漢語も逐一習い、賭博や歌もできるからである。これは醜類の中でも最もずる賢い者であり、かつ言語にも隠し立てすることがなく、死も全然恐れる様子ない。このようでなければ、夷はこれを一緒に用いることはなく、部落ごとに若干の人を収養している。（中略）。乞炭太は十二歳で内地に売られ、名前を謝良貴と来福と改めた。（中略）。その発音や、言葉遣いは漢人と異ならない。（中略）。宣大総督・宣府巡撫が合咨する。崇禎十一年七月十七日[77]。

とある。これは前線からの軍事報告書を宣大総督と宣府巡撫によってまとめられた上奏文書である。そこには以下のことが記されている。スパイ活動をした疑いで大明側に捕えられた謝良貴の自供によると、彼はモンゴルの出身で、十二歳で山西の灰溝営に売られて、漢人の家に住むようになった。その後、山西一帯を転々としていたが、天聡八年に（1634）マンジュ人に連れ去られて乞炭太と名づけられた[78]。彼は中国に長く暮らしたので、漢語も堪能で、まるで漢人のようであるから、のちにダイチン・グルンにスパイとして宣府に派遣されたが、結局捕まってしまった。その供述を見ると、北方方言の口語を反映していると考えるのが自然だと思われるが、口語に立脚しつつも、漢語としての形式を整えたものとはいえない。非漢人の乞炭太が話していた漢語をそのまま写したと考えられる。

また、崇徳年間の上奏文をまとめた「崇徳三年漢文檔案」には、ハンの仰せが記されている。例えば、東江の総兵官として投降してきたばかりの沈志祥の二通の上奏文「沈志祥奏請準備資購馬事本」と「沈志祥奏請随征或另差副将率部従征事本」に対して[79]、ハンの決裁が次のように記されている。

① 奉諭旨。**此来馬不買罷、你将銀子収訖、俟差人往外辺買帯去、替你多買些来。**
論旨を受ける。今度来るなら馬を買うな、お前は金を受け取れ、人を遣わして外で買って持っていくのを待て、お前のためにたくさん買ってくる。

② 奉諭旨。**天寒、況你民未定。你在家好生安撫民、就是你的報効了。不必**出征**罷、官兵倶不去罷、分付李思恭去了。**
論旨を受ける。天候が寒く、ましてお前の民はおさまっていない。お前が家で民をよく慰撫することは、奉仕になる。遠征に行く必要がない、官兵みな行かなくてもよい、李思恭に言いつけて行かせる。

これは太宗ホンタイジが述べた言葉を記した内容であるが、ホンタイジが自身で話した内容を筆帖式が書き写した可能性が高く、遼東方言が反映されている場合のあるのもまた当然である。この地域を行き来する人々が日用の会話に必要なマンジュ語とモンゴル語以外に、漢語方言は遼東方言を措いては考えられないから、ホンタイジが述べた言葉の表現は遼東方言の実際に即したものであるに違いない。ホンタイジが話したのはこのような漢語であったと考えられる。

『満文原檔』（第四冊・寒字檔の99～149頁）には兵士が戦死した場合や戦場で怪我を負った場合、戦功も加味して賞を授ける勅書が記されている。不思議に思われるのは各々マンジュ語の内容に対して漢訳が付けられているのだが、普通の漢文ではなく、また、マンジュ文の直訳ともいえない特殊な文体であることである。例えば、その一部分の内容を見てみよう（それぞれ123～124頁【図5－4】と146頁の記事）、

③ 皇帝勅諭、張哈児吉（＋去截）孟古路、遇拽黒殺他回来了、因陞為備御占丁夫六名。

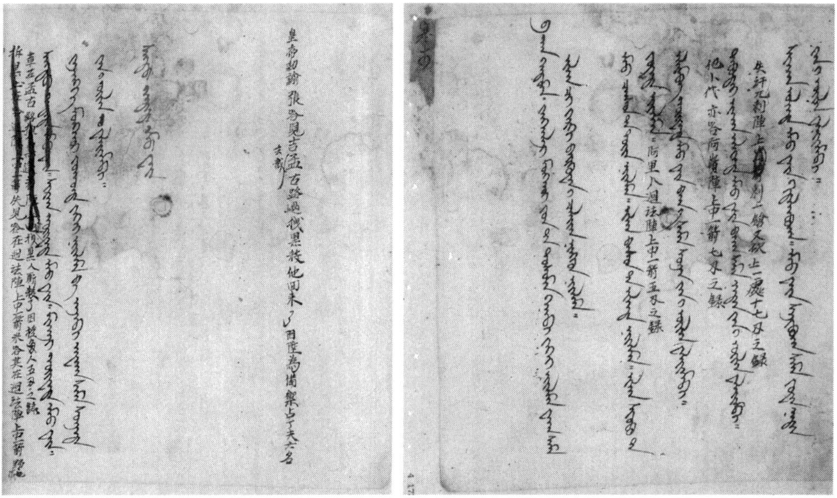

図5－4　「満漢合璧記事」『満文原檔』（第四冊・寒字檔）収録

han hendume:janghalji monggoi jun de tosome genepi yehei niyalam waha seme/ilan ci jergi beiguwan i caliyan ninggun niyalma:

ハンが言うには、「張哈児吉は孟古路に入って行って、拽黒の人を殺した」ので三等備御に昇進し俸禄として六人をあげた。

④　克車因差使往拽黒去死了、十五刄之録

kece yehe de elcin genepi būcehe seme tofokon yan i oile waliyambi:

克車は拽黒に使者として行って亡くなったので十五両の罪を免じた。

とある。マンジュ語と漢語を対照させてみると、マンジュ語から漢文に翻訳したのは間違いないだろう。これらの漢文の訳語については、陳捷先（1969）が、「粗野で低俗でありかつ異体字が多く用いられた」と解釈している[80]。しかし、こうした粗野で低俗な漢文では意味が正確でない部分もある。例えば、例③の漢文を読むと拽黒は人名であると考えるのが自然であるが、しかし、マンジュ文によると地名であることがわかる。つまり殺したのは拽黒（yehe）の人であり、漢文だけでは意味がつかみにくいところである。しかも、固有名詞を漢字で表す漢訳は厳密なものではなく、満文によらなければ内容をつかみがたいものもある[81]。さらに、文法のみならず、意味においても違和感のある漢文であることから、マンジュの翻訳者が漢文に訳した可能性も否定できない。上述した乞炭太の方言およびホンタイジの漢語表現にはこのような現象が窺われず、少なくともグルン初期の段階では、政権内で翻訳を担当できたのは漢語を文語で表現するだけの能力を持たないマンジュ人が多かったのではないか。要するに、『満文原檔』にまとめた漢文は当時においてネイティブレベルの漢語ではなく、マンジュ人が喋った漢語でもなく、むしろマンジュ語の文法に即したところも見られる翻訳語体に過ぎないと考えられる。『満文原檔』は基本的にすべてマンジュ語で記された編年体史料であるが、なぜここだけ満漢合璧の形にしたのかは未詳である。

また、莊吉発（1979）は、「『清太宗実録』初纂本の完成は比較的早く、そのうちには多くの史料が保存されている。かつ、多くは『旧満洲檔』に依拠して逐条的に漢文に訳し、その文法の質、文章の粗野さからして、一種の未定稿であろう」[82]と述べている。実は初纂本より早いものに『清太宗実録稿』というテキストがある。このテキストは現在中国国家図書館に所蔵されており、全部で二冊で、第一冊は52頁になるが、表紙には「馬査／崇徳元年／実録搞十四巻／自丙子年四月登基議定／会典諸王喪礼起本年六月止」と書かれており【口絵２】、サイズは39.3cm ×27cm である。第二冊は、33頁になるが、表紙には「崇徳七年壬午年／実録搞 三十八巻／自九月二十五日」と書かれており、サイズは41cm ×26cm である[83]。【図５－５】でも見られるように修正が甚だ多く、実はすでに活字化されて刊行されたものである。にもかかわらず、中国国家図書館所蔵原文と比べてみると、活字のテキストには誤字などが甚だ多く、利用には注意が必要である[84]。この稿本に用いた文体については、島田正郎（1986）は「マンジュ語からの翻訳により文体は俗文的で、太宗実録諸本とは別系統のものである」とテキストの特徴を指摘している[85]。そこで次に『清太宗実録稿』の文体に用いた俗語的な例を取り上げる【図５－５】。

> 是日、（＃奉聖旨、降勅諭）（＋降勅定分諭）曰、我国初不（＃知規矩元）（＋悉礼、或）称呼、（＋或）書写、倶無上・下貴賤之分。今閲古典、凡上・下応答（＃的言語）各有分別、着倶遵例行。（＃今上・下之分倶已議定、凡書写及口訴）在■■皇上曰奏、在諸王上曰稟、在大人上曰告。■■皇帝言語或書写、或白説的言語為上命。■■皇帝凡有言語倶称聖旨、凡下人問■■皇帝、応答皇帝倶称為奏■上。凡貯財

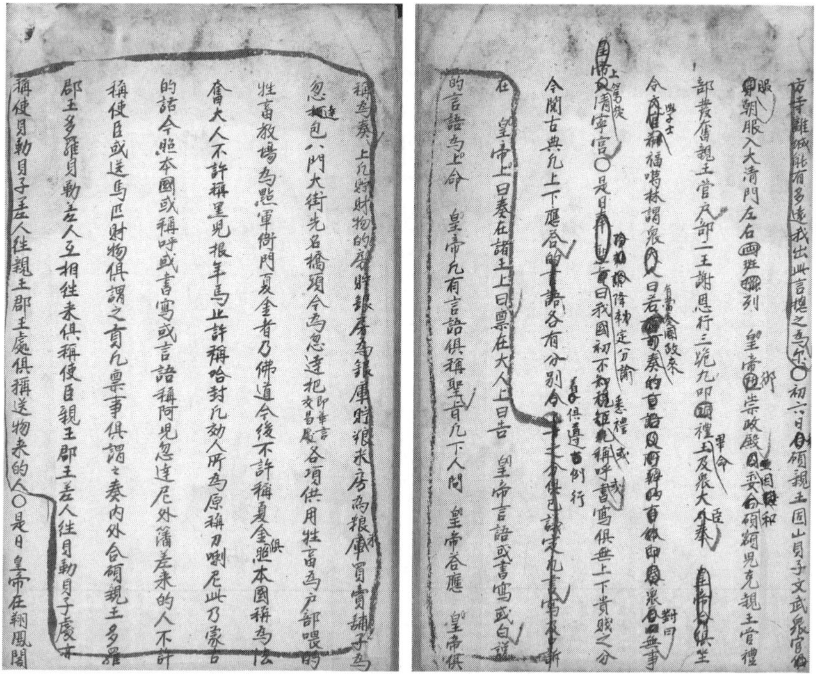

図5－5　『清太宗実録稿』（中国国家図書館蔵）

物的房、貯銀房為銀庫。貯糧米房為糧（＋米）庫。買売鋪子為忽（＃打）（＋達）包。八門大街先名橋頭、今為忽達把〔即華言交易処〕。各項供用牲畜為戸部喂的牲畜。教場為点軍衙門。夏金者乃仏道、今后不許称夏金、（＋倶）照本国称為法奮。大人不許称黒児根年馬、止許称哈封。凡効人所為原称刀喇尼、此乃蒙古的話、今照本国或称呼、或書写、或言語称阿児忽達尼。外藩差来的人、不許称使臣、或送馬匹・財物、倶謂之貢。凡稟事倶謂之奏、内外合碩親王・多羅郡王・多羅貝勒差人互相往来、倶称使臣。親王・郡王差人往貝勒・貝子処、亦称使。貝勒、貝子差人往親王・郡王処、倶称送物来的人。

その日、下した諭旨には、我が国は初め礼を知らず、称呼でも書写でも上下の貴賎に分けなかった。今古典を見ると、上下の応答はそれぞれ区別があり、みなその通りに行うべきである。皇帝については奏、諸王については稟、大人については告という。皇帝の言葉は書写しても口頭でも上命という。皇帝の言葉は全て聖

> 旨という。下の者が皇帝に意見する時に応答する時には、みな奏上するという。財物と銀を貯蔵する房を銀庫、糧米を貯蔵する房を糧米庫、売買する店舗を忽達包《フダボ》という。八門街を以前は橋頭と言ったが、今は忽達把《フダバ》という、漢語では交易するところという。それぞれの用途に提供される家畜は戸部が養う家畜であり、教場を点軍衙門という。夏金《シァジン》とは仏道だが、今後は夏金というのを許さず、本国の通り法奮《ファフン》という。大人を黒児根年馬《ヘルゲン・ニャルマ》というのを許さず、ただ哈封《ハファン》とだけいうのを許さない。もともと見習うことを刀喇尼《ドォラムビ》といったが、これはモンゴル語であるから、今本国の通り称呼でも書写でも言葉でも阿児忽達尼《アルフダムビ》という。外藩が派遣してきた人を使臣というのを許さず、馬と財物が送ってきた場合もすべて貢という。稟はすべて奏という。内外の合碩親王・多羅郡王・多羅貝勒が人を派遣して相合に往来する時には、みな使臣という。親王と郡王が貝勒や貝子のところに人を派遣する時にも使という。貝勒と貝子が親王や郡王のところに人を派遣する時には物を送りに来た人という[86]。

上述の引用はそれぞれの漢文とも異なる文体であるが、全体的には漢文の構造を尊重しようとする傾向があり、現存するダイチン・グルン初期の文献に類似した特徴がある翻訳文である。その文体は普通の口語に近いが、一定のマンジュ語の知識と照らし合わせて読まないと理解しづらい。それは、翻訳に音訳や意訳の語をともに用いたからであり、ダイチン・グルンが養成した翻訳官の作文と見るべきだろう。神田信夫（1987）は、『太宗実錄』編纂の過程における初期のまだ体裁も整わない「草稿」と称するものが『清太宗実録稿』であり、特に十四巻の内容は『満文原檔』「日字檔」の漢訳である、とする[87]。そして、底本とされる内容は、『満文原檔』「日字檔」崇徳元年（1636）六月六日に収められ、上引『清太宗実録稿』の波線部分に対応する箇所は、

> ……凡そ庫は「銀庫・財庫・穀庫」という。橋（kiyoo）を「商売のところ（hūdai ba）」、店舗（puseli）を「商売の家（hūdai boo）」という。すべてのところに用いる家畜を「戸部が養う群（ujire adun）」という。教場を「閲兵衙門」という。「シャジン」というのは仏法であるから今後は「シャジン」というな。我が国語で「法度」といえ。大臣たちを「hergengge」というな、「官人」たちと言え。「doorambi」というのはモンゴル語であるから、今後は文書でも口頭でも「doorambi」という

のは全てやめて、みんな「alhūdambi」と言え。投降した外藩モンゴルの使者を「elcin」と言わず、馬、財貨を送ってくれば、馬・財貨を送って叩頭しに来たという。訴えに来れば、上奏しに来たという。内外の和碩親王・多羅郡王・多羅ベイレたちが互いにやり取りする使者は「elcin」という。親王・郡王、下のベイレたち、ベイセに使者を送るのも「elcin」という。王の列に入らなかった大小のベイレ、ベイセの使者が親王・郡王に何か送って来れば「elcin」と言わず「送ってきた者」という[88)]。

となっている。『清太宗実録稿』はまるごとマンジュ語から漢訳されたことが確認できる。上述の【表5-1】に取り上げた上奏文の中に、マンジュ語のテクニカルタームの漢字音訳が多く見られる。たとえば、バクシは「榜什／榜式」、八旗は「八固山／八孤山」、ギャラ・ジャンギンは「家喇章京／加喇章京」とされる。同じ用語に対し音訳ではまちまちの漢字が用いられ、当時の漢字表記はまだ統一されていなかったことがわかる。『清太宗実録稿』にも同様な現象が現われ、そこには口語的な語彙があふれているが、意訳と音訳が混じり、難解な部分がある。しかも、マンジュ語の内容と合致しないところが若干ある。『清太宗実録稿』に用いた文体は極めて特徴的である。ダイチン・グルンは、モンゴル帝国のように、システム化された直訳体を文書として普及させようとはしなかった。漢字文化圏に対する文書は、口語の語彙をもって翻訳しても、マンジュ語の構造を前面に押し出す徹底さはなかった[89)]。口語であれば多少は漢語を解するマンジュ人も少なくなかった。正確な理解を求めるならば、口語を採用するのが無難であったに違いない[90)]。こうした、マンジュ語から音訳された漢字音によると現代北京語とほとんど変わらない。ただ残念ながら、この論旨には順治初纂以降の『大清太宗実録』の全体が用いられることなかった[91)]。なお、上引文書内の音訳の特徴的な語彙をまとめたのが次の【表5-2】である。

まず、忽達包は完全に音訳された語彙で、「達」は「打」の訂正文字であるが、当時両漢字の字音はやや異なるかもしれない。また、忽達把に対して『清太宗実録稿』には注釈を加えて「即華言交易処」（漢語では交易するところ）と解釈しており、正しい解釈が加えられているのに、あえてそのまま音訳されていた。ところが、ujire adun（養う群）は「喂的牲畜」と訳され「養う家畜」という。実はこの

表5－2　特殊語彙

『清太宗実録稿』	『満文原檔』	意味	『大清太宗実録』
忽達包	hūdai boo	商売屋	hūdai niyalma / 商賈
忽達把	hūdai ba	商売地	街市[92]
法奮	fafun	法規	政刑
黒児根年馬	hergengge	黒児根—hergen 職 年馬—niyalma 人 / 員	hergengge / 職銜 hergengge niyalma / 衆官
哈封	hafan	官員	官 / 臣
刀喇尼	doorambi duura=mui（モンゴル語）	手本にする	
阿児忽達尼	alhūdambi	習い学び	
点軍衙門	cooha tuwara yamun	閲兵衙門	演武庁

「牲畜」は「阿東」から訂正された語彙であるが[93]、「阿東」はマンジュ語からの音訳語で、意味は「群れ」というから、「牲畜」の意味が用いられていない。また、cooha tuwara yamun が「点軍衙門」と訳され、これは正確に表現できている。このように音訳と意訳が混在している点について張晋藩（1983）は、「『清太宗実録稿』の『崇徳会典』はそれほどの価値はない、『簡陋粗糙』的な行政法典である」と主張するが、『清太宗実録稿』では、原文であるマンジュ語が翻訳語体としての俗語的漢語に反映され、初期段階のマンジュ人の漢語理解度および語音史研究にとって、恰好の文献価値があることを指摘しなければならない。そして、翻訳に用いた漢文語彙については、順治初纂『大清太宗実録』の編纂で採用されなかったり、採用されても雅文の形になったことが知られる。こうした初期の段階でマンジュ語の史料を中心に翻訳された『清太宗実録稿』は、非常に貴重な文献史料であるといえる。特にその意訳用語について、再び上引文書内の事例をまとめると【表5－3】のようになる。

まず、「今閲古典」の「典」は、貴重で基本となる書物である[94]。「典」に対応するマンジュ語では「kooli」であり、前節で引いた仇震の上奏文の「書史」という漢語も「kooli」と訳され、また、『後金檄明万暦皇帝文』では、「kooli」に「史書」という漢語が当てられ、また、マンジュ語の稿本である *dailiyoo i kooli* は[95]、順治三年（1646）に刊行される際に、*dailiyoo gurun i suduri*（大遼史）と改められている[96]。これらの事例からすれば、マンジュ人が「kooli」＝「典」或いは「史

表5-3　特殊語彙

『清太宗実録稿』	『満文原檔』	『満文原檔』の意味
今閲古典	te julgei kooli be tuwaci	今古典を見れば
貢	hengkileme jihe	叩頭しにきた
或称呼、或書写	gisun hese ocibe:bithe aracibe	口頭の論旨でも書で書いても
或称呼、或書写、或言語	bithe de aracibe.bai gisun de ocibe	書で書いても、ただの口頭でも
皇帝言語或書写、或白説的言語	han i gisun be bithe de aracibe. bai gisurecibe	ハンの話を書で書いても、口頭で話しても

書」と理解していたと考えられる。

次項では、マンジュ語の「hengkileme jihe / 叩頭しにきた」が「貢」と訳されている。『満文原檔』では「alban benjime hengkileme jihe / 賦貢を送って叩頭しにきた」とあるが、順治初纂『大清太宗実録』では「貢」あるいは「進貢来朝」とされる。さらに、『満文内国史院檔』の「ineku tere inenggi sibe i:abai.amin ere juwe nofi orin seke alban benjihe jihe（同日、シベのアバイ・アミンこの二人が二十枚の貂皮の貢物を送ってきた[97]）」という文を、順治初纂『大清太宗実録』は「是日、石北地方阿拝・阿敏、貢貂皮二十張」と対訳している。「貢」と訳される行為に関して、叩頭の有無は関係なかったのである。

3項目の「或称呼、或書写」の原文は「gisun hese ocibe:bithe aracibe」である。「-cibe」は、もっぱら逆接条件をあらわし、仮定（たとえ〜しても）と既定（〜するけれども）の両方の場合がある[98]。日本語に訳せば「口頭でも文書でも」というように「でも」とされるだけであるが、『清太宗実録稿』の訳者が「或」と翻訳したのに倣うことはできない。また、「書写」とはマンジュ語の意味に沿ってそのままに漢訳されたと考えられるが、「gisun hese」のほうは「称呼（呼ぶ）」という意味ではなく、「口頭論旨」という意味である。他に「bai gisun hese」という形も「口頭論旨」の意味でよく使われる[99]。上の表では、「bai gisun」の訳語に「称呼」あるいは「言語」を当てているが、マンジュ語の意味とずれている。

「bai gisun」は「白説」と訳されることがあるが、「称呼[100]」および「言語」とは全く異なる意味である。表中では、それに対応するマンジュ語は「bai gisurecibe」であるが[101]、「bai」は『満文原檔』には「beri jafarakū uksin eturakū bai sula niyalma（弓を持たず、鎧を着ず、バイ暇な人）」という用例がある。『満文原

檔』には、

> 汝ガリンは最初白身（bai niyalma）であった。史書や文書のことに任じていたが、五年目のビテヘシ（筆帖式）の考選に際して挙人とした。国史院の頭に任じたが、三年目の考選に際して、指示に背かず、任務を出来るし、勤勉でよいとしてニルのジャンギン（章京）とした。戦死すれば継がせるが、病死すれば継がせない[102]。

とある。ガリン（剛林）が国史院大学士になる前は「bai niyalma」であった。鴛淵一（1936）によれば、「実録」には「白身」と訳し、「bai」は「白」を音訳し、「niyalma」は「身」を意訳して新たに造り上げたマンジュ語であり、「白身」も「白丁」と同じ出仕の資格無き者、無位・無勲の丁年男子の義である、とされる[103]。モンゴル語では ütele-e kömün という[104]、また、漢語として古くから存する「白丁」は、「産業無きの民[105]」、或いは「無品の士」という意味で使われる言葉である。いずれにせよ、「白」の語義は、そもそも無飾・無禄の意味を有している。

「bai gisun」或いは「bai gisurecibe」も同様に音訳と意訳を合わせた言葉で、いつ頃からマンジュ人の間で広く使われるようになったかわからないが、漢語からの借用語であることは間違いない。ただし、その意味は「暇の言葉」ではなく、「口頭あるいは口頭で話す」としか解釈できない。これらの語句が、マンジュ語の影響を直接に受けていたことは明らかである。

『清太宗実録稿』はマンジュ人筆帖式の翻訳作文であり、内容には音訳と意訳が交じり、マンジュ語の知識がないと理解しづらい部分もある。漢語堪能な奸細が用いた漢語と比較すると、『清太宗実録稿』の翻訳に用いられたのは翻訳語体に過ぎないだろう。要するに、この稿本は17世紀における漢語史研究にとして、極めて貴重な資料であると認められる。そして『清太宗実録稿』（会典）は天聡から崇徳年間に定められた典礼をまとめたものと言え、入関前の会典に属すことになるだろう。

2）実録の文体

つとに島田正郎（1986）は、「『清太宗実録稿』は、『旧満洲檔』或いは別種の満文資料からの漢訳ではないか[106]」と推測している。確かに上に取り上げた『清太宗実録稿』の原文は『満文原檔』に違いないが、【表5-4】をみれば別種の満文

表5-4　テキスト対照一覧

『満文内国史院檔』	『清太宗実録稿』（漢文）
同じ初九日に、下した書の言葉。ハンが語るに「私が聞くところによると、天佑によって政を得たあらゆる国で、自分たちの国の言葉を棄てて別の言葉を用いるようになった国で栄えたものはない。モンゴル国のベイレらは自分たちのモンゴル国の言葉を棄てて、名をみなラマ国の言葉で記したため、国政が衰えた。今我が国の諸官の名称は、漢語で漢人を手本として呼んでいた（hūlambihe）。善をみて手本とせず、悪を見て察知しないことは、時宜にかなった道ではない。私はいくら大業を得る前であるといっても、よその国の命令を承けずにいる。そこで我が国の諸官の名や城の名を我が国の言葉で新たに呼んだ（hūlaha）。総兵官（+dzung bing guwan）（# suminggguwan）、副将（fujiang）、参将（sanjiang）、遊撃（iogi）、備官（beiguwen）と呼ぶ（hūlarabe）のを止めよ。賞賜する dangse（檔冊・檔子）に記す名称は、五備官の総兵官（+dzung bing guwan）（# suminggguwan）を一等公（ujui gung）という、一等総兵官を amba janggin という、二等総兵官を二等 amba janggin という、三等総兵官を三等amba janggin という、一等副将を一等 meiren i janggin という、二等副将を二等 meiren i janggin という、三等副将を三等 meiren i janggin という、一等参将を一等 jalan i janggin という、二等参将を二等 jalan i janggin という、遊撃を三等 jalan i janggin という、備禦を nirui janggin という、代事（daise）を funde bošokū という、janggin を ajige bošokū という、kirui ejen を juwan i da という。gašan bošokū をなお gašan bošokū という。実際に管理する官の名称については、あらゆる者を世職を考慮せずに gūsa を管理させれば gūsa ejen という。meiren を管理させれば meiren i janggin という。jalan を管理させれば jalan i janggin という。niru を管理させれば nirui janggin という。bayarai tu i ejen を tui janggin という。bayarai jalan i ejen を jalan i janggin という。瀋陽（simiyan）城を天の慈しんだムクデン（mukden）という。ヘトゥ・アラ（hetuala）城を天の慈しんだイェンデン（yenden）という。今後、あらゆる者は旧い漢語の通りに呼ぶな。新たに定めた我が国の言葉の名称で呼べ。国の言葉で名称を呼ばず、漢語で名称を呼ぶ者は、国政が気に入らず、混乱をまねく者である。それが明らかになったときは、いかなる者でも軽々しくは片づけない[107]。	皇帝の勅諭、朕の聞くところによると、およそ天祐によって国を得た者は、自国の言葉を棄て、よその国を学ぶことはない。もし自国の言葉を棄てて、よその言葉を学んで興隆した者を見たことがない。蒙古国の王は自国の言葉を棄てて、呼び名はラマ国の言葉を学んだので、その国が衰えた。今我が国の官名の称呼について、みな漢人の称呼に倣っている。人が善いことを見て学ばず、善くないことを見て改めないのは、役に立たないことである。我はまだ天下を得ていないが、人に支配されてもいない。したがって、我が国の官員名及び城名の称呼は、自国の言葉の通りに現在すべて改定した。先に漢人の総兵・副将・参将・遊撃・備禦という称呼に倣って、今後は呼ぶのを許さない。およそ官員の簿冊を書くときに、六人の備禦がある総兵官を一等上公という。五人の備禦がある総兵官を一等公・二等公・三等公という。四人の備禦がある総兵官を一等昂邦章京《アムバ・ジャンギン》、二等昂邦章京、三等昂邦章京という。三人の備禦がある副将を一等副将、二等副将、三等副将という。二人の備禦がある参将を一等甲喇章京《ジャラン・ジャギン》、二等甲喇章京という。二人の備禦がある遊撃を三等甲喇章京という。備禦を牛彔章京《ニル・ジャギン》という。**文人を榜什《バクシ》と呼ぶな、筆帖什《ビテヘシ》とのみ呼ぶ。もし皇帝が特に賜った名なら榜什と呼ぶのを許す**。代事を風得撥什庫《フンデ・ボショク》とのみ呼ぶ。千総を小撥什庫《アジゲ・ボショク》と呼ぶ。旗録《キル》を状大《ジュァンダ》と呼ぶ。屯守堡を噶尚撥什庫《ガシァン・ボショク》と呼ぶ。およそ官は世襲を問わず、旗《グサ》を掌る者を固山額真《グサ・エジェン》という。梅勒《メイレン》を掌る者を梅勒章京《メイレン・ジャンギン》という。甲喇《ジャラン》を掌る者を甲喇章京《ジャラン・ジャンギン》という。牛彔《ニル》を掌る者を牛彔章京《ニル・ジャンギン》という。擺牙喇《バヤライ》を掌る者大纛《ツ》を纛章京《ツ・ジャンギン》という。擺牙喇甲喇額真《バヤライジャランエジェン》を甲喇章京という。瀋陽を天祐盛京、老城を天祐興京という。句盧湖州に建設した新城を開城、杜児必の新城を屏城、旧遼陽の新城を藩城という[108]。

資料がある可能性も否定できない。

【表5－4】は島田正郎（1986）が整理した表15条の「更定官員及城邑名称」に当たる部分である[109]。当時天聡八年（1634）のマンジュ語檔案はまだ公開されてなかったので[110]、島田は漢文実録に当たることしかできなかった。『満文内国史院檔』の記事の「hūlambihe」・「hūlaha」・「hūlarabe」は、いずれも動詞「hūlambi」に活用語尾がついた形で、文中での機能や意味によって、それぞれ動作の進行を表わす回想形・過去形・未来形である。それに対応する『清太宗実録稿』の漢文訳はそれぞれ「称呼」と「叫」とあり、これこそが正しい翻訳であり、直ちに当時の口語を反映するものと考えてよい[111]。

内容を比較すると、両者は完全に一致するとは言えない。例えば、『清太宗実録稿』の波線部分の一部は『満文内国史院檔』にない情報が入っている。次の太字部分は『満文内国史院檔』側には見られないが、実は同書天聡五年（1631）七月条（bithei niyalma be baksi sere be gemu naka:bithesi seme hola:// kome baksi gebu būhe niyala be baksi seme hola:）の内容からまとめたものである[112]。この点で、『清太宗実録稿』と同じ内容のマンジュ語稿本がある可能性が窺われる。また、総兵・付将・参将・遊撃・備官・千総・守堡という呼称は、『満文内国史院檔』天聡五年（1631）七月（sūmingguwan:fujan:sanjan:iogi:beiguwan:censun:siobu）に見られる漢語から音訳した職名であるが、大明の官職をそのまま採り入れたものと考えられる。三年後の天聡八年（1634）になると、漢語を手本とすれば国政も必ず衰えるとして、漢語から採り入れた官職をすべてマンジュ語に変えている（【表3－2】を参照）。

『清太宗実録稿』に使用されている文体は、その語彙の多くが当時の口語である。ところが、順治初纂『大清太宗実録』になると、文法も修辞も洗練された雅文漢文に変わる[113]。稿本といえば、つとに今西春秋（1935）は、『順治初纂太宗実録残本』と『順治初纂太宗実録稿本残巻』に関して、その中に書かれた地名や人名に用いられた漢字が甚だ古形であると解釈した[114]。順治初纂『大清太宗実録』に見えるマンジュ音にしたがった固有名詞の漢字表記は、康熙・乾隆年間の重修本に比べるとまだ典雅さに欠けるが、『清太宗実録稿』のそれは一層甚だしいようである。要するに、『清太宗実録稿』と『大清太宗実録』の間には、別の稿本が少なくとも一種以上存在すると考えざるを得ないのも当然である[115]。また、順治初纂『大清太宗実録』の文体に甚だ近いテキストは中国国家博物館に所蔵されている

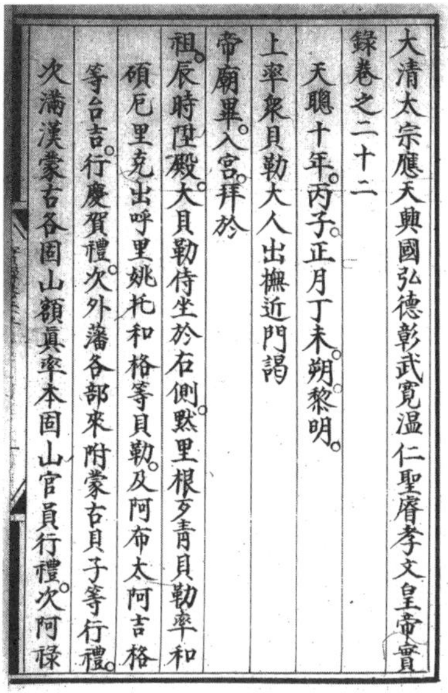
大清太宗應天興國弘德彰武寛温仁聖睿孝文皇帝實
録巻之二十二
天聰十年。丙子。正月丁未。朔。黎明。
上率衆貝勒大人出撫近門謁
帝廟畢。入宮拜於
祖。辰時陞殿。大貝勒侍坐於右側。黙里根歹青貝勒率和
碩尼里克出呼里姚托和格等貝勒。及阿布太阿吉格
等台吉。行慶賀禮。次外藩各部來附蒙古貝子等行禮。
次滿漢蒙古各固山額眞率本固山官員行禮。次阿禄

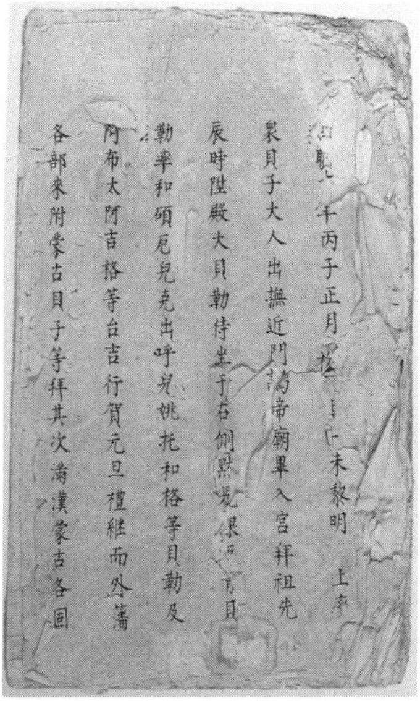
天聰十年丙子正月　未黎明　上率
衆貝子大人出撫近門謁帝廟畢入宮拜祖先
辰時陞殿大貝勒侍坐于右側黙児根　貝
勒率和碩尼児克出呼児姚托和格等貝勒及
阿布太阿吉格等台吉行賀元旦禮継而外藩
各部來附蒙古貝子等拝其次満漢蒙古各固

図5-6　順治初纂『大清太宗実録稿本』と『大清太宗実録』
天聡十年丙子正月丁未の記事
出典）左は、『大清太宗実録』台北国立故宮博物院蔵
右の『大清太宗実録稿本』は『明清檔案巻・清代』に収録

ことが確かめられるが、王宏鈞（2007）は順治六年か順治九年に編纂に当たっての稿本であると述べている[116]。そして、台北国立故宮博物院所蔵の初纂本にある「黙里根歹青」は稿本では「黙児根歹青」となっている【図5-6】。そしてこの人名について、今西春秋（1935）は、「『順治初纂太宗実録残稿本』では『墨児格歹青』を『墨里根歹青』と改めた」と指摘されている。ちなみに、康熙二十一年『大清太宗実録』では「墨爾根戴青」となっている。従って、中国国家博物館所蔵の稿本は台北国立故宮博物院所蔵の初纂本より古いテキストであることが明らかである。

さて、『大清太宗実録』の編修に関して、周知の如く順治六年（1649）並びに九年（1652）の二回にわたって編纂された。その第二回目の編纂事業に関わった構成員については、

内院大学士希福等謹題為纂修事、臣（＋希福・臣）范文程・臣額色黒・臣洪承疇・

臣寧完我欽奉専勅、恭修太宗文皇帝実錄。察得例有付総裁応用学士（# 今見）伊兔・馬児都・蘇納海・蔣赫徳・劉清泰・能吐・葉青額・図海・白色純・胡統虞・成克鞏・張端纂修。二十六員副学士馬禄・邵岱・亢乃時・畢力兔・杜当・索那木、額者庫官鄭苦納・馬什塔・捜色・占木蘇・王鐸・周有徳・必里兔・木青厄・蘇魯木・色冷、侍講学士李呈祥。侍読岳怯斗。侍講傅以漸。編修検討王炳昆・黄（+志）遴・法若真・夏敷九・王一驥・王（+紫）綬・単若魯、収掌謄錄官塔赤哈哈番索達等、筆帖式哈番墨里等、典籍楊振麟（# 等）（+共）二十（# 六）員、書辦十名、（+匠十名）容臣等酌量選用。臣等未取擅（+便）、伏乞聖裁施行。謹題請旨、選用（# 原）（+緣）係纂修事理、臣等来勅擅便謹題請行。

内院大学士の希福らが題する編纂のこと。臣希福・范文程・額色黒・洪承疇・寧完我は勅諭を奉じて、太宗文皇帝実録を編修した。調べたところ、規則通り副総裁の学士馬児都・蘇納海・蔣赫徳・劉清泰・能吐・葉青額・図海・白色純・胡統虞・成克鞏・張端を編纂に選任する。二十六名の副学士馬禄・邵岱・亢乃時・畢力兔・杜当・索那木、額者庫《エジェク》官の鄭苦納・馬什塔・捜色・占木蘇・王鐸・周有徳・必里兔・木青厄・蘇魯木・色冷、侍講学士の李呈祥、侍読の岳怯斗、侍講の傅以漸、編修検討の王炳昆・黄志遴・法若真・夏敷九・王一驥・王紫綬・単若魯。収掌謄写官の塔赤哈哈番《タチハ・ハファン》索達等、筆帖式哈番《ハファン》の墨里等、典籍の楊振麟等計二十六名、書辦十名、匠十名については臣らは酌量した上で選任する。臣らは勝手に処理せず、伏して聖裁の上施行されることを乞う。謹んで題して旨を請う。編纂の事理に関係するので、臣らは勅諭の通り怪しみながらも謹んで題して行うことを請う[117]。

とある。順治六年（1649）における第一回目の編纂メンバー七十九人に比べると[118]、第二回目のメンバーは六名も増え、総裁官の大学士五名、副総裁官学士は十二名、纂修二十六名、書辦十名、匠人十名などからなる八十五名によって、改めて『大清太宗実録』の編纂がはじめられた。そして、二回目の編纂の結果については諸説あるが[119]、順治十二年（1655）より前には完成されたという[120]。ちなみに、順治六年（1649）における第一回目の編纂時に総裁官であった大学士のガリン（garin / 剛林）とキチュンゲ（kicungge / 祁充格）は、順治八年（1651）、睿親王ドルゴン（多爾袞）の叛逆事件において罪に坐しているが[121]、その罪情は実録編纂でも数え上げられている。

> 二十八日に、刑部尚書のグサエジェン公韓岱らが謹奏するには、ガリンをはじめムケデン（mukden / 盛京）で大罪を犯した時に処刑すべきである。養育の恩に背いて、睿王のところに朝晩なく諂った。（中略）。一罪、太宗の史を盛京で引き受けた檔冊をところどころ塗りたくった。これをガリンに聞いたところに、文章で答えた「ところどころ増やすべきところを増やし、減らすべきところを減らして直したことは事実である。旧稿がある」という。（後略）[122]。

刑部尚書の韓岱らの上奏文によると、盛京の檔冊を改竄した容疑でガリンを尋問したところ、ガリンは語句を出入したことは確かであるとの陳述書を提出した。これが、ガリンが死罪に判ぜられることになった罪の一つである。ここにいう「盛京の檔冊」が『満文原檔』であるのは間違いない[123]。『満文原檔』の太宗朝部分に散見される抹消や訂正は、まさしくこの時のものと思われる[124]。方甦生も、「『満文老檔』は天命・天聡の旧実録が資料としたものであり、高宗は二部を複製して庋閣庫と崇謨閣に分蔵することを命じた。実録では删除されたことが依然としてその中に残されているだけでなく、実録以外の秘事も少なからずある[125]」と指摘した。したがって、「実録」の源流たる『満文老檔』（満文原檔）を考究の外に置き得ないのである[126]。

なお、『満文原檔』あるいは『内国史院檔』の内容の「実録」への採否に関しては、原文の上に満文で「ara 書け」と「ume 書くな」という指示が書き加えられ、編修者はその指示にもとづいて編纂を行うのが基本であった[127]。ただし、「ara」の指示があるにもかかわらず『実録』に採録されていない記事も少数ながら存在する[128]。これは『満文原檔』を底本として密接不離の関係があるものは「実録」であることは言うまでもない[129]。

謝貴安（2008）は、「ダイチン・グルン初期において、マンジュ人とモンゴル人の大臣が多かったので、詔令や奏疏にはマンジュ語とモンゴル語を用いた。したがって、「実録」を編纂するときにも、先にマンジュ語とモンゴル語の史料を整理してからマンジュ語「実録」を作成し、そして漢文バージョンやモンゴル語バージョンに翻訳するのである」と述べている[130]。しかし、【表5-1】の上奏文には、漢文の奏疏も少なからずあり、先述したように漢文上奏文はマンジュ語に訳された上で『満文原檔』に収録されている。

ちなみに、前掲の寧完我・范文程・張文衡らの上奏文は、いずれも『満文原檔』に「ara」という指示が書き加えられ、「実録」にも収録されている。そして、松村潤（1973）は、「漢文『大清太宗実録』は『満文原檔』に加えられた指示にもと

表5-5　テキスト対照一覧

「瀋陽旧檔」（漢文）	『満文原檔』	『大清太宗実録』（漢文）
臣甯完我が奏す。ハンは聖諭をくだし官民に対して、**良い人を推挙させたのは**、もともと真の才人を得て任用するためであったが、一体どうしたことか俗輩は無知で、**みなこれを僥倖に昇進する手段としている**。推挙されたのは悪人や小人ばかりで、両部にすでに四・五十人に近い。このようなきっかけは、全く筋道に合っていない。臣の考えでは昔から推挙の方法は、功罪とも連帯責任を負わすのは、もともと過酷でなく、このような悪弊を踏むのを配慮したものである。伏してハンが再び明示を出して、もし推挙された者が公正なら、後日に必ず役に立ち、推挙された者が何らかの昇進・賞与を得れば、推挙者も同様に昇進・賞与を得る。もし推挙された人が悪事を犯したら、何らかの罪を得れば、推挙者も同様に罪を得る。しかし、おそらく人が最後に操守を変えるものであり、もし推挙者が気づいた時にハンに奏上して知らせれば、推挙者を免罪するのを許す。こうして初めて、**推挙された者は真の才能を得て役に立つだろう**。もしもハンがこの明諭を出せば、臣は三日もしない内に、十分の八・九を抽退できるだろう。そこ後の残留者はいうまでもなく優秀者である。臣は怪しからずも奏聞し、伏して聖裁を乞う。天聡九年二月十六日、附す、十七日に奏した[132]。**【図5-2】**	その日、臣甯完が奏する。先日※ハンが好人を挙げよと聖諭を下したのは、真才を得て使用することを期したものであるのに、意外にも俗輩は無知で皆倖進しようとする。挙げられた者は皆匪人や宵小で、両部に申告されたものが四五十人いる。このような濫觴は実に面目ではない。思うに古から人を挙げる例には功罪ともに連座させるが、これは苛刻ではなく、正に此の弊を踏むことを慮ったものである。今※ハンが再び一つの○○論旨を出して、挙げられた者が果たして公正で、後日に益得れば、賞する昇らせる時に挙主を同じくせよ。もし挙げられた者が罪が得れば、挙主をも同じくせよ。ただし挙げられた者がそもそも良くて、後に悪くなれば、挙主は知って直ちに※ハンに告げたときそれの罪を免じる。かようになった時、誠の才を得て用いる。ハン我の言を聞いて書を出すならば、三日にもならず十分の八九を退けることになろう。それでも残った者は必ずよいものである[133]。	その日、文館の臣甯完我が奏す。この頃論旨を受けて、官民に対して、**知っている者を推挙させた**。もともと真の才人を得て、任用に供するのを期したが、一体どうしたことが俗人は無知で、**みなこれを僥倖に昇進する手段としている**。推挙されたのは悪人や小人であり、両部ではすでに四・五十人に近い。このようなきっかけは、全く筋道に合っていない。臣の考えでは昔から推挙の方法は、功罪とも連帯して責任を負わすのは、もともと過酷でなく、さらにこの悪弊を踏むことを心配したものである。伏してハンがさらに明白な論旨を頒布して、もし推挙された者が公正なら、後に実効を現す。その得るべき昇進・賞与は、推挙者も同様に得る。もし推薦された者は、悪事を犯して罪を得れば、推挙者も同様に罪を得る。しかし、おそらくは人は最後に操守を変えるものであり、推挙者が常時検挙したら罪免するのを許す。こうしたら、**推薦された者はようやく乱れない**。もしハンが論旨を下し、臣が明詔を受ければ、三日以内に引退する者は十の八・九に達し、その残った者はみな真才であるだろう。臣は怪しからずも奏聞し、伏して聖裁を乞う[134]。

づいて忠実に漢訳された」[131] と指摘したが、漢文上奏文と漢文「実録」が密接不離な関係を有することも考えなければならない。例えば、「瀋陽旧檔」漢文・『満文原檔』・『大清太宗実録』（順治初纂）漢文の同じ記事を並べて比較したのが【表5-5】である。

漢文実録では多くの文字に纂修のたびごとに手が加えられたことがわかる。特に「瀋陽旧檔」と『大清太宗実録』の全体の内容は酷似しており、『大清太宗実録』は『満文原檔』に即した翻訳ではなく、むしろ『大清太宗実録』を編纂する際、原文である「瀋陽旧檔」の語句に表現上の改変が加えられたものに過ぎない。おそらく、「瀋陽旧檔」が俗語的文章としてふさわしくなく、『大清太宗実録』の編修者は雅語の形に訂正したのであろう。そもそもジュシェン人の間で少なからず俗語的な漢文文書が作成されていたことは朝鮮の史料にも記録されている[135]。順治初纂『大清太宗実録』の編修にあたった編集者たちは、俗語的表現を含む漢文文書をもとに、わずかの文言的修飾を加えることで『大清太宗実録』を編修していたことがわかる。もちろんこれは漢文文書があるものに限られており、それ以外の『満文原檔』にあるマンジュ語の内容こそ、翻訳してから漢文実録に編纂されていたのである。従来、張国瑞（1934）に、「清代の実録纂修は、天聡年間から始まった。当時は主に満文を用い、漢文とモンゴル文はそれに照らして翻訳したものである」[136] という主張が見られたように、漢文文書と実録が密接な関係を有することは、今日までほとんど知られることがなかったのである。

5　おわりに

ヌルハチ時代からホンタイジ時代にかけて、ハンに歴史を教える「教師[137]」や「侍講者[138]」となったのは、おもにマンジュ人であった。そして、当時のグルンに仕えた官吏には、バイリンガルのモンゴル人とマンジュ人以外に漢人のバイリンガルも多くいた。このような人材が「文書とハン」或いは「ハンと官吏」との間に架け橋として存在していたことが重要である。グルンにおいて多種類の言語併用の上奏制度が実施されていたのが明らかで、朝廷の議論では、三つ以上の言語が飛び交いながら、ハンによってさまざまな政治判断がなされていたことであろう。

そして、『大清太宗実録』の刊行にいたるまでにスタイルがいくつもあったが、特に漢文テキストの編纂のたびごとに文体がより雅語の形へ進み、稿本に見られるように文体に俗語が用いられている点が特徴的である。その俗語と言っても当時の口語レベルではなく、翻訳語体に過ぎない文体が用いられており、一定のマンジュ語の知識と照らし合わせて読まないと理解しづらい。代表的な例としては、『清太宗実録稿』が挙げられる。

また、これまでの研究では漢文実録と『満文原檔』は翻訳面で大きな関係をもつとされてきた。しかし、『満文原檔』と漢文文書を精密に分析した結果、漢文実録は『満文原檔』から直接翻訳されたものではなく、漢文文書と漢文実録が密接な関係を有することが明らかになった。

注：

1) 松村潤（1978）「天命朝の奏疏」『日本大学史学科五十周年記念歴史学論文集』、592頁。
2) 杜家驥（1997）「清太宗嗣位与大妃殉葬及相関問題考弁」『清史研究』３。また、同氏（1998）「清太宗出身考」『史学月刊』、39～42頁参照。
3) 『満文内国史院檔』天聡八年十二月二十四日（『内国史院檔・天聡八年』、403頁）。
4) 荘吉発（1979）「清太宗漢文実録初纂本与重修本的比較」『清代史料論叢述』(一)、25頁。
5) 楠木賢道（1995）「『礼科史書』中の理藩院題本」『満族史研究通信』５、34頁。
6) 今西春秋（1935）「清三朝実録の編纂」（上）、『史林』第20巻、第３号、９～10頁。
7) 石橋崇雄（1994）「順治初纂『大清太宗実録』の満文本について」『松村潤先生古稀記念清代史論叢』、127～139頁。
8) 神田信夫（1997）「孔有徳の後金への来帰」『東方学会創立五十周年記念東方学論集』、442頁。
9) 陳捷先（1981）『満文清本紀研究』明文書局、46頁。.
10) 村田雄二郎（2000）「ラスト・エンペラーズは何語で話していたか？――清末の「国語」問題と単一言語制」『ことばと社会』３、８頁。
11) 神田信夫（1960）「清初の文館について」『東洋史研究』19.3、50頁。
12) 桜井俊郎（1992）「明代題奏本制度の成立とその変容」『東洋史研究』51.2、１～３頁。また、同氏（1997）「『本学指南』の歴史的性格――明代行政文書ハンドブック」『人文学論集』15、160～161頁参照。
13) 『明清檔案巻・清代』上海古籍出版社、「後金内秘書院大学士范文程接管八孤山弟子読書事奏稿」、184頁。
「范文程が奏す。先頃臣がハンの諭旨を見たところ、国中の子弟に読書させてこそ、誠に統治の根本が得られる。ただし、読書は、簡単に見えて実際は難しく、全ては教師にかかっている。師傅に適切な人を得て、数年よく教えると、人材を育成できる。師がよく教えないと、どれくらい時間を掛けても全く無駄である。今の八旗では数十名の秀才が教えているが、多くは經義に通じず、時勢にも疎く、ただこれによって差役を免除されているにすぎない。子弟が遊戯に耽るままに任せては、十年教えた名目があっても、一日の実益もない。そこで、我が国は今まで学問に通じず、皆が読書は無駄であり、漢文を学ぶのは難しいと思っている。なんと誤ったことではないか、なんと窮まったことではないか。臣は敵陣を撃破し、武威堂々たる臣となることができないし、また、政策策定に携り、皇上の周囲で謀を巡らす士になることもできない。どうか皇上は臣に八旗子弟の読書に代わって当たらせ、教師が職に適わなければ、臣が奏してこれを交代し、学生が怠慢であれば、臣がこれを懲戒し、学生の進歩の度合によって、教師の功過を定めるようにしてほしい。こうしたら、二・三年で学生の資質が大きく変わり、五・七年で文運は盛んになるだろう。ハンは中原征圧に志があり、読書は第一の急務である。普通の戦事は短期間で実現できる。ただ、読書は短期間で効果を収めることができないので、速やかに図らなければならない。伏して裁決を乞う。速やかに承諾を賜れば、国家は幸いである。謹んで上奏する。」

14）　陳先行（2011）「明清時代の稿本・写本と校本の鑑定について」『東アジア書誌学への招待』第一巻、71頁。

15）　『清史稿』巻四百四十九、列伝二百三十六、「錫良、字清弼、巴岳特氏、蒙古鑲藍旗人。同治十三年進士、用山西知県、歴任州県有恵政。（中略）。宣統元年，授欽差大臣，調東三省総督。宣統三年、始允解任調理。武昌変作、召入覲、廷議本以錫良赴山・陜督師、並請独領一軍衛京畿。顧有人惎之、乃改授熱河都統、力疾赴任。遜位詔下、以病勢難支、乞罷、允之。臥病六年、堅拒医薬、卒、年六十有六、謚文誠。」

16）　『大清聖祖実録』巻二十、康熙五年九月庚寅、三頁、「予故太傅兼太子太師内秘書院大学士一等精奇尼哈番范文程祭葬、謚文肅。」また、『八旗通志初集』（満文）巻一百七十二、名臣列伝三十二、2a ～26a（漢文4188～4194頁）。墓誌については『北京図書館蔵中国歴代石刻拓本彙編』第六十二冊、満漢合璧、115頁。また、范文程の研究については、W. Fuchs（1925）*Fan Wen-ch'eng 范文程, 1597-1666, und Sein Diplom 誥命*『史学研究』、遠藤隆俊（1995）「范文程とその時代――清初遼東漢人官僚の一生」『東北大学東洋史論集』6 等を参照。

17）　方甦（1933）『内閣大庫書檔旧目』国立中央研究院歴史語言研究所編印、1 頁、「内閣大庫とは西庫（紅本庫）と東庫（実録庫と書籍表章庫）の総称である。」

18）　徐中舒「内閣檔案之由来及其整理」『明清史料』（一）、維新書局再版、1972年、1 ～24頁。また、『明清史料戊編』（上）、中華書局、1987年にも収録。「入関以後所有盛京旧檔案或随内院入内閣或在康乾時纂修実録時陸続移来、所有経過情形、現在還不大明瞭。日本内藤虎（次郎）博士曾於明治三十八年及四十五年両次訪問瀋陽故宮内崇謨閣旧檔、並将閣中所蔵漢文旧檔、満文老檔先後用藍写本写真及照相影出。」

19）　『奏疏稿』天聡六年正月分。原文引用、第 3 章注96を参照。

20）　『奏疏稿』天聡八年二月十九日、「参将甯完我一本、臣前在○○汗院内与木青説起秀才編兵事、匆忙之際言未及畢、伊輒稟知○貝勒。臣昨将未竟之言全向龍什阿哥説了、令他転奏○○汗知、不意他病了、臣有連日不得閑、故今具奏○○上。（後略）。」

21）『大明会典』巻七十五、「礼部」三十四、「奏啓本格式」、「国初定制臣民具疏上於朝廷者為奏本。（中略）。某衙門、某官、姓某等謹奏為某事備事由云云。（中略）。十年奏定天下諸司文移紙式凡奏本紙高一尺三寸。」また、万暦年間の鈔本とみなす『本学指南』「章奏規模」、第一頁には、「奏本高七寸五分闊三寸三分、字六行、毎行二十四字、以二十四行為一扣」とある。なお、「本学指南」の研究については、桜井俊郎（1997）「『本学指南』の歴史的性格——明代行政文書ハンドブック」を参照。

22）『本学指南・奏摺款式』「本学指南」三頁、「正本面上奏本写奏字、題本写題字。副本面上奏本写奏副二字、題本写題副二字。啓本写啓字、各有規矩不宜紊乱違式。」

23）『満文原檔』第十冊、日字檔、崇徳元年六月六日、252～254頁（『満文老檔』Ⅵ太宗３、1109～1110頁）。

24）『満文老檔』第八冊、地字檔、天聡六年十一月十三日、271頁（『満文老檔』Ⅴ太宗２、866～867頁）、「ハンは詔書を下し、六部のセイセに向って（＃各々の部に委ねた大臣等に、編していった書のこと、ハンがいうには）『国政を定めるために六部をつくるときに、マンジュ・ニカン・モンゴルの諸大臣を各部に承政・参政と二等につくって任じたのであるぞ。今見れば、席次は等級に従わず、大、小官が妄りに入り混じって座っている。そのようなことでどうして国政を定めるのか』といった」。また、『満文老檔』第八冊、地字檔、天聡六年二月六日、100～101頁（『満文老檔』Ⅴ太宗２、687～688頁）、副将高鴻中がハンに書を呈した（alibuha）。その書のことでハンがいうには「書を呈する（alibure）のはやめさせられるべきことでない。とはいえ呈する書には必ず先のことの過失を書く。書を見ているうちに失念して先の事を否とすることが出るぞ……」。

25）『満文原檔』第九冊、満附三、天聡九年正月二十六日、53～54頁（『旧満洲檔・天聡九年』１、42～43頁）、「下した書の言、ハンの旨を礼部のホショ・ベイレがいう。ハンの宗人を下の衆人がそれと知らず妄りに罵ったりしないように、標準として紅帯を示させた。また、上下の称呼が転倒しないように名号を区別した。先代のハンの子などをアグ（agu）などといい、六祖の子孫をギョロ（gioro 覚羅）という。誰でも名を呼ぶには、相手の本名につけてあるアグ、あるギョロと呼べ。六祖の子孫みんなは紅帯をしめよ、他の者は紅帯をしめるな。（後略）。」。

26）『明清檔案存真選輯』初集、98～99頁。

27）喬治忠（2003）「清太宗朝漢文檔案文献考析」『中国史研究』１、150頁。

28）「清崇徳三年漢文檔案選編」『歴史檔案』２、「沈志祥奏為叩謝賞賜房屋事本」、「沈志祥奏為敬陳微衷事本」。

29）『満文内国史院檔』崇徳三年二月二十六日（『内国史院満文檔案訳註崇徳二・三年分』（河内良弘訳）、258頁）。

30）『奏疏稿』八年分二月二十日、「正白旗固山游擊佟整奏為。（中略）。継取北京亦如反掌之易也。謹奏。二十四日□□□　口奏了。」

31）『満文原檔』第九冊、満附三、天聡九年六月七日、225～226頁（『旧満州檔・天聡九年』、171～175頁）。

32）『清史稿』巻二百四十五、列伝三十二、「剛林 、瓜爾佳氏、字公茂、満洲正黄旗人、世居蘇完。初来帰、隷正藍旗、属郡王阿達礼。授筆帖式、掌繙訳漢文。天聡八年、以漢文応試、中式挙人、命直文館。崇徳元年、授国史院大学士、与范文程・希福等参与政事。

疏請重定部院承政以下官各五等、又疏請定試士之法、皆報可。太宗四征不庭、疆宇日闢。剛林屢奉使軍前、宣布威徳、咸称上旨。積功、授世職牛彔章京。八年、阿達礼有罪、改隷正黄旗。世祖定鼎、進世職二等甲喇章京。三年、四年、迭主会試。考満、進世職一等阿達哈哈番。五年、復進三等阿思哈尼哈番、賜号「巴克什」。六年、充太宗実録総裁、復主会試。疏請令六科録諸臣章奏並批答、月送史館、備纂修国史、報可。八年、以編撰明史闕天啟四年至七年実録、請勅懸賞購求。崇禎一朝事蹟無考、其有野史、外伝、並令訪送。章下所司。睿親王多爾袞薨、得罪。剛林阿附睿親王、参与移永平密謀、又与大学士祁充格擅改太祖実録、為睿親王削匿罪愆、増載功績、坐斬、籍没。」

33) 『順治朝満文国史檔』順治二年六月、「tere inenggi//jiyan sa ioi sy g'eo cioi se i gingguleme wesimburengge.caneggi han joo k'ai sin i /nikan hafasa be yabubure jalin wesimbuhe bithe be alime gaifi ineggi dari ninggun/jurgan i manju nikan geren ambasa be dosimbufi weile wesimbume/○doro be aliha ecike ama wang nesuken i cirai acabure oncoi gūnin i alime gaiharangge/yargiyan i minggan jalan i wesihun weile:yaya gonin bisire niyalma temšendume tucibuki/serkūngge akū:bi ekisaka bici ombio:mini gūnirengge.geren hafasa be yabuburengge/unenggi tusa bahaki. daliburebe seremšeki sehengge kai:te donjici ninggun jurgan//baita wesimbure de meni meni jurgan i mujilen bahabukū be tungserebumbi sembi:terei sidende/tondo sijirhūn niyalma oci tob seme yargiyan i babe alambi:geren ambasa i tondoi/babe bahafi dele hafumbi:aikabade mujilen bahabukū se de holbobuha weile bihede/gisun i mudan forgošeme faksikan i gamara ohode tere be same tuwahai tumen bai/adali daljakū ombi kai:※ han i geren hafasa be dosimbure wesihun gūnin be/untuhuri ombi:bi bodoci ※ ejen be dahalara geren ambasa komso akū:manju/nikan i gisun be ambula bahanara sara tondo sain niyalma emu udu nofi be cohome//sonjome tucibufi ※ doro be aliha ecike ama wang ni hashū ici ergi de idurame weile wesimbumbihede geren ambasai gūniha babe gemu bahafi ※ dele isibumbi./ališara be hafunarakūngge akū:jai ninggun jurgan baita wesimbure de weile i amba/ajige be fonjirakū damu šusihe de bithe arafi wesimbumbi.wajiha manggi meni meni/šusihe be jafafi tucimbi:※ doro be aliha ecike ama wang.sure genggiyan/ambkai salgabuhangge be dahame gisun donjifi mujilen getuken hafumbi.ufarara ba akū:/ damu emu ineggi tumen baita bi:šan i donjirengge.yargiyan i yasa tuwara de// isirakū:mini gūnirengge geren ambasa baita wesimbure onggolo yaya baita be/ kiyalaha hoošan de bithe arafi ※ han de doro be aliha ecike ama wamg de/tuwabufi uthai toktobucibe dorgi yamun i ambasei baru kimcime hebdecibe baita/wesimbure geren hafasa de fonjime gisurebucibe:uru waka acara acarakū babe bithe/dangse de araci acambi:te i wesimbuhe baita jabšaha.ufaraha.ba amagan ineggi/geren ambasai gung weile be damu emu bithe dangse de getuken bahafi saci ombi.unenggi/tusa bahara dalibuha be neire jalingga be seremšere arga ereci oyonggo akū:// enduringge genggiyen i bulekušefi yabubureo seme gingguleme wesimbuhengge:/ yaya jurgan i niyalma wesimbure bithe be ben bithe arafi wesimbu:niowanggiyan uju i undehen de/bithe arafi wesimbure be umesi naka:tungse hafan be acara be

tuwame tucibu:meni meni/jurgan sa:」
「その日に、監察御史の高去奢は謹んで上奏した。昨日ハンは漢人官員の趙凱新が啓用した奏書を受け取って、毎日六部のマンジュ・漢の諸臣を入れて事情について上奏させるのを許した。皇叔父王は温顔で謁見し、寛心で受けたのは、誠に永久に崇高すべきことである。勇気のある人は争論しないものはなく、私はどうして沈黙することができるのか。私が思うに、啓用の諸官が誠に有益なのは、弊害を防ぐためであろう。今聞くところでは、各部の啓心郎の通事が六部の上奏をしているという。それが正直な人なら本当のことを上申し、聖上が諸官の誠実さを通暁する。もし啓心郎に関連することについて、上手に話をすり変えられたら、ハンと諸官の間が万里の如く隔てられてしまい、ハンの諸官を入れる厚意が無駄になる。私が思うに、君主に帰服した諸官は少なくないので、特にマンジュ語・漢語のよくわかる正直な者を幾人か選んで使用され、皇叔父王に近侍させて仕事に当たらせる。そうすれば諸官の意志は陛下に上達し、憂いもなくなるだろう。また、六部の上奏は事件重要さを問わず、牌に書いて上奏して、その後に各々牌を持って退出している。皇叔父王は聡明にして天命に従い心意は通暁して、誤るところがない。しかし、一日に万機を治めるので、耳で聞くのは目で見るのに及ばない。私の思うに、諸官は上奏する前に、あらゆることを簿冊に書写し、ハンと皇叔父王が閲覧して決定すべきことや、内院の大臣たちと詳しく協議すべきことや、奏事の諸官が語ったことについては、是非を問わずすべて、書檔に書き記すべきである。現在の上奏した政治の利害や後日の諸官の功績などを一つの書檔で簡単に見ることができる。有益かつ遮蔽と奸悪の防止は、これより重要なことはない。聖上は叡察されて実施されますように謹んで上奏する。各部官員の上奏は簿冊に書いて上奏せよ。緑頭板に文字書いて上奏するのをやめて、通事官を合わせて派遣せよ。各部が承知せよ。」また、崇徳八年の記事によると、「十二月二十二日、理事官トンタイ、シデク、主事フェイチ、筆帖式アンカイ、官を昇進する旧勅書十二、新しい緑頭板十、すべて二十二通の勅書（ejehe）を届けて来て、当日に書を書いて印を捺して、漢人の啓心郎董天机、理事官トンタイ、ニマンに交付した。これに［hese wasimbure boobai］二十二個を捺した」という。（『満文内国史院檔』崇徳八年十二月二十二日）

34)　杉山正明（2004）『モンゴル帝国と大元ウルス』京都大学学術出版会、372頁。
35)　党宝海（2010）「蒙元時代蒙漢双語公文初探」『西域歴史語言研究集刊』４、139頁。
36)　石橋崇雄（2000）『大清帝国』講談社、99～100頁。
37)　萩原守（2006）『清代モンゴルの裁判と裁判文書』創文社、169頁。
38)　『満文原檔』第三冊、辰字檔、天命七年六月七日、109～112頁（『満文老檔』Ⅱ太祖２、609～610頁）。
39)　『清史稿』巻二百二十八、列伝十五、「（前略）、興祚者開原人、見辱開原道、遂率其諸弟興治等以降、太祖以国語名之曰愛塔。克遼東、授副将、領蓋・復・金三州。興仕祚婪、索民財畜、被訐解任、遂有叛志、事屢敗，太宗屢覆蓋之。興祚使其弟興賢逃帰毛文龍。」また、劉興祚の研究については、田中克己（1958）「アイタの伝説――中国官人の一性格」123～130頁参照。
40)　石橋秀雄（1989）『清代史研究』緑蔭書房、141頁。
41)　『明清檔案存真選輯』初集、「弐、瀋陽檔案」（毛文龍致金国汗書）図版参拾弐之二、73

頁、「(前略) 聖旨頒行海外有能捉獲佟・李二門之人、併判官金玉和・佟鎮国等及通事殷廷輅・劉興祚・石廷柱者加升指揮這是実情 (後略)。」

42) 『奏疏稿』天聡七年正月分二十日。

43) 『欽定八旗通志』巻一百八十九、人物志六十九、「崇徳元年六月　上命分内三院学士・挙人・生員・都察院参政・六部啟心郎・賛礼官・管倉生員・税課生員為四等。賜人口牲畜。以内国史院学士羅繡錦、内弘文院学士王文奎、都察院理事官吳景道・王之哲為一等、各賜人六戶、騾一、牛二、驢一。以内国史院梁正大・楊方興、内弘文院斉国儒・馬国柱、内秘書院雷興・李棲鳳、吏部焦安民・董天機、戶部朱国柱・高士俊、礼部武延祚・孫応時、兵部趙福星・丁文盛、刑部申朝紀・王廷選、工部馬鳴佩・王来用為二等、各賜人五戶、牛二、驢一。」

44) 『明清檔案存真選輯』三集、壱「瀋陽旧檔」「図版拾伍」、54頁。

45) 『満文原檔』第九冊、満附三、天聡九年二月、84〜85頁 (『旧満州檔・天聡九年』１、69〜70頁)。

46) 『明清檔案存真選輯』三集、壱「瀋陽旧檔」「図版拾陸」、55頁、「加喇章京范文程為直陳、近日挙人太濫、仰祈聖明厳核精撥、以裨国計事。頃者聖諭挙人、中外臣民無不欣幸。然汗意以為知漢人者仍須漢人、故欲漢人各挙所知、為国家効用。」

47) 『満文原檔』第九冊、満附三、天聡九年二月、86〜88頁 (『旧満州檔・天聡九年』１、70〜72頁)。

48) 『満文内国史院檔』天聡九年二月十六日。

49) 『奏疏稿』天聡九年二月分。

50) 庄声 (2013)「マンジュ人の読書生活について——漢文化の受容を中心に」(上)『歴史文化社会論紀要』第10号、61頁。また、本書の第３章を参照。

51) 『大清太宗実録』(順治初纂) 巻十七、天聡八年十二月二十四日、22a 〜23b 頁。

52) 『奏疏稿』天聡八年分十二月二十一日。

53) 『八旗通志初集』巻二百、名臣列伝六十、4664頁、「朱延慶、漢軍鑲藍旗人、父継文、任甲喇章京、朱延慶兼満漢文、在文館弁事。」

54) 『満文原檔』第五冊、宙字檔、天命十一年八月四日、62〜63頁 (『満文老檔』Ⅲ太祖３、1089〜1090頁)。

55) 『満文内国史院檔』十二月二十四日 (『内国史院檔・天聡八年』、400〜403頁)。

56) 『満文内国史院檔』天聡八年四月九日 (『内国史院檔・天聡八年』、114〜116頁)。

57) 『明清檔案存真選輯』(初集)、中央研究院歴史語言研究所、弐「瀋陽旧檔」「図版肆拾捌之一」、95〜96頁、「臣張文衡謹奏。為王事将成、時不可失机不可錯、遠患不可忽、謹陳中国可取之情、以決意大事業。臣自到国不任政事、不通金語。」

58) 『満文原檔』第九冊、満附三、天聡九年二月三日、66〜69頁 (『旧満州檔・天聡九年』１、52〜55頁)。

59) 喬治忠 (2003)「清太宗朝漢文檔案文献考析」『中国史研究』１、146頁。

60) 『満文原檔』第六冊、秋字檔、天聡三年十二月十六日、380〜382頁 (『満文老檔』Ⅳ太宗１、272〜273頁)。

61) 『満文内国史院檔』天聡七年十月十七日 (『内国史院檔・天聡七年』、171頁、ただし、麻登雲を馬登雲とあやまって翻訳している)。

62）『満文内国史院檔』天聡五年正月二十五日、「（ホンタイジ）ダハイ・バクシが書いた（araha）昔の武経を見たところ、武経に言うには、『昔の良将が兵を用いる際に、桶に酒を入れて送ってきたものを河に投げ込ませて、兵士とともに流れを飲んだ。一桶の酒が一河の水に味をつけられようか。兵士はこのことを理解して、死ぬまで尽くそうと思った者は、味が身にしみたという』とあった」。また、（『内国史院檔・天聡五年』Ⅰ、天聡五年正月二十五日、24～25頁）参照。また、『大清太宗実録』（順治初纂版）巻六、天聡五年正月二十五日、「取大海榜式、所修武経観之。其中有云、昔良将之用兵、有饋箪醪者、使投諸河、与士卒同流而飲、夫一箪之醪、不能味一河之水、而三軍之士、思為致死者、以滋味之及已也。」

63）『八旗通志初集』（満文）巻百八十九、名臣列伝四十九、1頁（漢文、4473～4474頁）。

64）『順治朝満文国史檔』3、順治八年閏二月二十八日、pp. 083～084、「garin i emgi/ mergen wang de genehe turgun be.cangnai de fonjici garin i mergen wang ni jakade dorgideri/ yabuha be.bi sarkū.mergen wang de generede emgi genehe inu.tere fonde geneci acarakū// seme gisureci ombio sembi:cangnai be sini ahun garin / dergi ejen be cashūlafi mergen wang de haldabašahai genehe:yaya narhūn hebe be sini sarkūngge akū/ seme hafan gemu efuleme.jurganci nakabume. tanggū šusiha tantafi boigon gaime：.......」。
「ガリンと一緒に睿王のところに行った理由を、チャンナイ（常鼐）に聞くと、『ガリンが睿王のところにひそかに行ったことを、俺は知らない、一緒に睿王のところに行ったのは事実であり、そのときに行くのが適切ではないと言うべきだった』という。『チャンナイ、君の兄ガリンは聖主に背いて、睿王への媚び諂いに行って、詳議していることを君が知らないわけがないだろう』と、すべての職を免じ、部に罷免され、百回の鞭を打って、家産を没収した。（後略）」。また、『大清世祖実録』巻五十四、順治八年閏二月、二十三页、「乙亥、剛林弟常鼐、同剛林往随睿王、潜通往来、是実。常鼐応革職、解部任、鞭一百、籍其家。」

65）『奏疏稿』天聡七年七月初一日。

66）『満文内国史院檔』崇徳三年八月十八日（『内国史院満文檔案訳註崇徳二・三年分』（河内良弘訳）、548頁）。

67）『満文原檔』第一冊、荒字檔、天命三年四月十五日、83頁（『満文老檔』Ⅰ太祖1、90～92頁）。李永芳の伝記ついては、『八旗通志初集』（満文）巻百八十二「名臣列伝」四十二、2～6頁。また、漢文、4344～4345頁に詳しく記されている。

68）『奏疏稿』天聡九年分正月、「参将甯完我奏〇〇汗前日分付叫臣三人、挙国中好人併会金話的、臣想人才甚是難得、臣又不能偏知国中漢人、実不敢妄為挙薦。若夫会金話堪駆使者、或有也看得**延庚弟率太**会金話識漢字、伶俐机便。」率太（sotai）は太祖ヌルハチに賜った名前で、本名は延齢という。伝は『八旗通志初集』（満文）巻百八十二「名臣列伝」四十二、6～13頁。漢文、4345～4347頁参照。

69）『満文原檔』第十冊、宇字檔、崇徳元年十月十一日、485頁（『満文老檔』Ⅶ太宗4、1312頁）、「正藍の yangga は aita が逃げるときに通謀し、大哥が逃げるときにもまた通謀した。大凌河に出征したとき、自分の家の信人する一人の男を間諜として送った。睿親王、予親王とともに寧遠の方へ出征したとき、yangga は前屯衛のところから自分のもとの一人を遣わした。この四事を審理すると皆真実なので、yangga を殺し、戸口を没収して彼の弟などに与えた。」

70) 『満文原檔』第七冊、月字檔、天聡四年四月十六日、95～97頁（『満文老檔』Ⅳ太宗1、357頁）。

71) 『満文原檔』第一冊、荒字檔、天命三年閏四月八日、90頁（『満文老檔』Ⅰ太祖1、100～101頁)、「この撫西城の遊撃を大いに心を尽くして養いたい。彼自らは甘く暮らしがよいと、大臣らと相談して、ハンの第六子アバタイに生まれた長女を閏四月八の日に撫西城の遊撃李永芳に与えて大酒宴を催した。」また、杜家驥（2005）「撫順額駙李永芳後裔略考」『赫図阿拉与満族姓氏家譜研究』遼寧民族出版社、142～150頁。鈴木真（2008）「清初におけるアバタイ系宗室――婚姻関係を中心に」『歴史人類』(36)、77～107頁を参照。

72) 『満文原檔』に用いた紙の最大のものは47.8cm ×61.4cm、最小のものは24.2cm ×36.6cm であるという（馮明珠（2005)「多少龍興事, 尽蔵原檔中――院蔵『満文原檔』的命名・整理与出版経過」『満文原檔』第十冊、52頁）。

73) 『満文内国史院檔』天聡五年十二月二十三日、「(前略)。ハンは書を見て（# 言う）穏やかな表情で言うには『この書の言は本当だ。これまでも大臣らが協議することが常にあって、私は一人の独断では改定しない、汝らは分かるだろう。しかし私は考えたのは、仕事を終えた後、ことを済ませてから、次々に改定して見たい、○今私はこのことを終わった後に派遣する。』辛未天聡ハンの五年十二月二十三日にダハイ、ルンシ、クルチャン書をハンに見せた。」また、漢文『大清太宗実録』（順治初纂）巻八、二十九頁、「上覧奏、従容諭曰、此本説得是、俟予心無事時以次詳閲。」また、『大清太宗実録』（満文）巻十には、「ハンは書を見て穏やかな表情でいうには『この書の言は本当だ。しかし私は考えたのは、仕事を終えた後に次々に改定して見たい』といった。」

74) 『満文内国史院檔』天聡五年十二月二十三日。また、『内国史院檔・天聡八年』十二月二十四日、403～404頁。「その日、書を上奏した朱延慶が良いと推挙した陳極新と申朝紀を連れてきて、ハンが旨を下し『汝らの上奏した書の言葉は、皆良い。書を上奏する者は、このようにきっぱりと上奏するが良い。ある者が上奏するときに、昔の書の言葉を飾るように引いて上奏する。その言葉は書のなかにあるぞ。いろいろな人の書を上奏するよりは、「ある者は良い、ある者は悪い、国の諸事に挑んだ大臣らの良し悪しを、その名の大臣は委ねたことをできる、その名の大臣は財を貪る、自分の仲良い者を贔屓する、仲悪い者を中傷する」と名をあげて、特に上奏せよ。また我のなにか悪いところを知れば、そのことは非であると特に語れ。あらゆる人は、国に良い者がいれば、その者が良いと推挙せよ。良い人が多いと、我は満足していない。良い人を汝らが知って、推挙して、その者の心が変わって、後に悪くなったとしても、その者が悪いであろう。推挙した者に何の関係があろうか』と言って、『汝らを用いるところがある。朱延慶と陳極新は文館で働くように。(中略)。申朝紀は部に任じたので、刑部衙門にいるように』と言った。」

75) 喬治忠（2003)「清太宗朝漢文檔案文献考析」『中国史研究』1、148頁。

76) 烏雲畢力格（2003)「17世紀前半のモンゴル史に関する大明兵部について」『史資料ハブ地域文化研究拠点』東京外国語大学大学院地域文化研究科21世紀 COE プログラム、

142～147頁。また、同氏（2009）『十七世紀蒙古史論考』内蒙古人民出版社、44～87頁参照。
77）『明檔蒙古満洲史料』（フイルム番号６）137～198。
78）『内国史院檔・天聡八年』天聡八年閏八月初二日、252頁。「初二日に泊まった。その日ガブシヒャン兵のトルシが宣府に探偵に行って、大明の祖二瘋子の探偵の十五人に遭遇したので一人で突入して、入り乱れ攻めるとき、敵の一人が射た箭が腹に当たっても、ひたすら攻めると、後続のものが到着して十三人を殺した。二人を生け捕った。『トルシが敵の射た箭に当たって傷が重くなっている』と告げに来たので、ハンは出迎え見に行った。」また、『内国史院檔・天聡八年』256～264頁、「マンジュ人は天聡八年閏八月に、四路で進入して、朔州城で合流した。そして宣府の周囲からはじめ、霊丘城・王家荘城・勝堡城などの城を次々と攻め落としたり、降伏させたりしていた」という。その中に乞炭太がいたかもしれない。
79）「清崇徳三年漢文檔案選編」『歴史檔案』27～28頁、「沈志祥奏請準備資購馬事本」崇徳三年八月二十六日、「沈志祥奏請随征或另差副将率部従征事本」崇徳三年九月二十八日。
80）陳捷先（1969）「「旧満洲檔」述略」『旧満洲檔』（一）、国立故宮博物院、23頁。
81）松村潤（1985）「寒字檔漢訳勅書」『内陸アジア史研究』２、13～43頁。また（2008）『明清史論考』山川出版社、268～309頁にも収録。
82）荘吉発（1979）「清太宗漢文実録初纂本与重修本的比較」『清代史料論叢述』（一）、221～228頁。
83）『清太宗実録稿』（中国国家図書館）所蔵番号 A、01217。
84）李燕光編『清太宗実録稿本』清初史料叢刊第三種、遼寧大学1978年。
85）島田正郎（1986）『明末清初モンゴル法の研究』創文社、373～374頁。
86）『清太宗実録稿』（中国国家図書館蔵）。
87）神田信夫（1987）「いわゆる「崇徳会典」について」『東洋法史の探究：島田正郎博士寿記念論集』汲古書院、５～７頁。
88）『満文原檔』第十冊、日字檔、崇徳元年六月六日、252～254頁（『満文老檔』Ⅵ太宗３、1109～1110頁）。
89）宮紀子（2006）『モンゴル時代の出版文化』名古屋大学出版会、251頁。
90）谷井陽子（2000）「做招から叙供へ――明清時代における審理記録の形成」『中国明清地方檔案の研究』（研究成果報告書）京都大学文学研究科東洋史研究室、73頁。
91）『大清太宗実録』（順治初纂）巻二十一、八十三頁、崇徳元年六月六日、「是日、降勅定分論曰、我国初不悉礼、或称呼、或書写、倶無上下貴賤之分。今閲古典、凡上下応答各有分別、固定成例。」また、乾隆年刊『大清太宗実録』巻三十、七頁、「是日、諭曰、我国之人、向者未諳典礼、故言語・書詞、上下貴賤之分、或未詳晰。朕閲古制、凡上下同問各有分別。自今倶宜倣古制行之。」
92）『満文原檔』第十冊、日字檔、崇徳元年七月二十五日、357頁（『満文老檔』Ⅵ太宗３、1212頁）。また、『大清太宗実録』（順治初纂）巻二十三、六頁、崇徳元年七月二十五日。
93）『清太宗実録稿』「◯凡貯財物的房名為財物庫、貯銀房為銀庫、貯糧米房為糧米庫、買売鋪子為忽達包、八門大街先名橋、今為忽達把、各項供用牲畜為戸部喂的（＃阿東）

（＋牲畜）、教場為点軍衙門、夏金者乃仏（＃之）道、今后不許称夏金、倶照本国称為法奮。大人不許称黒児根年馬、止許称哈封。凡効人所為原称刀喇尼、此乃蒙古的話、今照本国或称呼、或書写、（＋或）（＃信）言（＋語称）阿児忽達尼。」

94）『説文解字注』五篇上、「丌部」、二十三頁。「典、五帝之書也。三墳五典見左伝。従冊在丌上、尊閣之也。閣猶架也。以丌庋閣之也。多殄切、古音在十三部。荘都説、典、大冊也。此字形之別説也。荘都者、博訪通人之一也。謂典字上従冊下従大、以大冊会意、与冊在丌上説異、不別為篆者。許意下本不従大、故存其説而已。」

95）*dailiyoo i kooli ningguci;singdzung*（大遼史第六興宗）中国第一歴史檔案館蔵。

96）*dailiyoo gurun i suduri*（大遼史）（BnF 蔵）。

97）『満文内国史院檔』崇徳三年四月二十二日（『内国史院満文檔案訳註崇徳二・三年分』（河内良弘訳）、296頁）。

98）河内良弘（1996）『満洲語文語文典』京都大学学術出版会、113頁。また、津曲敏郎（2002）『満洲語入門20講』大学書林、63頁。

99）『満文老檔』Ⅴ太宗２、天聡六年正月、633頁、「十二字頭は最初圏点がなく、上下の文字は区別がなく、ta と da、te と de、ja と je、ya と ye を書き分けず同様なので、ただの口頭諭旨が文書となったときには（bai gisun hese bithe ohode）、音は文義によって直ちに判りやすい。人名や地名の時には誤解の恐れがあるので、金国の天聡六年の春月に、ハンの旨を奉じてダハイ・バクシが圏点を施して表記した。最初の字頭もそのままもと通りの字頭に書いてある。後世の諸賢が見て、区別したことが万に一つでも裨益するところがあればそれで結構である。もし不都合であれば旧字頭は明らかに残っている。」

100）漢語の「称呼」ついては、今日でもよく用いられるが、当時の白話小説にもしばしば出てくる「月娘因他叫金蓮不好称呼、遂改名恵蓮」（『繡像金瓶梅詞話』第二十二回、「西門慶私淫来旺婦、春梅正色罵李銘」）という、「呼び方」の意味でよく使わる。

101）『清太宗実録稿』、「○先（＃皇）考寫祭文史書及平日言語、倶許稱太祖・太后。○凡皇帝言或寫書、或稱呼、倶云上命。皇帝有須行的言語、倶謂降旨。或對答稟陳、倶謂奏上。外藩差來的人不許稱使臣。或送馬匹財物、倶謂之貢。凡稟事倶謂之奏。」

102）『満文原檔』第十冊、日字檔、崇徳元年五月七日、172頁（『満文老檔』Ⅵ太宗３、1039頁）。

103）鴛淵一（1936）「清初の bai niyalma（白身）に就いて」『東洋史研究』1.6、25～34頁。

104）達力扎布（2015）『清代蒙古史論稿』民族出版社、17頁注２参照。

105）島居一康（1986）「宋代身丁税の諸系統」『東洋史研究』45～３、130頁。

106）島田正郎（1986）『明末清初モンゴル法の研究』創文社、379頁。

107）『満文内国史院檔』天聡八年四月九日。また、『清初内国史院満文檔案訳編天聡朝・崇徳朝』（上）天聡八年四月、74～75頁。また、『内国史院檔・天聡八年』天聡八年四月九日、114～116頁。

108）『清太宗実録稿』、「皇帝勅諭、朕聞凡蒙天祐而得国者、未有棄本（＋国）言語、而学他国者也。若棄本国言語、而学他言語、未見能興隆者也。蒙古国貝子、棄本国言語、凡稱呼名字学喇嘛国言語、其国始衰。今我国称呼官名、倶効漢人称呼。凡人見善不学、見不善不改、然非有益之事也。我雖未得天下、亦不受制於人。固此我国称呼官員名字及各城名、照本国言語、今已更定。先照漢人称呼総兵・副将・参将・遊撃・備禦、今后再不許叫。凡写官員冊籍、有六個備禦的総兵称一等上公、五個備禦的総兵称一等公、二等公、三等公。四個（＋備禦的）総兵称一等昂邦章京、二等昂邦章京、三等昂邦章京。三個備禦副将、一等副将、二等副将、三等副将。両個備禦的参将、称一等甲喇章京、二等甲喇章京。両個備禦的遊撃、称三等甲喇章京。備禦称牛彔章京。文人不許叫榜什、止許叫筆帖什。皇帝若特賜名字、方許叫榜什。代事止許叫風得撥什庫。千総叫小撥什庫。旗鎵叫狀大。屯守堡叫噶尚撥什庫。凡官不論世爵、管固山称固山額真。管梅勒称梅勒章京。管甲喇称甲喇章京。管牛彔称牛彔章京。擺牙喇管大纛称纛章京。擺牙喇甲喇額真称甲喇章京。瀋陽称天祐盛京、老城称天祐興京、旬盧湖州筑的新城称開城、杜児必新城称屏城、旧遼陽（＃稱）新城称藩城。」

109）島田正郎（1986）『明末清初モンゴル法の研究』創文社、376頁。

110）『清初内国史院満文檔案訳編』の序文は1986年10月であるが、出版されたのは1989年のときである。また、日本語訳の『内国史院檔・天聡八年』は2009年に東洋文庫による出版された。

111）「叫」は当時の白話小説の『三国志演義』・『水滸伝』・『韓湘子全伝』・『二刻拍案驚奇』・『繍像金瓶梅詞話』等にもよく出てくる言葉である。

112）『満文内国史院檔』以外に『満文太宗実録稿本』（巻九、五上）にも収録されている。「hese wasimbuhangge yaya bithei niyalma be baksi sere be/gemu naka bithesi seme hūla./hesei cohome baksi gebu buhe niyalma be baksi seme hūla sehe:」とある。

113）『大清太宗実録』（順治初纂）巻十四、十～十二頁。天聡八年四月。「上降論曰、我国天佑疆土。未有棄其国語、而反効他国者也。棄国語而効他国、未有長父者也。蒙古国貝子、因棄其蒙古之言、冒喇嘛之名而学其語卒至廃亡。今見我国官員俱呼漢官旧名。若見善不能従、見悪不能省、非識時之智者。我雖未得大業、亦不聴命他邦。凡我国官名・城名、俱用満語定之。再不許以総兵・副将・参将・遊撃・備禦呼之。今后若遇薄冊書名、五備禦総兵、名為一等公、一等総兵、名為一等昂邦章京。二等総兵、名為二等昂邦章京、三等総兵、名為三等昂邦章京。一等副将、名為一等梅勒章京。二等副将、名為二等梅勒章京。三等副将、名為三等梅勒章京。一等参将、名為一等甲喇章京。二等参将、名為二等甲喇章京。遊撃、名為三等甲喇章京。備禦、名為牛彔章京。署事名為分得撥什庫。章京名為小撥什庫。小旗長名為狀大。屯撥什庫仍旧。凡管理不論官職、管固山、即為固山額真。管梅勒、即為梅勒章京。管甲喇、即為甲喇章京。管牛彔、即為牛彔章京。擺牙喇旗主、即為纛章京。擺牙喇甲喇額真、為甲喇章京。定瀋陽為天盛。黒兔阿喇城為天興。自今以后、再不許呼漢語旧名、依我国所定之言呼之。不呼我国所定之名、而呼漢名者、是不遵国政而逆行之人也。査出決不軽恕。」

114）今西春秋（1935）「清三朝実録の編纂」（下）、『史林』第20巻、第4号、126～144頁。

115）神田信夫（1987）「いわゆる「崇徳会典」について」『東洋法史の探究：島田正郎博士寿記念論集』汲古書院、7頁。

116）王宏鈞（2007）「『清太宗実録』初纂稿本（残）和‘擅改国史案’——兼談‘二次改正’『清世祖実録』稿本」『明清檔案巻・清代』168～171頁。

117）「中央研究院歴史語言研究所蔵明清史料」登録番号161139。また、『大清世祖実録』巻六十二、順治九年正月、「○辛丑。命纂修太宗文皇帝実録。以大学士希福・范文程・額色黒・洪承疇・甯完我・充総裁官。学士伊図・馬爾都・蘇納海・蔣赫徳・劉清泰・能図・葉成格・図海・白色純・胡統虞・成克鞏・張端・充副総裁官。侍読学士麻禄碩代・亢得時・畢立克図・杜讜・索諾穆。侍読鄭庫訥・馬西塔・叟塞・查穆素・王鐸・周有徳・弼礼克図・穆成格・蘇禄穆・塞稜。侍講学士李呈祥・侍読岳映斗。侍講傅以漸。編修王炳昆・黄志遴・法若真・夏敷九・王一驥・王紫綬・単若魯為纂修官。賜希福等勅曰、朕惟帝王撫宇膺図綏猷建極、凡一代之興必垂一代之。史以覲揚於後世、誠要務也。我太宗文皇帝応天順人、安内攘外。在位十有七年、仰惟文徳之昭、武功之盛、以及号令賞罰、典謨訓誥、皆国家之大経大法。爾等稽核記注、編纂修輯。尚其夙夜勤恪、考拠精詳、毋浮誇以失実毋、偏執以廃公、毋疏忽以致闕遺、毋怠玩以淹歳月。敬成一代之令典、永作万年之成、憲各殫乃心以副、朕意欽哉。」

118)　『順治朝満文国史檔』順治六年正月八日、「ineku tere inenggi doro be aliha han i ama wang taidzung ni suduri be yargiyan kooli obume ara seme dorgi ilan yamun i aliha bithei da de/hese wasimbufi ice jakūn de arame deribuhe.arara doroi dorgi ilan yamun i manju/ nikan i aliha bithei da nadan :asahan i bithei da ninggun ejeku hafan sunja:biyan jiyan hafan/jakūn:taciha hafan.bithesi hafan.diyan ji hafan uheri dehi ilan šuban uheri nadanju uyun niyalma be dorolon i jurgan de gamafi:……」

119)　「明清史料」台北中央研究院歴史語言研究所蔵、登録番号121544、順治十二年二月十二日、黄機の奏文、「内翰林国史院侍読臣黄機謹奏、為遵諭敬陳法祖之要以端治本事。臣惟自古仁聖顕懿之君必祖述前（□）一代文明之治。年来纂修太祖・太宗実録告成、伏乞皇上、特命諸臣細加考訂。凡所載嘉言善政、倣『貞観政要』、『宝訓』諸書、緝成治典。恭候皇上御定鴻名告之太廟、頒行天下、尤望我皇上朝夕省覧、身体而力行之不愈光顕、我皇上孝治天下之徳於万世乎謹奏。」

120)　今西春秋（1935）「清三朝実録の編纂」（上）、『史林』第20巻、第3号、43頁。

121)　今西春秋（1936）「清太宗実録の初修開始年次と摂政王勅論」『東洋史研究』2.1、59頁。

122)　『順治朝満文国史檔』3、順治八年閏二月檔、080～081頁、「orin jakūn de:beidere jurgan i aliha amban gūsai ejen gung handai sei gingguleme/ wesimburengge:garin be neneme mukden de araha amba weile de wara giyan bihe:ujihe/ dergi ejen be cashūlafi mergen wang de geneki seme dobori inenggi akū haldabašahai/…… emu weile※ taidzung ni suduri be mukden de tukiyeme/ gaiha dangse be. baba be gemu mahūlame efulehebi: erebe garin de fonjici.arame jafafi/ baba be nonggici acara babe nonggime ekiyembuci acara babe ekiyembume mahūlame dasaha//inu fe jise bi sembi:……」

123)　今西春秋（1936）「清太宗実録の初修開始年次と摂政王勅論」『東洋史研究』2.1、60頁。

124)　松村潤（1973）「順治初纂清太宗実録」『日本大学文理学部創立七十周年記念論文集』。また、同氏（2008）『明清史論考』山川出版社、344頁にも収録。

125)　方甦生（1939）「清実録修改問題」『輔仁学誌』8.2、142頁。

126)　今西春秋（1935）「清三朝実録の編纂」（上）、『史林』第20巻、第3号、10頁。

127)　河内良弘（2010）「自著『中国第一歴史档案館蔵内国史院満文檔案訳注・崇徳二・三

年分』について」『満族史研究』9、6頁。

128)　柳沢明（2011）『内国史院檔・天聡五年』「解説」東洋文庫、xiii ～ xiv 頁。

129)　今西春秋（1935）「清三朝実録の編纂」（上）、『史林』第20巻、第3号、9頁。

130)　謝貴安（2008）「『清実録』稿底正副本及満漢蒙文本形成考論」『史学集刊』2、98頁。

131)　松村潤（1973）「順治初纂清太宗実録」『日本大学文理学部創立七十周年記念論文集』。また、同氏（2008）『明清史論考』山川出版社、353頁にも収録。また、陳捷先（1978）『満文実録研究』大化書局、104頁参照。

132)　『明清檔案存真選輯』三集、中央研究院歴史語言研究所、54頁、「臣甯完我奏。※汗下聖諭、令官民人等、**挙辦事好人**、原期得真才使用、孰意俗輩無知、**都假此為倖進之階**。所挙皆匪人宵小、両部已几四五十人矣。似此濫觴、実非体統。**臣想自古挙之法**、功罪連坐、原非苛刻、正慮蹈此弊病。伏願※汗再出一明示、所挙之人、果係公正、日後果得済用。所挙之人、得何升賞、即令挙主同之。若所挙之人壊事、応得何罪、亦令挙主同之。但恐人改節末路、許挙主覚時、即奏聞※汗知、方免挙主之罪。必如此、**庶所挙者方得真才実用**。※汗倘肯出此明諭、臣管許不三日内、抽四十分之八九矣。此後余留者、不問自是優者。臣冒昧奏聞、伏乞※聖裁。天聡九年二月十六日／附／十七日奏了。」

133)　『満文原檔』第九冊、満附三、天聡九年二月、84～85頁（『旧満州檔・天聡九年』1、69～70頁）。

134)　『大清太宗実録』（順治初纂）巻十八、天聡九年二月、21～22頁、「是日、文館臣甯完我奏。頃奉※聖諭、令官民人等、**各挙所知**。原期得真才以供任使、孰意俗子無知、**皆假此為倖進之階**。所挙者匪人宵小。両部已几四十五人矣。似此濫觴、実非体統。**臣思自古挙人之法**。功罪連坐、原非苛求、正慮復蹈此弊也。伏願※汗再頒明旨、所挙之人、果係公正、後有成効。其応得陞賞、即令挙主同之。如所挙之人、僨事獲罪、亦令挙主同之。但恐人改節末路、許挙主不時検挙、方免連坐。如此**則所挙者方不敢濫**。※汗儻俯兪、臣請丞下明詔、三日之内引退者十之八九、則所余皆真才矣。臣冒昧奏聞、伏乞※聖裁。」

135)　『続雑録一』万暦四十七年（光海君十二年）、「酋与貴永介、各領四分云。此間文書、遼人大海、劉専掌、而短於文字、殊甚草草。（中略）。両海文筆至拙、回書中須用尋常文字。」

136)　張国瑞（1934）『故宮博物院文献館現存清代実録総目』国立北平故宮博物院文献館、1頁。

137)　『満文原檔』第四冊、収字檔、天命十年六月、294頁（『満文老檔』Ⅲ太祖3、976頁）、「十□□にトゥシャが 漢文を学んで、ハンが用いて事例（kooli）を告げさせ（alabume）、ハンの家に泊まっていたが、ハンの子の乳母に通じたので殺した。」

138)　『満文内国史院檔』天聡八年十一月二十一日（『内国史院檔・天聡八年』、370～371頁）、「二十一日に**ハンに侍講する筆帖式**のブラン（buran）、フキオ（hūkio）、トブチ（tobci）らが、大同と宣府に出征した際、ハンが慈しみ『俘虜を得るように』と、各々の旗に送った。退却して来るとき、兵が合流してすぐに来なかった。事例を説明することを怠けてよく説明しなかった。輪番も欠勤した。家に来るときに一人も、ハンに従っていようと言わなかった。その罪を文館の長らが審理して、罪を定めて礼部のホショイサハリャンベイレに告げた。ベイレがハンに上奏した。ハンは『侍講する者に罪があることはもっともである。ただ彼らを罰すれば、後人は『我が眠るために人を罰した』というであろう』と語って罪を赦した。」

第6章

グルン印璽制度の実態

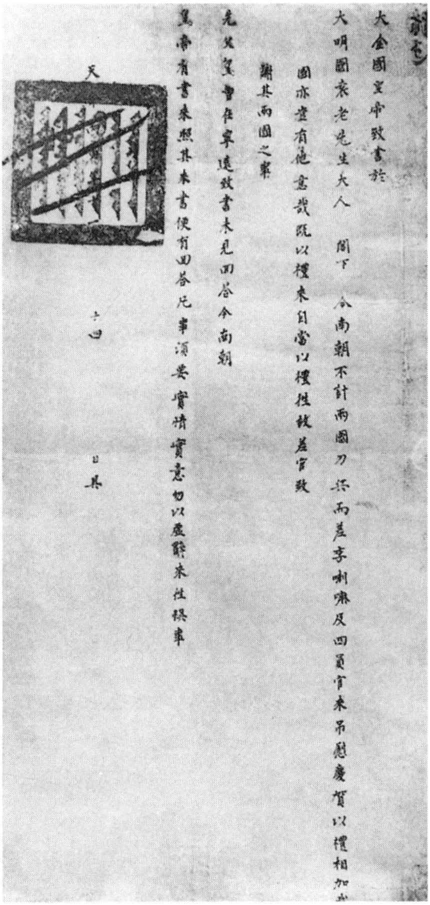

図６－１　「大金国皇帝致書於大明国袁老先生大人」
（『清史図典』第一冊、太祖・太宗収録）

1　はじめに

17世紀の東アジアにおけるジュシェン人の台頭は、東アジア秩序の構造変化を促す大きな要因となった。これに伴い、その周辺地域である朝鮮および大明との関係、さらにダイチン・グルンという新しい帝国の設立に至った経緯等に大きな関心が寄せられている。マンジュ人のグルン成立にはマンジュ・モンゴル・漢の三民族の動向が関わっており、その後の清朝の複合多民族国家としての展開につながっている。このような入関前のモンゴル・漢との深い関わりこそが、マンジュ・モンゴル・漢の世界にまたがって君臨する複合多民族国家としての性格をつちかったのである[1)]。そして、マンジュの伝統を有するグルンの統治においては、マンジュ語以外にもモンゴル語や漢語が使用された点で、当時の朝廷は多元的文化の中での政務が営まれていたということができる。

こうした多元的文化を有するダイチン・グルン期の文書の形式には多様性がみられる。使用者の地位に関係なく、多言語で表記された文書が通用することになった。特にハンの命令は「han hendume / ハンが言う」から「han i hese / ハンの諭旨」へと変化し、ダイチン・グルン治下の地域や周辺国に発出された。これらのハンの命令には、通常マンジュ文以外にもモンゴル文や漢文も用いられ、さらに「印璽」を加えることは欠かせなかった。大明の封貢政策においてこの「印璽」は焦点になりつつあったのである。

この「印璽」の登場と広がりについては先行研究においても注目され、松村潤[2)]をはじめ李学智[3)]・片岡一忠[4)]などの先学が言及し、印文に用いた言語、使われた範囲、そして印璽による自己政権の誇示などの問題が取り上げられてきた。しかし、グルン初期の文化史、いわば文書の成り立ち、および印璽との関係およびさらなる発展という基礎的問題については、なお未解決のままである。したがって、本章では、文書制度の変遷を印璽に注目することによってその実態の解明を試みたい。

2　マンジュ文字印璽をめぐって

マンジュ人が入関前の漢文旧檔の中に、天聡初年におけるホンタイジと袁崇煥との往復文書が数点ある。袁崇煥は当時大明の遼東巡撫で、天命十一年（1626）正月には、これまで戦って敗れたことのなかったヌルハチを、ポルトガル砲の威力により寧遠で敗退させたのであるが、この年八月ヌルハチが死に、新たに太宗が即位すると、まもなく両者の間に講和の議が起こることになった[5)]。こうした講和の議には、文書によるやりとりが大きな役割を果たしていた。書の往返を互いの使者が担当していたが、『満文原檔』に目を引く一通の文書がある。その内容を見てみると、「**印がある**ということで突き返された文書、アイシン・グルンのハンの書を袁大人に致す、（後略）[6)]」とあり、印を理由に突き返された文書があった。このマンジュ語の文書に対して、漢文の文書は『明清檔案存真選輯』に図版写真の形で収録されおり、日付は己巳年正月で、すなわち天聡三年（1629年）であるが、その下に「abkai fulingga aisin gurun han i doron」というマンジュ文字で刻した印が捺されていた。ところが、印に斜めの線が五本が引かれており【図6－2】[7)]、これが印を理由に突き返された原文書であることは間違いないだろう。

また、ヌルハチが亡くなったときに、大明は弔問やホンタイジの即位に合わせて李喇嘛を派遣した。これに対してアイシン・グルンは答礼の文書を出した。それは天命丙寅年（1626）十一月十四日付けの「大金国皇帝致書於大明国袁老先生大人」という文書である。そこに捺されたのも「abkai fulingga aisin gurun han i doron」であが、やはり印に線が引かれている【図6－1、本章の扉図】[8)]。当時の大明はアイシン・グルンからの文書を受け取ってはならない状況であったため、使者は文書をそのままにもって帰ったという[9)]。

ところで、神田信夫（1962）によると、ある書肆で入手した写真帖に天聡年間の原文文書の写真が貼付されており、この写真が何人により何時作られたかは一切不明であり、またその檔案が現在何処にあるのかもわからないが、写真の変色工合から見ればかなりの年月を経ているので、戦前に作られたものであることは先ず疑いないものだという。今この文書の原文を紹介すると次のようである。

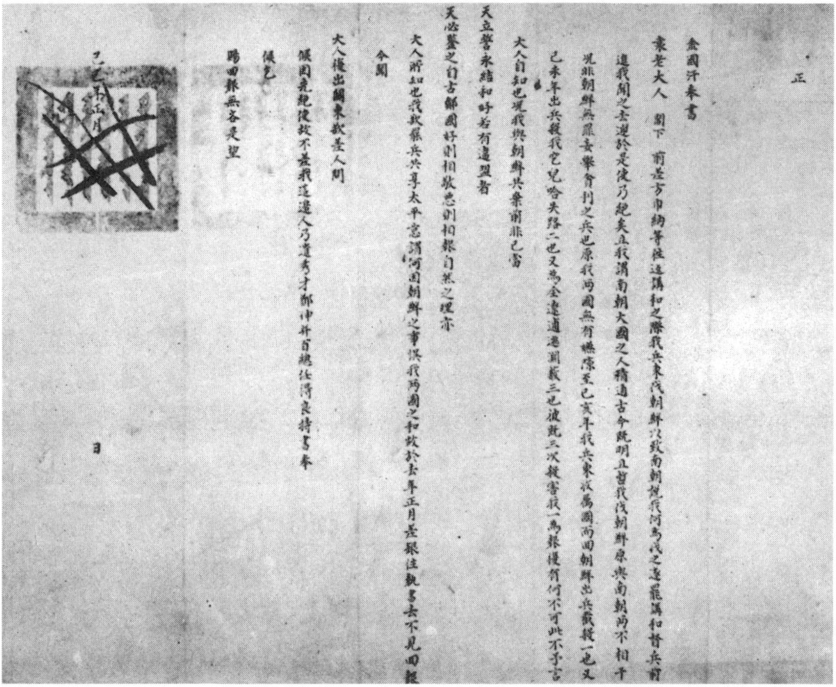

正
金國汗奉書
袁老大人 閣下 前差方巾納等往遼講和之際我兵東伐朝鮮以致南朝說我何為伐之遂罷講和暫兵前
遼我聞之云逆於是復乃絕矣且我謂南朝大國之人稍通古今既明且曾我伐朝鮮原與南朝兩不相干
況非朝鮮無罪妄舉會剿之兵也原我兩國無有嫌隙至己亥年我兵東救高麗而朝鮮出兵截殺一也又
己未年出兵殺我乞兒哈失路二也又為金遼通逃羈藏三也彼既三次殺害我一為報復有何不可此不予言
大人自知也況我與朝鮮共棄前非已當
天立誓永結和好若有違盟者
天必鑒之自古鄰國好則相敦惡則相報自然之理亦
大人所知也我欲罷兵共享太平寧謂何因朝鮮之事誤我兩國之和致於去年正月差銀往執書去不見回報
今聞
大人復出關東欲養人間
俟回覆致不並我遣還人乃遣秀才鄭伸并百總任得良持書奉
候乞
賜回報無吝是望
日

図6-2 「金国汗奉書袁老大人」(『明清檔案存真選輯』初集収録)

欽命行辺督師兵部尚書袁書復汗帳下、書来言欵、蓋不忍両家赤子罹鋒鏑也。汗之美意、天地鑑臨。但欵自有欵之道理、此非一言可定。我皇上嗣宝承天、仁明剛毅、干辺事尤厳、非十分的確、不敢上聞。汗若果欲罷兵惜人、則思其可欵之理。在辺之將吏、体面獲存。汗家疇昔之恭順靡失、不佞遂不難為之請也。辺事辺臣為之、無煩宰執、印固彰信、但未経封降、不宜冒承、中国之功令如此、汗毋訝焉。此復。

欽命行辺督師兵部尚書の袁が書をハンの帳下に送る。ハンが書を齎し和睦したいと言うのは、おそらく両家の民が戦火に苛まれるのに忍びないからであろう。ハンの善意は天地が知るところである。ただし和睦には和睦の道理があり、これについては一言で決めるわけにはいかない。我が皇上は天命を受けて宝位を嗣ぎ、仁明にして剛毅であり、辺事に関わることは殊に厳格なので、十分に確実でなければ、けっして上奏できない。もしハンが戦争を止め人命を惜しむと言うのならば、和睦の道理を考えられよ。辺境の将吏も体面を保てるであろう。ハン家が嘗ての恭順の態度を失わないのなら、わたくしが請願するのは困難なことではない。辺事は辺臣が担当し、宰相を煩わせたりはしない。そもそも印とは本来信用を表すものであり、およそ封降していないのに、偽って承受したと言ってはならない。中国の法令はこうしたものだから、ハンは怪しまないでほしい。ここに返事申し上げる[10)]。

とあるように、これは『満文原檔』に収録された天聡三年（1629）閏四月初二日付の袁崇煥の漢文原文書であり、漢人の鄭伸と任得良らが関与した文書であることもわかる[11)]。とりわけ、袁崇煥によって大明の皇帝の封降を受けずに勝手に印を使用したとして、文書を突き返すとともに印の上に取り消し線が引かれたのだと考えられる。そして、このような非難を浴びたホンタイジは次のように反駁を加えている。

閏四月二十五日、杜明忠の持ってきた書の返報として我らのラマに持たせて送った書の言に、「アイシン・グルンのハンが書を大明国の袁大人に致す。（中略）。また、**印については、冊封**して下したものだけで、妄りに用いることはできない」とある。さすれば［**aisin gurun i han i doron**］（金国**のハンの印**）を作って我に与えてほしい。（後略）[12)]。

冊封しないままに印を妄りに使ってはいけないならば、我々に印を作ってくれという。ホンタイジは［**aisin gurun i han i doron**］（金国**のハンの印**）**という**印を要求していた。そもそも、大明は周辺国や地域を朝貢や冊封制度に組み込んで境界関係を円滑に維持し、建州衛時代にはヌルハチを龍虎将軍に封じているが、その冊封した印は［建州左衛之印］である[13)]。しかし、ヌルハチはアイシン・グルンをたててからこれをもう使わなくなった。そして、新政権をアピールするために新たに作られた印璽は、両国において講和をめぐる争いの焦点になったことがわかる。

さて、そもそも朝鮮に送った文書には［後金天命皇帝］という印璽が使われたことは周知のごとくである[14)]。つとに李学智（1973）は「これは［abkai fulingga aisin gurun han i doron］（天命金国汗之印）という七字からの、もしかしたら清人の最初の印璽である」と述べていた[15)]。そこでは確かに袁崇煥宛の文書に［abkai

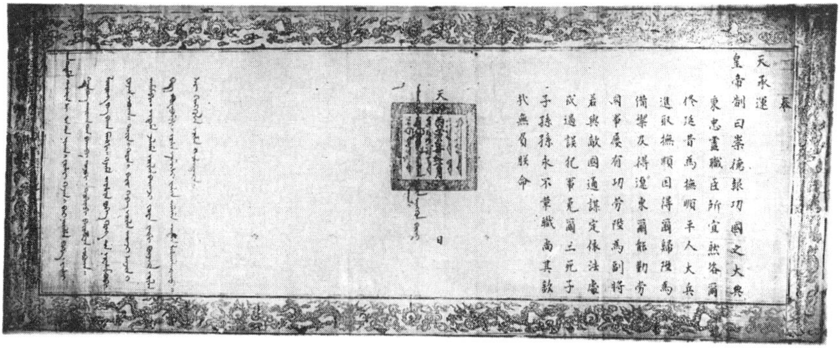
奉
天承運
皇帝制曰崇德報功國之大典
東忠盡職臣所宜然咨爾
佟延昔爲撫順千人大兵
進取撫順因得爾歸降爲
備禦及得遼東爾能勤劳
因事屢有功劳陞爲副將
着與敵國通謀定依法處
或通謀化事免爾三死子
子孫孫永不革職尚其欽
哉無負朕命

図6－3　「天命丙寅年封佟延勅書」(『文献叢編』14収録)

fulingga aisin gurun han i doron］の［天の福を受けた金国ハンの印］というマンジュ文字六行の方印が使われている。方印は中国式であり、モンゴル時代も同様のウイグル式モンゴル文字六行の方印を用いた[16]（中央アジア以西は円印ないし水滴形の印が一般的である）[17]。刻した印璽にある［abkai fulingga］は、ヌルハチの年号天命でもあるが、天命年間から天聡年間にかけてあらゆる文書に使われていたことからすれば、この印璽はヌルハチの年号と必ずしも関係はないといってよい[18]。少なくともこの印璽はグルンにおいて初めて使用されたものであり、外交文書以外に身分証明や布告・諭旨など多岐にわたって広く使われることになった【図6－3】[19]。例えば、天聡五年正月初八日に、次のような身分証明である「パイ」の登場を見てみよう。

ⓐ　ハンが言うには、「モンゴル・グルンに使者として行く者は、特に遣わした罪のあるグルンの家畜に乗り食糧を食うばかりでなく、ハンの使者だといってグルンを苦しめながら行くという。今後はパイを作り、パイに書いた書に従って家畜に乗り、食糧を食え。パイのない者は家畜に乗るな、食糧を食うな」と言って、初めてパイを作り、コルチンのトシェト・ハンの兄トメイ・ベイレを送る使者ダランタイに与えた。パイに書いたことばは次の通り。

ⓑ　「カガンの旨、およそ罪のために政事を与えた使者たちは、罪のある旗から家畜に乗り、食糧を宿泊地で食え。昼間の食糧はない。罪のない旗から家畜に乗り、食糧を食えば大罪である。書と印のない使者たちに家畜や食糧を与え

るな。もし家畜に乗り、食糧を食えば捕縛して送ってこい。政事のために行く使者たちは、どの旗からでも区別なく家畜に乗り、食糧を食いつつ行くがよい。」

ⓒ　今後、政事のために行く使者はパイを携帯し始めた[20]。

とある。モンゴルに向かうアイシン・グルンの使者は、経過地において濫りに乗り物や食糧をねだってはならず、このようなことを防ぐために初めて「パイ」を作ることをとりきめた。とりわけ、正当な使者であるか否かを判定する証明書たらしめようとする趣旨のものである。これは後代の駅站の制に連なるものではなく、寧ろ有事の際に出兵を求める命を伝達する使者の正当性を保障する虎符の如きをいったものではないかと思われる[21]。そのⓐとⓒはマンジュ語の内容で、ⓑは「パイ」に付加された内容であるが、訪れた先はコルチン・モンゴルの地であるから、モンゴル語で書かれている。とりわけ、パイは身分証明書であり一種の交通手形でもあり、政務のために使者が佩《お》びて出かけるには利便性も信憑性もあるのである。

一方、現在このような「パイ」は中国瀋陽故宮博物院に三十枚ほど所蔵されている【図6-4】。それらは「牌首」と「牌面」を組み合わせて出来たものである。ほとんど木で作られたというが、「牌首」の上に穴のあけられた「円頂」が付加され、さらに穴に紐を通してぶら下げるものとしている。そして、「牌面」の表には「secen qaγan-u jarlaγ」という陰文のモンゴル文字が刻まれて、「天聡ハンの旨」という意味で、天聡時代のものとわかる[22]。裏の凹ませた丸型に貼り付けた高麗紙の上に、丸型の大きさにぴったりかぶせて無圏点マンジュ文字の朱印璽が捺印された。それは［abkai fulingga aisin gurun han i doron］の［天の福を受けた金国ハンの印］というマンジュ文字六行の方印であった。しかも、朱印璽の上に12行のモンゴル語の

図6-4　天聡ハン旨牌
正面と背面（李理 2008）

内容が書かれており[23]、それは上掲したⓑのモンゴル語「パイ」の内容と完全に一致する。これはアイシン・グルン太祖時代に使われた信牌ではなく、太宗ホンタイジ時代における天聡ハンの権威を示す「パイ」であると考えられる。

とりわけ、モンゴルに使者を遣わす際に、証憑《しょうひょう》として「パイ」を支給した。「パイ」は明らかに漢字の「牌」からの音訳した語である。モンゴル時代に「パイザ」というものがあったが[24]、それは漢文「牌子」からの借用語でもある。モンゴル時代のパイザはほとんど金属製のものばかりであるが、最高のランクは金である。一方、アイシン・グルンには現時点で確認できる「パイ」は木で作られたものしかない。機能として同じく身分証明書でもあるが、初期段階において設備がまだ出来ていない時期においては、このような「パイ」は非常に大きな役割を果たしただろう。

また、『満文原檔』宿字檔には年月日のない誓文が記されている。面白いのは二種類の版木によって刷られた誓文であり、いずれも職務と名前だけ手書きの刷物である。誓文によると、すべての官員は「ハンからパイを受け取って」から誓いが始まる[25]。また、ハンの勅書を「パイ」に貼り付けて民に知らせることは天命年間からのしきたりでもあった[26]。「パイ」は当時において幅広い役目を担っていたことがうかがえる。正当な使者である証憑とするためには、「パイ」に貼り付けた勅書に印璽が欠かせなかっただろう。

ところで、天命年間に遼東の各地から、アイシン・グルンに帰順してきた官員にそれぞれ「印」や「旗」が授けられる場面がしばしば見られる[27]。片岡一忠(2008)は、ここで授けられた「印」について「印ではなく御宝が押された文書のようなもの、すなわち印牌か信牌であった」と指摘した。しかし、この「印」は、帰順した官員の新しい身分証明書になるものと考えてよく、「印牌か信牌」では決してありえず、むしろ「官印」であったと考えるべきである。例えば、天命八年に定められた規定を見てみよう【口絵1】。

> ハンが言うには、ハンに上奏する全てのことを文書に書いて印を捺して上奏し、遣わす者に旗を持たせて遣わせよ。文書に印が捺せず、旗を持てず口頭で訴える者を遣わすな。文書に印が捺せず、口頭で訴えるものには、悪心のある盗賊のようなやつなら、勝手なデマを流し、グルンを困らせて叛乱を起こすこともある。

印を捺した文書が持てず、旗も持てず口頭で我に遣わして訴える者を尋問せず、直ちに捕えてハンのところに護送せよ。連れてきたその者に値段をつけて、金を護送した人に与える。（後略）。［※ **aisin gurun i han i doron**（印）］天命ハン癸亥　　月[28]。（※は筆者が書き加えた印璽の内容。以下も同様）

とあるように、文書で提言する場合には必ず印を捺し、口頭で訴える場合には必ず旗を持たせ、口頭だけでは効力を有しないとされる。アイシン・グルンのヌルハチ時代からの領域の拡大に伴い、行政の不備が生じたのを克服するために、さらに新たな制度が発達することになった。つまり、「官印」と「旗」とは甚だ重要で、文書に「官印」が捺されると信憑性も高まる。したがって、帰順してきた官員に授けられた「印」は、「パイ」ではなく、紙に捺す「官印」と考えて間違いないだろう。しかも、「官印」と「旗」を配るだけにとどまらず、その実用化に向けて制度も整いつつあることがわかる。ちなみに、この発令に捺されたのは［**aisin gurun i han i doron**］という印璽であり【口絵１】、印を作るのは国家の特権とされ、これがホンタイジが明に作ってくれと求めた「印璽」である。

さて、太宗のホンタイジより年長であるマングルタイ（莽古爾泰 manggūltai、ヌルハチの五子）等は、かつて簒奪を企てていたことを、マングジの家僕レンセンギが刑部のジリガランに密告し、これを知った諸王は懲罰を決議、ホンタイジも裁可し、かくて関係者が逮捕処刑された。そこではマングルタイの家から不軌の証拠として［金国汗印］なるものが発見されていた[29]。その記事を以下の『満文内国史院檔』（天聡九年十二月五日）から引用する。

また、後にマングルタイ・ベイレの家で器物を調べると、木で造った「pai doron / 牌印」が十六箇も見つかった。みると［**aisin gurun i han i doron**］と書かれていた。その印を大衙門に持っていて、諸ベイセ、大臣にすべての民を集めて、その事実を読み上げた[30]。

とある。マングルタイ・ベイレ（manggūltai beile）の家から木で作った「pai doron」が十六個も見つかっており、それに［**aisin gurun i han i doron**］と記されていた内容がうかがえるが、印璽であるには間違いないだろう。つまりこれは［金国汗印］なるものが「pai doron」、訳せば「牌印」という意味の印璽が捺されたこと

図6－5 「皇帝之寶」牌
正面と背面（李理 2008）

がわかる。かつてFuchs（1936）により学界に紹介されたが、それは「くぼんだ12.1cmの一面に朱印を捺した紙が貼り付けられたが、その朱印は［aisin gurun i han i doron］なるものの「牌」である。その正面には三種類の文字が刻まれていたが、おそらくヌルハチ時代からホンタイジ時代にかけて使われたインペアルコマンド」だと述べられている[31]。確かに【図6－5】によると、無圏点のマンジュ文字（HAN I TORON／han i doron）以外に、モンゴル文字（qagan u tamga）と漢文（皇帝之宝）も刻まれている。大明の場合にはもっぱら詔書や勅書に捺されていたのは［皇帝之宝］という印璽である。だが、これは「印」として詔書に捺すものではなく、身分証明書として使われた「パイ」に使用されたものである。かつて天命年間に馬に財貨を載せて運ぶときには必ず「パイ」を持たせたし、これに関しては罰則も規定されていた[32]。こうしたものは瀋陽故宮博物院には、五百個ほど所蔵されており[33]【表6－1】、「パイ」はグルンで文書などを送達するときに欠かせない存在であり、さらに「パイ」自体に欠かせないものが「印璽」であった。

ホンタイジは崇徳三年（1638）三月一日に北に向かって行軍し、狩猟しながらモンゴル各部を訪問し、いたるところに懇ろな歓迎を受けたり、温泉に入ったり、時折盛京城を留守にする王や大臣等に勅書を下したりしていた。ところが、崇徳三年（1638）三月二十六日付けの記事を見てみると、助手三人に「akdun temgetu／信牌」を持たせ、盛京城の国史院大学士ガリンのもとに遣った。ガリンに「帰化城に交易に赴いた我が国の人を迎えに、駐防前鋒兵を速やかに差遣せよ」と諭して[34]、助手三人に「akdun temgetu」を持たせて盛京に行かせたのである。『清文総彙』によると、「akdun temgetu」は「聖旨龍牌、乃伝布聖旨于四方用者」と解釈され、『御製五体清文鑑』はこれを「信牌」と訳し、文字通り信憑性のある「牌」の意味である。つまり、「信牌」とは身分証明書でもあり一種の交通手形でもある。ここで三人が所持した「akdun temgetu」は『清史図典』に収録された「寛温仁

図6－6　寛温仁聖皇帝牌（『清史図典』太祖・太宗収録）

聖皇帝」という信牌に違いない【図6－6】。それはマンジュ・漢文・モンゴルの三文字で刻まれたもので、それぞれ「gosin onco hūwaliyasun enduringge han i akdun temgetu:」・「寛温仁聖皇帝信牌」・「aγuu örüsiyeici nayiramda-qu boγda qaγan –u itegel-tü temdeg」とあり、「寛温仁聖皇帝」とは、崇徳元年（1636）四月にマンジュ・モンゴル・漢の八旗の推戴をうけて、「金国ハン」から「大清皇帝」に即位した太宗ホンタイジの称号である[35)]。つまり、この「akdun temgetu」は崇徳年間に発行されたものとわかる。文字の部分がくぼんで、金色を塗りつけた陰文の信牌であるため読みやすい。赤色で塗られた木で作られ、上部に浮き彫りの龍がはめ込まれ、その上の穴から金色の紐が、革で作られたカバーの穴に通されている。さらにカバーの表面には龍の文様が描かれている。それは、皇帝権力のシンボルとする五爪の龍である[36)]。このような信牌は諭旨や身分証明書等によく使われるようである。もともとの「信牌」については、意訳の「akdun temgetu」でなく、「パイ」あるいは「パイ・ドロン」と称していた。

さて、大明における皇帝支配とは「皇帝」と呼ばれる唯一の君主を頂点とする君主と臣下の、上下の階層的関係であったため、君主たる皇帝側の恣意によって容易に抑圧へと転化しかねない可能性を有している。さらに、東アジアにおいて大明を中心に朝貢と冊封から構築された華夷秩序が成立すると、これは大明を中心とする上下階層構造による秩序になったと一般に理解されている[37)]。ヌルハチが新しい政権が建てたことは、大明政権を揺るがす敵国の成立であり、かつ華夷秩序の枠内から完全に離脱したことを意味している。それは、天聡三年十一月の外交文書において皇帝と名乗っていることからもわかる。

> 諸処の城堡に送った書の言、アイシン・グルンのハンが官人秀才軍民にいうこと。(中略)。父ハンは親善に暮らすことを願い書に書いて、人を遣わし講和しようとしたがきかなかった。そこで天はまた河西地方を与えた。重ね重ね人を遣わして講和しようとしても、天啓ハン・崇禎ハンは、また侮って「アイシン・グルンの皇帝(KOWANKTI/hūwangdi)というのをやめよ、勝手に作った印をやめよ」といったので、我は講和するのを願い、「皇帝(KOWANKTI/hūwangdi)というのをやめてハンという、汝等は印を作ってくれ、いただいた印を用いよう」といっても、きかなかったので、我は再び天に告げてチャンサンの道を攻めてきた[38)]。

マンジュ人が自ら皇帝と名乗ったこと、さらに、印璽を許可なく使用したことにより、大明の樹立した華夷秩序は破局に向かう危機にさらされることになった。したがって、天啓帝から崇禎帝にかけて、大明王朝はこれらすべてをやめるよう主張したのである。これに対してホンタイジは反発して、「我々は講和を願っているので、皇帝というのも控えてハンと呼ぼうとしており、もし汝らが印を作ってくれれば、その印を用いよう」といった。もとよりマンジュ人が帝号や印璽を使用していたことが、論争の起こる大きな要因となったのである。袁崇煥と毛文龍の文書には「汗国」や「汗・汗王」と称するにとどめ[39)]、「金国」や「皇帝」は決して出てこない。そして、『満文原檔』の記事においても、ホンタイジに対する皇帝号には全く「hūwangdi」ではなく「han」の表記を用いているのである[40)]。

朝鮮国王に下す詔勅にはマンジュ語の「gosin onco hūwaliyasun enduringge han」に対し、漢文は「寛温仁聖皇帝」となっている。しかし、朝鮮国王の南漢山城からの文書では、ホンタイジを「仁聖皇帝」と称揚し、これに対してダイチン・グルンからの返書は朝鮮の称号にあわせて「enduringge hūwangdi」という意訳と音訳の形で名乗っていた[41)]。要するに、漢字の「皇帝」があってその対訳語として音を写した「hūwangdi」が作られたといえる[42)]。また、『満文原檔』の寒字檔に、兵士が戦死した場合や戦場で怪我を負った場合、戦功も加味して賞を授けたことを記す満漢合璧の資料がある。そこでは「ハン」が「皇帝」と対訳されている[43]。さらに、天聡七年（1633）四月十一日にアイシン・グルンに帰順しようとする孔有徳たちの「乞降書」では[44]、ホンタイジを「汗」と称揚し、また、孔有徳たちが降伏した後の五月二十四日の上奏文では、ホンタイジは「皇上[45]」と書かれ、これに対応するマンジュ語訳はいずれも「ハン[46]」と訳されている。

そもそも、『女直館訳語』で皇帝に対応する女真語は哈安《ハーン》である[47]。『四夷広記』韃靼訳語に、「大明皇帝曰、太命含《ダイミンハン》」、また、北狄広記・韃靼制度に、「謂其長曰可《カ》汗《カン》、亦曰寒《カン》」、『警世陰陽夢』に、「老奴酋韃子們稱呼他是老罕《ロウハン》」という[48]、いずれもハンの音訳語である。三田村泰助（1935）は、「そもそもハンなる語は『華夷訳語』によると、皇帝の意に用いられているが、『満文老檔』には nikan han・solho han・monggo han 等とあるのを見れば、この語はその部族の最高の主権者を指すに相違ない」と説明している[49]。

マンジュ人の認識では「ハン」と「皇帝」は表現上において完全に対等となり、歴史の流れにそって、北東アジアの長としてジュシェン語で哈安《ハーン》、モンゴル語で可《カ》汗《カン》、漢語で皇帝でもあったことは、まぎれもない事実である。さらに、ホンタイジがグルンをダイチンと称したとき、マンジュ・漢・モンゴルの三勢力に推戴され、多民族国家の君主としてハーンであるともに皇帝でもあるということを内外に宣言したのである。東北地方の一周辺国家にすぎなかったこの時期から、本土に侵入して東アジアに君臨する大帝国へと発展しても、多民族国家の長としてハーンと皇帝とを兼ねるというこの性格は変わることがなかった[50]。

大明が東アジア秩序を維持するため、皇帝と首長との間の君臣関係を牛耳る構図が変わることはついになかった。したがって、ホンタイジがこれを変えようし、大明に何度もわたって印璽を要求しても[51]、受け入れられる可能性がないことはホンタイジも理解していた[52]。それは、[建州左衛之印] のような漢文の印かもしれない。そして、大明親征にも努め、内モンゴルより長城を超えて遵化を攻略し、北京の包囲もはかり、大明の皇帝にしきりに講和を申し入れたが[53]、実現しなかったのであった。

3 漢文印璽の登場

天命年間と天聡年間において、「パイ」から「文書」までに欠かせないのが「印璽」であり、しかも、二種類が使われたのを確かめられることができた【図表6-1】。ただし、当時は文書を作成する前に、まずこうしたマンジュ文字の印を捺し、いわゆる空印の文書用紙を作成してから、伝えるべき内容を記していた。例えば、天聡七年（1633）六月二十四日の記事には、

> その日、アシダルハン舅（母の兄弟）・ニカンが罪を犯した理由は、ジルガラン・ベイレ、サハリャン・ベイレが外モンゴルで犯罪を取り調べ、礼儀を定めるために行くことで、［han i doron］（ハンの印）を捺された紙二十枚を、アシダルハン舅に渡して送っていた。アシダルハン舅はニカンが保管するようにと渡した。ニカンはクテレに渡して保管したが、九枚をなくした。これをバクシ達は聞知して、ハンに告発して部で問うときには、［han i doron］（ハンの印）の保管を怠ったとして、ニカンは百鞭の罪に打たれ、三十三両が収められた。アシダルハン舅は保管したと騙した罪に落として、職を考えて三十両を収めた[54]。

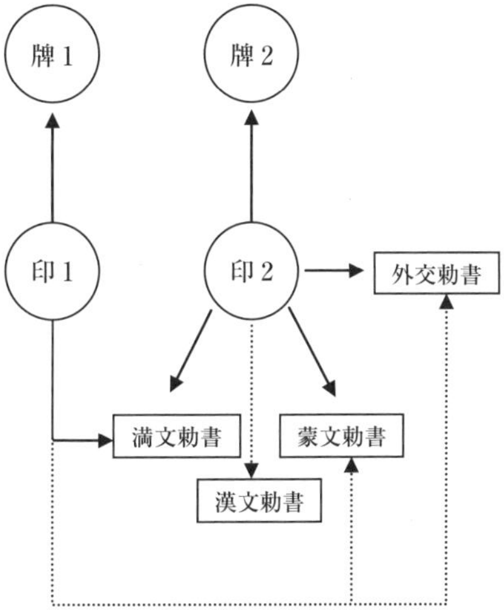

印1 ：aisin girun i han i doron
牌1 ：han i doron（満蒙漢合璧）
印2 ：abkai fulingga aisin gigun han i doron
牌2 ：secen qaγan-u jarlaγ
・点線は推測、実線は確実なものを示す

図表6-1 マンジュ文字印璽との関係

とある。モンゴルで礼儀などを定めるときには、あらかじめ押印した用紙を用意し、そして実際の礼が決まった段階で内容を用紙に写すことになっていた。しかし、ここで用紙が紛失したために担当者のアシダルハン舅とニカンをそれぞれ処罰したのである。要するに押印した用紙は大切に保管しなければならなかったので厳しく処罰されたといえる。その用紙に捺されたのは［**han i doron**］であった。上述した「パイ」や各詔書に捺されたのは［abkai fulingga aisin gurun han i doron］【図6－3】という印璽であるが、これを略すれば［**han i doron**］となり、また［aisin gurun i han i doron］【口絵1】も略すと［**han i doron**］となる。一方、当時のアイシン・グルンにおいてもっぱら［**han i doron**］を用いた事例をいまだに確認できていないので、結局この二十枚の用紙に捺された［**han i doron**］は一体どれを用いたのかは判然としない。

次に、崇徳五年（1640）に対モンゴルの詔書に捺された印璽を確認できる文書が残されている。それは台北の中央研究院語言研究所に所蔵されているモンゴル語の「皇太極致蒙古詔書」という文書である[55)]。これも同じようにあらかじめ印璽を捺された用紙に、詔書の内容を刷られた印刷物であるが、印璽は漢文篆書体の［制誥之宝］である。この印璽については、以下の内容が記されている。

> 六日、（＋秘書院）のジャラ章京鮑承先の上奏文、「ハンの聖徳は生み出すなかで好み仁政を達し、天がこの boobai を与えたことは兆しではない。ハンは工部に旨を下して **boobai** 匣一つを作られよ。到着する日にはハンは諸大臣を率いて境を出て迎え、南門よりハンの家に入らせて、天の与えたことに合わせよ。また、印を獲得した由来を書に書いて、この印を捺してジュシェン人・漢人・モンゴル人にすべて聞かせよ。天命が移ったのを衆人に通暁させよ。」以上のように上奏するとハンはそうだといった[56)]。

とある。「boobai」の印に匣を作って、しかもこの印を得た経緯を皆に知らせるべきであるとして、「boobai」の印を捺される文書でそれぞれジュシェン人・漢人・モンゴル人に通達することにした。もちろん、このことは朝鮮の使者にもいち早く伝えられた[57)]。それは「伝国の璽」と言われる漢文篆書体の玉で造られた［jy g'ao s boo］（制誥之宝）であり、柄には二匹の竜が纏わりついている印璽である[58)]（【表6－2】と基本一致する）。

そして、天聡十年（1636）二月になると「伝国の璽」を得たのをきっかけとして[59]、諸ベイレやモンゴル十六部四十九ベイレがホンタイジに新たな尊号を定めることを提起する一方、朝鮮側に対してもホンタイジの尊号奉戴に参加するように働きかけていた。

> アイシン・グルンの外藩諸ベイセの書、朝鮮国王に奉ずる。（中略）。我等のこの十六グルンのベイセ四十九人は、日を定めて十二月にハンのムケデン（盛京）城に集まってきて、内のベイセと協議してハンに上奏し、「今各グルンはすべて従い、玉璽を得て、天の加護をはっきり知った。天意人心に合わせ、主たるハンに尊号を定めたい」といった。後に主たるハンは「朝鮮国王は我が弟であり、それに知らせるべきである」といったので、みんなハンの言を大義であるとした。そこで我等外藩の諸ベイセを遣わして王と一緒に相談しようと送った。王は近親の子弟を送って一緒に主たるハンに尊号を定めるべきである。我等衆人はみんな天意に従いハンに尊号を定めることに決定した。ただ王が我等の議に賛成するか否かを見るばかりである[60]。

とあり、天聡九年（1635）十二月に内外の諸ベイセはムケデン（盛京）城に集まり、それぞれ誓詞を記してホンタイジに新たな尊号を称することを勧めて忠誠を誓った。そして、翌年に朝鮮国王にも同じことを呼びかけていた。天聡元年（1627）の丁卯胡乱において、朝鮮は後金軍の敵するところではなく、仁祖はやむなく江華で後金使と会見し、後金を兄としてつかえること、後金に対して兵を起こさないこと、などを条件として講和を結ばざるを得なかった[61]。丁卯胡乱による、君臣関係および兄弟関係を結んでから十年も経ってから、ハンに新たな尊号を勧める際に朝鮮と議することが決められたのである。さらに、モンゴルの多くが帰附したことと、軍事力が日に増していることを示すための目的でもあったようである[62]。当時、折しも朝鮮王妃の喪を弔うために、戸部承政のイングルタイを使節団長として、随行員に八人のホショイ・ベイレとモンゴル四十九ベイセを伴わせて朝鮮に派遣することになった[63]。今回の訪問の主要な目的は、ホンタイジの新たな尊号を奉呈することである。この推戴に関しては国書ではなく、「金国執政八大臣」や「金国外藩蒙古」からの咨文《しぶん》が用いられた[64]。しかし、朝鮮は人臣が君上に書を送るのは礼を失するとこれを斥けてそのまま還されることになった[65]。

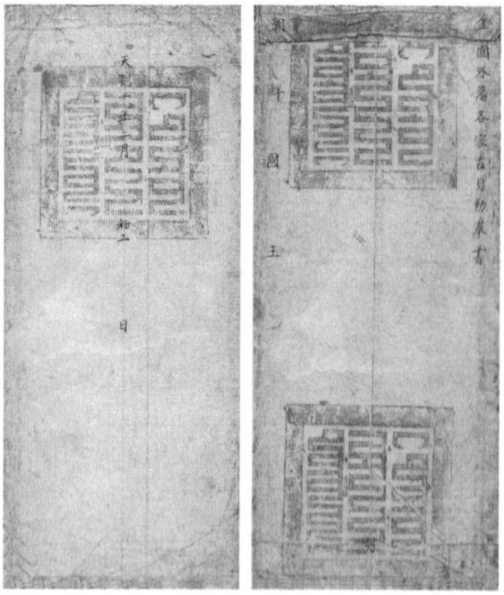

図６－７
「金国外藩各蒙古貝勒奉書朝鮮国王」
封筒の正面と背面（『明清檔案巻・清代』収録）

「金国外藩蒙古」の書はイングルタイ等が持ち帰った後にずっと瀋陽宮殿に保存され、1930年になって中村栄孝により学界に紹介されることになる。

中村栄孝（1930）では、「金国外藩各蒙古貝勒の書」に捺された官印について「原書年号にかけて印を鈐す[66]」という解釈が加えられている。判読は困難であるが、間違いなくそれはマンジュ文字の篆書体で刻した［dorolon jurgan i doron］（礼部の印）である【図６－７】。そもそも朝鮮国王宛国書の封筒には［abkai fulingga aisin gurun han i doron］という印璽が捺されていたが、「金国外藩各蒙古貝勒の書」の文書には六部の官印である［礼部の印］が捺されていた[67]。【図６－７】によると、それぞれ封筒の上下を封じたところに二つ、裏に書かれた年月日に一つ印がある。さらに、捺印したところに年月日を書き加え計四ヶ所に捺されている。ただし、この咨文を朝鮮側は「慢書」と見做して議論が沸騰し[68]、これは「人臣が君上に書を送るのは礼でない」ために、この二通の咨文の受け取りを拒否したのである。ダイチン・グルン側は、あくまでも官制上は朝鮮国王が礼部と対等関係で、二通の咨文を送ったと考えられる。

このような言動はハンに尊号を定めることに拒んでいるとして、ホンタイジは背誓行為を理由に、崇徳元年（1636）十二月二日、武力で朝鮮を屈服させる親征に着手した。ダイチン・グルンからは侵攻の予告まであったにもかかわらず、朝鮮側の防備は不十分なままで、氷点下の気候に恵まれて、氷結した鴨緑江を越えたダイチン・グルンの軍隊は、本格的な反抗に遭遇することもなく一気に朝鮮の都に到達した。国王の仁祖はやむを得ず都を捨てて近郊の南漢山城に逃げ込んだ。

その後、朝鮮王を降伏させるために、籠城解除を求める交渉が始まった。このとき南漢山城を孤立無援の事態に陥りつつあると感じさせるために、文書のやり取りは大きな役割を果たした。その結果、翌年正月三十日に国王の李倧はじめ朝鮮の閣老・群臣等が揃って降伏し、ダイチン・グルンと条約を締結したが[69]、これを朝鮮側では丙子胡乱と呼んでおり、このときの戦勝碑は、現在も三田渡に残っている[70]。また降伏を勧告した最後の詔諭と言われる詔勅は、中村栄孝（1930）によって影印が公開され、その崇徳年号の上に［制誥之宝］の印が捺されているのがわかる【図6-8】[71]。岩井茂樹（2003）によれば、それは場違いの［制誥之宝］であり、これが「伝国の璽」たる元朝伝来のものというふれこみだったが、本来なら詔勅には［皇帝之宝］などを使ってよいはずである[72]。そもそも［制誥之宝］は任官の詔に用いるもので、「一品より五品までは、授けるに誥命を以てし、朱印には［制誥之宝］を用いる」ためにあるのである[73]。

天聡ハンのホンタイジはマンジュ・モンゴル・漢の八旗の推戴をうけて、グルン号のアイシンをダイチンに改め、年号の天聡も崇徳に変えて即位した。そして、新政権を発足するとともに臣民に対して、さまざまな詔書を発出する過程で、盛んに用いられたのはやはり［制誥之宝］であった。詔書とは、皇帝の名義で天下臣民に対して、頒布する詔令文書の一種である[74]。本来なら詔書等には［皇帝之宝］などを使うにもかかわらず、当時ほとんどの詔書に［制誥之宝］を使ったこ

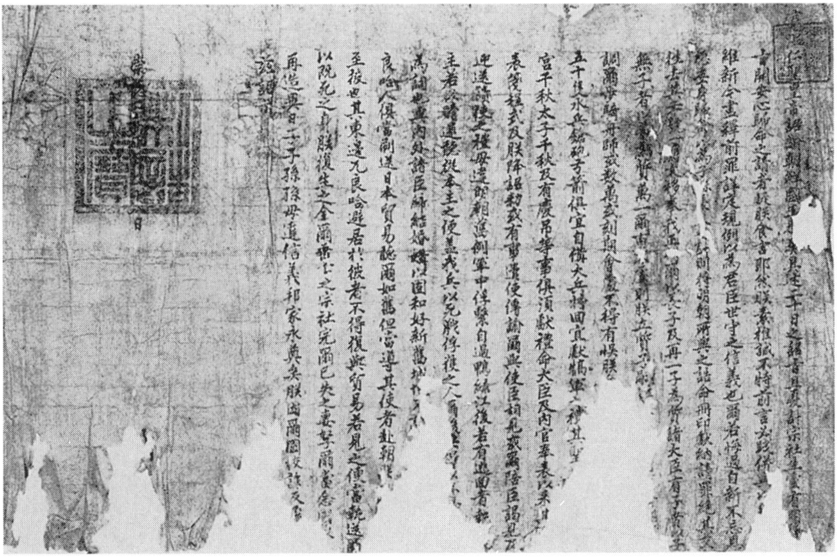

図6-8　「清太宗南漢山詔諭」（中村栄孝（1969）収録）

とは、なによりもこの印こそが主導的な位置を占めていたことを意味する。それは「伝国の璽」だという認識によるものに相違ないだろう。例えば、それぞれ崇徳元年（1636）四月二十三日と崇徳元年（1636）五月十四日に「朝会制度[75)]」と「慶祝制度[76)]」や「冠服制度[77)]」などを次々と定めたマンジュ語勅諭を飾ったのも［制誥之宝］である。さらに、崇徳元年（1636）七月十日に「福晋冊封」という典礼を行ったが、『満文原檔』崇徳元年七月十日には、

> グルン・エジェンの福晋（fujin）・東大福晋・西大福晋・東側福晋・西側福晋を封じた礼。七月十日吉日、諸和碩親王・ドロ郡王・グサベイセ・文武の諸官等が崇政殿に集まり、等級に従って並んだ後、聖ハンは出て崇政殿の玉座に座った。書三院の官人等が「グルン・エジェンの福晋を封じる冊・印・儀仗を準備し終わった」とハンに上奏した。ハンが勅諭を下し「封じる儀物を持って行け」といった後、グルン・エジェンの福晋冊・印を卓の上に左に冊、右に印を置いて、節を持った二人が前導し冊・印を捧げて儀仗を率いて、清寧宮の前に至ると、グルン・エジェンの福晋・諸福晋は皆起立した。書官が封じる冊を卓から取って、東側の卓上に置いて西に向いて立ち、冊に書いたマンジュ・モンゴル・漢の三グルンの文をすべて読み上げた。（中略）。このように冊を読み上げた後、その書官は冊書を捧げて女官に授けた。もう一人の書官は印を捧げて、もう一人の女官に授けた。二人の女官は皆跪いて受け取り、グルン・エジェンの福晋に授けると、グルン・エジェンの福晋は跪いて一つずつ受け取って、両側に立っていた女官に授けた。すると女官も跪いて受け取って、前に黄色の風呂敷に置いた卓上に置いた。それから金椅子、儀仗をすべて並び終えた後、グルン・エジェンの福晋は金椅子に座った。グルン・エジェンの福晋を封じる礼が終わると、書官等は節を先に立てて崇政殿に来て跪き「グルン・エジェンの福晋を封じる礼が終わった」と上奏した。（中略）。書官は続いて西側「jingji fujin・莊福晋」を封じる冊文を読み上げた。（後略）[78)]。

とある。このように福晋を冊封したことについては、すでに加藤直人（1987）が、「これが形式的な面において、清朝における中国的な「皇后」という存在のはじまりであろう」と述べている[79)]。だが、以上の語句によると「fujin・福晋」以外に「皇后」という語句が出てこない。『満文老檔』（東洋文庫訳注）では「han i fujin」

を「皇帝の皇后」と訳し、そのほか「妃」も「fujin」の漢訳とされていた。ちなみに、ホンタイジが太祖であるヌルハチや母親を祀る祭文は、ハンである父に対して母親を「hūwangheo eniye 皇后母」あるいは「fujin eniye 福晋母」と称していた[80]。『満文原檔』を見る限りでは、封じられた五人の福晋は決して中国的な「皇后」の形で出てこない。むしろ、冊封したのは福晋たちに新しい呼び方を定めたに過ぎず、「han i fujin」はあえて「ハンの福晋」と訳すべきだろうと考えられる[81]。一方、『御製五体清文鑑』によると、hūwangheo・fujin・fei に対応する漢語はそれぞれ皇后・福晋・妃である。いずれも漢語からの音訳語であることも確かめられるが、やはり語句ごとに区別していると言えるだろう。

典礼が行われた過程を見ると、あらかじめハンの各福晋が冊封に用意した冊書と印が卓の上に置かれ、礼官に導かれて各福晋の家に向かう。そして、書官が冊書に書いたマンジュ文・モンゴル文・漢文を読み上げた後に、印を含めてこれらを女官に授けた。次いで女官を通して福晋に授けた後に、今度は福晋が女官に渡して卓の上に置くことで典礼を終えた。最後にハンに典礼の終了報告して、冊封が終わることになった。

このような極めて複雑なスタイルで五人の福晋に次々と典礼を行い、福晋のボムブタイ（本布泰[82]）もこのとき同じ典礼で西側の「jingji fujin・荘福晋」と冊封された[83]。ここでは三言語で宣読することがポイントである。こうした宣読によるマンジュ・モンゴル・漢の三体合璧文である荘妃の冊文は、現在、中国第一歴史檔案館に所蔵されているが、それぞれマンジュ文・モンゴル文・漢文で書かれた年月日に捺されているのも漢文篆書体の［制誥之宝］である【口絵5】[84]。また、同様に崇徳六年（1641）[85] 勅諭と崇徳七年（1642）の冊文にもこれは使われていた【口絵6】。冊文に現れている特徴は、いずれも本文は赤字で、もちろん印璽も朱印であるが、印璽の上に年月日だけ黒墨で重ねて書かれるのが、この時代の冊文の通例である。

ところが、順治四年（1647）十月十八日に、同じ呉三桂配下の遊撃の宋友功と左有進をともに三等阿達哈哈番に昇格させた誥命には、それぞれ満漢合璧の諭旨の二ヶ所に漢文の［制誥之宝］と【図6-9】、漢文の諭旨に満漢合璧の［hese wasimbure boobai・制誥之宝］一つだけが捺された【図6-10】[86]。崇徳年間に全く現れていなかった満漢合璧の印璽が現れてきたのである。一方、『満文内国史院

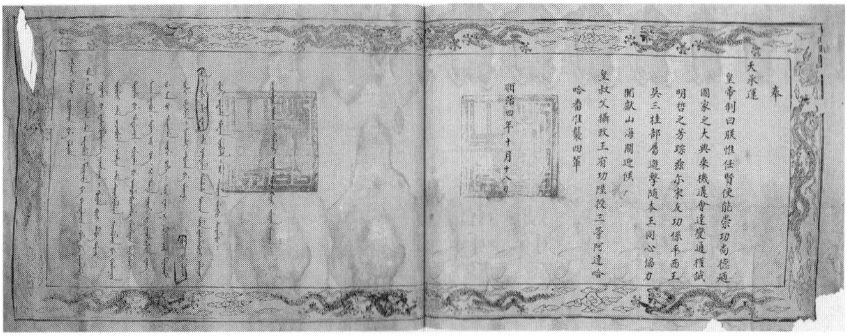

図6－9　「宋友功昇授三等阿達哈哈番誥命」（『明清檔案巻・清代』収録）

檔』崇徳八年十二月には、［制誥之宝］に関連する極めてあいまいな記事が記される。一つ例をあげると、

十二月二十二日、理事官トンタイ、シデク、主事フェイチ、筆帖式アンカイ、官を昇進する旧勅書十二、新しい緑頭板十、すべて二十二通の勅書（ejehe）を届けて来て、当日に書を書いて印を捺して、漢の啓心郎董天机、理事官トンタイ、ニマンに交付した。これに［hese wasimbure boobai］二十二個を捺した[87]。

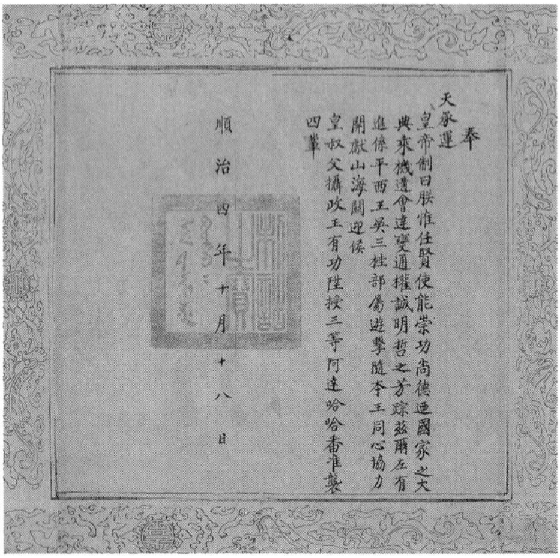
奉
天承運
皇帝制曰朕惟任賢使能崇功尚德通國家之大
典秉機遭會達變通權誠明哲之芳踪茲爾左有
進係平西王吳三桂部屬逆擧隨本王同心協力
開献山海關迎候
皇叔父攝政王有功陞授三等阿達哈哈番准襲
四筆
順治四年十月十八日

図6－10　「左有進昇授三等阿達哈哈番誥命」（『明清檔案巻・清代』収録）

とある。二十二通の勅書（ejehe）に捺されたのは［hese wasimbure boobai］であり、訳せばもちろん［制誥之宝］である。天聡九年八月に「伝国の璽」としたのは漢字音の［jy g'ao s boo・制誥之宝］と当時の漢字音のままに記されているが、ここに捺された［hese wasimbure boobai］は漢文だけのものなのか、あるいは満漢合璧の印璽なのか明らかではない。しかし、今日伝わる崇徳年間の

文書を見る限りでは、いまだに漢字とマンジュ文字の両方を刻んだ満漢合璧の印璽を捺された文書がなく、しかも上述した崇徳七年までの詔書に漢文のみの［制誥之宝］が使われていたことからすれば、満漢合璧の印璽は順治初年から使い始められたとも考えられる[88]。

ところで、このことは大明を攻めるために武力より文力で軍人を動揺させるという極めて重要な選択をしたことを意味するものである。そして、その目的に合わせて主導的な役割を発揮したのがやはり「印」である。政権交代に伴う文書政策の転換期を迎えつつあることはより重要なポイントになる。その根拠は次の「大清国皇帝致書明諸帥」である。

> 順治元年正月二十七日写与西拠明地諸帥書一封、書口上下写謹封、用［皇帝之宝］二顆、内年月用［皇帝之宝］一顆、袋正面写諸帥書。(後略)。
> 順治元年正月二十七日、西の方の明地の諸帥宛に書いた一通の書、上下の書口に謹封と書いた。［皇帝之宝］を二つ用い、中の年月日に［皇帝之宝］を一つ用い、封筒の表に諸帥書と書いた。(後略)[89]。

とあるように、西方にある大明の諸将軍に出された詔勅に［皇帝之宝］が使われ、ついに［皇帝之宝］が出てきた。しかもこれは三ヶ所に捺されていた。前引の「金国外藩各蒙古貝勒の書」【図6－7】対朝鮮の文書には四ヶ所に印が捺されていた（封筒の正面に二つ、裏に一つ、中の年月日に一つ）[90]のに対して、大明諸帥への文書は、封筒の上下に［皇帝之宝］を二つ、中の年月日に一つを捺した詔勅であった。大明の奏本と啓本の場合には、官印を文書の正面と年月日に捺すのが基本である[91]。文書の三ヶ所に「印」を捺す慣例は、すでに崇徳八年の事例からもうかがうことができる。

> ⓐ gūsin de ning yuwan de unggire bithe de. ［**han i boobai**］ilan gidaha:
> 三十日、寧遠に送る書に［**han i boobai**］を三つ捺した。
> ⓑ ineku tere inenggi dianci lama de unggire bithe de. ［**han i boobai**］emken gidaha:
> その日、デンチ・ラマに送る書に［**han i boobai**］を一つ捺した[92]。

とある。ⓐとⓑとも具体的な文書の内容については不明であるが、［**han i**

boobai］が捺されたことを確かめることができる。訳せば［皇帝之宝］という意味の印璽であり、それを三つ捺したというのは、三ヶ所に捺したということではないかと考えられる。それはマンジュ文字の篆書体で刻まれた印璽であろう【表6-2】。ただ、実際にこの印璽が使われた事例をいまだに確認できていないが、【表6-2】には満漢合璧の［皇帝之宝］も取り上げられており、満漢合璧の印璽は順治年間から使い始められている。なお、『交泰殿宝譜』によると、マンジュ文字の［han i boobai］は詔赦に用い、満漢合璧の［皇帝之宝］は詔勅や冊封等の儀式に用いるというように、各々の使い分けははっきりとしている。たしかに順治七年（1650）十二月二十日の「皇父攝政王多爾袞喪儀合依帝礼詔」には、満漢合璧の［皇帝之宝］が使われていた【図6-11】[93]。

一方、崇徳八年（1643）に太宗のホンタイジが没すると、ドルゴンは幼少の順治帝を擁立し、鄭親王のジルガラン[94]とともに輔政王として攝政に就任した。そして、大明攻略事業の主役であった攝政王ドルゴンは、しばしば降伏を勧める詔勅を出したが、その文書にはなんとホンタイジが、和碩睿親王ドルゴンに［奉命大将軍］という称号を授け与えた［hese be aliha amba coohai ejen］という勅印が使われていた[95]。本来なら詔勅には［制誥之宝］や［皇帝之宝］を捺すべきであるが、それにふさわしくない「官印」を用いたことには違和感があろう。しか

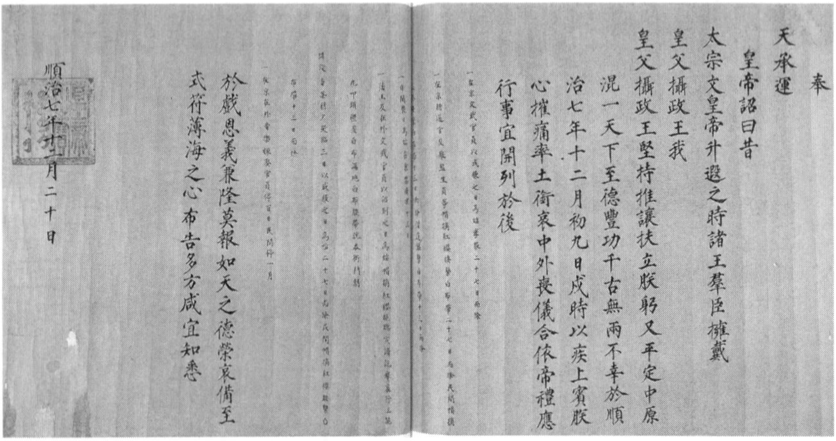
奉
天承運
皇帝詔曰昔
太宗文皇帝升遐之時諸王羣臣擁戴
皇父攝政王我
皇父攝政王堅持推讓扶立朕躬又平定中原
混一天下至德豐功千古無兩不幸於順
治七年十二月初九日戌時以疾上賓朕
心摧痛率土銜哀中外喪儀合依帝禮應
行事宜開列於後
於戲恩義兼隆莫報如天之德榮哀備至
式符薄海之心布告多方咸宜知悉
順治七年十二月二十日

図6-11　「皇父攝政王多爾袞喪儀合依帝礼詔」（『明清檔案巻・清代』収録）

も、攝政王ドルゴンは次に列挙するように、意識的に印を使い分けていることがわかる。

ⓒ 勅諭都督府都督僉事孔希貴、茲以定鼎燕京、薊鎮為畿輔要区、建威銷萌亟需弾圧、特命爾充総兵官、鎮守薊州等処地方。(中略)。順治元年九月十一日。※印［hese be aliha amba coohai ejen］。

都督府都督僉事の孔希貴に勅諭す。今は都の燕京を定め、薊州鎮は近畿の要地であるために、速やかに権威を付けして弾圧を示す。特に汝を総兵官に務めさせて、薊州などのところを守備する。(中略)。順治元年九月十一日。※印［hese be aliha amba coohai ejen］[96]。

ⓓ 皇帝勅諭衍聖公孔興燮(皇帝は衍聖公孔興燮に勅諭す)。(中略)。順治六年十二月十一日。※印［制誥之宝］[97]。

ⓔ 大清国／攝政王令旨諭都司徐標・沈高簡等。(中略)。順治元年八月十八日。※印［hese be aliha amba coohai ejen］[98]【図6-12】。

ⓕ 攝政王令旨諭諸王及大臣知悉（攝政王の令、諸王及び大臣に承知する諭旨）(中略)。順治元年五月　日。※印「なし」[99]。

以上、まず例のⓒは、大明の総兵官である孔希貴を薊鎮の総兵官に任命した勅諭

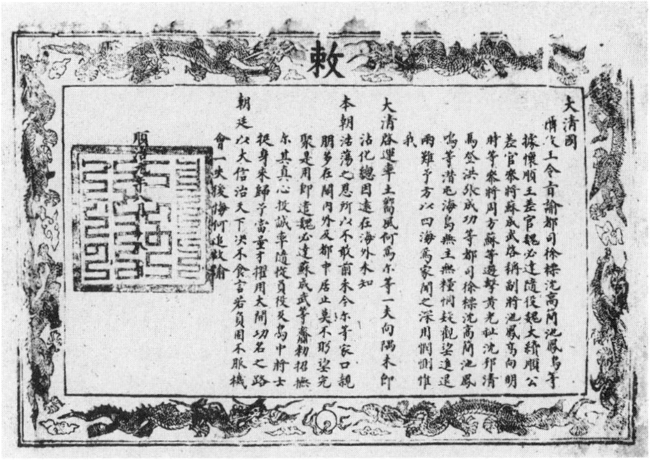
敕

大清國
攝政王令旨諭都司徐標沈高簡池鳳鳴等
據懷順王差官魏必達隨役姚大績順公
差官參將蘇成武啓稱副將池鳳鳴向明
時等參將周方蘇等遊擊黃光祉沈邦清
馬登洪孫成功等都司徐標沈高簡池鳳
鳴等潛屯海島無主無糧惆敍觀望進退
兩難予方以四海為家聞之深用惻惻惟
我
大清啓運率土皆臣何爲爾等一夫向隅未即
沾化總因遠在海外未知
本朝浩蕩之恩所以不敢前來今爾等家口親
朋多在關內外及都中居止莫不盼望完
聚是用即遣魏必達蘇成武等齎勅招撫
爾其真心投誠率隨從員役及島中將士
挈身來歸予當量才擢用大開功名之路
朝廷以大信治天下決不食言若負固不服機
會一失後悔何追敕諭

図6-12 「摂政王詔撫都司令旨」(『明清檔案存真選輯』初集収録)

であり、勅諭といっても年月日に捺されたのは印璽ではなく、官印の［hese be aliha amba coohai ejen］であり、同様にⓔの「大清国攝政王令旨」にも使われていた。一方、ⓓは衍聖公に下した勅諭であり、衍聖公とは山東省の曲阜にあって歴代王朝から尊崇を受けていた孔子直系の子孫のことで、いわば中華の精神文化の伝統を象徴する身分である。これに対して用いるのは、清廷が自ら刻した印璽ではなく、天の命の象徴として有徳の王者のもとに帰した「伝国の璽」こそふさわしいと考えたのである[100)]。つまり、衍聖公に下した勅諭には上述した漢文のみの［制誥之宝］が使われたことがわかる。

一方、ⓕは、対内の諸王や大臣等に出した「勅諭」であるが、奇妙なのは年月日は書かれているのに、印を用いていないことである。かつて今西春秋（1936）は、「勅諭として全然体を成さぬことである。漢文の終わりにも、又満文の終わりにも、全く日付の記入がない。日付の下部に押捺さるべき最も重要な印璽がない。謂わば正式の勅諭として発令されたものではない」と述べている[101)]。これは順治六年（1649）正月八日に『大清太宗実録』の編修のために、内三院の大学士であるガリン（剛林）や甯完我等に下した攝政王の「勅諭」である[102)]。確かに、その後の甯完我【図6－13】[103)]や洪承疇[104)]に下した「勅諭」も公刊されたものを見る限りでは、今西春秋（1936）が指摘したように、満漢合璧の形で日付と印璽が、いずれも用いられていないことは明らかである。当時は公表された史料に限りがあるから、今西春秋が正式の勅諭ではないと考えたのは当然なことだろう。

ところが、ⓕの場合は、「攝政王」は「天」より一文字を下げているのに対し、実録編修の勅諭の冒頭の「皇父[105)]」は、太宗と同じく二文字を擡頭し、また先述

皇父攝政王勅諭内翰林弘文院大
學士甯完我兹者恭修
太宗文皇帝實録擇於順治六年正
月初八日開館予惟帝王撫運
膺圖[illegible]建極有一代之典必
垂一代之史以覲揚於後世誠
要務也我
太宗文皇帝安内攘外在位十有七
年其武功之盛及號令賞罰訓
誥宣布爾等俱稽實成編毋誇
以失實毋偏以廢公毋忽以致
遺毋怠以玩歳祇勤夙夜以垂
成一代之典稱予意焉欽哉

図6－13　「多爾袞開国史館之勅諭」（『清代文書檔案図鑑』収録）

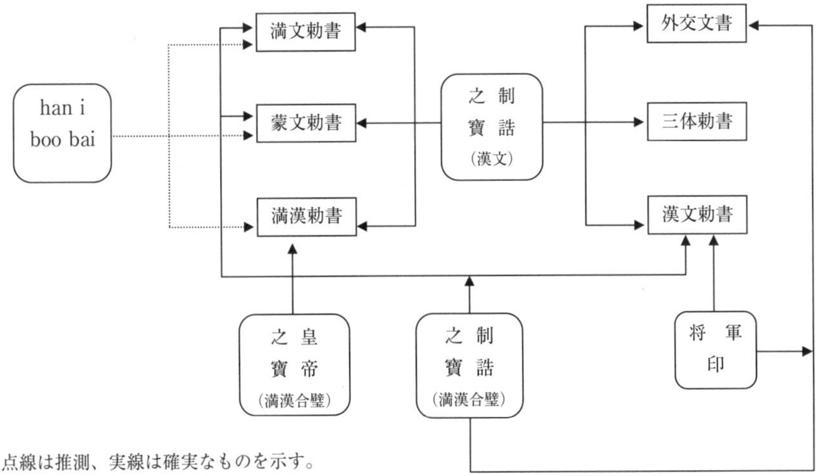

• 点線は推測、実線は確実なものを示す。
• 将軍印は hese be aliha amba coohai ejen である。
• 三体は満蒙漢合璧の勅書である。

図表6－2　印と文書の関係図

した順治七年（1650）十二月二十日の「皇父攝政王多爾衮喪儀合依帝礼詔」は、「皇父」を「天」と「太宗」とともに二文字擡頭する一方で、「皇帝」の方はかえって下げられている【図6-11】。そもそも対外的には攝政王の勅諭であれば、ドルゴンは自らの将軍官印を捺していた。にもかかわらず、「皇父攝政王勅諭」になると日付から印まで存在せず、正式の勅諭ではないように思わせた理由は何なのだろうか。ここに、時間と空間をこえた歴史考察の難しさがある。

こうしてみると、すでに片岡一忠（2008）は、「攝政王令旨には北京入城以前から押印がない」と指摘していたが[106]、しかし、ⓔのように将軍の官印が捺されたとすると、必ずしもそうともいえないことがわかる。とりわけ、冒頭に「勅諭」と「大清国攝政王令旨」とある場合には、将軍の官印を使用しており、それは、フリン（福臨）は幼少で即位したため叔父のドルゴンが攝政王、ジルガランが輔政王となり、しかも、大明攻略事業と北京遷都など初期草創期において、ドルゴンが国政の最高権力者として存分に活躍し[107]、入関前後の多難な政局の運営に当たって、そのとき最高の権力の所在を示すのがほかでもないこの官印なのである[108]。例のⓒとⓔとはそうした状況の証左ともいえる事例だろう。当時のドルゴンは、皇帝の印璽を自分の邸に持ち出して政務を取り、一切の文書はドルゴンのもとに送られて決裁を得るようになった。つまり、ドルゴンは事実上の皇帝だったのである。急死後の葬儀は皇帝の格式で盛大に執り行われたという[109]。

4　天地山川鬼神を祀る boo bai の登場

皇帝とは、天地山川鬼神の祭祀を行う大権を有する者である。この天地山川鬼神の祭祀で皇帝は、天地と自己との関係においては、「天子」という立場に立つことになった。一方、百官・万民にとって皇帝とは、「煌煌たる上帝」にひとしい絶対者であった。このように彼らに対して皇帝は「天子」としてではなく、天地にひとしい絶対者「煌々たる上帝」として君臨していたのである[110]。天地を祀るには［奉天之宝］を用い、［天子之宝］は山川・鬼神を祭祀するときに用いる[111]。このような天地鬼神を祀る中国式のしきたりをマンジュ人も取り入れていたことがうかがえる。例えば、『満文内国史院檔』には、

> 十二日、崇徳八年癸未十一月初一辛卯、十二壬寅日、ダイチン・グルンの大臣が代わりに務めタジャン等が謹んで潔齋して、恐れながら上天ハンの位前に跪いて奏言する、本日は冬至になって、陽氣が回復する日という。慣例に照らして祭祀のために供物を準備して謹んで祀る。これに［abka de jafara boobai］奉天之宝を一つ捺した[112]。

とある。天地の祭りは周代に始まり、夏至と冬至の日に行われた[113]。冬至の日に天を祭ることが最も重要な儀式である。太宗のホンタイジは、在位17年目の崇徳八年（1643）八月九日に五十二歳で死去した。九月二十一日に昭陵に埋葬され[114]、そして、冬至の日になると旧来の伝統に照らして、大臣のタジャンを派遣し祀ることにしていた。その祭文に［abka de jafara boobai］奉天之宝という印璽が使用された。そもそも天地を祀るのに［奉天之宝］だけを用いることは、『大明会典』「尚宝司」の職掌に詳細に記載されており、この［奉天之宝］を［皇帝奉天之宝］というのである[115]。確かに大明の場合は［皇帝奉天之宝］を用いて天地を祀っていた[116]。『交泰殿宝譜』には、満漢合璧の［han i abka de jafara boobai・

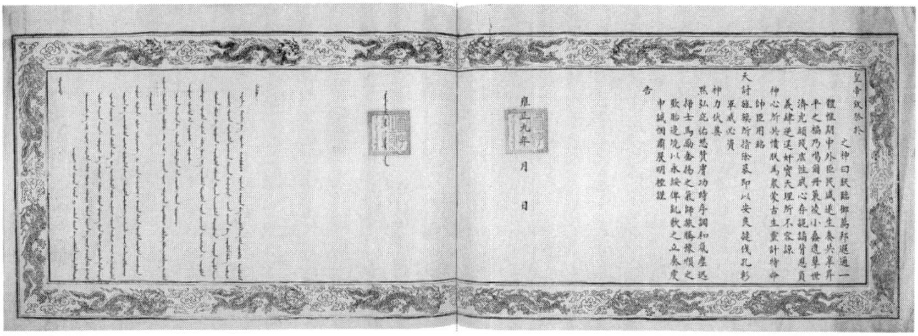

図6-14 「雍正九年征討噶爾丹策凌祭天文告」(『明清檔案巻・清代』収録)

同拡大図

皇帝奉天之宝］が収録されているが、これは玉で作られたものと見られる。漢文は篆書体であるのに対して、マンジュ文は篆書体ではなく楷書体を用い、おそらく順治年間に刻したboobaiだと考えられる[117)]。しかし、入関前に使われたのはマンジュ文のみの［abka de jafara boobai］であった。材質は金製で、大明と違って「皇帝」名を帯びる印璽ではなかった【表6-2】[118)]。また、祖先を祀るには［天子之宝］を用いることになっていた。

その日、崇徳八年癸未十二月二十八日、祖上の太祖承天廣運肇紀立极神功孝睿武皇帝、太皇太后孝慈昭憲敬順章福聖皇后神位の前、孝行な孫フリンは跪いて奏言する、今旧年が終わり、次いで新年が到来した。大礼の時にあわせて祀るために供物を準備して、アバイ等を代わりに遣わして、謹んで祀る。そこで福陵に一通の書がある。アサンを代わりに遣わした。これに［abkai jui boobai］天子之宝を三つ捺した[119]。

とある。盛京で帝位を嗣いだ順治帝のフリンは、太祖や太后を祀る祭文に［天子之宝］を使用したし、太廟などを祀る場合にも［天子之宝］が使用された。例えば、『順治朝満文国史檔』順治元年（1644）七月には、

十四日、諭旨、祖先の位、太廟、福陵、この三箇所を祭る三通書に［abkai jui boobai］天子之宝を三つ捺した[120]。

とある。もちろん［abkai jui boobai］はマンジュ文字のみの印璽であるが、用いた書体については、上述六部の官印の篆書体とみごとに合致するから、同じ時期に造られたこともわかる【表6－2】。ちなみにそれぞれ雍正九年（1731）及び雍正十一年（1733）、g'ldan cering（噶爾丹策凌）を征伐する際、神を祭る祭文に捺されたのは満漢合璧の［abka i jui boobai / 天子之宝］であり【図6－14】[121]、書体はやはり満漢合璧の［han i abka de jafara boobai / 皇帝奉天之宝］と同じだから、同じ時期に刻されたものと考えられる。こうした祭祀は皇帝大権に属する神聖な儀式とされていたのである。

5　おわりに

ヌルハチは同じジュシェン人が建てた金国にならって新しいアイシン・グルンを樹立し、ハンと皇帝を兼ねて大明や朝鮮に自立を宣言し、そのときの外交文書にはマンジュ文字の印璽「doron」を用いてこのことをアピールしていた。後にこの印璽が両国において講和をめぐる争いの焦点になったことが明らかとなった。

そして、チャハル（察哈爾）のリンダン・ハーンの未亡人スタイ太后と息子のエレケ・コンゴルが、アイシン・グルンに投降したことによって、伝国の璽といわれる漢文で刻された［制誥之宝］を獲得したのである。それに伴い初代ハンたるヌルハチが建設したアイシン・グルンをダイチン・グルンと改め、新政権におい

てこの［制誥之宝］は唯一の印璽としてしばらくの間、国内と外交等を含む諭旨や詔書を下すたびに使用されていた。しかし、ホンタイジが死んだ後に、トルゴンがしばしば自らの将軍印を各文書に用いられていたことが確かめられる。そして、つとに印璽と官印とに関わらず使われた「doron」という用語は、官印のみに用い、伝国の璽の獲得に従って印璽に「boobai」という新しい用語が使われるようになったのである。やがて、入関することによって従来の各印は、満漢合璧の形への切り替えに向けて時代は進み、文化面において多言語の時代が到来することになった。

表6-1　各牌収蔵一覧　（高さ×直径×厚さ、単位はcm）

史料 ＼ 牌種	皇帝之宝（満蒙漢合璧）	secen qaγan-u jarlaγ（モンゴル文）	寛温仁聖皇帝信牌（満蒙漢合璧）	合計
寸法	29.3×22.1×1.70	31.5×21.4×2.70	30.8×21.8×2.20	
翔鳳閣恭貯器物等項清册※	399	39	99	537
西七間楼恭貯書籍墨刻器物等項清册※	399	39	99	537
宮殿楼閣缺失佚陳設器物清册※	－120	－19	－35	－164 ＋363
西七間楼恭貯書籍墨刻器物等項清册※	279	20	64	363
盛京故宮全部物品清册（1983）※				601
李鳳民・陸海英データ	536	28	93	657
李理（2008）データ	530	30	100	660

［※］は李鳳民・陸海英（1994）により

表6-2　グルン各印璽一覧　(紐の高さを高で示す、単位は寸)

漢文 / 意味	マンジュ語	材質	寸法(辺×厚×高)	紐式	印
大清受命之宝	abkai hesei aliha daicing gurun i boobai	碧玉	4.8×1.9×2.4	麒麟紐	
皇帝之宝	han i boobai	青玉	4.8×1.9×2.7	交龍紐	
皇帝之宝	han i boobai	碧玉	5.0×1.8×3.0	盤龍紐	
皇帝之宝	han i boo bai	梅檀香木	3.8×0.6×0.5	素紐	
奉天之宝	abka de jafara boo bai	金	3.7×0.9×2.0	交龍紐	
天子之宝	abka i jui boo bai	金	3.7×0.9×2.0	交龍紐	
奉天法祖親賢愛民	abka be ginggulere mafari be alhūdara saisa de hajilara irgen be gosire	碧玉	4.9×1.5×2.0	交龍紐	
制誥之宝		青玉	4.7×2.0×2.2	交龍紐	

注）この表の作成は『故宮週刊』2－18、『故宮信片』、『盛京宝譜』、黄錫恵（1998）等を参照。

注：

1) 石橋崇雄（2000）『大清帝国』講談社、99～100頁。
2) 松村潤（1969）「崇徳の改元と大清の国号について」『鎌田博士還暦記念歴史学論叢』、また、同氏（2008）『明清史論考』山川出版社、75頁にも収録。「朝鮮王に対する書においては［後金天命皇帝］の印を使用しながら、文中においては「後金国汗」と自称するような混亂が見られたのである」と述べている。
3) 李学智（1973）「篆写満文」『明清檔案存真選輯』二集、42頁には、「這里所説的篆文番字印之後金天命皇帝印、事実上或由于当時朝鮮的通事原系蒙〔古〕学通事、因此其所解釈的後金天命皇帝七個字似乎頗有問題。由於近数年来在本所内閣大庫残檔中会得見清太祖・太宗時的旧檔上、尚存有此壹早期的満文印璽、其満文是 abkai fulingga aisin gurun han i doron 七字、而其字義応為天命金国汗之印、並不是後金天命皇帝七個字之篆文番字印也。而此一老満文印、或許是清人最早的壹顆印璽」との指摘がある。
4) 片岡一忠（2008）『中国官印制度研究』東方書店、261頁は、「『aisin gurun i han i doron』・『abkai fulingga aisin gurun han i doron』は、ともに印文中に国名を含むことから、外に向けて自己の政権を誇示する印であったと言える」と主張している。
5) 神田信夫（1962）「袁崇煥の書簡について」『駿台史学』12、113頁。また、同氏（2005）『清朝史論考』（山川出版社）にも収録。
6) 『満文原檔』第八冊、成字檔、天聡三年正月十三日、3～5頁（『満文老檔』Ⅳ太宗1、213～215頁）。
7) 『明清檔案存真選輯』初集、85頁。
8) 『清史図典』第一冊、太祖・太宗、99頁。
9) 神田信夫（1962）「袁崇煥の書簡について」『駿台史学』12、115頁。また、同氏（2005）『清朝史論考』（山川出版社）にも収録。
10) 神田信夫（1962）「袁崇煥の書簡について」『駿台史学』12、117頁。同氏『清朝史論考』（山川出版社）（2005）にも収録。また、王鐘翰（1990）『清史新考』遼寧大学出版社、128～129頁参照。
11) 『満文原檔』第八冊、成字檔、天聡三年閏四月二日、6～7頁（『満文老檔』Ⅳ太宗1、217～218頁）、「天聡三年閏四月二日、我が遣わした鄭伸・任得良共に杜明忠が持ってきた書の言、『ハンの旨で辺境督師兵部尚書袁の書、ハンの家元に送った。来書に講和しようという話があるのは、恐らく両家の赤子が刃を蒙るのに忍びなくなったからであろう。ハンの善意は天地が知っているだろう。ただ講和にはその道がある。それは一言で定まることではない。我等のハンは位を継いで以来、明哲果断で辺事に厳しいので、十分に明白にしなければ上聞することが出来ない。ハンが誠に戦をやめようとして人を愛惜すれば、講和の出来る道を考えよ。辺官の顔も立つ。ハンの本来の善意も捨てさせずに、我は難なく上奏した。辺事は辺臣が相談するのであって内臣を必要としない。印というものが証拠となるのは確かであるが、但し册封して下したものでなければ妄りに用いることができない。中国の例法はこのようである。ハンはこれを怪むな。』」
12) 『満文原檔』第八冊、成字檔、天聡三年閏四月、8～9頁（『満文老檔』Ⅳ太宗1、218～220頁）。

13）『李朝実録』巻七十一、宣祖二十九年一月丁酉、「馬臣未及、対歪乃曰、設鎮之事、且悉於回帖中、伱其帰告僉使立等回話、遂与臣出城。童忽哈邀臣於其家、設酌以餞、酒至数巡、臣托以日晩而罷、忽哈拝別臣於城外。一、観回帖中印迹、篆之以建州左衛之印」。また、『李朝実録』巻百二十七、宣祖三十三年七月戊午、「兵使李守一、久在南辺、故老酋根脚、不能詳知、因其文書、有此云云矣。此胡仰順天朝、受職為龍虎将軍、本姓佟、其印信、則乃是建州左衛之印云云。此胡前日、因事送一文書于平安道辺上、其文字字画、大概与此書相同。」

14）『光海君日記』巻百三十九、十一年四月十九日壬申、「伝曰、奏文中後金汗宝、以後金皇帝陳奏、未知何如。令備辺司因伝教詳察以奏。回啓曰、胡書中印跡、令解篆人申汝櫂及蒙学通事翻解、則篆様番字、俱是後金天命皇帝七箇字、故奏文中亦具此意矣。令承聖教更為商量、則不必如是翻解、泛然以不可解見之意、刪改宜当。敢啓、伝曰允。」

15）李学智（1973）「篆写満文」『明清檔案存真選輯』二集、42頁。

16）ウイグル式モンゴル文字印の研究については、伯希和（1994）『蒙古与教廷』（馮承鈞訳）中華書局、25頁。また、照那斯図（1997）「蒙元時期宮廷文書的印章文字」『民族語文』3、43～44頁等を参照。

17）杉山正明（2004）『モンゴル帝国と大元ウルス』京都大学学術出版会、450頁。

18）『満文原檔』第一冊、昃字檔、天命四年七月、262頁（『満文老檔』Ⅰ太祖1、161頁）、「abkai fulinggai banjiha genggiyen han hendume 天の福によって生まれた genggiyen han 言うには」。また、『満文原檔』第四冊、黄字檔、天命十一年五月、349頁（『満文老檔』Ⅲ太祖3、999頁）、「abkai fulinggai fon be aliha han hendume・天の福を奉じて時運を受けたハンが言うには。」

19）「天命丙寅年封佟延勅」（『文献叢編』14、口絵）。また、【口絵3】天聡五年七月初八日の「禁止同族内結婚勅諭」にも年月日に重ねて［abkai fulingga aisin gurun han i doron］を捺されている。

20）『満文内国史院檔』天聡五年正月初八日。また、『内国史院檔・天聡五年』Ⅰ、8頁参照。

21）島田正郎（1986）『明末清初モンゴル法の研究』創文社、474頁。

22）この「パイ」をあやまってヌルハチ時代のものであるとする説も少なくない。例えば、蔡美彪（1987）「大清国建号前後的国名族名与紀年」『歴史研究』3、133～139頁では、「瀋陽故宮蔵有清太祖時的信牌、也鈐有此印。惟因鈐于木質牌面、印文不易細辨。以旧檔之印與其互証、可知是同一印璽」と解釈されている。

23）李理（2008）「論後金至清初時期印信牌之発軔」『故宮博物院院刊』5、61頁。

24）杉山正明（1997）『大モンゴルの時代』（世界の歴史9）中央公論社、97頁、また、杉山正明（2004）『モンゴル帝国と大元ウルス』京都大学学術出版会、38頁。宮紀子（2006）『モンゴル時代の出版文化』名古屋大学出版会、248頁。

25）『満文原檔』第五冊、宿字檔、無年月日、363～446頁（『満文老檔』Ⅲ太祖3、1131～1160頁）。

26）『満文原檔』第三冊、列字檔、天命八年正月、162頁（『満文老檔』Ⅱ太祖2、621頁）、「同じその日、fusi efu、si uli efu が南の海に沿って住んでいる世帯を移しに行くときに、パイに貼り付けて持って行った書の言。（後略）。」

27) 『満文原檔』第二冊、張字檔、天命七年正月二十二日〜二十四日、384〜385頁（『満文老檔』Ⅱ太祖２、492〜495頁)、「二十二日に敵兵を破った礼で八旗の八牛を殺して纛《とう》を祭った。その纛を祭る處に伝家莊の備官の中軍が投降してきたので、**印**一つ・銀一両を賞して行かせた。(中略)。二十四日、白土廠の劉参將が投降して来たので、**旗**一本を與えて行かせた。また、石河の守堡、彼の村をモンゴル人が襲うと報告に来たので、**印**一つを与えて行かせた。」

28) 「明清史料」台北中央研究院歴史語言研究所蔵、登録番号163607、「han hendume dergici wesimbure ai ai gisumbe gemu bithe arabi doron gidabi wesimbu:takoraci/kiru ashabubi takora:bithe doron ako:kiru ako anggai gisun i ūme takorara:bithede doron ako:/anggai gisun i takorambihede:hulha holo ehe mūjilengge niyalma anagan bahabi balai urkilame gūrumbe suilabume/facokon ombi:doron gidaha bithe ako:kiru ako:anggai gisun i mimbe dergici takoraha sere niyalmabe/ūme dacilame fonjire uthai jafabi dele benju gajihede tere niyalmai beyebe huda salibubi gajiha/hudabe benjihe niyalmade buo.（後略).（印 **aisin gurun i han i doron** 12.5cm ×12.5cm). abkai fulingga han i sahaliyan eilgiyan biyai.」

29) 杉山清彦（1998)「清初正藍旗考——姻戚関係よりみた旗王権力の基礎構造」『史学雑誌』107. 1、23〜24頁。

30) 『満文内国史院檔』天聡九年十二月五日、「jai amala manggūltai beilei booi tetun doolara de moo i araha juwan ninggun pai/doron bahafi tuwaci.aisin gurun i han i doron seme arahabi:tere doron be amba yamun de/gamafi.geren beise ambasa.irgen be gemu isabufi weilei yargiyan be hūlaha:」

31) W. Fuchs（1936）*Beiträge zur mandjurischen Bibliographie und Literatur.* Tokyo:Deutsche Gesellschaft für Natur-und Ūölkerkunde Ostasiens. pp.108. また、『清史図典』太祖・太宗、138頁にも収録。

32) 『満文原檔』第一冊、昃字檔、天命四年六月、258頁（『満文老檔』Ⅰ太祖１、158頁）に、「西から馬に財貨を載せて家に持っていく際、もし「han i doron／ハンの印」をなしに馬に乗って家に行けば、ジャカ関門を守るエジェンが捕まえよ。捕まえて審理して罪とせよ」と書を書いて下したという。「han i doron／ハンの印」について、李学智（1973)「篆写満文」『明清檔案存真選輯』（二集）は、「此時所用的印信，或就是老満文印」とするが、これは誤解である。

33) 李理（2008)「論後金至清初時期印信牌之発軔」『故宮博物院院刊』５、61頁。

34) 『満文内国史院檔』崇徳三年三月二十六日（『内国史院満文檔案訳注崇德二・三年分』（河内良弘訳)、281頁)。

35) 岩井茂樹（2003)「大清帝国と伝国の璽」『アジア遊学』56、33〜34頁。また、『登ハン大位檔』によると、「ハン・エジェンは、天の時運に適い、民の願いに至り、徳を修めて、朝鮮国を降服させた。モンゴル国を一つに統合した。玉璽を得た。功名は天下に知れわたった。そのため、内外の衆ベイレら、大臣らは一堂に会し、ハンを称揚して寛温仁聖皇帝（gosin onco hūwaliyasun enduringge han)、国号を改めて大清国、年号を改めて崇德元年とした」(石橋崇雄（1994)「清初皇帝権の形成過程：特に『丙子四年四月〈秘録〉登ハン大位檔』にみえる太宗ホン・タイジの皇帝即位記事を中心として」

『東洋史研究』53.1、102頁)。

36) 『清史図典』第一冊、太祖・太宗、189頁。

37) 茂木敏夫（2013)「伝統的秩序をどう踏まえるか——東アジア新秩序の構想をめぐって」『国際問題』623、42頁。

38) 『満文原檔』第六冊、秋字檔、天聡三年十一月、355〜359頁（『満文老檔』Ⅳ太宗１、257〜258頁)。

39) 『明清檔案存真選輯』初集、63〜79頁。

40) 石橋崇雄（1999)「清初入関前の無圏点満洲文檔案『先ゲンギェン＝ハン賢行典例』をめぐって：清朝史を再構築するための基礎研究の一環として」『東洋史研究』58.3、67頁。

41) 『内国史院満文檔案訳注崇徳二・三年分』（河内良弘訳）崇徳二年正月三十日、87〜88頁。

42) 片岡一忠（2008)『中国官印制度研究』東方書店、292頁。

43) 『満文原檔』第四冊、寒字檔、99〜149頁、【漢文】「皇帝勅諭、張哈児吉（＋去截）孟古路、遇拽黒殺他回来了、因陞為備御占丁夫六名。【マンジョ語】han hendume:janghalji monggoi jun de dosime genebi yehei niyalama waha seme/ilan ci jergi beiguwan i caliyan ninggun niyalma:。」「ハンが言うには、ジャンハルジはモンゴル路に入って行って、イエの人を殺したと、三等備御の俸祿六人」。

44) 『清入関前与朝鮮往来国書彙編1619〜1643』、578頁。

45) 同上掲注、581頁。

46) 「天聡七年元帥孔有徳総兵耿仲明遣官乞降疏」『文献特刊』国立北平故宮博物院十週年記念、1935年。また、『満文内国史院檔』にも収録される。

47) 『女直館訳語』（阿波国文庫）人物門、女二十九。また、金光平・金啓孮（1980)『女真語言文字研究』文物出版社。道爾吉・和希格（1983)『女真訳語研究』内蒙古大学学報増刊、117頁。金啓孮（1984)『女真文辞典』文物出版社、191頁等参照。一方、モンゴル語のqaɣanについては、服部四郎（1987)「蒙古語qaɣan『皇帝』と動詞語幹qaɣa——『閉める』との関係」『東方学会創立四十周年記念東方学論集』東方学会、955〜972頁。

48) 方齢貴（1991)『元明劇曲中的蒙古語』漢語大詞典出版社、57〜65頁。

49) 三田村泰助（1935)「天命建元の年次に就いて——太祖満文老檔の一考察」『東洋史研究』1.2、28頁。

50) 岸本美緒（1998)『明清と李朝の時代』（世界の歴史12）中央公論社、302頁。

51) 『満文原檔』第六冊、秋字檔、天聡三年十二月十一日、374〜380頁（『満文老檔』Ⅳ太宗１、269〜271頁)。「大明崇禎ハンは再び我々を侮って、天が我等に與えた地を返還、皇帝号やグルンの印の廃止を要求したので、我は『天が與えた地を返還しない、皇帝をやめてハンという、別の印をやめて、汝は印を作ってこい』といったが、また聞き入れないので、我は恨んで征伐に来たのである。」

52) 『満文原檔』第八冊、成字檔、天聡三年七月三日、12〜14頁（『満文老檔』Ⅳ太宗１、222〜223頁)。「七月三日、我らの遣わした白ラマ・鄭秀才等が到着した。その使者は来ず、書を二通を送ってきた。書の言『ハンの旨を出して辺境督師兵部尚書袁の書を返報としてハンの帳下に致す。(中略)。中国もまた礼義をもって遇するだろう。またそのような印を册封することは、すべて一言で済ませせることではない』。」

53) 松村潤（2008）『明清史論考』山川出版社、185頁。

54) 『満文内国史院檔』天聡七年六月二十四日（『内国史院檔・天聡七年』、90～91頁)。

55) 「明清史料」台北中央研究院歴史語言研究所蔵、登録番号167554、崇德五年。また、この詔書は『清内秘書院蒙古文檔案彙編』第一輯、(278～279頁) にも収録。

56) 『満文原檔』第九冊、満附三、天聡九年八月六日、316頁（『旧満洲檔・天聡九年』2、235～236頁。)

57) 『満文原檔』第九冊、満附三、天聡九年十月十五日、411頁（『旧満州檔・天聡九年』2、320～321頁)、「朝鮮の使者礼部侍郎朴魯をハンの内院につれて来て叩頭し会わせて、モンゴルから得てもってきたチャハル ハンの宝の玉印を見せると、朴侍郎は驚嘆し『誠に天の福によって得た印である』と言った」とある。また、『李朝実録』巻三十一、仁祖十三年十一月戊午、「朴魯回自瀋陽言、汗擊破蒙古諸国、広地千里、且得玉璽、以璽印紙、使示我国、其印文曰、制誥之文。」

58) 『満文原檔』第九冊、満附三、天聡九年八月二十六日、332～333頁（『旧満洲檔・天聡九年』2、250～251頁。)

59) 『満文内国史院檔』天聡九年十二月二十八日（『旧満州檔・天聡九年』東洋文庫、382頁)、「(前略)。ハンに上奏すると、ハンは「内外の衆諸王諸大臣が同心で尊号を定めたいといっても、朝鮮国王は兄弟となっているので、そこに相談すべき。また外藩の諸王も全て来ていない、今、使者を遣わしてこのことを朝鮮王に聞かせたい」といった。

60) 『満文原檔』第十冊、日字檔、天聡十年二月、25～29頁（『満文老檔』Ⅵ太宗3、906～910頁)。

61) 宮島博史（1998)『明清と朝鮮の時代』(世界の歴史12) 中央公論社、254頁。

62) 『満文内国史院檔』天聡九年十二月二十八日（『旧満州檔・天聡九年』東洋文庫、382～383頁)。

63) 『満文原檔』第十冊、日字檔、天聡十年二月二日、22頁（『満文老檔』Ⅵ太宗3、903頁)。また、『李朝実録』巻三十二、仁祖十四年二月辛卯、「胡差龍骨大・馬夫大等、率西㺚大將四十七人、次將三十人、從胡九十八人出来。龍胡謂義州府尹曰、我国既獲大元、又得玉璽。西㺚諸王子願上大号、欲与貴国議處、玆送差人、不可獨送、故俺亦偕来云。府尹李浚啓聞于朝。」

64) 『李朝実録』巻三十二、仁祖十四年二月己亥、「金差龍骨大等入京、勾管所諸官入見金差。金差出汗書三張示之、一則春信問安、一則国恤致吊、一則致祭物目也。又有二封書、一則面題金国執政八大臣、一則面題金国外藩蒙古、而皆以奉書朝鮮国王書之。諸官問是誰書、答曰、八高山及蒙古諸王子書也。諸官曰、人臣無致書君上之規、隣国君臣、一体相敬、何敢抗礼通書乎（後略)。」

65) 『満文原檔』第十冊、日字檔、天聡十年三月、86～92頁（『満文老檔』Ⅵ太宗3、966～971頁)。

66) 中村栄孝（1930)「満鮮関係の新史料——清太宗朝鮮征伐に関する古文書」『青丘学叢』1、148頁。また、同氏（1969)『日鮮関係史の研究』(下）吉川弘文館、612頁にも収録。

67)『明清檔案巻・清代』6～9頁に収録。
68)『李朝実録』巻三十二、仁祖十四年二月辛丑、「龍胡之行、唯以春信、弔祭為名、汗書亦無別語。其所謂慢書、乃八高山及蒙古王子書也。」
69)『満文内国史院檔』崇徳二年正月三十日（『内国史院満文檔案訳注崇徳二・三年分』（河内良弘訳）、84～93頁）。
70) 宮島博史（1998）『明清と朝鮮の時代』（世界の歴史12）中央公論社、255頁。
71) 中村栄孝（1930）「満鮮関係の新史料――清太宗朝鮮征伐に関する古文書」『青丘学叢』1、154頁。同氏（1969）『日鮮関係史の研究』（下）吉川弘文館、620頁にも収録。また、同（1968）「清太宗の南漢山詔諭に見える日本関係の條件――17世紀における東アジア国際秩序の変革と日本」『朝鮮学報』47、37～84頁も参照。
72) 岩井茂樹（2003）「大清帝国と伝国の璽」『アジア遊学』56、33～43頁。
73)『制度通』1伊藤東涯著、礪波護・森華校訂、平凡社、2006年、208頁。
74) 馮明珠（2005）「細説院蔵「詔書」」『故宮文物月刊』262、36頁。
75)「清寛温仁聖皇帝詔、定和碩親王多羅郡王冬季於日出時上朝、夏季於卯時上朝。又賞賜衣食領受礼儀」「明清史料」台北中央研究院歴史語言研究所蔵、登録番号132198、崇徳元年四月二十三日。
76)「寛温仁聖皇帝詔、元旦令節及皇帝誕辰、定和碩親王多羅郡王等行三跪九叩礼儀注」「明清史料」台北中央研究院歴史語言研究所蔵、登録番号163606、崇徳元年五月十四日。また、『満文原檔』第十冊、日字檔、崇徳元年五月十四日、185～188頁（『満文老檔』Ⅵ太宗3、1050～1053頁）にも収録される。
77)「制頒親王・貝勒・貝子暨各福晋等冠帯珠飾等差規制詔書」「明清史料」台北中央研究院歴史語言研究所蔵、登録番号163604、崇徳元年五月十四日。また、『満文原檔』第十冊、日字檔、崇徳元年五月、192～195頁（『満文老檔』Ⅵ太宗3、1056～1058頁）にも収録される。
78)『満文原檔』第十冊、日字檔、崇徳元年七月十日、315～328頁（『満文老檔』Ⅵ太宗3、1163～1176頁）。
79) 加藤直人（1987）「檔案資料よりみた清代の立后――「嘉慶元年冊封皇后貴妃妃女嬪檔」の分析をとおして」『東洋法史の探究島田正郎博士頌寿記念論集』汲古書院、46頁。
80)『満文原檔』第十冊、日字檔、崇徳元年六月一日、239～240頁（『満文老檔』Ⅵ太宗3、1095～1096頁）。
81)『満文原檔』第十冊、日字檔、崇徳元年五月、188～190頁（『満文老檔』Ⅵ太宗3、1053頁）、「聖ハンの旨により、ハンの福晋・娘の公主・婿・和碩親王・多羅郡王・多羅ベイレ・グサベイセの妻・娘・婿の名前を定めた。ハンの清寧宮の中央の大福晋を国君の福晋、関雎宮の福晋を東大福晋、西の麟趾宮の福晋を西福晋、東の衍慶宮の福晋を東側福晋、西の永福宮の福晋を西側福晋という。（後略）。」
82) ボムブタイ（本布泰）については、『清史図典』（第一冊193頁）と『満文原檔』ともにボムブタイと書かれているが、『満文老檔』にはボルジギト・ハラと書き直された。これについては、今西春秋（1959、「満文老檔付注訳解」『東方紀要』1、210頁）が、「北京本の乾隆付注に（勅諭により謄写する時、原文に記した荘妃の名を取って、ただ姓を書いている）」と解釈している。また、『満文老檔』Ⅵ太宗4（1526頁）参照。

83) 杜家驥（2013）『清朝満蒙聯姻研究』（上）故宮出版社、25頁、「皇太極称帝後、還並建五宮後妃、這五位後妃全部是蒙古貴族之女、其中又有三位出自科爾沁部、為中宮皇後国君福晋、東宮辰妃大福晋、西宮莊妃側福晋。」

84) 『清史図典』（太祖・太宗朝）第一冊、193頁。また、『清代文書檔案図鑑』78～79頁にも収録。

85) 『明清檔案存真選輯』三集、中央研究院歴史語言研究所、59頁。

86) 『明清檔案巻・清代』上海古籍出版社、18～21頁。

87) 『満文内国史院檔』崇徳八年十二月二十二日。

88) 『大清世祖実録』順治元年六月、「令内外各衙門印信、倶竝鑄満漢字様。」

89) 『明清檔案存真選輯』初集、112頁。また、『明清檔案』第一冊、順治元年正月二十六日、B1頁にも収録。

90) 『本学指南』によると、各文書は「封筒式と封式」にしたがって、文書を封入する前に必ず各項目を確認し、封筒への印を捺すのが正式のスタイルである。また、封筒の表書き、裏書きなども図示しており、例えば、

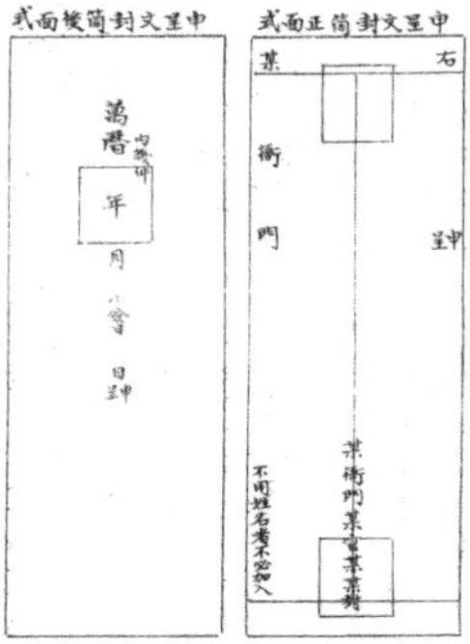

『本学指南』の研究については、櫻井俊郎（1997）「『本学指南』の歴史的性格――明代行政文書ハンドブック」『人文学論集』15、159～172頁参照。

91) 伍躍（2000）「官印與文書行政」『98国際徽州学学術討論会論集』安徽大学出版社、340頁。

92) 『満文内国史院檔』崇徳八年分。

93) 『明清檔案巻・清代』上海古籍出版社、24～25頁。

94) 『清史稿』巻一百六十一、「表一」「顯祖系」、「済爾哈朗舒爾哈齊第六子。初封貝勒。崇徳元年、以軍功晋鄭親王。順治元年、加封信義輔政叔王。五年、縁事降郡王。旋復親王爵。九年、加封叔鄭親王。十二年、薨。謚曰献。乾隆四十三年、以佐命殊功、配享太廟。」

95) 『満文内国史院檔』崇徳三年九月初四日（『内国史院満文檔案訳注崇徳二・三年分』（河内良弘訳）、599～603頁）。

96) 『清史図典』（順治朝）紫禁城出版社、第二冊、84頁。

97) 『明清檔案存真選輯』初集、中央研究院歴史語言研究所、18頁。

98) 同上掲注、9頁。また、『明清檔案』第一冊、中央研究院歴史語言研究所、順治元年

八月十八日、B241頁にも収録。
99）同上掲注、6頁。また、『清史図典』（順治朝）紫禁城出版社、第二冊、95頁にも収録。
100）岩井茂樹（2003）「大清帝国と伝国の璽」『アジア遊学』56、40頁。
101）今西春秋（1936）「清太宗実録の初修開始年次と攝政王勅諭」『東洋史研究』2.1、62頁。
102）『順治朝満文国史檔』順治六年正月八日、「taidzung ni yargiyan kooli arara jalin de.dorgi ilan yamun/ bithei da fan wen ceng baksi:garin baksi.kicungge.fung ciwan. hūng ceng/ sio.sung ciowan.ning wan oo se de buhe ejehe bithe gisun doro be aliha/ han i ama wang ni hese aliha bithei da se de wasimbuha:（後略）。太宗実録を書くために、内三院大学士范文程バクシ・ガリンバクシ・クチュンゲ・馮銓・洪承疇・宋権・寧完我等に賜った勅書の言、ハンの攝政父王が大学士等に下した。（後略）。」
103）『清史図典』（順治朝）紫禁城出版社、第二冊、97頁。また、『清代文書檔案図鑑』三聯書店、328～329頁にも収録。
104）『明清檔案存真選輯』初集、中央研究院歴史語言研究所、17頁。
105）王鐘翰（1990）『清史新考』遼寧大学出版社、96～111頁。
106）片岡一忠（2008）『中国官印制度研究』東方書店、269頁。
107）『清史稿』巻二百十八、「列伝五」睿忠親王多爾袞、「（前略）。鄭親王済爾哈朗・巽親王満達海・端重親王博洛・敬謹親王尼堪及内大臣等疏言、「昔太宗文皇帝龍馭上賓、諸王大臣共矢忠誠、翊戴皇上。方在沖年、令臣済爾哈朗与睿親王多爾袞同輔政。逮後多爾袞独擅威権、不令済爾哈朗預政、遂以母弟多鐸為輔政叔王。背誓肆行、妄自尊大、自称皇父摂政王。凡批票本章、一以皇父摂政王行之。（後略）。」
108）『順治朝満文国史檔』1、順治元年五月十五日、「doro be aliha hošoi ujen cin wang jirgalang:manju.monggo.nikan i geren ambasa be gaifi/niyakūrafi wesimbure gisun. abkai hesei forgon be aliha han:doro be aliha hošoi mergen cin wang de hese be aliha/amba coohai ejen i doron bufi.ming gurun be dailame unggifi.ming gurun i šanaha i/furdan be tuwakiyaha dzung bing guwan.u san gui. šanahai furdan i hafan cooha be gaifi duka//neifi okdome dahaha: 攝政和碩鄭親王吉兒哈朗は、マンジュ・モンゴル・漢すべての大臣たちを率いて跪いて上奏する言、奉天承運のハン、攝政和碩睿親王に奉命大將軍の印を與えて大明グルンを攻めるのに派遣して、大明グルンの山海関を守る総兵官の呉三桂は、山海関の官兵を連れて、門を開いて投降した。
109）岡田英弘（2010）『モンゴル帝国から大清帝国へ』藤原書店、89頁。
110）西嶋定生（2002）『東アジア史論集』第1巻、岩波書店、34頁。
111）『明史』巻七十四、「志第五十」「職官三」「尚宝司」、「［皇帝奉天之宝］、為唐・宋伝璽、祀天地用之。若詔与赦、則用［皇帝之宝］。冊封・賜労、則用［皇帝行宝］。詔親王・大臣及調兵、則用［皇帝信宝］。上尊号、則用［皇帝尊親之宝］。諭親王、則用［皇帝親親之宝］。其［天子之宝］以祀山川・鬼神。［天子行宝］以封外国及賜労。［天子信宝］以招外服及徴発。詔用［制誥之宝］。勅用［勅命之宝］、奨励臣工用［広運之宝］。（後略）。」
112）『満文内国史院檔』崇徳八年十一月十二日。
113）井上京子（1987）「唐衣服令皇帝祭服條にかかわる長孫無忌の上奏について」『東洋法史の探究島田正郎博士頌壽記念論集』汲古書院、161頁。

114）『大清太宗実録』（順治初纂）巻四十、崇徳八年八月、六十五～六十八頁。
115）『制度通』1伊藤東涯著、礪波護・森華校訂、平凡社、2006年、233頁。
116）『大明会典』巻二百二十二、「尚宝司」、「国初設符璽郎、秩正七品。後置尚宝司、陞正三品衙門。設卿少卿、丞。職専宝璽符牌等事。洪武元年、改正五品衙門。皇太子宝不設官、即以本司兼管云御宝二十四顆、旧製十七顆、[皇帝奉天之宝]・[皇帝之宝]・[皇帝行宝]・[皇帝信宝]・[天子之宝]・[天子行宝]・[天子信宝]・[制誥之宝]・[勅命之宝]・[広運之宝]・[御前之宝]・[皇帝尊親之宝]・[皇帝親親之宝]・[敬天勤民之宝]・[表章経史之宝]・[欽文之璽]・[丹符出験四方]。嘉靖十八年新製七顆、[奉天承運大明天子宝]・[大明受命之宝]・[巡狩天下之宝]・[垂訓之宝]・[命徳之宝]・[討罪安民之宝]・[勅正萬民之宝]・[皇太子宝] 一顆。」また、『国朝典彙』（天啓刊本）巻六十七、「「尚宝司」、[皇帝奉天之宝]、以鎮萬国祀天地用之。」
117）『交泰殿宝譜』[皇帝奉天之宝] 以章奉若、碧玉方四寸四分、厚一寸一分。盤龍紐高三寸五分。
118）『清史稿』巻一百四、「輿服三」、「盛京所蔵、曰「大清受命之宝」碧玉方四寸八分、厚一寸九分。蹲龍紐高二寸四分。曰 [皇帝之宝] 青玉、方四寸八分、厚一寸九分。交龍紐高二寸七分。曰 [皇帝之宝] 碧玉、方五寸、厚一寸八分。盤龍紐高三寸。曰 [皇帝之宝] 梅檀香木方三寸八分、厚六分。素龍紐高五分。曰 [奉天之宝] 金方三寸七分、厚九分。交龍紐高二寸。曰 [天子之宝] 金方三寸七分、厚九分。交龍紐高二寸。曰 [奉天法祖親賢愛民] 碧玉方四寸九分、厚一寸五分。交龍紐高二寸。曰 [丹符出験四方] 青玉方四寸七分、厚二寸。交龍紐高二寸二分。曰 [勅命之宝] 青玉方三寸七分、厚一寸八分。交龍紐高二寸五分。曰 [広運之宝] 金方二寸四分、厚八分。交龍紐高一寸五分。」
119）『満文内国史院檔』崇徳八年十二月二十八日。
120）『順治朝満文国史檔』1、順治元年七月十四日。「juwan duin hese mafari soorin. taimiyoo: hūturingga munggan.ere ilan bade wecere ilan bithe de abkai jui boobai ilan gidaha.」
121）「雍正九年征討噶爾丹策凌祭天文告」（『明清檔案巻・清代』上海古籍出版社、102～103頁に収録）。また、雍正十一年「雍正帝為平定噶爾丹告天祭文」（『清代文書檔案図鑑』三聯書店、80～81頁に収録）。

第7章
グルン文書システムの変容

図7－1　（『唐土名勝図会』巻三）

図7-1　翰林院署

翰林院署、在東長安街北玉河橋之西北向、即元之鴻臚署也。第三重為登瀛門、堂五楹西為読講庁、東為編検庁。左廊囲門内為状元庁、右廊囲門内南向者為昌黎祠、北向者為上穀祠堂。之後為穿堂、左為待招庁、右為典簿庁。後為後堂、南向中設上臨幸時、所御宝座御屏。後堂東西屋為蔵書庫、院内東偏有井、覆以亭曰、劉井。西偏為柯亭、自後堂而南門内為敬一亭、自劉井而東為清秘堂、堂前為瀛洲亭、亭下方池為鳳凰池、池南為宝善亭。堂後為成楽軒、自柯亭而西為先師祠、祠南為西斉房、又南為原心亭、有聖祀御書堂、額曰、道徳仁義。

翰林院署は東長安街の北玉河橋の西北に向いており、元代の鴻臚署である。第三重は登瀛門、堂の五柱から西は読講庁、東は編検庁である。左廊囲門の中は状元庁、右廊囲門の中の南は昌黎祠、北に向いているのは上穀祠堂である。その後は穿堂、左は待招庁、右は典簿庁である。後は後堂、南に向いて中に皇帝の行幸時の御宝座と御屏風が設けてある。後堂の東西屋は蔵書庫で、院内の東側には井があり、覆った亭を劉井という。西側は柯亭、後堂から南門までは敬一亭、劉井から東までは清秘堂である。堂の前は瀛洲亭、亭の下の池は鳳凰池、池の南は宝善亭である。堂後は成楽軒、柯亭から西までは先師の祠、祠の南は西斉房である。また南は原心亭、聖が祀る御書堂があり、額には道徳仁義とある。

（『宸垣識略』巻五、10a-11a 頁による）

1　はじめに

17世紀初めマンジュ人は、アイシン・グルンという新しい帝国を樹立したが、これはマンジュ人・モンゴル人・漢人との緊密に連携した多元的文化国家の性格を持つ複合多民族のグルンである。このマンジュ・モンゴル・漢人の集団を基盤とする政権は完璧な多言語文書管理システムを発達させていた。

多元的文化から成るグルンには、そもそも文書を処理する機構が存在し、書房と称していたことが知られるが、漢字表記ではこれを（筆帖赫包）という。これに対応するマンジュ語は（bithei boo）といい、（bithe）は書の意味で、（包）は家を意味する（boo）の音を写したものである。おそらく天命建元前後から書房の形成が始まり、遅くても天命末頃に名実共に備わる機関として成立していたとされる[1)]。つまり、書房（bithei boo）と称するのは、グルン初期の段階のあらゆる文書の処理に当たる機関であり、満文原檔では（bithei jurgan / 書院）と呼ばれた時期もあったことが知られる[2)]。この書房については、大明から帰順し書房に秀才として務めた経歴をもつ王文奎が、大明の通政司に相当する機関であると主張している[3)]。通政司は通政使司とも称されるが、大明においては中央における内外の章疏敷奏封駁の諸事を掌る役所である[4)]。ただし、通政使司は奏章の内容について意見を具申することはなく、官庁としての政治的判断を下すこともできず、単に奏章を受け取って、その形式のみを審査し、敷奏したのち諭旨を記録するだけの、いわば事務処理機関であったにすぎない[5)]。つとにヌルハチ時代には文書を彦加里・大海・劉海・李相介らが管掌していたが[6)]、そのなかの大海は天命・天聡年間において書房の業務を主導し、あらゆる文書処理の責任を担っていたことが確認できる[7)]。

ところで、大明からの多くの官員の帰順が、アイシン・グルンの制度改革に相当の影響を与えていた。例えば、天聡六年（1632）に馬光遠は、文書処理機構である書房について建言し、「六部が設立されても、総裁する人がいない。もし内閣を建てれば、臣下たちに難解な大案がある場合に、あらかじめ内閣で議論してからハンに呈上し、ハンの決裁を得て実施に移す。そうすれば、ハンは煩わしくなく、国政も乱れなくなるだろう」と述べている[8)]。馬光遠は内閣制度の導入を図っていたのである。また、神田信夫（1960）は、「漢官たちにとっては、書房を明の内閣のような最高政務機関とし、彼らの有する漢文の知識をもって、ここを中心に大いに勢力を伸ばすことが望ましかったのである」と指摘している[9)]。大明の永楽時代に置かれた内閣は、皇帝の側近として重要な役割を果たす中央機関であり、そこで数名の内閣大学士が皇帝の相談役として重要政務に参与する、顧問機関であった[10)]。

やがて、天聡十年（1636）三月になると、従来の文書や翻訳を司っていた書房を改めて内三院（bithei ilan yamun[11)]）という、それぞれ国史院（suduri bithei yamun）、秘書院（narhūn bithei yamun）、弘文院（kooli selgiyere bithei yamun）から成る三大文書処理機構が成立した。このような機構を設けることによって、史書の編纂は国史院、外交文書、諭旨や上奏文を処理するのは秘書院、侍講を担当するのは弘文院という業務の分担が形成された[12)]。こうした内三院（bithei ilan yamun）はマンジュ人独自の機構であり、大明の内閣制度と同様にハンの側近という重要な職責を担っていた[13)]。

ところが、順治十五年（1658）に従来の文書処理機構に対して重大な改革が行われ、大明の制度に詳しい漢人大臣によって、内三院はそれぞれ内閣（dorgi yamun）と翰林院（bithei yamun）に分けられた[14)]。これらの各機構のマンジュ語の名称を見ると、内三院及びその前身の書房あるいは翰林院は、いずれも（bithe / 文書）の意味が含まれており、制度の転換と同時に組織機能の継続性も重視されていることがわかる。制度の発展という脈絡から考えると書房は内閣へ変わったが、翰林院はその書房のマンジュ語名称を受け継いだ。つまり、制度を調整するときにも文化の差異が現れているのである[15)]。

このようなダイチン・グルン初期における行政制度の変遷について、これまでの研究では、まず孟森によって、「世祖開国の制度には、八旗は根本的なオリジナル兵制だが、それ以外の制度は大明制度を踏襲し、しかもほとんど変更していない」と指摘されている[16)]。また、宮崎市定（1947）は、「清朝の内閣も明の旧を受けて票擬を行う機関たるには変わりはない、而も清の内閣が明の内閣に異なる一大特色はそれが同時に翻訳機関たる点に存する」と述べている[17)]。また、鞠徳源（1982）は、「清初は明代の題奏文書制度だけにとどまらず、批答する処理システムも明朝の票擬制度を踏襲した」と指摘している[18)]。さらに、荘吉発（1979）は、

「清代の題本は明代の旧制を踏襲し、全て通政司は内閣に転送し、これを通本という。京内の各部院、府寺監衙門の本章は、六部の添付を経て内閣に送り、これを部本という。すべては内閣を経て票簽《ひょうせん》を作り、あるいは双簽・三簽・四簽票擬を用意して決裁を待つ。兼ねて満文と漢文を書き、進呈して御覧に入れる。あるいは照らして票擬し、あるいは再び旨を下し、あるいは原簽の上に改定した朱筆を受け、あるいは如何に票簽すべきかの旨を受けるのを待つ。そして批答を翰林中書は旨に照らして満文に写し、漢人学士は漢文に写し、みな朱筆で題本の表紙に写し、すべては朱で書き表したので紅本と称する」と述べている[19)]。ダイチン・グルン初期からの大明の政策や法規の受容は、マンジュ人従来の制度を置き換えていく一方で、根本的にはこれと異なるマンジュ人独自の制度が存続したものと筆者は考えている。本章は主としてダイチン・グルン入関前後における文書制度の改革から、それに伴うマンジュ語に与えた影響まで分析を試みたい。

2　ホンタイジの勤政

そもそもアイシン・グルン時代から、朝廷での不正を防ぐために次のような諭旨が下されていた。たとえば、天聡七年（1633）六月二十七日の記事には、

> ※ハンが諭旨を下して言うには、「およそ書を上奏するものは、私の行いが適切でなく悖逆《はいぎゃく》なところがあれば、私を非として上奏せよ。政を行うのに誤ったり忘れたりしたところがあれば、私が気がつくように上奏せよ。また、六部の仕事が正しくなく、国の大臣らが盗賊、貪婪、邪悪であれば上奏せよ。また、汝ら自身が生活に苦しんでいるならば、直言して上奏せよ。そのように直言せず、詩のようにあれこれと文飾を加えて、結局は汝ら自身のために大いに書くのなら、私には見るのが難しくなる。汝らにも益がないぞ。これから、書を上奏するものは正直に言え。文章（＋の言葉を書くのを）止めよ。およそ人の発言は、気がついて、もし新しい言葉があればいえ。そうでなく、昔からの古い言葉をそのまま書いて見せたら、何のことか皆知っているぞ」とあった[20)]。

とある。然るべき身分の上奏者がハンに助言することが必要とされていた。ハン

としての政治判断に誤りがあった時、また六部に不公平が生じた時や大臣に汚職があった時には「検挙制度」を取り入れようという、「相互監督」・「相互検挙」の責任を取るような体制が望ましかったのであろう。つまり、ここからは天聡七年(1633)の時点で朝廷全般を規制する監察機構が未だ確立されていないことが明らかなのである。

明朝において六科は、君主の決定に問題がある場合には、これを指摘して君主に差し戻し、或いはその奏疏を奉った六部に差し戻して変更を求めることができる。それが政策内容に関わるものであったとすれば、明らかに一種の拒否権行使であるといえよう。君主の意志決定の過程に具体的に関与することによって政治に対する発言権を行使し得たのである[21]。すでに天聡五年(1631)十二月に寧完我は、「諫臣」を設置しようという提言をしたが、ホンタイジは賛否を明らかにせずにそのまま立ち消えになってしまったようである[22]。「諫臣」とは「言」を掌る者として「言官」と呼ばれ、大明の場合には六科の給事中を「諫官」と呼ぶのが普通である。天聡五年(1631)七月に六部が設けられたが、朝廷の全般にわたって意見を具申する六科の設置には至らなかったようである。これについて、馬光遠は、しばしば六科の設置を求めていたが、賛否の定まらないまま立ち消えになってしまったのである[23]。

実は大明において六科は監察機関であり、天子侍従の臣として、政治全般にわたって監察を行うとともに、詔書の封駁という極めて具体的な任務をもった。皇帝の詔書や臣下の上奏の批准されたものは、六科を通じて公布され、或いは分類して抄写され、行政機関たる六部に送られるのであるが、この場合、内容に問題があれば、これに反駁し訂正を求める権限があった。これを科参もしくは抄参という。彼らの反駁は相当の拘束力をもち、六部でさえ容易に抵抗することは出来なかったとされる[24]。グルンの初期においては事務が複雑であっても、それぞれの事情に応じて、六部は六部ベイレの経由で、書房はバクシの経由でハンに伝奏することが、極めて簡便であったろう。日常的にハンとの間を繋ぐ重要な役割を担ったのは、六部の各ベイレや書房のバクシたちである。しかしその一方で、事案を速やかに解決しないまま遅滞が起こるという問題も生じているが、それは六部に対し六科を設置していなかったためである。もし各部ごとに科を立てれば、各部の事案に責任を持って章奏を書写して監察できるし、月ごとないし年末に各部を監察できる。もしそこで隠蔽や、欺詐が発覚すれば事実を認定した上で朝廷が処分するし、ハンに上奏する場合には、各科から伝奏する。こうすれば、あらゆる事情がハンに上達されて、国政もスムーズに進められる。つまり、書房の責任者がいないため「責任不専」、六部の事情についての「無人稽察」のため、馬光遠は監察として六科を設置し、各科はそれぞれの科に対応した六部の行政に対して、責任を持って監察を行うべきだと考えたのであろう。

天聡十年（1636）四月に、グルン号のアイシンをダイチンへ変更し、大明の中央政権の体制に倣って監察機能を持つ都察院が設けられた[25]。大明の中央政権において、都察院は人事の監察や弾劾をつかさどる機構として知られており[26]、マンジュ語ではすべてを調べる部（uheri be baicara jurgan）という意味になる。都察院の長官にあたるのが承政であり、それぞれマンジュ人・モンンゴル人・漢人の承政がおかれていた。六部に加え七部（nadan jurgan）と呼ばれる部でもあるが[27]、承政は自らの職を言官（gisurere hafan）あるいは言路と称している[28]。その職務の目的は、ハンをはじめ全ての官僚たちの立ち居振る舞いに誤りがあれば、遠慮なく意見を述べるとことなどで、都察院に中央政権の運営上監察の役割を果たすことが義務付けられていた。したがって、都察院の承政らはその任務を積極的に果たしている。たとえば、崇徳三年（1638）正月十五日に都察院の上奏文には、

> 都察院衙門承政臣祖可法・臣張存仁謹奏、為大臣監守自盗、乞速正法、以申憲典。竊照凌河官員困危至極、幸蒙皇上留其生而厚養之、宅舎田園豊且足矣。妻妾女仆衆且多矣。軽裘肥馬且貴矣。犬馬尚且知恩、副将韓大勲不思寸報而反盗金庫。臣等看得此人犬馬不如也。又見其好色、不分男女教劇、以致妄費。作賊喪心、廉恥不顧、大辟之法無容緩者。伏乞皇上将大勲速正典刑、以勵将來、謹奏。崇徳三年正月十五日承政祖可法・張存仁、侍郎臣呉景道・王之哲。
>
> 都察院衙門の承政祖可法・張存仁は謹んで奏す、大臣の業務横領について、速やかに処刑を乞い、朝廷の法典を明らかにしたいこと。凌河の官員は極めて困窮していたが、幸い皇上のおかげで生き長らえ手厚く養われ、住宅や田園は豊かで足りている。妻妾下女は多く、富貴な人のいでたちは貴である。犬馬ですらなお恩を知るのに、副将の韓大勲は少しも報恩を思わず、逆に金庫から盗み出した。この者は犬馬にも劣り、また好色で、男女問わず遊びたわむれ、むだづかいをして

いる。犯罪を行い本心を失い、廉恥とも考えず、重い刑罰を科して容赦するところはない。伏して乞うらくは、皇上に、韓大勲を速やかに法に照らして処刑をし、将来の励ましにしていただきたい。崇徳三年（1638）正月十五日承政の祖可法・張存仁、侍郎の呉景道・王之哲は謹んで上奏する[29)]。

とある。これは、大明から帰順した大臣を業務上横領の罪でハンに訴えている事案である。横領者の韓大勲は、天聡五年（1631）に祖可法と張存仁とともに帰順した人物で[30)]、崇徳元年（1636）五月二十六日に戸部承政に任じられた者である[31)]。したがって、ここでの韓大勲は戸部承政の職務としてグルンの公金を勝手に使い込んだために、ハンに訴えられていたことがわかる。戸部とは六部の役所の一つで、土地・戸籍・財政などを掌る官庁である。もちろんグルン初期から大明の行政機関に基づいて六部が存在したが、機能の点で大明とは異なっており、ベイレが戸部の総理となり、その次席として承政と参政が置かれていた。この時に韓大勲は戸部承政の要職を務めていたにもかかわらず、戸部に納めたグルンの財産を横領したのである。このような横領事件の実情を都察院が知ることができたので、速やかに処罰して懲戒すべきことをハンに求めているのであった。また、『満文内国史院檔』崇徳三年（1638）正月二十六日の記事は、

二十六日、都察院の官員ら、戸部承政韓大勲の罪により、聖ハンに上奏した文詞、「都察院承政アシドロジ・ノヤン、祖可法・張存仁が謹んで奏する「聖ハンが都察院の諸官に下した上諭に、乱政欺詐を厳重に詳察せよ」と言っていた。大凌河を三ヶ月囲んで占領した。聖ハンの大度に幸逢して、諸官を殺さず生かし、韓大勲を大部の承政に任じた。大凌河の諸官は一度も益をもたらしたことがないのに、韓大勲は庫の金を盗んだことが第一の大罪である。これを速やかに殺さず、久しく放任すべきであろうか。大罪を犯した韓大勲を殺さなければ理にも合わない。またこれより小罪を犯した人を殺す事が出来ようか。聖ハンの聖裁を請う[32)]。

とある。当時グルンにおいてすべての行政機関には、それぞれマンジュ人・モンゴル人・漢人の職員が置かれるのが通例で、もちろん都察院も同様である。これらの承政が連名で戸部の公金を盗んだ韓大勲を速やかに処刑すべきだとハンに求めていた。処刑して将来の戒めとすることで、ほかの罪を未然に防ぐ手段となる

はずである。したがって、都察院の承政たちは死刑相当の事案としてハンに訴えていた。死刑を科すべき事案については、当時の都察院は独自で判決を下せず、その権限はハンが握っていた。都察院の権限は政務の「監察」を務めることにあり、重大な事案があれば審議し、その結果をハンに報告した上で、事案の重大さによって判決を下すことを求めるのに止まる。上述した引用文も同様で、これに対してハンは「suweni wesimbuhe giyan inu bi seoleki sehe / 汝らは上奏したことは事実で、我が考えて見よう。得旨、所奏是、朕徐思之 /（諭旨を得た上奏したことは事実で、私もゆっくり考えてみよう）[33)]」という判断を示したことがわかる。ハンは重大な事案の判決についてはいい加減に済ませず、時間をかけて調査を行い、公正な裁決を下すことを最優先の目的としていた。軽率な行動は建国したばかりのグルンにおいて、政権の不安定を招くことにもつながるから、慎重に考えねばならなかったのだろう。そして、『盛京満文老檔』崇徳三年（1638）二月六日の刑部の報告書には、

寅年（1638）正月三十日、○正藍旗の韓大勲を彼のバォーイ李登が告発し、「庫内からしばしば金銀真珠を盗みとっていた」と法司（fafun）に告げ、捜索して得たものは金七両、銀十五両五銭、真珠七両九銭である。これを韓大勲に問うと、「刑部より送った二十七両金をブダン・ヘシミと我々三人で同謀して盗み取ったのに間違いない」という。刑部により金・銀財物を受け取ったこと、彼ら韓大勲・ブダン・ヘシミ・ロロ・チェケ、筆帖式バムバイ・アルバイの取った銀・財物は檔子（dangse）に記した。二十七両金はまだ檔子に記していない。この金を二人の漢人啓心郎、鑲白旗の臧調元ニルの高士俊、正藍旗の崔名信ニルの朱国柱、二人の漢人筆帖式、正白旗の王国明ニルの汪起蛟、鑲紅旗の范文程ニルの魏雲程が秤で量り、包み収め、彼らの漢文檔子に他の物はみな記した。この二十七両金は記していなかった。それ故に彼らを「汝らはみな同謀して盗んで、金を檔子に記さなかった」としてみな死罪とする、上諭、「庫内の金・銀・真珠・財物の盗み取られた数目を知っているか、数えよ」と、インググルダイ・マフタ・呉守進に命じ計算させた。計算したところ東珠八、金四十六両一銭五分、銀四千四百七十七両、紡絲・綾子・杭紬四百七十四余分がでた。それ故に三承政を「汝らは盗み取った数目を知らず、また盗まれた金が登記されていなかったことも知らず、怠慢であ

る」と、各一世職を革し、百両の罰銀を科すと審議して上奏した。上諭、「イングルダイ・マフタ・呉守進を革職するのをやめて、百両の罰銀を科し、法の通りに納めた。ブダン・ロロ・チェケの三人の死を免じて、死罪の贖金を取った。部にもとどおり留めた。ヘシミ『汝は月の大臣でありながら、他の物はみな受け取り檔子に記し、金は檔子に記さなかった』と、死を免じて、革職し、百鞭打ち、耳を刺し、鑲紅旗のマラヒニルのアルバイ筆帖式を『汝は月の筆帖式でありながら、他の物をみな受け取り、檔子に記しながら、金は檔子に記さなかった』と死罪を免じ、百鞭打ち、鼻、耳を刺した。鑲黄旗のカカムニルのバムマイ筆帖式は月の筆帖式ではなかったが、ブダンが呼び寄せて銀を計算したのは事実で、八十鞭打った。二人の漢人啓心郎高士俊・朱国柱、二人の漢人筆帖式汪起蛟・魏雲程を各百鞭打ち、鼻、耳を刺した。ヘシミ・筆帖式バムバイ・アルバイ二人の漢人啓心郎、二人の漢人筆帖式、この七人をみな部から解任した。韓大勲の事を終え、韓大勲の家を捜索して、得た金七両、銀十五両五銭、真珠七両九銭を法の通りに納めた」巴哈納・邵占・呉打亥が審問した。崇徳三年二月初六日。檔子に記した。ウェイヘネ（weihene）が記した[34)]。

とある。まず、報告書によると、正藍旗の韓大勲が、庫内の金銀真珠を盗んだことは、バォーイの李登に摘発されたことがわかる。しかも、韓大勲を含む複数の官員が関わり、そのなかに承政以外に啓心郎や筆帖式もおり、一人で犯した事件で多数の者が共謀した事情は事実であったので、ハンに処刑が求められている。そして、前記の都察院の上奏文にも、金額については全く書かれていなかったが、ハンの命令で戸部の三人の承政に調べさせた。ところ金額が余分に出てきたので、戸部の承政の職務怠慢を咎めて、降職あるいは罰銀を科すべきだとハンに懲戒処分を求めていた。結局、懲戒処分までには至らなかったが、百両の罰銀のみを科されることになった。そのほか事件に直接かかわった七人をそれぞれ贖金解任としたが、韓大勲の宅から金銀などが押収されたにもかかわらず、首謀者の韓大勲については裁決が見当たらない。

要するに、大明の行政機構に類似する六部が設けられたが、組織や人員は異なっていたのである。そして体制にも欠点が多く存在したことが指摘されている。例えば、崇徳三年（1638）四月十四日には、都察院の承政は制度基盤の見直しに努めるように提言していた。

都察院承政臣祖可法・張存仁・侍郎臣呉景道・王之哲謹奏。戸部職掌錢谷、其任匪軽。今見戸部無旧管・新収・開除・実在四數、則収放從何處明白。又無年終査盤之例、則侵冒從何処清算。因而奸人起盗竊之心、同官無稽察之責。此韓大動窺之已熟、所以敢於作賊。若非天神不容、使其自家彰露、不止於偸此金不知覚、則再偸金銀、還不知覚也。韓大動所犯罪大、殺有餘辜、速殺此賊、以警其後。臣等仰体皇上聖意、以為恩養日久、所費巨万、以其所盗之金為微、而未忍遽殺之。但法不可廢、廃此一遭法、恐再有如韓大動之心腸者、易於起盗念也。聖意或因其新人、殺之恐傷養人之盛名。但賞罰人主之大柄、若徒用恩而廃法、此又開新人做賊一門戸也。伏乞皇上将韓大動速正典刑、以彰国法。仍厳敕戸部速立旧管・新収・開除・実在文薄、年終再差明正官員査盤、庶倉庫無侵可之弊。伏乞聖裁。

原注、崇德三年四月十四日奏、奏過、止革職、免死。養他一場、饒他罷、不是逃走。

都察院の承政祖可法・張存仁・侍郎の呉景道・王之哲は謹んで上奏する。戸部は財政を掌り、その責任は軽くない。今戸部を見ると旧管・新収・開除・実在という四数がないが、それでどうしてどうしてわかるのか。また、年末点検という例もない着服をどこから調べるのか。したがって奸人が盗心を起こしても、同僚には検察の責任がない。この韓大動はよく機を窺っていたので、恐れずに悪事を働いた。もし、天が許さず発覚しなければ、この金を盗んだことも知られず、再び金銀を盗んでも全く知られないままだった。韓大動の犯した罪は大きく、殺してもなお償いきれない。したがって、この盗賊を速やかに殺し、後のものの戒めとする。我らは皇上の聖意に仰ぐと、長年いつくしみ養って、巨万のお金を費やしたので、盗んだ金が軽微であれば、殺すに忍びないとお考えである。ただし、法令を廃止してはならず、これを廃止するといったん法令の問題になった時に、おそらく韓大動のような性根の者が、簡単に盗心を起こすわけだ。聖意は彼が新人なので、殺したら名声を傷けるものとのお考えだ。ただし、賞罰は君主の大権であり、恩を施すだけで法を廃止すれば、これは新人の盗みのための門戸を開いてしまうだろう。伏して乞うらくは、皇上は韓大動を速やかに法に照らして処刑し、国法を示されたい。厳しく戸部に勅して旧管・新収・開除・実在の帳簿を速やかに作成させ、年末にさらに明正な官員を点検に派遣すれば、倉庫の不正な横領はなくなるだろう。伏して聖裁を乞う[35]。

とある。都察院の承政たちはグルンの制度の現状を確認した上で欠点を訴え、戸部が財務統轄の機能を果たすためには、「旧管・新収・開除・実在」というシステムによる掌握が不可欠であるとの認識を示している。従来の制度のもとでは、横領が生じやすくなる問題があり、もし新しい制度を戸部に導入すれば、戸部銀庫の収支を管領することも可能となる。一年間の収入・支出を旧管・新収・開除・実在の四柱形式に整理することを目的として[36]、新たな財政統轄の改善策が都察院の承政たちによって提起されたのであった[37]。じつは、この制度は『大明会典』に見られ[38]、旧管は去年までの残高、新収は新たな収入、関除は支出、実在は現存額であるが、そうした財政統計の「四柱式」という、大明のシステムに馴染んだ承政たちは、グルンの戸部システムの変更を建白することで新な制度を導入しようと試みたのである。

ところで、この建白に対して、ハンがいかなる反応を示したのかは不明だが、原注の語句には「逃亡者ではないから死罪を免じて解任することを止め、逃がさずに養おう」という横領者の韓大勳に相当する判定が下されたことがわかる。遼東征服後に支配下に入った漢人たちは「養う ujimbi」対象として表現され[39]、こうした官吏の人事権をすべてハンが握っており、正月十五日の訴えから判決を下すまで三ヶ月もかかったことがわかる。当時において多くは「金語親諭[40]」というマンジュ語で口諭を下すのが通例である。この「原注」語句もハンの口諭かもしれないが、『清初内国史院満文檔案訳編』にはその完成内容が記録されている。

聖汗覽奏曰、朕以為莫（英）俄爾岱等忠誠。故将庫内一切財物、交付彼等。朕既信之、用之、又疑之、任何処公正之人査算乎？朕不以韓大勳為盗而疑及英俄爾岱等人。爾等議請誅韓大勳甚是、若以逃亡治罪則朕必斬不当、朕既恩養之、豈以盗金故殺之耶？著韓大勳惟革職罷官、勿侵家中一物、当之為民。

聖汗は上奏文をご覧になって言うには、朕はイングルタイたちは忠誠だと思う。したがって倉庫のあらゆる財物を彼らに任した。朕は彼らを信じて使い、また彼らを疑えば、どこの公正な人に調査を任せたらよいのか、朕は韓大勳が盗みを働いてもイングルタイなどの人を疑うことはしない。汝らが議して韓大勳の処刑を

> 請うことは甚だよい。もし逃亡の罪で処罰するなら、朕は必ず斬るだろう。しかし朕が既に恩養した者だから、どうして盗金の罪で殺すことができようか。ただ韓大勳を革職して官を免じ、家中の物を没収することなく、民とせよ[41]。

とある。逃亡者なら処刑されるべきだが、金銭の盗みだけで殺されはしないという理由で、韓大勳の職を罷免するだけに止めていたのである。通常官員が職務上の過ちを犯し、特に死罪に問われた場合には皆で審議し[42]、諸親王からベイレや議政大臣たちまで会議所に集めて衆議を行い、そこで得た判決をハンに報告することになっている[43]。報告書はあくまでもハンの参考データにすぎず、最終判決ではなかったようである。審議で得た結論通りハンが判決を下すわけではない。最終的にはハン自身の判断により判決・決定を下すものである。軍事作戦や遠征での重大な局面で意見が分かれた時でさえ、全員がハンの決定に従い、旗王たちがハンの権力に掣肘を加えることもなかったと言われている[44]。さまざま判定や結論の採否は全くハン一身にあるように見えるが[45]、全員で協議した上で最終判定を行う行政体制が存在したこと自体は否定できないだろう[46]。韓大勳のような案件では、処理にあたって再審議を命じることも少なくなり、再度の審議の結論を採用しない場合さえもあったのである。そのために最終判定を下すのに三ヶ月もかかったが[47]、結局韓大勳が官職を失い、その承政の職に新たに鄧長春が任命されることで落着したのであった[48]。官位は原則として功績によって与えられ、その理由が明示される。一度与えられた後でも、功績と罪過によって、さらに昇格されたり逆に降格・剥奪されたりすることもあり得る[49]。

要するに、ホンタイジは政務に励み、多忙な日々を送っていた。八旗の組織および人員も、むしろハンの下で集中管理される性格が示される一方で[50]、朝廷においてすべての権限をハンの一身に集中させている。ホンタイジは常に最高権力者として、政権内のあらゆる物事を適切に執行することに努めていた。そのために、ハンは日々多忙な政務に追われていたのである。

3　政務負担の軽減

崇徳元年（1636）五月に従来の書房を内三院に改めてから、文書処理システムにやや変化が現れている。例えば、崇徳三年（1638）十二月の記事には、

正黄旗下甲喇章京臣姜新謹奏、近者欽遵聖諭、臣以攻取山海関為今日急着、仰浼聖聡矣。（中略）。至於攻城之法、看得北門外地勢頗高、再筑土台高過於城、用火器攻打。（中略）。皇上到山海一看、便知取之不難、庶見臣言之不謬也。伏候聖裁。為此理合具奏。

原注、崇徳三年十二月二十六日到、四年（1639）正月二十日、習・剛・范三大学士奏過。知道了。

正黄旗下の甲喇章京臣の姜新は謹んで奏する、近ごろ聖諭に欽遵し臣は山海関の攻略が今日の急務なので、聖意を伺う。（中略）。攻城の方法については、北門の外の地形はかなり高いので、さらに城より高い土台を築き、火器で攻めることができる。（中略）。皇上は山海に到着して見れば、攻略が難しくないことを知り、臣の言葉に誤りがないことがお分かりになるだろう。伏して聖裁を待つ。このために上奏する[51)]。

原注、崇徳三年十二月二十六日に至る、四年（1639）正月二十日に習・剛・范三大学士が上奏した。分かった。

とある。正黄旗の甲喇章京の姜新は、大明の要塞である山海関[52)]を攻める方法について提言している。この文書は年末の十二月二十六日に届いたが、それぞれ内三院の大学士の「剛」（国史院 suduri bithei yamun）の大学士 garin・剛林、「習」（弘文院 kooli selgiyere bithei yamun）の大学士 hifu・希福、「范」（秘書院 narhūn bithei yamun）の大学士范文程たちが年明けの正月二十日にハンに上奏した。ちなみに、上奏者の姜新はもともと礼部承政だったが、崇徳三（1638）八月四日に罪を犯したために承政を解任されたのである[53)]。姜新は積極的に戦略策を上奏したのに対して、ハンは「知道了」（分かった）という言葉だけ書き加えている。「知道了」とは皇帝が臣下の奏摺を覧たときに書き加える常用語で、奏摺の内容を承知したという意味である[54)]。また、奏摺とは皇帝のもとに情報を集める役目があり、臣下

は見聞した事実を必ず上奏するが、このような奏摺は多くの場合は「知道了」という朱筆を受けることになる。つまり臣下の奏聞した事情に対して、その顛末やいきさつをよく承知したというにとどまり、その後どのような判定が出たのかは全くわからないのである。この用語は明朝の文書にもよく見られる常用語である。ちなみに、隆慶朝の首輔であった高拱は、即位直後の若き万暦帝に対して、「皇帝が御門に出御する時に袖の中に収めた『この件は答えるべきではない』、『この件は答えるべき』、『よろしい』、『わかった』などの小掲帖を取り出して一覧し、上奏を待っている各官の案件に応じて親諭する」という建言をしていた[55)]。各王朝において朝廷改革への建言できるのは、多くは中央政権の中枢にあり、君主に近侍する者たちである。グルン期においても同様で、先述の都察院大臣たちからは、しばしば制度改革しようという提案が出されている。例えば、*daicing gurun i taidzung genggiyen šu hūwangdi yargiyan kooli*（大清国太宗文皇帝実録）崇徳七年（1642）十月二十七日には、

> 二十七日に、都察院の参政祖可法・張存仁、理事官雷興が謹んで奏する。（中略）。聖ハンが善く身を養い、天意に従い、民の期望を慰める。我々が見るところでは、国のすべてのことを聖上が執っている。衙門・部・旗をたてて官員を置き任用するのは何のためであるか。心性を労すれば、必ず怒りや怨みが生じる。聖ハンは心を緩やかにして決定する。まず、およそ重要ではないことを各部に任せ、軍事のような重要なことなら上奏すべきだ。その上で、重要なことが成し遂げられる。外国すべてが服従したので、喜悦すべき時がきている。どんな憂慮することがあるのか。なお、今は食糧が豊富で、軍事力が強大である。聖ハンは狩りに遊ぶのがよく、我々は言官として務め果たし、聖ハンの心を緩やかにして体を養うことを求める。大学士范文程・ヒフが上奏した……

とある。領域が拡大するとともに、グルンにおいて日々処理する政務も繁多となり、ハンがすべての政務を処理することに無理があらわれつつあった。したがって、都察院の参政たちは全てのことを各部の大臣に任せ、軍事や国政に関する重要なことのみハンに上奏することにしたら、ハンの行動にもゆとりが生まれるという。このような建言にハンは次のように返答している。

……上諭、「このことは事実だ、私はすべてのことにかかわるのを好まないが、部員が執れないので関与している。今は和碩鄭親王・和碩睿親王・和碩粛親王・多羅武英郡王たちと合議せよ」大学士范文程・ヒフを遣わした後、王たちは、「聖旨の通りあらゆることを我々が執って終わらせようと言えば、自然に終わらせる。ただ、どのようなことを部員が執るべきか、どのようなことを上奏すべきか、あらゆることを上諭で決めてから、執るべきではないのか」と上奏すると……

とあるように、すでにハン自身も日々政務に追われていることに疲労を感じていたようで、臣下からの助言に同感したことを示している。この都察院大臣の建言にしたがって、今後内三院の大学士と諸王の協力の下に、ハンは諸王に一部政務の処理を委ねるように諭旨したのであった。諸王である和碩鄭親王とは刑部を総理するジルガラン、和碩睿親王とは吏部を総理するドルゴン、和碩粛親王とは戸部を総理するホゴ、多羅武英郡王とはアジゲである。こうした突然の諭旨に諸王も戸惑いを見せ、重責に過ぎる政務処理は容易ではなく、経験も不足しているために、すべてをハンの諭旨に従うのは困難であると表明した。そもそも政務処理については、先述の通りハンは大臣と諸王と協議の上で判定を下し、ハンが独断で判定を行うことはなかったのであるから、ハンは次のような諭旨を下した。

……上諭、「未来のことを如何にして予測できるか、各部が事情を取り込んで執務して、できない場合には諸王・ベイレが合議して終えることとし、判らないことがあれば上奏しろ。また、諸王は翌早朝の議に合わせて上奏することがあれば上奏しろ、要件がなければ直ちに各部に戻って部の仕事を処理しろ。もし協議することがあれば事情によっては会え」という諭旨を下した[56)]。

とある。政務のうち「もし処理できない事情なら直ちに上奏し、早朝の議に合わせて挙行しても構わない」と、ハンは政務すべてを諸王と大臣たちに委ねたわけではなく、むしろ諸王に積極的に活躍する舞台を用意し、ハンの政権を支える役割を果たすように促した。このような方式でハンの権限の一部を代行させようとしたのであった。

この改革に伴い文書体制にはやはり変化が現れている。たとえば、崇徳八年(1643）三月には、

十六日、懐順王為慮後事、照得本府長男岳父周方蘇在登州／、(中略)。合咨貴院煩為依文祈請伝達施行□□咨者。右咨秘書院／崇徳八年三月十四日移、十六日提塘崔遊吉送来、剛・習二大□□□□□□□問過、范説不必奏、事忙。

十六日、懐順王が将来を考えること。本府の長男の岳父の周方蘇は登州にいる／、(中略)。咨文で内院を煩わせ、文による伝達施行を求める。右は秘書院／崇徳八年三月十四日に移す、十六日に提塘の崔遊吉が送ってきた。剛・習二大□□□□□□□は問い、范は上奏する必要がなく忙しいと言った[57)]。

とある。懐順王である耿仲明から、彼の私事を秘書院に伝奏させようと依頼があったが、内三院の大学士の剛（国史院（suduri bithei yamun）の大学士 garin / 剛林）と、習（弘文院（kooli selgiyere bithei yamun）の大学士 hifu / 希福)、范（秘書院（narhūn bithei yamun）の大学士范文程）たちは協議した上で「上奏する必要はない」としてハンに上奏しなかったことがわかる。そもそも秘書院を設置した目的は、グルンにおいてあらゆる文書の伝奏をつかさどる機関とすることにあった。このように「事忙」を理由にして重要ではない案件を范文程はハンに伝奏することをまったくしなかった。一日万機を総覧するハンにとって、改革によりハンはある程度の決定権を内三院に委ねることで負担を軽減する一方で、大学士は権限を拡大させたことがわかる。当時の中央政権において内三院の大学士はハン側近の大臣として知られている。この都察院参政たちの上奏文も直接ハンに呈上するのではなく、内三院を経由してハンに伝奏しており、内三院は中央政権の文書処理機構として、大きな役割を果たしていることが確かめられる。制度の導入や人員配置とともに、初期グルンの政権は中央集権的方向に転換していったと考えられる。

4　票擬に等しい用語の登場

ホンタイジの治世が崇徳八年（1643）八月初九日に終わると[58)]、同年の八月二十六日に福臨は後継者として即位し[59)]、その翌年から年号を順治（ijishūn dasan）とした[60)]。しかし、順治帝は幼少で即位したため実際の権勢を振るったのは摂政王であった。入関前から大明の制度に倣って、グルンにおいていわゆる新制度が立てられたが、逆に大明の文書制度に則ったために政務処理に遅れが生じることが問題化していた[61]。また、ドルゴン専権期には、文書制度はあまり進展せず、面啓とか緑頭牌などによる口頭行政を補う形で存在していたのである[62]。例えば、『順治朝満文国史檔』順治二年（1645）六月には、

その日に、監察御史の高去奢は謹んで上奏した。昨日ハンは漢人官員の趙凱新が起用する奏書を受け取って、毎日六部のマンジュ・漢の諸臣を入れて事情について上奏させるのを許した。皇叔父王は温顔で謁見し、寛心で受けたのは、誠に永久に崇高すべきことである。勇気のある人に争論しないものはなく、私はどうして沈黙することができるのか。私が思うに、啓用の諸官が誠に有益なのは、弊害を防ぐためであろう。今聞くところでは、各部の啓心郎の通事が六部の上奏をしているという。それが正直な人なら本当のことを上申し、聖上が諸官の誠実さを通暁する。もし啓心郎に関連することについて、上手に話をすり変えられたら、ハンと諸官の間が万里の如く隔てられてしまい、ハンの諸官を入れる厚意が無駄になる。私が思うに、君主に帰服した諸官は少なくないので、特にマンジュ語・漢語のよくわかる正直な者を幾人か選んで使用され、皇叔父王に近侍させて仕事に当たらせる。そうすれば諸官の意志は陛下に上達し、憂いもなくなるでだろう。また、六部の上奏は事件の重要さを問わず、牌に書いて上奏して、その後に各々牌を持って退出している。皇叔父王は聡明にして天命に従い心意は通暁して、誤るところがない。しかし、一日に万機を治めるので、耳で聞くのは目で見るのに及ばない。私の思うに、諸官は上奏する前に、あらゆることを簿冊に書写し、ハンと皇叔父王が閲覧して決定すべきことや、内院の大臣たちと詳しく協議すべきことや、奏事の諸官が語ったことについては、是非を問わずすべて、書檔に書き記すべきである。現在の上奏した政治の利害や後日の諸官の功績などを一つの書檔で簡単に見ることができる。有益かつ遮蔽と奸悪の防止は、これより重要なことはない。聖上は叡察されて実施されますように謹んで上奏する。各部官員の上奏は簿冊に書いて上奏せよ。緑頭板に書いて上奏するのをやめて、通事官を合わせて派遣する。各部が承知せよ[63]。

とあるように、マンジュ人が入関後にもかかわらず、朝廷の政務が依然としてマンジュ語を中心に営まれていることがわかる。そもそもヌルハチ時代からホンタ

イジ時代にかけて、ハンに歴史を教える「家庭教師[64]」・「侍講者[65]」となったのは、おもにマンジュ人である。ハンへ文書を上奏するときには、明朝の文書制度をそのまま踏襲しているケースがしばしば見られるが、各文書を口訳に訳する場合があって、そのときにそれぞれ内三院の大学士とバイリンガルの官吏が司っていた。当時のグルンに仕えた官吏には、バイリンガルのモンゴル人とマンジュ人だけでなく、バイリンガルの漢人も多くいた。このような人材がグルン初期において「文書とハン」あるいは「ハンと官吏」との間に架け橋として存在していたことは甚だ重要である。グルン朝廷の議論では、三つの言葉が飛び交いながらさまざまな政治判断がなされていた。このようなことは、入関後の二年目でも相変わらず、バイリンガルの啓心郎から、あるいは緑頭板に書写して全てマンジュ語で上申する制度が続けられており[66]、入関したばかりのマンジュ人にとっては漢語の語学力は不十分で、やはり朝廷の議論でも通訳が必要不可欠の存在だったのである。

一方、先述したようにホンタイジ治世には、諸王に政治上の活躍の舞台を用意したが、ドルゴンの摂政期にはこのような特権は奪われたようである。例えば、『順治朝満文国史檔』順治元年（1644）十月には、

> 初四日に上奏する文書。官民の各人の事情を部に訴えず、王に越訴すれば、事情の是非を考えることなく打つこと。部に訴えて部の官員が真実を審理せず、冤罪を被るところがあれば、訴えたことが正しいなら、訴えた理由を罪に問わない。事情は間違っているのに、便宜をはかるために、嘘をついて訴えれば打つこと[67]。

とある。天聡五年（1631）に六部を建てる時に、ベイレやタイジは最高長官として部を総理した【表3-1】。グルン号をダイチン・グルンに変更することによって、諸ベイレやタイジの称号も親王と郡王に改めたことも知られている。ここに言う「王」は彼らのことである。すでに各部務を掌る諸王は実権を失い、代わりに部の尚書に委ねることになったことは明らかである[68]。実は摂政王であるドルゴンを和碩睿親王として、ホンタイジは政務処理に当たらせていた。摂政王として権力を強化するために、しだいに諸王の権勢を削減し、最後には彼らを政治舞台から排除したのである。彼らが復権したのはドルゴン急死後の翌年、順治八年（1651）三月のことであった[69]。宗王ベイレが部院の事務を管理することは入関前

からの旧制であり、入関後の順治朝に一度実行されたが、順治九年（1652）三月に停止されたという[70)]。

ところで、六部の事務を内院経由で伝奏していないことに対して、内院に属する大学士たちは文書制度の改革案を提出している。例えば、『順治朝満文国史檔』順治元年（1644）六月初二日には、

> 初二日に、馮閣老、洪軍門が上奏する文書。大学士の馮銓、洪承疇は謹んで上奏する、我々は国家において重大なことは人事と行政という二つのことよりほかないと思う。我々を内院に授けたので様々なことを聞いたり助けたりするほうがよい。今王は六部が日々題奏することを我々に協議させていないので、各部院の奏聞することがわからない。我々は官民の奏聞を執って批答する（pilerengge）ことは、一日十件に過ぎないのである。我々は労せずして俸禄を受け取り、あえて国事を延滞させるのか。しかも、また内院も聞いてないことを、六科はどのようにして事情を得て分かるのか。もし過ちがあれば、我々は何と言ったらよいか、科官は何処を調べるのか。王は万が一暇の時に我々に任用された人を聞かれても、処理したことを聞かれても、我々が行わなかったことの責任は誰が引き受けるのか……。

とある。各部の上奏文は諸王を省いたにもかかわらず、大学士すら経理していないことがわかる。大学士は一日中に処理する事柄は十件に過ぎず、それもほとんどが非軍政要務な雑事で、全く重要な政務を担わなかったという。摂政王は諸王の参政権を弱めただけではなく、内院も緊要な政務処理から閉め出されていたことがわかる。ただし、ここで注意すべきことは、「pilerengge」という用語である。マンジュ語の「pilerengge」は借用語として、「pi」とは漢語「批」からの借用で、「pile-」動詞化＋「-re-」未来形＋「-ngge」名詞化という形で、すなわち「批答すること」という意味になる語彙である。『大清世祖実録』（漢文）によれば、「票擬」という用語に対応する[71)]。いずれも『明史』（巻七十二）に「票擬批答」という用例に相当する語彙である。実は、順治元年（1644）八月二十九日の天津総督の駱養性の塘報には、大学士の馮銓と洪承疇に「望乞批示」という内容が書かれ、これに対して塘報の最後に「内院批」という批答した内容が書き加えられている[72)]。同様に、台北中央研究院歴史語言研究所所蔵の「明清史料」中に、一通の

順治元年（1644）八月の文書があり、その冒頭に「内閣票論」という内容が見える[73]。「票論」とは、内外大臣の上奏文は、司礼監・文書房を経て内閣大学士にくだされ、大学士は当該題奏内容の要約と皇帝が下すべき論旨の原案とを添付して上呈し、そして、六科を通じて公布され、関係部署での施行にうつされることである[74]。大学士の馮銓と洪承疇の上奏文によると、内院は六部の文書を全く管理していないため、内院を改革しようとしたわけである。引用文の続き読むと、

……明国の旧例を見れば、凡そ内外の文書・武官や民が上奏した各文書が、内閣衙門に下され、批答（pilere）してハンに上呈する。ハンが批答（pilefi）して内閣衙門に下され、内閣衙門の諸大臣は検討してその日に六科に布告して部に送る。凡そ要務なら当日に覆奏するが、三日をすぎず、直ちに文書を書いて上奏する。内閣衙門に送って前の批答（pileha）に照らして批答（pilefi）して、内閣衙門を通じて科・衙門・部院の衙門都察院に下した後に、内外の各衙門は同様に謹んで行う。こうしたことに軽微な内に気付けば問題の拡大を阻めることができるが、非常に深遠な意味がある。もし、それを無益であると延期すれば、それは後輩の官員たちが延期したり、事態を遅らせたりすることとなり、公布した法例がよくないことはない。もし私の話が正しければ、王は部員に法令を下されて協議すべきである。凡そ適した人を利用し、行政要務を内院に送って協議し、そして文句を書いて上奏する。それから科に下諭し、批答した文句を再び上奏して旨を待て。ほか各衙門が毎日に奏聞することの重要さとは関係なく、必ず当日に文書を書いて内院に送ってくれば、先に我々は受け取って詳しく見る。批答しやすくなり、質問にもよく答えられる。したがって、我々に任せた仕事に心を尽くして励む。少しでも国家の要務に有益なことになると思う。大臣が深い恩を受け取って、知ったところは、決して奏聞させることはできない。明国の例に従うかどうか、合うかどうかを聖上は考えられたい。王が見て言うには、この文句のすべては事実であり、私は端緒を知っていると言う[75]。

とある。およそ百官と民の上奏文はハンに届けられ、ハンの御覧を経て内閣に原案の批答を作らせ、批答を得た皇帝が内閣を経て六科に下し、それを受け取った六科が該当部に発することになる。要務の場合なら覆奏するが、基本的には三日にすぎない。大学士は大明の文書処理システムを詳細に理解していたことがわか

る。つまり、大学士が政治姿勢についての総論的提案を行い、上奏制の簡素化及び摂政王の万機総覧に便益をもたらすと共に、摂政王の専権制に対して、票擬制度の導入により権限の一部の奪取を図っていたのかもしれない。

そもそも大明の票擬制度は、皇帝が国務に嫌倦したために現れた制度であり、特にその大権を下臣に委任することに特徴がある[76)]。批答の権は本来皇帝の専権事項であった。しかし、政事に無気力な隆慶帝は、批答の権を事実上内閣に委ねて、章奏処理を含む政務処理全般を内閣に一任したのである[77)]。また、皇帝がすべての政務に対応するのは無理だから、それほど重要ではない政務を内閣に任せて、皇帝の返答の草稿を内閣に作成させ、実質上、内閣が皇帝の権限の一部を代行することになって、極めて強い権限を持つようになっていたのである[78)]。大明から帰順した大臣は、ダイチン・グルン政権に大明の文書処理体制を復活させ、大学士の票擬特権も回復しようと試み、そして要務処理の決裁権を獲得し、内院を中枢機構に仕立て直そうと図っていたのかもしれない。摂政王は大学士の建言に賛意を表しただけにとどまり、摂政王の治世中に大明の票擬制を施行することはなかった[79)]。つまり、大学士が処理していた批評「pilee / 票擬」は、大明とは異なるシステムの下にあったのだと考えられる。このような「pilere / 票擬」制度は入関前からあったのかもしれない。

順治帝は親政以後、しばしば大明の文書制度を照会し、票擬制度にもある程度通じており[80)]、すべての上奏文を閲覧してから、内閣に票擬批評を下している[81)]。そして、康熙帝治世になると、例えば、康熙八年（1669）の記事に、「neneme mini galai araha piyoociyan / 先にわたくしの手で書いた票簽」とか[82)]、また、康熙三十五年（1696）の記事に、「dorgi yamun i/araha piyoociyan i songkoi pileci acambi / 内閣が書いた票簽にしたがって批答すべきである」とか[83)]、康熙帝が自ら票簽したり、内閣が票簽してハンに裁決を求めたりという制度が定着していることがわかる。このような制度は順治帝の治世にまで遡って、一般的に行われていたとも考えられる。

要するに、新しい制度の導入に伴い、マンジュ語の語彙も豊富となり、その影響の及んだ範囲が幅広いのは、実は入関前でも同じであった。また、入関後において漢人大臣は、マンジュ語あるいはマンジュ文字を国内で公用語として普及することも目指しているのである[84)]。

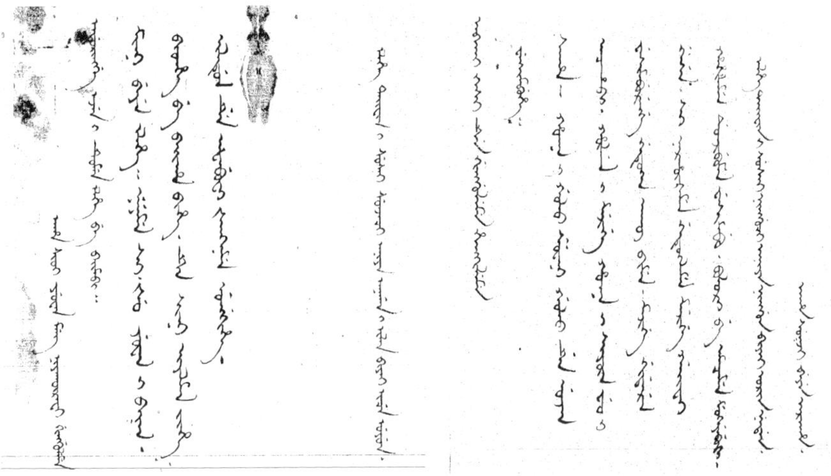

図７－２　「康熙帝の硃批奏摺」康熙55年閏３月と56年６月（中国第一歴史檔案館蔵）

5　おわりに

戸部承政韓大勲の案件からわかるのは、ホンタイジの治世期にはあらゆる文書や審査報告書などはハンに決裁を請うこと、その時にハンも勝手に裁決を下さず、審議内容が妥当でない場合には、再び審査を求める命令を出すことになる。したがって、ハンは終日上奏文や報告の閲覧に追われることになる。多忙な太宗はひたすら政務に没頭して寸刻の暇もなかった。太宗の精励ぶりは高く評価されるが、一日万機を総覧するハンにとって、過重な精神的肉体的負担が押し掛かっていた。そのために大臣たちの建言に従って、諸王にある程度の参政権を与え、要務であれば衆議で処理することになった[85]。おそらくこの時期に票擬制度の雛形が形成されたと考えられる。ちなみに、参政権を得た諸王中の和碩睿親王とは、入関後に摂政王となったドルゴンである。

順治帝は幼年で即位し、摂政王が権力を握っていた。そして、ホンタイジの治世中に参政権を得た各諸王はそれを失ったのである。一方、大明の制度に馴染んだ漢人大臣の上奏文に「pilerengge」という言葉が現れて、ダイチン・グルンが大明の票擬制度を導入すべきであると建言したが、摂政王は賛意を示したに止まり、治世中には施行しなかったようである。順治帝は親政直後に、まず諸王の参政権を回復したが、その時、順治帝は大明の文書制度にも多大な関心を寄せ、票擬制度にも通じていた。康熙年間から行われた票擬制度の性格は大明の制度と異なり、マンジュ語ではそれぞれ動詞の「pilembi」と名詞の「piyoociyan」を用い、漢語では「票簽」という語彙を用いたのである。いずれも漢語と密接な関係があることがわかる。

要するに、大明の制度に基づいた行政体制の根本的な性格は、大明の制度とはむしろ異なり、テクニカルタームのレベルで漢文化の影響を受けていたことがわかる。そして、新しい制度の導入やマンジュ文化の展開に関わった者は大明旧臣が多かった。マンジュ統治者は大明制度をそのままに採用することはなく、マンジュ的文化要素と合理的に融合されて展開していたことは明らかである。

注：

1）神田信夫（1960）「清初の文館について」『東洋史研究』19.3、49頁。また、趙志強（2007）『清代中央決策機制研究』科学出版社、163頁。

2）『満文原檔』第三冊、冬字檔、天命八年五月初三日、440～441頁に、「sūme henduhe gisun、erdeni baksi、da hadai niyalma bihe、orin namu se de//genggiyen han be baime jihe、han hanci gosifi bithei jurgan de/ takūrame tuwafi getuken sūre ojoro jaka de、amala tūkiyefi/ fujan obufi ūjihe bihe、ajige oilei turgun de/ eigen sargan be gemu waha.」「解釋に言うには、エルデニ・バクシはもともとハダの人で、二十一歳の時にゲンゲイン・ハンを求めてきた。ハンの側近として書院に務めさせて、見たところ頭脳明晰で賢かったので、のちに副将として昇進して養った。軽罪で夫婦ともに殺された」とある。エルデニ・バクシの伝については、『八旗通志初集』巻二百三十六、儒林伝（満文、11b-13b頁。漢文、5327-5328頁）を参照。

3）『奏疏稿』天聡六年九月分、「（先略）汗於用人一節似欠妥當。臣於六部中之事、故不暇言、且亦不敢言、弟就書房之事言之。夫今日之書房「＃之事書之」、雖無名色、而其実出納章奏、即南朝之**通政司**也。民間之利病、上下之血脈、政事之出入、君心之啓沃、皆系于此。（後略）。」

4）『大明會典』巻一百六十七「通政使司」、「諸司職掌、本司官職専出納帝命、通達下情、関防諸司、出入公文、奏報四方臣民実封建言陳情伸訴及軍情声息、災異等事。」

5）阪倉篤秀（1985）「明代通政使司の設置とその変遷」『関西学院史学』21、第33-52頁。また、『明王朝中央統治機構の研究』（2000、253～278頁）にも収録される。

6）『大東野乗』五、「乱中雑録」五、趙慶男撰、己未万暦四十七年五月二十六日、427頁。朝鮮古書刊行会1910年。また、『柵中日録』には、「阿斗・彦加里則只識蒙字。大海・劉海華人之粗知文字者」とある。

7) 『奏疏稿』天聡六年十一月二十一日、「書房秀才李棲鳳謹■奏、臣一向蒙大海及衆榜什、言臣小心勤慎説奏過、■■皇上逐令臣辦写国書、収掌一応文書、総在大海経営。今大海病故、書房事宜竟無専責、其柜子中収貯文書人得乱動。臣言軽職微実難担当、不容不■奏。倘有露洩疎失、臣死不足惜、有負■■皇上任使至意。謹■奏。」

8) 『奏疏稿』天聡六年十一月分。「二十八日奏過、藍旗総兵官臣馬光遠謹、(中略)。一件、六部即設総裁無人、即如車無輗船無舵、憑何主持。即有偏若疑難之事、皇上不能尽知也。伏乞○○皇上、早選清正連達二三臣立為総裁、於○○皇上大門拖里蓋建内閣三間、令各総裁毎日黎明入閣。凡八家固山・六部承政有疑難大事、先赴内閣公議。務要便国利民、方得奏請○○聖旨裁奪施行、如此則○○聖慮不繁、国政不乱矣。伏乞○○上裁。」

9) 神田信夫(1960)「清初の文館について」『東洋史研究』19.3、51頁。

10) 岸本美緒(1998)『明清と李朝の時代』中央公社論、77～78頁。

11) 『満文内国史院檔』(中国第一歴史檔案館所蔵)。そもそも「ilan jurgan / 三院」は、天聡九年檔十二月初五日の記事では「dorgi bithei yamun / 内書院」と改められていた。従って、内三院が正式に定まる前に「ilan jurgan / 三院」と称した時期もあったことがわかる。

12) 『満文原檔』第十冊、日字檔、天聡十年三月、74～76頁(『満文老檔』Ⅵ太宗3、956～957頁)、「ハンは書の三役所の名を定めて、仕事を分けて任じた。国史院、この役所の職務は、ハンの詔令を記すこと、ハンの親筆の書を収蔵すること、ハンの起居用兵政治等すべての史冊の記録、祭天の文、大玉座に坐る時宣読する表文を書くこと、宗廟を祭る文、歴代の祖宗の史書、壙誌文、一切の機密の文、官人の昇降の簿書、衆人の上奏文を編纂して史書を作ること、諸王を追封する文、六部の処理したものを選んで史書に書くべきこと、功臣の母妻の誥命、印文、異国賓国との往来の書をもって史書を作ることである。秘書院、この役所の職務は、異国と往来の書、国人のあらゆる上奏文(wesimbuhe bithe)、冤罪を訴えた言、ハンの勅諭(wasimbure bithe)、文武官にあたえる勅書、孔子廟の祭へ遣使、死者の祭文を司る。弘文院、この役所の職務は、歴代の善悪の例を注釈してハンに進講すること、太子に進講すること、親王に書を教えること、事例を衆人に布告することである。」

13) 『大清太宗実録』(順治初纂)四十巻、五十一～五十二頁、崇徳八年七月二十八日、「都察院参政臣祖可法・張存仁・理事官雷興謹奏。※皇上新開大統、徳為※聖主。凡礼楽制度、昭万世之成規。■旨命内三院及臣院相鄰不遠、立朝入班、官同表裏、皆※聖明之所定也、考諸古制甚合。近聞将内三院衙門移理藩院、臣等思内三院、理合仍近臣院、宜将理藩院外移。蓋三院係朝廷近臣、豈可遠居。臣等身任言路、凡立衙門定規度、敢不実奏、伏冀※聖鑒。※上覧奏云、卿所言是、理藩院改為内三院、另修理藩院近礼部衙門、章下所司。」

14) 『大清世祖実録』巻百十九、順治十五年七月戊午、六～七頁、「諭吏部、自古帝王設官分職、共襄化理。所関甚鉅、必名義符合、品級画一、始足昭垂永久、用成一代之典。本朝設内三院、有満漢大学士・学士・侍読学士等官。今斟酌往制、除去内三院秘書・弘文・国史名色。大学士改加殿閣大学士、仍為正五品、照旧例兼銜。設立翰林院、設掌院学士一員正五品、照旧例兼銜。除掌印外、其余学士亦正五品。以上見任各官、倶照本品改衙供職。以後陞授衙品倶照新例。内三院旧印倶銷毀、照例給印。内閣満字称為多爾吉衙門、漢字称為内閣。翰林院満字称為筆帖黒衙門、漢字称為翰林院。（後略）。」

15）叶高树（2002）『清朝前期的文化政策』稲郷出版社、39頁。

16）孟森『明清史講義』（下）中華書局、1981年、第97頁。

17）宮崎市定（1947）『清朝における国語の一面』『東方史論叢』1。また、『宮崎市定全集』（雍正帝）14、岩波書店1991年、284頁にも収録。

18）鞠徳源（1982）「清代題奏文書制度」『清史論叢』第三輯、222頁。

19）荘吉発（1979）『清代奏摺制度』国立故宮博物院、89頁。

20）『満文内国史院檔』天聡七年六月二十七日（『内国史院檔・天聡七年』（東洋文庫訳）、91～92頁。）

21）小野和子（1996）『明季党社考――東林党と復社』同朋舎出版、168頁

22）『大清太宗實錄』（順治初纂版）巻八、天聡五年十二月、二十五～二十六、「〇参将甯完我上疏云、為設官未備、弊竇将開、立法不周、乱階必至。与其拯救於已事之後、何若痛言於未事之先。今不避仇怨、不憚越俎、捐躯披瀝、以竭愚忠、以明無欺事。臣蒙※汗出之奴隷登之将列。破我国未有之格、紹先代魚水之風。臣不揣庸愚妄自期許、是以初時召対輒薦五人、首祛嫉妬之習、用広賢良之途。後臣等連名具奏、設立諫臣・更館名・置通政・弁服制等事疏経数上、而止立六部、余事尽留中不下。」また、『満文内国史院檔』天聡五年十二月二十三日の条を参照。

23）『奏疏稿』天聡六年十一月分、二十八日奏過、「藍旗総兵官臣馬光遠謹〇奏。（中略）。一件、六部即設不設六科、是衣無領袖也。耳目之寄、上下之情、頼何通達。伏乞〇〇皇上、早選公直勤慎之人、立為六科経理。六部之事、凡有上伝下奏事情、各照各科回奏、不許互相推諉、不許参差泄露。如此則国政分明、諸事不致壅悞矣。伏乞上裁」。また、同じく『奏疏稿』天聡六年十一月分、二十九日奏過。「正藍旗総兵官臣馬光遠謹〇奏、臣請設六科一事、所看難軽所関最重。自古〇〇帝王公卿有六曹即有六科、官吏稽査奸弊、通達民情非細事也。今国政初立事多繁難、凡在下大小官民人等下情、有応在六部伸訴者、有応在〇〇皇上陳奏者。六部有六部〇貝勒代為転奏、〇〇皇上有書房榜什代為転奏、可為便当。臣近今見各部事体或擁或滞無人稽察、書房事体或推或諉、率多羈悞、概因責任不専、六科不設之故也。伏乞〇〇皇上、不必労繁多費、止選老成練達六人立為六科、毎科専理一部、註定前件文薄一本。凡該■吏部事責令吏科記奏稽査、■戸部事責令戸科記奏稽査、■礼部事責令礼科記奏稽査、■兵部事責令兵科記奏稽査、■刑部事責令刑科記奏稽査、■工部事責令工科記奏稽査。毎月終或年終、各科稽査各部、前件如有羈遅欺弊等情、許本科抛実査参、以聴〇〇朝廷処分。毎日遇有陳奏〇〇皇上事情、各照各科代為転奏、不許似前推諉、如此則下情得以上達、〇国政不致壅悞、而天下事豈惜六人而制裁、伏乞〇〇上裁。謹奏。」

24）小野和子（1996）『明季党社考――東林党と復社』同朋舎出版、167頁。

25）『満文原檔』第十冊、日字檔、崇徳元年五月十四日、183～184頁（『満文老檔』Ⅵ太宗3、1049－1050頁）、「寛温仁聖ハンが都察院のすべてに諭す旨、ハン自らの非を諫める職務、倹約して使わず財物を無駄にしたり、功臣を殺すと下したり、逸楽狩猟に入って政治を修めなかったり、酒色に溺れて国事を処理しなかったり、忠臣を廃して佞臣を登用したり、罪のあるものを登用して功のあるものを降ろしたりするようなことを知れ

ば諫めよ。また、諸王・ベイレ・大臣らも委ねられた職務を怠り、酒色に溺れて逸楽に片寄ったり、民の財物を取り上げ、美女を奪えて辱めたり、大礼に際して礼を軽んじて礼服礼帽を聞けなかったり、およそ礼に際しても常の登庁であっても、自分の意にあわないと病気に託けて、このような事は礼部が取り調べるが、もし礼部の者が情実を行ったり、手加減をしたり、調べなかったりしたときは、汝らが調べて上奏せよ。また、六部の全ての罪を（欠）、偏ったり、まだ終わってないのに終わったと、成し遂げたと偽って上奏したりすれば、汝らは調べて上奏せよ。およそ罪のあるものが部に訴えて、部の王、承政らが罪に落とし、まだ審理が終わらない前に汝らの部に訴えて来れば、汝らは衆人と合議して、上奏すべきことならば上奏せよ、上奏すべきでないことならば汝らが言って退けよ、ニカン（漢）の事例では汝らのこの部でも賄賂が行われているが、こうしたことを汝らは互いによく防げ。また、汝らの仇敵に仕返しをしようと誣告し上奏すれば、そのような事実が発見されたときには汝らを罪する。それ以外は如何なることを上奏しても、事実ならば従う、事実ではなくても汝らには罪はない。また被告と対決させないし、官のない下級のものが礼に際して過誤を犯してもそれは上奏するな。我国は礼制を創立したばかりであるので、まだ礼になれないのである。汝らが諭して釈放せよ。」

26）『大明会典』巻一百六十四、「都察院、国初、置御史台、従一品衙門、設左右御史大夫・御史中丞・侍御史・治書侍御史・殿中侍御史・経歴・都事・照磨・管勾・監察御史・訳事・引進等官。」

27）『満文原檔』第十冊、日字檔、崇徳元年五月二十六日（『満文老檔』Ⅵ、太宗３、第1081-1082頁）。「聖ハンの旨より、内三院の長ヒフェ・范文程・ロショ・ジャムバが通達して、大凌河の官人等を（nadan jurgan / 七部）の承政に任じた。張存仁は都察院（uheri be baicara jurgan）承政・祖沢洪は吏部承政、韓大勲は戸部承政、姜新は礼部承政、祖沢潤は兵部承政、李雲は刑部承政、裴国珍は工部承政とした。」

28）「清崇徳三年漢文檔案選編」『歴史檔案』２、1982年、それぞれ崇徳三年四月十四日と崇徳三年九月十九日の記事に、祖可法は自らの職務に関して「言官」と「言路」と称している。

29）「祖可法等奏參副將韓大勛監守自盜應速正法事本」「清崇徳三年漢文檔案選編」『歴史檔案』２、1982年、20頁。

30）『満文原檔』第十冊、日字檔、崇徳元年六月、271-273頁（『満文老檔』Ⅵ、太宗３、1129-1130頁）。

31）注27を参照。

32）『満文内国史院檔』崇徳三年正月二十六日（『内国史院檔案訳註崇徳二・三年分』（河内良弘訳）、221～222頁）。「orin ninggun de uheri be baicara yamun i ambasa boigon jurgan i aliha amban han dai šun i weile i turgun de enduringge han de wesimbuhe bithei gisun:uheri be baicara jurgan i aliha amban:asi.dorji noyan ts'u k'o fa jang sun zin gingguleme wesimburengge:enduringge han:uheri be baicara jurgan i hafasa de.hese wasimbuhangge:doro de facuhūn hūlha holo be saikan kimci sehe bihe:dalinghoo be ilan biya kafi baha:enduringge han onco be gūnifi.geren hafasa be waha akū ujifi.han dai šun be amba jurgan de aliha amban sindaha:dalinghoo hafasa emu bade tusa araha akū bime:han dai šun ku i aisin be hūlhahangge ujui amba weile:erebe hūdun warakū.goidame bici acambio:amba weile araha han dai šun be warakū oci jurgan de inu acarakū:jai ereci ajige weilengge niyalma be waci inu ojirakū:enduringge han genggiyen i seole:」

33）*daicing gurun i taidzung genggiyen šu hūwangdi yargiyan kooli*（大清国太宗文皇帝実録）巻四十、崇徳三年正月二十六日、21b 頁。また、『大清太宗実録』巻二十七、十五頁、崇徳三年正月二十六日。

34）『盛京満文老檔』崇徳三年二月初六、「tasha aniya:aniya biyai/gosin○gulu lamun i han dai šun be.ini booi li deng gercileme kuci kemuni aisin menggun nicuhe hūlhafi gajiha seme/ fafun de alafi seolefi bahangge aisin nadan yan:menggun tofohon yan:（+sunja jiha）nicuhe nadan yan（+uyun jiha）baha :erebe han dai šun/ de fonjici beidere jurgan ci benehe orin nadan yan aisin be budan hesimi meni ilan nofi hebei hūlhaha mujangga/ sembi: beidere jurgan ci aisin:menggun.ulin be alime gaihangge:han dai šun budan:hesimi:lolo:ceke/ bithesi bambai:arbai:ese gaifi menggun ulin be dangse de arahabi:orin nadan yan aisin be araha akūbi/ ere aisin be juwe nikan mujilen bahabukū kubuhe šanggiyan i dzang tao iowan nirui geo sy jiyun:gulu lamun i sui mingsin/ nirui ju g'o ju:juwe nikan bithesi gulu šanggiyan i wang guwe ming nurui wang ci jiyao:kubuhe fulgiyan i fan wen ceng/ nirui wei yūn ceng ese dengseleme uhume gaifi ceni nikan bithei dangse de gūwa jaka be gemu arahabi:/ ineku orin nadan yan aisin be araha akūbi:erei turgun de ese be suwe gemu hebei hūlhafi aisin be/ dangse de araha akūbi seme gemu wame: dergi hesei kui aisin menggun nicuhe ulin hūlhabuha ton be/ sambio bodo seme aliha amban inggūldai. mafuta.u šo jin de afabufi bodohabi:bodoci tana jakūn:aisin/ dehi ninggun yan emu jiha sunja fun:menggun duin minggan duin tanggū nadanju nadan yan:fangse lingse hangsi/ duin tanggū nadanju duin fulu tucihebi:erei turgunde ilan aliha amban be suwe hūlhabuha ton be/ geli sarkū:ere hūlhabuha aisin be dangse de araha akū be geli sahakū heolen seme emte hafan efuleme./ tanggūte yan i weile gaime beidefi: ■ dele wesimbuhe.dergi hesei inggūldai:mafuta:u šo jin:/ ese be hafan efulere be nakafi:tanggūta yan i weile arafi fafun de gaiha:budan . lolo:cake./ ere ilan be wara be nakafi.wara weilei joligan gaiha:jurgan de kemuni bibuhe:hesimi be si biyai amban/ bime gūwa jaka be gemu alime gaifi dangse de arame aisin be dangse de arahakū seme warabe nakafi/ hafan efulefi tanggū šusiha tandafi šan tokoho:kubuhe fulgiyan i malahi nirui arbai bithesi be si biyai/ bithesi bime gūwa jaka be gemu alime gaifi dangse de arame: aisin be dangse de arahakū seme warabe/ nakafi tanggū šusiha tantafi oforo šan tokoho:kubuhe suwayan i kakamu nirui bambai bithesi be biyai/ bithesi waka:budan hūlafi menggun be bodoho yargiyan ofi jakūnju šusiha tandaha:juwe nikan mujilen.bahabukū/ geo sy jiyon: ju g'o ju:juwe nikan bithesi wang ci jiyao:wei yon ceng be/ tanggūte šusiha　tandafi oforo šan tokoho:hesimi bithesi bambai:arbai:juwe nikan mujilen/ bahabukū:juwe nikan bithesi:ere nadan niyalma be gemu jurgan ci hokobuha:han dai šun i weile wajire uile/ han dai šun i boode seolenefi baha aisin nadan yan:menggun tofohon yan sunja jiha:nicuhe nadan yan/ uyun jiha be fafun de gaiha: bahana:šoyan:udahai beidehe:/wesihun erdemunggei ilaci aniya:juwe biyai ice ninggun:/dangse de araha/weihene araha:」

35) 「祖可法等奏応厳勅戸部速立四柱文簿事本」「清崇徳三年漢文檔案選編」『歴史檔案』2、1982年、22頁。

36) 岸本美緒（1997）『清代中国の物価と経済変動』研文出版、487頁。

37) この都察院承政たちの提案について、佐伯富（1963）は、「清朝ではすでに入関以前、年末に会計の検査をする習わしになっていった」と指摘するが誤りである（「清代における奏銷制度」『東洋史研究』22.3、28頁）。

38) 『大明會典』「文職衙門」「戸部」巻三十、「嘉靖八年、令毎年差給事中・御史各一員、於内府内承運等庫、並各監局、巡視監収、禁革姦弊。先将各衙門見在各項銭糧、会同該管人員、逐一査盤明白、作為旧管。毎年終、通将旧管・収・除・実在数目、磨算無差、造冊奏繳。」

39) 谷井陽子（2004）「清朝入関以前のハン権力と官位制」『中国近世社会の秩序形成』（京都大学人文科学研究所）、459頁。また、『八旗制度の研究』京都大学学術出版会、2015年にも収録。

40) 「清崇徳三年漢文檔案選編」『歴史檔案』2、1982年、崇徳三年九月十九日の文書を参照。

41) 『清初内国史院満文檔案訳編』崇徳三年四月十四日、299頁。

42) 『満文原檔』第九冊、満附三、天聡九年九月二十五日、386頁（『旧満州檔・天聡九年』）、300頁、「yaya niyalma i weile be emu niyalma i gisun de waci ojorakū、geren be isabufi waka uru be duilefi waki. 如何なる者の罪でも一人だけの証言によって殺すことはできない、みなを集めて是非を審理してから殺すことになる。」

43) 『満文内国史院檔』崇德三年八月十一日（『内国史院檔案訳註崇徳二・三年分』（河内良弘訳）、528-529頁）。

44) 谷井陽子（2005）「八旗制度再考（一）——連旗制論批判」『天理大学学報』56.2、87頁。また、『八旗制度の研究』京都大学学術出版会、2015年にも収録。

45) 神田信夫（2005）『清朝史論考』山川出版社、71頁。

46) 『満文内国史院檔』天聡五年十二月二十三日、「bi emhun ejilefi/ambasai emgi hebšeme cihaci bisifi dasarako be sū sambikai: tuttu seme mini gonin/uile wajiki terei amala ilhi ilhi dasame tuwaki. 我は一人で大臣らがすでに協議したことを勝手に改定しないことが、汝らには分かるであろう。したがって、我が考えていることが終わったら、次第に詳しくみたい」。

47) 『盛京満文老檔』崇徳三年五月十二日、「gulu lamun i handaišūn be wame beidefi: dele wesimbume:/ dergi hesei taka asara seoleki seme asarafi bihe:duin biyai tofohon de/ dergi hesei handaišūn be wara be nakafi hafan efulehe:gerci li deng/ eigen sargan be.handaišūn ci hokobufi cihangga bade gene sere jakade/ ini gūsai doroi hooge beile de genehe:erei da turgun tasha/ aniya:aniya biyai gūsin de bi:/wesihun erdemunggei ialaci aniya sunja biyai juwan juwe: 正藍旗の韓大勲を死罪に審議して上奏した。上論『しばらく留置せよ、思案したい』と保留していた。四月十五日に上論

『韓大勲の死罪を免じて官を革職した。告発者李登夫妻を韓大勲から別れさせ、任意のところに行けと言ったので、彼の旗のドロ・ホォゲ・ベイレのところに行った』という。このいきさつは寅年正月三十日にある。」また、『満文内国史院檔』崇徳三年正月三十日にも収録し、冒頭の内容だけ異なる。「韓大勲を死罪に審議して上奏した。上諭『しばらく保留せよ、思案したい』と保留していた。四月十五日に上諭『韓大勲の死罪を免じて官を革職した。告発者李登夫妻を韓大勲から別れさせ任意のところに行けと言ったので、彼の旗のドロ・ホォゲ・ベイレのところに行った』という。このいきさつは寅年正月三十日にある。」また、『内国史院檔案訳註崇徳二・三年分』河内良弘訳、229頁を参照。

48）『満文内国史院檔』崇徳三年七月二十三日（『内国史院檔案訳註崇徳二・三年分』（河内良弘訳）、475-476頁）。

49）谷井陽子（2005）「八旗制度再考（一）――連旗制論批判」『天理大学学報』56.2、92頁。また、『八旗制度の研究』京都大学学術出版会、2015年にも収録。

50）谷井陽子（2005）「八旗制度再考（一）――連旗制論批判」『天理大学学報』56.2、99頁。また、『八旗制度の研究』京都大学学術出版会、2015年にも収録。

51）「清崇徳三年漢文檔案選編」『歴史檔案』2、33頁。

52）夫馬進（2003）「日本現存朝鮮燕行録解題」『京都大学文学部研究紀要』42、「姜女廟や山海関は、燕行録に収録されるほとんどの詩歌の主題として登場する。」

53）『満文内国史院檔』崇徳三年八月四日（『内国史院満文檔案訳註崇徳二・三年分』（河内良弘訳）、第503頁）、「上諭、祝世昌・祝世胤の死罪を免じ、辺外のシベに発遣した。孫応時を斬に処し、姜新は大凌河を帰順させた時、前後に使いとして往来したとして罪を免じ、部を解任した。馬光先は建昌で、帰順した功により、罪を免じた。」

54）馮明珠（2011）『清宮檔案叢談』（国立故宮博物院）61頁。

55）王雲五主編『賢識録及其他一種』『病榻遺言』商務印書館1937年、37-38頁、「祖宗旧規、御門聴政。凡各衙門奏事、倶是玉音親答、以見政令出自主上、臣下不敢預也。隆慶初閣臣擬令代答、以致人生玩愒、甚非事体。昨皇上於勧進時、荷蒙諭答、天語荘厳、玉音清亮、諸臣無不忭仰。当日即伝遍京城、小民亦無不欣悦、其所関係可知也。若臨時不一親答、臣下必以為上不省理政令、皆他人之口、豈不解体。合無今後令司礼監毎日将該衙門応奏事件、開一小掲帖、明写『某件不該答、某件該答、某件該某衙門知道、及是知道了』之類、皇上御門時収拾袖中、待各官奏事、取出一覧、照件親答。至於臨時裁決、如朝官数少、奏請査究、則答曰、『着該衙門査点』。其糾奏失儀者、重則錦衣衛拿了、次則法司提了、問軽則饒他、亦須親答。如此則政令自然精彩、可以係属人心。伏乞聖裁」。また、『勝朝遺事初編』巻五、「病榻遺言」、21b-22a頁にも収録。

56）*daicing gurun i taidzung genggiyen šu hūwangdi yargiyan kooli*（大清国太宗文皇帝実録）六十三巻、崇徳七年十月二十七日、p. 29a-31b.「uheri be baicara/jurgan i ashan i amban dzu k'o fa.jang ts'un zin.icihiyara hafan lei sing.gingguleme/wesimburengge:/（中略）.■enduringge han beye be saikan ujime:dergi abkai afabuha mujilen de acabu:/fejergi irgen ni ereme tuwara be selabu:be tuwaci gurun i baita geren.yaya/baita be gemu://■enduringge icihiyambi:yamun jurgan gūsa banjibufi hafan sindafi afabuhangge ai/tusa.mujilen gūnin joboci.jili gasacun urunakū banjimbi:/■enduringge han mujilen be sulakan obufi ori be toktobume.yaya buya baita be./meni meni jurgan de taka afabufi icihiyabu:cooha baita amba weile be/wesimbuci acambi:tere anggala amba weile muteme hamika:tulergi gurun/wacihiyame dahaha urgunjeci sebjeleci acara erin kai:aika gūnire joboro ba/bio:terei dade te jeku elgiyen cooha hūsungga:/■enduringge han aba tucifi saršame yabuci acambi:be gisurere tušan be/aliha be dahame://■enduringge han be mujilen be sulakan obu beye be uji seme baime wesimbuhe be/aliha bithei da fan wen ceng. hife:/■dele wesimbuhe:/■dergi hese.ere gisun inu yaya baita de.mini buyeme daringge waka:jurgan i niyalma/geterembume muterakū ofi dambikai:te bicibe hošoi ujen cin wang:hošoi/mergen cin wang:hošoi fafungga cin wang:doroi baturu jiyūn wang se de/hebeše seme.aliha bithei da fan wen ceng.hife be takūraha manggi:wang sei/wesimbuhe gisun:/■enduringge hese inu:yaya baita be membe icihiyame wacihiya seci.be esi wacihiyaci//tere jergi be jurgan i niyalma waji:tere jergi weile be wesimbu seme:/■dergi hese toktobuha manggi:yaya baita be icihiyaci ombikai seme./■dele wesimbure jakade:.■dergi hese isinjire unde weile be tosome adarame bilaci ombi:meni meni jurgan i/baita be alime gaifi icihiya:muterakū oci geren wang. beile acafi hebšeme/waji:geren i hafundarakū weile oci wesimbu:jai wang se cimari erde isafi/wesimbure baita bici wesimbu:baita akū oci uthai meni meni yamun de/bederefi jurgan i baita be icihiya:aika hebšere baita bici isabure be/tuwame isa seme://■hese wasimbuha:」。また、漢文は『大清太宗実録』（順治初纂）巻三十九、崇徳七年十月二十七日、五十五～五十六頁に収録、「二十七日、都察院参政祖可法・張存仁・理事官雷興謹奏。（中略）。伏願※皇上保護※聖躬、上答天心、下慰人望。近見政事紛沓、皆労睿慮。凡固山・六部諸大臣、虚設何裨。凡心労則動気、更願※皇上清心定志、一切細務、付部臣分理。至軍国大事、方許奏聞。況大業将成、外国来帰、政聖心慰悦之時、亦可稍輟憂労。且時当食足兵強、※皇上宜暫出遊猟以適※上心。臣等謬任言官、唯以聖体為重、求其開裏養神幸甚。疏入、大学士范文程・希福奏聞。奉旨、這本説得是、凡事非朕好労、因部臣不能分理、是用自断。著大学士范文程・希福・詣和碩鄭親王・和碩睿親王・和碩粛親王・多羅武英郡王処会議。諸王回奏云、臣等捧読※聖旨、命臣分理諸務、敢不欽承、但事有重軽、以何者部結、何者※上聞、請■旨定奪、庶可各殫厥職。奉※旨、未来之事、朕何能預定、著各衙門尽心料理、事有不能決断者、同諸王貝勒議結、如会衆議仍有未妥、方許来奏、諸王毎日黎明斉集、有事来奏、無則回各衙門辦事、凡有当議者、偶朝時奏。」

57）『明清史料』（1972年再版）（丙編第一本）維新書局、「崇徳八年分」、87頁。

58）*daicing gurun i taidzung genggiyen šu hūwangdi yargiyan kooli*（大清国太宗文皇帝実録）巻六十五、崇徳八年八月、50b-51a.「jakūn biyai ice uyun de.šanggiyan morin inenggi:doberi ulgiyan erin de./daicing gurun i ※ gosin onco hūwaliyasun enduringge han urihe:susai juwe se bihe:soorin de//juwan nadan aniya tehe:」。また、『大清太宗実録』（順治初纂）巻四十、崇徳八年八月初九日、「庚午夜亥時／帝崩、在位十七年、寿五十有二。」

59）『中央研究院歴史語言研究所蔵明清史料』「満文清世祖檔册清世祖即位大赦詔書」登録

番号167575。

60）『満文内国史院檔』崇徳八年十二月。また、『李朝実録』巻四十四、仁祖二十一年十月八日、「清使賤他馬・噶林博氏・鄭命寿等入京。■上接見於便殿、清使傳詔勅、其即位詔曰、『洪惟我太祖皇帝、受天明命、肇造洪基、神功聖武、遺厥子孫、迨我皇考、承元継体、十有七載。用干戈而討逆、本仁義而納降、遐邇向化、丕業日隆。臣子方作万年之頌、宮車乃有一朝之虞。肆予沖人正在弱齢、宗盟大臣咸謂、神器不可以久虚、宗祧不可以無托、合辞推朕、勉循輿情、于本年八月二十六日即皇帝位于篤恭殿、改元順治、大赦維新。』」

61）『大清世祖実録』巻十五、七頁、順治二年三月、「諭内外大小各衙門曰、凡陳奏本章、照故明例、殊覚遅誤。今後部院一切疏章、可即速奏、候旨遵行。至於各衙門応属某部者、有応奏事宜、即呈該部転奏。至直省撫按総兵等官、凡有章奏与某部相渉者、亦必具文該部、部臣即請旨定奪、或部臣不聴、致有遅誤。或部議舛謬、不合事宜、或冤抑苦情、不肯代為上達、或有参劾部臣章奏、俱赴都察院即為奏聞、其有与各部無渉、或条陳政事、或外国機密、或奇特謀略、此等本章、俱赴内院転奏。」

62）谷井俊仁（1994）「順治時代政治史試論」『史林』77.2、146-147頁。

63）『順治朝満文国史檔』順治二年六月、原文転写は第5章注33を参照。

64）『満文原檔』第四冊、収字檔、天命十年六月十□日、294頁（『満文老檔』Ⅲ太祖3、976頁）に、「トゥシャが 漢文を学んで、ハンが用いて事例（kooli）を告げさせ（alabume）、ハンの家に泊まっていたが、ハンの子の乳母に通じたので殺した」とある。また、庄声（2013）「17世紀におけるマンジュ人の語る漢文化」『東方学報』88を参照。

65）『満文内国史院檔』天聡八年十一月二十一日（『内国史院檔・天聡八年』370-371頁）、「二十一日にハンに侍講する筆帖式のブラン（buran）・フキオ（hūkio）・トブチ（tobci）らが、大同と宣府に出征した際、ハンが慈しみ『俘虜を得るように』と、各々の旗に送った。退却して来るとき、兵が合流してすぐに来なかった。事例を説明することを怠けてよく説明しなかった。輪番も欠勤した。家に来るときに一人も、ハンに従っていようと言わなかった。その罪を文館の長らが審理して、罪を定めて礼部のホショイサハリャンベイレに告げた。ベイレがハンに上奏した。ハンは『侍講する者に罪があることはもっともである。ただ彼らを罰すれば、後人は『我が眠るために人を罰した』というであろう』と語って罪を赦した。」

66）緑頭板ついては、すでに崇徳八年の記事でも見られる。『満文内国史院檔』崇徳八年十二月二十二日、「理事官トンタイ、シデク、主事フェイチ、筆帖式アンカイ、官を昇進する旧勅書十二、新しい緑頭板十、すべて二十二通の勅書（ejehe）を届けて来て、当日に書を書いて印を捺して、漢の啓心郎董天机、理事官トンタイ、ニマンに交付した。これに［hese wasimbure boobai］二十二個を捺した。」

67）『順治朝満文国史檔』順治元年十月、「ice duin de wesimbuha bithei gisun:/hafan irgen yaya niyalma weile be jurgan de habšarakū/○wang de dabali habšaci.weilei waka oro be bodorakū tandambi:jurgan de/habšafi.jurgan i niyalma.tondo be beiderakū muribuha ba bifi habšaha weile/uru oci habšaha turgun de weile akū:weile waka bime jabšame baime/holtome habšaci inu tandambi:」

68）『大清世祖実録』巻二、17b-19a、崇徳八年十二月乙亥。また、宮崎市定『宮崎市定全集』（雍正帝）14、岩波書店、290頁。鄭天挺（1998）『清史』台北雲龍出版社、217頁を参照。

69）『大清世祖実録』巻五十五、順治八年三月、五頁、「諭吏部、朕自親政以来、観天下所以治安者、関乎各部院。雖自古無参用諸王之例、然聞我太宗文皇帝、曾用諸王於部院。朕欲率由旧典、復用諸王、念諸王雖甚労苦。然誠名弾厥職、釐剔庶務、禁絶貪汚、修整法令。俾上下利病、不致壅蔽。利国家而致昇平、莫此為要。今特用和碩巽親王於吏部、和碩承沢親王於兵部、多羅端重郡王於戸部、多羅敬謹郡王於礼部、多羅順承郡王於刑部、多羅謙郡王於工部、多羅貝勒喀爾楚渾於理藩院、固山貝子呉達海於都察院。諸王等其各副朕図理治安至意、爾部即伝諭各王知之。」

70）杜家驥（1998）『清皇族与国政関係研究』五南図書出版公司、1998年、342頁。

71）『大清世祖実録』巻五、第十二頁、六月戊午、十二頁、「大学士馮銓・洪承疇啓言、国家要務、莫大於用人行政。臣等備員内院、凡事皆當與聞。今各部題奏倶未悉知、所票擬者、不過官民奏聞之事而已、夫内院不得与聞。況六科乎、儻有乖誤、臣等憑何指陳、六科憑何摘参」。

72）『明清檔案存真選集』（初集）中央研究院歴史語言研究所、121頁。

73）同上、第120頁。

74）城地孝（2012）『長城と北京の朝政――明代内閣政治の展開と変容』京都大学学術出版会、17-19頁。

75）『順治朝満文国史檔』（中国第一歴史檔案館蔵）、順治元年六月初二日、「[be dorgi yamun de pilebu/ seme hecilaha]/ ice juwe de fung guwe loo:hūng jiyūn men donjibuha bithei gisun://da hiyoo sy fung cuwan、hūng ceng sio gingguleme donjiburengge be gunici/gurun boo i amba baita serengge niyalma be baitalara dasan be yabure juwe/hacin ci amban akū.membe dorgi yamun de sindaha dahame yaya weile be/bahafi donjici aisilaci ombi.te ninggun jurgan i inenggidari donjibure dacilara/weile be ※ wang.mende wasimbufi hebdebure unde yaya jurgan ningge/ donjibure bithe be inu ulhiburakū ofi、meni icikiyara **pilerengge** hafan irgen i/ donjibure juwan funcere bithe inengdari icihiyara unggire bithe ci fulu//akū.be.tehei kesi funglu be jeme jireci gurun i baita tookahade ainara:/tere anggala dorgi yamun hono bahafi donjirakū de ninggun ku aide bahafi/donjimbi:aikabade endebuhe ba bici. be aibabe jafafi gisurembi:ku i hafasa/ai babe baicambi tumen de emgeri ※ wang solo bahafi mende baitalaha/emu niyalma be fonjici be.icihiyaha emu weile be fonjicibe .be yabume muterakū/ohode:tere weile be we alime gaimbi:ming gurun i fe kooli be tuwaci yaya dorgi tulergi bithe coohai hafan irgen i wesimbuhe hacin hacin i bithe be//nei g'u yamun de wasimbufi **pilere** gisun be han de wesimbumbi:han **pilefi** nei g'u yamun de/wasimbufi nei g'u yamun i ambasa tuwafi teni ninggun ku de selgiyefi jurgan de benefi yaya/amba baita ohode tere inenggi uthai dacilambi:ilan inenggi be duleburakū.ineku/bithe arafi wesimbumbi:nei g'u yamen de benefi nenehe **pileha** gisun i songkoi **pilefi**/nei g'u yamun ci ulame ku yamun jurgan i yamun du ts'a yuwan de wasimbuha/manggi:tereci dorgi tulergi yaya yamun:emu adali gingguleme yaburengge/cohome sai sere be seremšere badararabe ilibure gūnin umesi šumin goro kai//aikabade tere be tusa akū inenggi anambi seci tere gemu dubei jalan i hafasa/inenggi aname baita be sartabuhangge fafun kooli ilibuhangge sain akūngge/waka: ainara meni gisun de acarangge bici ※ wang jurgan i yamun de/fafun wasimbufi.hebeseci acara:yaya niyalma be baitalara:dasan be yabubure/ amba baita be.dorgi yamun de unggifi hebešehe manggi:bithe arafi/wesimbure.tereci ini ku de wasimbufi **pilere** gisun be dahūme wesimbufi:hese be aliyara:gūwa yaya yamun inggedari donjibure baita amba bicibe//ajige bicibe urunakū tere inenggi uthai bithe gaifi dorgi yamun de benjire/ohode be neneme bahafi yargiyalame tuwambi **pileci** inu ja fonjire de inu/jabume mutembi:uttu ohode mende afabuha tusan be bahafi akūmbumbi:/gurun boo i amba baita de ainci majige tusa ombi:amban be jirame šumin/kesi be alifi.mentuhun i saha emu babe.ai gelhun akū donjiburakū.ming/gurun i kooli be dahara nakabure acara acarakū be ※ dele seole gingguleme/donjibuha: ※ wang tuwaci henduhe gisun ere bithe gemu inu:dubebe bi sahabi sehe.」

76) 山本隆義（1961）「明代の内閣——特にその職掌と制度及び閣臣の出自について」『東洋史研究』20.2、26頁。

77) 櫻井俊郎（2003）「隆慶初年の奏疏問題——視朝・召対を巡る議論」『人文学論集』21、77頁。

78) 王雲五主編『賢識録及其他一種』『病榻遺言』商務印書館、38～40頁、「祖宗旧規、視朝回宮之後、即奏事一次。至申時、又奏事一次。内侍官先設御案、請上文書、即出門外、待御覧畢、発内閣擬票、此其常也。至隆慶初年、不知何故不設覧本、御案、司礼監官奏文書、先帝止接在手中、略覧一二、亦有全不覧者。夫人君乃天下之主、若不用心詳覧章奏、則天下事務何由得知。中間如有奸究欺罔情弊、何以昭察。已後乞命該監官査複旧規、将内外一応章奏、除通政司民本外、其余尽数呈覧、覧畢送票、票後再行呈覧、果系停当、然後発行。庶下情得通、奸弊可燭、而皇上亦得以通暁天下之事。臣等又思得各衙門題奏甚多、難以通篇逐句細覧、其中自有節要之法。如各衙門題覆除前一段系原本之詞不必詳覧、其擬議処分全在。案呈到部以後一段、乞命該監官毎日将各本案呈到部去処夾一小紅紙簽、皇上就此覧起、則其中情理、及処議当与不当、自然明白。至於科道及各衙門条陳論劾本、則又須全覧、乃得其情。伏乞聖裁」。また、『勝朝遺事初編』巻五、「病榻遺言」、22a ～23a 頁にも収録。

79) この大学士馮銓や洪承疇の建言について、荘吉発（1979）『清代奏摺制度』（国立故宮博物院）89頁は、「順治元年五月、大学士馮銓・洪承疇啓請嗣後用人行政要務、先發内院票擬、奏請裁定、攝政王多爾袞準其所請、從此以後大学士等票擬本章、遂成定例」と指摘されていた。この結論について、鞠徳源（1982）「清代題奏文書制度」『清史論叢』第三輯、222頁も賛成している。ただし、郭成康『十八世紀的中国政治』、台北雲龍出版社、2003年、72頁は、「清初攝政王多爾袞未采納馮銓等本章先経内閣票擬的建議」とする。

80) 『大清世祖実録』巻七十一、順治十年正月癸酉　五～六頁、「※上幸内院、顧謂諸臣曰、向曾再三勅下都察院、令其条奏卿等所知。後復数加面諭、乃至今竟一無建白何耶。又問明時票本之制如何、諸臣奏曰、明時京官奏疏、恭進会極門、中官転送御覧畢、下内閣票擬、復呈御覧、合則照擬批紅発出、否則御筆改正発出。※上曰、今各部奏疏、但面承朕諭、回署録出、方送内院。其中或有差訛、殊属未便。頃者都察院糾参吏部侍郎孫承沢、通政使司右参議董復、原令交吏部議覆、乃誤伝革職。朕日理万幾、恐更有似此舛錯者。若人命最重、儻軽重顛倒、致刑辟失宜、亦未可知。諸臣奏曰、誠如※上諭、此非臣等所敢議也。唯上裁之。」

81) 宮崎市定（1947）『宮崎市定全集』（雍正帝）14、岩波書店、298〜299頁。

82) 『宮中档康熙朝奏摺』第八輯、国立故宮博物院、康熙8年5月12日、7頁。

83) 同上掲注、康熙35年4月15日、123頁。また、岡田英弘（2013）『康熙帝の手紙』藤原書店を参照。

84) 『大清世祖実録』巻二十二、順治二年三月癸卯、十三〜十四頁、「江南道御史楊四重奏言、一代之興、必有一代之制。今※皇上大統既集、而一切諸務、尚仍明旧、不聞有創制立法、見諸施行者、恐非所以答天下仰望之心也。請亟勅臣工、討論故実、求其至当、定為画一之規。永矢不刊之典、庶法度修明、而民志以定。至於中外一家、而満漢字法、尚未見同文之盛。請将満書頒行天下、使皆得習而訳之。※皇上亦於万幾之暇、通漢音、習漢字。文移章奏之間、昭然与天下共見。則満漢合一、而治効不臻上理者無有也奏入報聞。」また、『明清檔案』A3-214、順治二年十二月、「……今中外一家、満漢一人、而文字区分、覩面相失、是猶歧満漢而二之矣。職請皇上将清書頒行天下、使皆得訳而習之、与漢字並行。而皇上、王上亦於万機之暇、通漢音、習漢字、将文移章奏之間、昭然与天下共見……。」

85) 『大清世祖実録』巻八十九、順治十二年二月壬戌、七頁。「（前略）、皇上詔大小臣工、尽言無隠、誠欲立綱陳紀綿国祚於無疆也。臣以為平治天下、莫要於信詔令順民心。前降諭軫恤満洲官兵疾苦、聞者無不懽忭。嗣又派令修造乾清宮、詔令不信、何以使軍民服従。伏祈皇上、效法太祖・太宗、不時与内外大臣、詳究政務得失、凡事必豫為商確、然後頒之詔令。庶幾見諸施行、法行令信、可以紹二聖之休烈矣。」

附　論

無圏点マンジュ文字字音

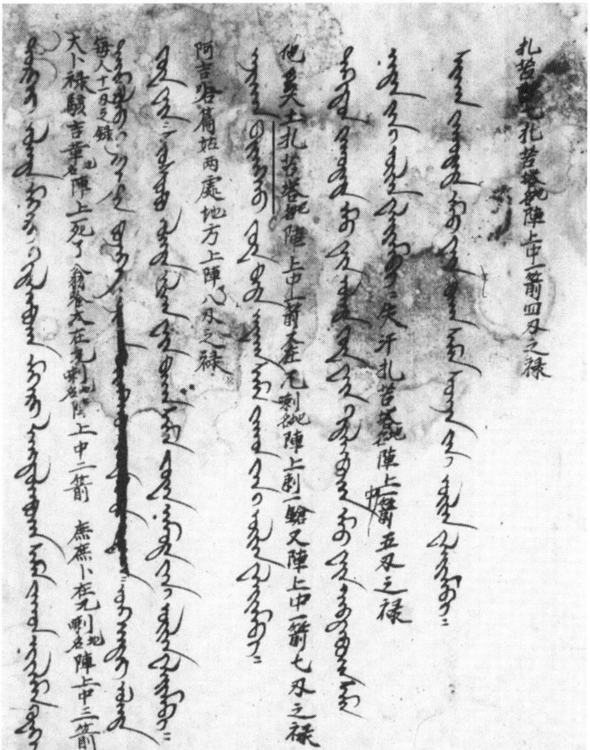

図附-1　満漢合璧の記事

『満文原檔』に満漢合璧の形で記載されたものである。このような記事はすべて五十頁に及ぶが、一部の対訳に遺漏のあるほかほとんどのマンジュ語ごとに対応する漢訳がある。しかし、対訳の漢文には別字や異体字が使用されたのも少なくない。

（『満文原檔』第四冊、寒字檔による）

1　はじめに

無圏点文字（tongki fuka akū hergen）に関連するのは、乾隆帝の時代に「無圏点老檔」と呼ばれた文献で、入関前の太祖と太宗時代の出来事を記した史書である。これらはほとんど無圏点マンジュ文字を用いて記されたので「無圏点老檔」と称したのである。現在オリジナル原檔は台北故宮博物院に所蔵され、1969年に『旧満洲檔』として影印出版され、さらに、2005年に新たな『満文原檔』という書名で再版された。すでに乾隆四十年（1775）二月十三日には、国家プロジェクト国史編纂の一貫として重鈔事業が行われ[1)]、その重鈔したものに北京本と奉天本というバージョンがある。北京本にはそれぞれ無圏点『満文老檔』（楷書本）と『満文老檔』（草書本）、有圏点『満文老檔』（楷書本）と『満文老檔』（草書本）の四種がある[2)]。また奉天本には無圏点『満文老檔』（楷書本）と有圏点『満文老檔』（楷書本）の二種があるという[3)]。1905年に内藤湖南が、奉天宮殿の崇謨閣である有圏点『満文老檔』（楷書本）を発見し、そのあと写真に撮られて現在京都大学文学部図書館に所蔵されている。これは1955年から1963にかけて東洋文庫の日本語訳『満文老檔』の底本ともなるものである。

国史館の文献によると、当時大学士らは重鈔しながら乾隆帝に呈上したことがわかる。大学士の舒赫徳（šuhede）は、乾隆四十二年（1777）二月二十五日に次のようなに述べている。

> 臣等遵旨辦理無圏点冊檔、陸続繕写進呈。今恭査太祖高皇帝天命九年勅諭冊檔一本、有兼註漢字数頁、字跡既多訛錯、文義亦不甚連合、盖当時惟期記載数目。今臣等欽遵諭旨、将無圏点老檔敬謹添加圏点另写、以昭永久。所有原（＃貯）（＋註）漢文似可不用抄録、謹将老檔抄一分、註漢字処粘貼黄簽、恭呈御覧。如蒙兪允、臣等即将原註漢字刪去、只将清字照写収存。後有似此者、臣等臨時請旨辦理謹奏。四十二年二月二十五日進呈、二十六日発下。奉旨、知道了。欽此。
>
> 臣らは旨に従って無圏点檔冊を処理し、続々と書写して進呈する。今は謹んで太祖高皇帝天命九年の勅諭檔の一冊を調べたところ、数頁の漢字注釈つきのものの筆跡と文に誤りや過ちが多くて、意味も通じず、おそらく当時は数目のみを記載

しようとしたのである。今は臣らが謹んで諭旨に従い無圏点老檔に圏点を加えて書写し、それによって永久に顕彰する。すべての原註漢文を書写する必要はないようなので、謹んで老檔の一部を書写し、漢字注釈のところに黄付箋を貼り付けて御覧に供したい。もし旨で許可が得られれば、臣らは原註の漢字を削除して、マンジュ文字だけ書写して保存するものとする。今後は同様のことがあれば、臣らは謹んでその都度旨を受けて処理することを上奏する。四十二年二月二十五日に進呈して、二十六日に旨を受けたところ、分かった、とあった[4]。

とある。ここで言及された「無圏点檔冊」とは、「無圏点老檔」あるいは『満文原檔』を指している。上奏文によると重鈔するときに無圏点檔冊に漢文注釈が付いているものが発見され、その漢文注釈の内容には誤りや過ちが多くて、かつ意味も通じなかったという。結局、諭旨に従って漢文注釈の内容を重鈔本に入れなかったようである。このオリジナルの「無圏点檔冊」は、乾隆年間に重鈔してから消息が消えてしまった。それが新たに発見されたのは1931年3月のことである。故宮博物院文献館の研究員は内閣東庫の文献を整理したときに、「無圏点檔冊」を発見したことについて次のように記している。

もともと『満文老檔』は内閣大庫に所蔵され、清末（初）入關時の旧檔である。民国二十年三月、本館は内閣東庫の檔案を整理した際、この三十二の檔案を発見したが、これらはもともと、千字文の順に番号を付されており、現存のものとは順序が繋がらず、全巻の揃ったものではないようである。原檔は多くが明代の公文書や高麗紙を用いて書写されており、字体は無圏點の満文で、かつ時折モンゴル文字を混じえていた。おそらく天命辛亥年（明万暦39年）、清の太祖ヌルハチの時に初めてモンゴル文字を用いてマンジュ音に合わせて創られたマンジュ文字である。天聡6年（明崇禎5年）に字体の傍らに圏点を加えて、音義を確定したが、これが新マンジュ文字であり、または加圏点マンジュ文字とも呼ばれている。前者を老マンジュ文字、または無圏点マンジュ文字と呼ばれている。この檔案には圏点がなく時折にモンゴル文字が参入されているので、天命・天聡時代のものであると分かる。檔案の中に天命・天聡及び明の嘉靖・万暦の年号があり、例えば（ㄐㄧㄚㄐㄧㄣ）は嘉靖のようで、（ㄨㄚㄌㄧ）は万暦のようであるが、あるいは現在の音訳と異なるところもあるかもしれない。原檔の長短厚薄は同じではなく、長いものは61cm、短いものは41cm、厚いものは500頁あまり、薄いものはわずか9頁である。そのうちの一冊には、漢文が付注されていて、戦陣で功績を記録した簿冊とわかるが、その訳名は選録檔・記録檔・分配兵丁檔等である[5)]。

明らかに、文献館が発見した『満文老檔』とは、「無圏点檔冊」あるいは『満文原檔』を指しているに違いない。文献館は簡潔に『満文原檔』を説明しているが、その最後の「漢文が付注されていて、戦陣で功績を記録した簿冊であるとわかる」という内容は極めて重要である。この内容はやはり乾隆年間に重鈔するときに発見した内容と同じものである。この記事にしたがって、同年の5月に謝国楨は『清開国史料考』において、この付注漢文の内容を紹介して次のように述べている。「民国二十年の春に、故宮博物院の文献館が実録大庫の旧檔を整理したときに、発見した檔冊はすこぶる多い。その満文旧檔黄綾本と遼寧崇謨閣老檔は同じもので、その中に黄紙本31冊の厚冊があり、天命・天聡朝の満文旧檔である。時折嘉靖時代の文書用紙に書かれており、巡撫山東監察御史張劉等の字様があったりする。満文・漢文が平行したものや、満文のみで書かれたものがある。そのうち、葉赫は拽黒と書かれ、吳喇は兀剌と書かれている。天命前には万暦・天啟の年号が用いられていた。鮑奉寬先生と我が師陳寅恪先生が、かつて実録大庫でその檔冊を閲覧し、老満文で書かれたことを確認した。そのうちの3冊を見ると、1つは嘉靖の文書紙を用いて書かれ、1つは翻訳した本であり、高昌館刻本の『華夷訳語』女真編の形式と同じである。写真はこの本の巻頭に影印を付した[6)]」という。謝国楨は固有名詞の音訳漢字が、普通の文献と異なっている点に気づいていたのである。また、同年の11月に、李徳啓（1931）は謝国楨（1931）に付された影印を分析して次のように認めた。「マンジュ語の xan cendume baxi ulade emu feye baxa seme jai jergi/beiguwan i caliyan jakoen/niyalmacaliyan の漢文訳は皇帝勅諭八奚在兀剌陣上中一箭二品備禦（# 八）占丁夫八名であるが、漢文では『銭糧』を訳出していないのはやや不可思議だ。思うに Caliyan というマンジュ語は、漢語からの借用語であり、つまり『銭糧』の音訳語である。」[7)] 李徳啓は訳文にある満訳漢音の語彙が翻訳されていなかったことに注目していた。これらの論者が論じた史料は『満文原檔』寒字檔にのみ記載された満漢合璧の対音である【図附-1】。そのすべての内容は50頁に及ぶが、一部の対訳に遺漏のあるほかほとんどのマンジュ語ごとに対応する漢訳があるにもかかわらず、訳文には別字や異体字が使用されたのも少なくない【本章5史料篇を参照】。そして、陳捷先（1969）は、「原編の寒字檔は、故宮での旧番号は第十六冊で、明代の公文書や高麗紙で書写された無圏點老満文である。1頁から28頁までは満漢文対照であり、漢文用語は粗雑（例えば、「葉赫」は「拽黒」、「輝發」は「迴扒」と書かれる）で、しかも別字（例えば、昧は眛、敕は勅、擊は擊と書かれる）も多く用いられている。さらに奇怪な非雅文の人名（例えば、「阿害義」・「你他哈」・「風苦」・「哈失土狗皮」等）が多くあり、旧満洲檔40の中に唯一漢文の部分訳がつけられたものであり、冊巻の年月の順は紊乱している。天命九年（甲子）正月六日の紀年がある」と述べていた[8]。陳捷先も謝国楨と同じ観点を持つとともに、音訳漢字の別字や人名所用の非雅文漢字に注目していた。また、松村潤（1985）はこれについて、「固有名詞を漢字で表す場合、ihan alin 義哈阿里、akilan 阿其剌、haisangga 害査哈など語尾の n が脱ちているのも特徴的である。また漢訳は厳密なものではなく、満文に拠らなければ内容をつかみがたいものもある」と指摘している[9]。松村潤ははっきりと音韻問題の重要性に言及していた。

要するに、従来の研究の主要な観点は、一つは別字や非雅文を用いた問題に関心が寄せられていたことである。もう一つは、李徳啓の注目したマンジュ語の音訳された字音であるが、脱鼻音化問題に触れられることはなかったことである。確かに、松村潤は今まで誰も触れなかった満漢音訳の字音の不一致問題について言及したが、深い分析が行われたとは言い難い。したがって、附論では『満文原檔』寒字檔の満漢対訳字音問題に対して音韻学的な分析を行い、かつモンゴル文字に基づいて創られた無圏点マンジュ文字の字音の特徴が如何なるものであるかについて考究したい。

2　無圏点マンジュ文字の音韻

無圏点マンジュ文字[10]は十六世紀末に創られたが、使用された歴史はわずか30年のことにすぎない。現存する文字文献は碑文から、銭幣・印璽・版木物・編年体史料等に及ぶ。その中の編年体史料とは後に『満文原檔』と名付けられたもので、最初の無圏点マンジュ文字と文字改革後の有圏点マンジュ文字で記されたのである。『満文原檔』の史料価値は無圏点マンジュ文字がウイグル式モンゴル文字から生まれた点にあり、字体は簡略で古く、音韻は整っておらず、字音も同様である[11)]。特に漢文を書き表す時にしばしば誤読があるだけではなく、応用にも適していないので、天聡六年（1632）三月にホンタイジは大臣の達海に命じて、無圏点マンジュ文字に圏点を加えることで、字形や発音を明瞭で分かりやすくさせ、混乱が生じることがなくなったのである[12)]。

１．母音（を除く、他は全て初頭形を用いる）

無圏点マンジュ文字母音とローマ字対応関係（大文字は無圏点、小文字は有圏点を表す、特別な音韻表記を用いる場合もある）：＝A/a/、＝E/e/、＝I/i/、＝O/o、u/、＝Ū/ū/.

２．子音

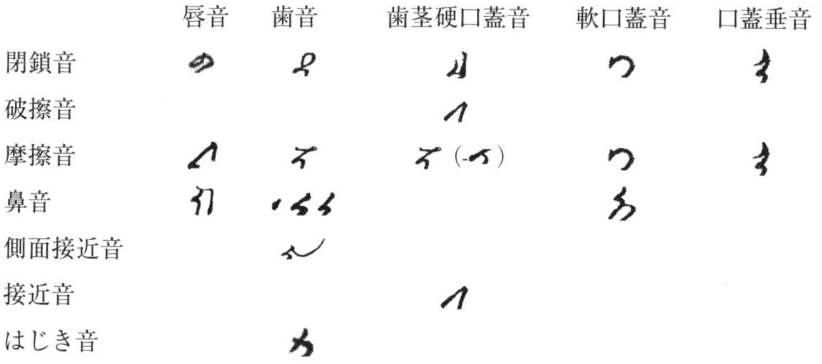

無圏点マンジュ文字子音とローマ字対応関係：閉鎖音＝B/p、b/。閉鎖音＝T/t、d/。閉鎖音＝K(I、U/Ū、E)/k、g/。摩擦音＝K(I、U、E)/h/。閉鎖音＝K(A、O)/q、G/。摩擦音＝K(A、O)/x/。閉鎖音＝C/c/。破擦音＝J/j/。摩擦音＝W/f、w/。摩擦音＝S/s/。摩擦音＝(-前)/š/。鼻音＝M/m/。鼻音/＝N/n/。鼻音＝NK/ng/。側面接近音＝L/l/。接近音＝J/y/。はじき音＝R/r/。

本章は最初の無圏点マンジュ文字の音韻組織を概観する。文献は『満文原檔』以外に、乾隆年間重抄本の *TONKKI WOKA AKO KERKEN I TANKSA*（無圏点字檔子)[13]・*dorgi yamun asaraha manju hergen i fe dangse*（内閣蔵本満文老檔)[14]・*tongki fuka sindaha hergen i dangse*（有圏点字檔子)[15]の太祖六十二冊を用いることにする。これらは『満文原檔』寒字檔に対応する内容を持つものでもある。こうした文献を用いることによって、後のマンジュ人が最初の無圏点文字の字音に対していかなる認識を持っていたのかについて考察することは、きわめて重要である[16]。また、対訳の漢字音の再構成には、明代北京音に基づいて編纂された『重訂司馬温公等韻図経』を利用したい。この図経は十九声母と十三攝により作成されたものである[17]。

周知のごとく、ウイグル人はソグド文字からウイグル文字を作製し、モンゴル人はそれを改変したモンゴル文字を使用した。そして、マンジュ人はモンゴル文字を表音的に正確にしたマンジュ文字を作り出した【付録1を参照】。つまり、これらの言語系統はほとんど無関係であるが、文字は相互に近く、音韻にも親縁関係があることは否定できない。本章では無圏点マンジュ文字の字音を解明する時に、ソグド文字とウイグル文字・モンゴル字音も合わせて考察するつもりである[18]。

3　音　韻

3.1　声母

3.1.1　唇音

3.1.1.1　閉鎖音 B

(1)

〔BAITA〕拜塔 puai tha
〔BAISI〕拜失 puai ʂʅ
〔BAIJOKO〕拜住戶 puai tsy xu
〔BAJANKSO〕八羊束 pa iaŋ su
〔BASARI〕八查里 pa tʂha li
〔BAKI〕八奚 pa khi
〔BANTASI〕半他失 pan tha ʂʅ
〔BANKSO〕本孫 pən sun

(2)

〔ABTAI〕阿不代 a pu tai
〔ALIBO〕阿里卜 a li pu
〔JABAI〕亜敗 ɔ puai
〔JOLBI〕趙兒必 tʂau ər pi
〔SIOSIOBO〕庶庶卜 ʂy ʂy pu
〔SABINA 查必那 tʂha pi nuɔ
〔ALIBI〕阿里必 a li pi
〔SOIBAN〕崔班 tsuei puan

〔BOOLANKKA〕不剌哈 pu la ka　(3)

〔BOIKOJI〕伯何其 pɛ xɔ khi　〔KEOBI〕狗皮 kəu phi

〔BOLAJAN〕卜剌禅 pu la tʂan　〔BIJANKKO〕篇姑 phiɛn ku

〔BOSAN〕卜参 pu san　〔BIO〕票 phiɐu

無圏点マンジュ文字の両唇閉鎖音については、上掲のごとく語頭(1)と語中(2)は清濁音の区別がなく、全てB文字で表される。しかし、これと対応する漢字音には、はっきりと清音phと濁音pの区別があった。一方、ソグド文字とウイグル文字は重唇音を全てp文字で表しており、有声音または無声音・有気音または無気音の区別ができていない[19)]。当時無圏点マンジュ文字でマンジュ語を書いたり、漢字音を表したりする場合ほとんどB文字のみを用いていたが、発音上は区別があった。例えば、漢語の借用語［鋪子 / BOSA］・［布絲 / BOSO］等は[20)]、文字を見るだけでは声母の清濁音の区別ができない。これを音韻学的な手法で分析すると、「鋪」字の声母は滂母に属し、ph- と読むし、また、［布］字の声母は幫母に属し、p- と読む[21)]。有圏点マンジュ文字でこれを表すとpuseとbosoとなる。無圏点マンジュ文字の子音は清濁音の区別ができないが、音素の上では /b/ と /p/ に区別されていた。ところで *tongki fuka akū hergen i bithe*（無圏点字書）の序文によると、

【原文転写】：ere dangse i hergen.tongki//fuka akū teile akū.geli teodenjeme baitalahangge bi./dergi fejergi hergen de acabume gūnin gaime kimcime/tuwarakū oci.ja i takarakū[22)].

【訳文】：この檔子の文字は、無圏点であるだけではなく、また交互に使用されて用いる場合もある。上下の文意を合わせてよく意味を取らなければ、簡単には理解できない。

dangse（檔子）とは、すなわち『満文原檔』を指しており、無圏点文字で書写されただけではなく、文字も交互に使われていた。例えば、上例の(3)［BIJANKKO / 篇姑］とは、［末子］あるいは［小指］の意味で、人名にもよく使われる。［篇姑］の音価を再構すると［phiɛnku］となる。しかし、崇徳二年（1637）の『満文内国史院檔』の記事では、［fiyanggū］と書かれていた。一方、『満文原檔』の重抄本

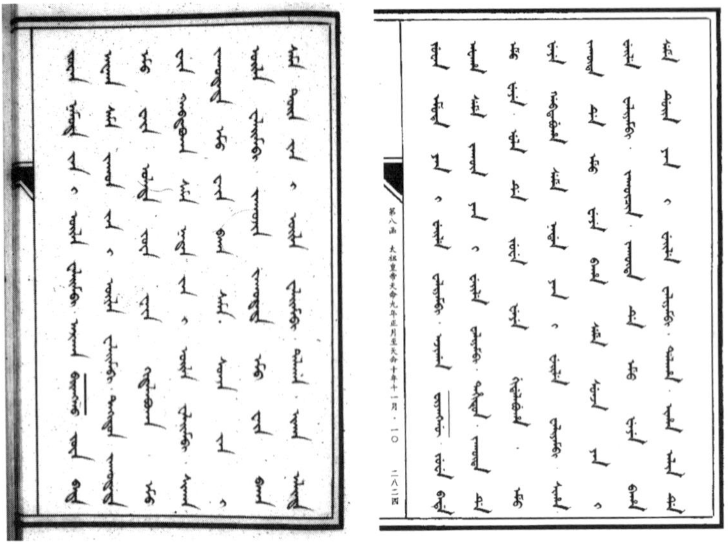

図附-2　『満文老檔』照写本（左）と音写本（右）

注）照写本『無圏点文字の檔子』、音写本『内閣蔵本満文老檔』（中国第一歴史檔案館蔵）

（音写本）『満文老檔』でも［fiyanggū］と写され、二例とも再構した漢字音の声母と異なっており、照写本で原文のままに写されている【図附-2】。実は、［未子］は『金史』でも出てくる語彙であるが、［蒲陽温 / pujaŋun］と音訳されているので[23)]、やはり無圏点マンジュ文字の時代にも金代女真語の痕跡が残っていることがわかる。すでに早田輝洋（2011）は、「『満文原檔』冬字檔では［bi pi］を表すbiと［fi］を表すBi　fiが明瞭に区別して現れている」と主張されていた[24)]。早田輝洋の［b］と［B］は、それぞれ本章に用いるBと（B○）に対応する表記である。まさに早田輝洋の指摘するようには /f/ と読む。ただし、Bは /b/ と /p/ と読むだけにとどまらず、例えば［背中］という意味の語彙は、『満文原檔』天命三年（1618）の記事では［BISA］[25)]と書かれる一方で、天命十年（1625）の記事では［WISA］[26)]と書かれていた。後の正書法では［fisa］と書かれるようになった。なお、崇徳二年（1637）の記事によると［fihebufi］（埋める）という語彙は、天聡四年（1630）から五年の記事では、それぞれ［BIKEBOBI］・［BIKEBOB○I］・［BI-

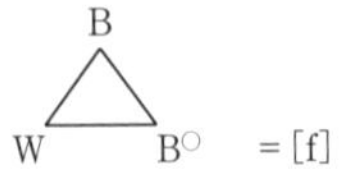

図附-3

KEBOWI］と書かれているが[27)]、明らかに語頭 /f-/ は B- に対応しており、語中では三種類の字形で -B-・-B○-・-W- に対応する形になっていた。同じ語彙は短期で三つの字形で現れることは、初期段階において正書法がまだ行われていないことによると考えられる[28)]。また、『満文原檔』天聰三年（1629）七月の記事では、［兵を移動する］という意味の語彙は、それぞれ［B○ITARA］と［WITARA］[29)]と書かれており、文字改革後の正書法ではすべて［fidere］となっている。こうした［B］文字の変則をまとめると【図附 3】のようになる。

明らかに、図にみられるように、三文字は交互に使用され、かつ文字改革の後にほとんど［f］になったことがわかる。張玉全はこれを［書法未盡畫一（書法はまだ定まていない）］[30)]と述べている。ヌルハチがアイシン・グルンを建てる際に、建州三衛以外に周辺の九部などの jušen（諸申 / 女真）語各部を合併したり[31)]、支配領域が拡大したりすることに伴い、互いの言語が異なる部族が集められていた[32)]。このことから、『満文原檔』での［一字多形・一字多音］現象は、方言によってもたらされた可能性を考慮しなければならない[33)]。そのために［］文字が三つの字音を用いられるだけではなく、［］文字も［f］と［p］という字音も用いていたことも考えられる。［p］文字は李德啟（1936）によると、「ローマ文字［p］に対応する無圏点マンジュ文は［］以外に［］もある」と述べている[34)]。ここでの［］は［p］と読む可能性は低く、［一音多字］現象は *tongki fuka akū hergen i bithe* にも多く記載されており、方言の可能性を無視することはできないだろう。

実は、ソグド文字の重唇音は［p］で表す以外に、［］と［］というそれぞれ［］の上下補助記号を付けた文字もある。その中の［］の音価は明らかではなかったが、［］文字の上に一点あるいは両点を付けた［p］は、マニ教文献や仏典では、それぞれ［f］と［b］の読音を示していた[35)]。文字改革後の有圏点マンジュ文字は、1632年から正式に実施され[36)]、その音韻と書法は漸次進化しつつある一方で、いまだ字体の構造は無圏点マンジュ文字から離れていない[37)]。

3.1.1.2　鼻音 M

(1)

〔IMIO〕亦苗 i mieu

〔KOLMAKON〕古児馬虎 ku ər mua xu

(2)

〔TAIMBOLO〕大卜禄 tai pu lu

〔JOMBO〕住卜 tsy pu

〔MANTASI〕慢他失 muan tha ʂʅ
〔MOKA〕木哈 mu ka（+荅）
〔MOOBARI〕莫八里 mɔ pa li
〔MANTABO〕（#馬）（+满）荅卜
(#mua)（+muan）ta pu
〔TAMIN〕大米 ta mi
〔JAMSITA〕押木（+失）荅 ia mu（+ʂʅ）ta
〔MIKAJI〕米哈其 mi ka khi
〔MOINA〕木一那 mu i nuɔ
〔SAMAKANA〕查馬哈那 tʂha mua ka nuɔ
〔KIJAMSO〕（#相）下木祖 xia mu tsu
〔MONKKO〕孟古 muŋ ku
〔MARU〕（#馬）（+墨）路
(#mua)（+muɛ）lu
〔MOTO〕莫都 mɔ tu
〔JAMBOLO〕住卜路 tsy pu lu
〔ALIMBA〕阿里八 a li pa
〔TOMBORO〕土卜路 thu pu lu
〔TOMBAI〕都拜 tu puai

上掲のごとく、例(1)の無圏点マンジュ文字の M に対応する漢字音は m 声母で、その音価は [m] である。また、例(2)の無圏点マンジュ文字の -MB- の対訳にあたる音訳漢字は、それぞれ‘八・拜・卜’等である。‘八’はウイグル語漢字音では v′r と表す。その v は f- 子音に属し[38]、ウイグル文字の子音 f- は軽唇音に属する[39]。しかし、漢語史を通覧すると[40]、ソグド文字とチベット文字の字音[41]、及び明代の韻書『洪武正韻』と『西儒耳目資』などの中では、‘八’の声母はみな幇母と百父に属し、音価は重唇音 [p] と推定できる。もちろん‘卜’の声母も幇母に属するが、子音前鼻音化の現象が現れていない。一方、‘拜’の声母は両唇閉鎖音であるが、両唇鼻音に属していない。これは後続声母と前続韻母が合流されたので、声母は ᵐb という鼻音化現象が現れたと考えられる。実は、例(2)の‘TOMBAI／都拜 tu puai’という人物は、入関前の漢文文献にもしばしば登場するが、その音訳の漢字は‘東拜’と書かれている[42]。明らかに‘東’の韻母は鼻音を帯びているが、‘拜’字の声母は幇母に属する。通常鼻音韻母を帯びる字音は、逆同化の関係で両唇音声母は鼻音化 ᵐb 音となる場合があり、TOMBAI／都拜はその典型的な例である。このような現象はソグド文字とチベット文字の字音でもよく見られるものである[43]。

3.1.1.3　摩擦音 W

(1)

〔WANJA〕反察 fuan tʂa

〔WAKONA〕法苦那 fua khu nuɔ

〔AWONI〕阿扶你 a fu ni

〔WOLKIJAKA〕副児家 fu ər tʂia

〔KOIWA〕廻法 xuei fua

〔WONKKO〕風苦 fuŋ khu

(2)

〔WAJINKKA〕凹其哈 ua khi ka

〔WANJIKAN〕万吉哈 uan ki ka

〔WANKKE〕王革 uaŋ kɛ

〔WANKKIJAN〕王家 uaŋ tʂia

無圏点マンジュ文のは、/f/ とも表示されるが[44]、それはマンジュ語中の使用にとどまっており、人名の書写や借用語で使用されることはほとんどない。上例の(1) f- と(2) u- 韻母に対応する無圏点マンジュ文字の人名はすべて唇歯摩擦音 W- で示されていた。初期の無圏点マンジュ文字は、字形上清濁音の区別ができないのだが、音素上それぞれ /f/ と /w/ とに区別される。対応する音訳字音の f- と u- の存在は恰好の例証となろう。例(2)の漢字音は u 母音の開頭字音で、通称は零声母というものであり、『等韻図経』では両唇音の字音はほとんど影母に属する。『満文原檔』では大明の神宗万暦皇帝は WANLI と書かれていたが、『等韻図経』によると当時の漢字音では uanli としか読まない。つまり、初頭位は円唇母音でもあるが決して唇歯音ではなかったのである。実は、ウイグル漢字音の軽唇音は v と ‘w で表記するが、v は f を表示しうるので、f の範疇に入る。一方、‘w は後舌円唇母音（u、o）を表記している[45]。ソグド文字では非・奉母に対して/β を、微母に対して β を用い、それぞれ [f] と [v] を表している[46]。要するに、無圏点マンジュ文字母音の O/Ū はウイグル文字の w に似ている。『韃靼館来文』のモンゴル語漢字音も同様に w で表している。

無圏点マンジュ文字と音訳唇音声母との関係図：

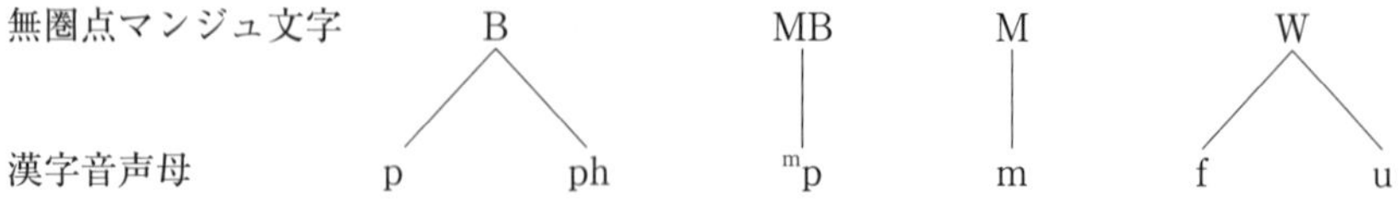

3.1.2　歯音

3.1.2.1　閉鎖音 T

(1)

〔EITO〕厄一都 ɛ i tu

〔ATAKAI〕阿荅海 a ta xai

〔TARONKKA〕荅禄哈 ta lu ka

〔TATA〕荅打 ta ta

〔TOMBAI〕都拜 tu puai

〔ATO〕阿都 a tu

〔TONKKA〕東哈 tuŋ ka

〔TAJOKO〕達住胡 ta tsy

〔TOSA〕都司 tu sʅ

〔ONKKATAI〕翁哈帯 uŋ xa tai

〔ILTON〕亦児鄧 i ər təŋ

〔OWAKETAN〕伍黒等 u xei təŋ

〔TAIMBOLO〕大卜禄 tai pu lu

〔LATARI〕勒得里 lɛ tɛ li

〔TANKKOO〕当古 taŋ ku

(2)

〔TOMBORO〕圡卜路 thu pu lu

〔KOTO〕火托 xuɔ thuɔ

〔MANTASI〕慢他失 muan tha ʂʅ

〔BANTASI〕半他失 pan tha ʂʅ

〔JAKOTA〕扎苦塔 tʂa khu tha

〔ERKETO〕二黒圡 ər xei thu

〔TORKEI〕屠児革 thu ər kɛ

〔BORANTAI〕卜郎台 pu laŋ thai

〔TONTAI〕屯代 thən tai

〔KOSITON〕戸失通 xu ʂʅ thuŋ

〔TABOTAI〕他卜代 tha pu tai

上掲のごとく、無圏点マンジュ文字の歯音閉鎖音 T は、語頭形でも語中形でも清濁音の区別が表記されていない。このような現象はモンゴル文字にも同様に見られる。上例(1)の無圏点マンジュ文字 T に対応する漢字音は t であるが、例(2)の T に対応する漢字音は th である。つまり、例(1)の字音は有声化で、例(2)は無声化である。初期の無圏点マンジュ文字では t と d は音韻として区別があるのに書き分けができない[47)]。この点についてはソグド文字も同様で、端・透・定母はすべてt-で表記される[48)]。ウイグル文字にはtとdがあって、もともと声の対立が表記されたが、後期ウイグル語では語中位においてはその区別が希薄となり、文字dがt音を表すようになる。一方ウイグル語は初頭にdをもたないが、借用語などのdは文字dを使用することが多い[49)]。

3.1.2.2　摩擦音S

(1)

〔BANKSO〕本孫 pən sun

〔CANKSONI〕成孫你 tʂhəŋ sun ni

〔TARSON〕荅児孫 ta ər sun

〔SONJA〕孫扎 sun tʂa

〔LANKSA〕郎（#三）（＋塞）
lɑŋ（#san）（＋sɛ）

〔JOSA〕趙三 tʂau san

(2)

〔SANJAN〕参將 tshan tsaŋ

〔SOIBAN〕崔班 tshuei puan

〔SANKSARI〕蒼查里 tshaŋ tʂha li

〔SIOSA〕少子 ʂiɐu tsɿ

〔KIJAMSO〕（#相）下木祖
（#ʂiaŋ）xia mu tsu

〔SABINA〕查必那 tʂha pi nuɔ

〔BASARI〕八查里 pa tʂha li

上掲のごとく、無圏点マンジュ文字の歯茎摩擦音Sは、それぞれ例(1)の漢字音心母sと例(2)の漢字音精母ts・清母tshあるいは穿母tʂhの声母に対応する。心母·精母·清母はすべて歯頭音に属し、歯頭音の区別は発音の部位ではなく、発音の方法によるものである。無圏点マンジュ文字の歯茎摩擦音は心母以外に、精母と清母に対応できていない。したがって、マンジュ人が心母・精母・清母を混同して使用することは避け難くなった。また、『韃靼館来文』のモンゴル文字は、摩擦音sで心母と精母字音を表しており、例えば、'孫' と '左' という漢字はそれぞれsun、souと綴られている。

また、『満文原檔』では例(2)の 'SANKSARI' は '蒼查里 ts'angsari' と音訳され、ここでは明らかにts'は穿母に属する。実は、有圏点のts'は天聡六年(1632)の文字改革以後、使用が始まっており、専ら借用語を転写するために作られたものと考えられる。例(2)の查saは、無圏点マンジュ文字字音のSAを忠実に反映しているが、『満文老檔』では同じ '查' という漢字音が、さらに二種のcaとdza

（查必那 cabina・八査里 badzari）という有圏点マンジュ文字の字音で書かれていた。C/c/ は無圏点マンジュ文字語頭では と表記するが、語中では と と書くので、声母の tʂh に一致し、穿母に等しい。/dz-/ は と表記するが、もともとマンジュ語にない文字で、天聡六年（1632）の文字改革の際に作製され、通常は借用語の精母としてよく使われる。それにもかかわらず、これらはすべて無圏点マンジュ文字の字音が反映されなかったのである。無圏点マンジュ文字の字音 S は心母に近似しているにすぎず、『満文老檔』の編抄者は歯茎音と口蓋音を混同していたことが分かる[50]。実際には初期に創られた字音には不備もあって音韻を充分に反映できないのである。

通常ソグド文字漢字音はそれぞれ c-、ts-、s- 声母で精・清・従母を表している[51]。一方、ウイグル文字では摩擦音の心母と邪母がすべて S で写されるのに対し、破擦音系列の精・清・邪・従母は TS と S で写されていた。字音においては原則的には /ts/ と /s/ の区別はあったが、ただ /ts/ はウイグル語本来の語頭音として存在しなかったため、しばしば容易に /s/ と混同されることになった[52]。

3.1.2.3　鼻音 N

(1)

〔NANTO〕难土 nan thu
〔NAIKE〕乃革 nai kɛ
〔NIKAN〕你哈 ni ka
〔NINKKUNI〕甯古你 niŋ ku ni
〔NIJAKAN〕你牙汗 ni ia xan

(2)

〔JARKANA〕牙児哈那 ia ər xa nuɔ
〔KURNA〕苦児那 khu ər nuɔ
〔IKINA〕亦其那 I khi nuɔ
〔KOJANA〕虎牙那 xu ia nuɔ
〔JARNA〕牙児那 ia ər nuɔ
〔MOINA〕木一那 mu i nuɔ
〔KALIONA〕哈了那 xa liɐu nuɔ
〔KANAI〕哈乃 ka nai
〔ERNA〕児勒那 ər lɛ nuɔ
〔WAKONA〕法苦納 fua khu na

(3)

〔ITANKKA〕你他哈 ni tha xa
〔OTAKA〕伍那哈 u nuɔ xa

そもそも有圏点文字は天聡六年（1632）から使用が始まったわけではなく、それ以前の記事でもしばしば使用されていたことがうかがえる。例えば上掲(1)の音訳漢字の‘你’は、寒字檔では十回も現れるが、そのうち九回に対応する無圏点マンジュ文字はNIとなって、一回だけは(3)のIとなっており、これは単韻母の標記である。漢字音の‘你’は泥母nに属し[53]、『西儒耳目資』でもniと綴られ、脱鼻音化の現象が現れていない。N文字の点の有無は、無条件交替形と条件交替形という二種類がある。無条件交替形ではNの‘点’は落ちても、字音は変わらないのに対し、一方、条件交替形では‘点’のあるかないかが非常に重要であり、それぞれ独自の字音を持っているのである[54]。そうでないとITANKKAを‘你他哈’と音訳することができない。

また、‘那’に対応する無圏点マンジュ文字はNAとAであり、NAは十五回、Aは二回表れていた。もちろん‘那’も‘你’と同様に、Aと書かれていてもNAと読まねばならない、これは無条件交替形である。一方、例の(3)ではOTAKAという人名に対応する音訳は‘伍那哈’となっているが、ここでは明らかに‘那’文字はTAに対応しているので、脱鼻音化現象とも言えるNAの別読みである。これはマンジュ人の誤訳ではなく、ソグド文字・チベット文字・ウイグル文字漢字音の泥母でも脱鼻音化はよく見られる現象である。例えば、‘那’文字は、チベット漢字音では ′da′ と書かれ、その中の ′ という記号には鼻音成分が含まれているので、その声母は [nd] と読むのである[55]。また、ウイグル文字漢字音では d′ と書かれ、声母は脱鼻音化している[56]。しかし、パスパ文字とチッベト文字漢字音の声母は、鼻音を依然として保っている[57]。漢語には音位互換の現象があり、例えば、歯茎鼻音の [n] と側面音の [l] は、発音部位は同じ位置であるが、発音方法が全く違うので、音位互換の現象が現れやすい。

3.1.2.4　流音L

(1)

〔LANKSA〕郎（#三）（＋塞）
laŋ（#san）（＋sɛ）

〔ANJO LAKO〕安処拉苦 an tʂhu la khu

〔LOOTOI〕（#魯）（＋羅）得
（#lu）（＋luɔ）tei

(2)

〔AKIRAN〕阿其藍 a khi lan

〔BORANTAI〕卜郎台 pu laŋ thai

〔KALIONA〕哈了那 xa liɐu nuɔ

〔LONTORI〕路都里 lu tu li

〔JARAN〕牙藍 ia lan

〔IKAN ALIN〕亦哈阿嶺 i ka a liŋ

〔OLA〕兀喇 u la

〔LATARI〕勒得里 lɛ tɛ li

〔AILO〕艾路 ai lu

〔LOOKAN〕老汗 lau xan

〔KAMBOLO〕勘卜魯 khan pu lu

〔LAITA〕賴荅 lai ta

〔ONKKOLO〕翁各洛 uŋ kɔ lɔ

〔ONAKALAI〕伍那哈来 u nuɔ xa lai

〔ERNA〕児勒那 ər lɛ nuɔ

〔KARA〕哈喇 xa la

〔CARKEI〕扯二格 tʂhɛ ər kɛ

〔ORLA〕兀児剌 u ər la

上掲のごとく、無圏点マンジュ文字の流音は(1)のL以外に、(2)のはじき音Rでも表記されている。それに対応する漢字音はすべて来母である。このような現象はモンゴル文字漢字音でも同様に見られ、同じくソグド文字漢字音の‘六’という文字にも表れている[58]。漢字音にははじき音 [r] がないので、チベット文字音訳語でも来母 [l] で交代されている[59]。

無圏点マンジュ文と音訳歯音声母との関係図：

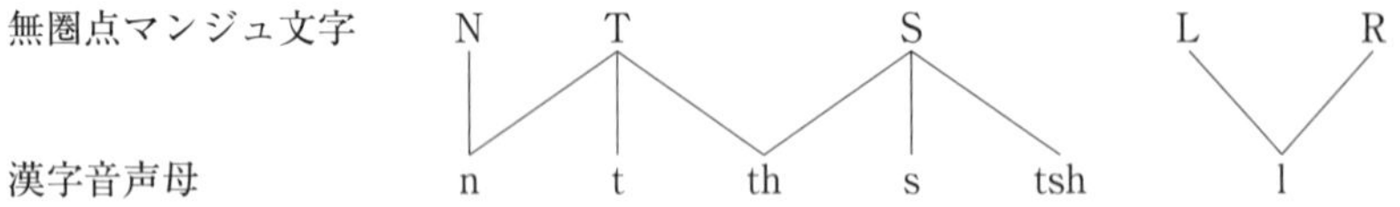

3.1.3 硬口蓋音

3.1.3.1 閉鎖音C／破擦音J

(1)

〔SANJAN〕参將 tshan tsaŋ

〔WOJAN〕副將 fu tsaŋ

〔JAISA〕解査 kai tʂha

(2)

〔JOMBO〕住卜 tʂy pu

〔LOOJA〕老張 lau tʂaŋ

〔JALANKKA〕張喇哈 tʂaŋ la xa

(3)

〔OJIKAN〕五七哈 u tʂhi xa

〔ALJA〕阿里乂 a li tʂha

〔JAKOJIN〕扎苦七 tʂa khu tʂhi

〔BOIKOJI〕伯何其 pɛ xɔ tʂhi

〔JAJAN〕野成 iɛ tʂhəŋ

〔EKEJO〕額黒処 ɛ xei tʂhu

〔ANJO LAKO〕安処拉苦 an tʂhu la khu

〔JOLBI〕趙児必 tʂau ər pi

〔JOSA〕趙三 tʂau san

〔JOMBOLO〕中不路 tʂuŋ pu lu

〔JASAN〕者参 tʂɛ tshan

〔JAKUNA〕者苦那 tʂɛ khu nuɔ

〔JAJONKKE〕者住（# 幸）革
tʂɛ tʂy（#xiŋ）kɛ

〔TAIJO〕大住 tai tʂy

〔TAJOKO〕達住胡 ta tʂy xu

〔KEJA〕克車 khɛ tʂhɛ

〔IJANKKE〕亦車革 i tʂhɛ kɛ

〔BOLAJAN〕卜剌禅 pu la tʂhan

〔SONJAJI〕孫扎七 sun tʂa tʂhi

(4)

〔CAKIRI〕义其里 tʂha khi li

〔CANKSONI〕成孫你 tʂhəŋ sun ni

〔CAKAN〕义汗 tʂha xan

上掲のごとく、例(1)の無圏点マンジュ文字のＪに対応する漢字音は精母 ts と見母 k である。そのうち‘JAI／解’は『等韻図経』では見母に属していたが、『西儒耳目資』の注音では kiai/hiai と綴られ、それぞれ格父と黒父に属する字音である。格父は見母、黒父は曉母に相当する声母である。寒字檔の‘JAI／解’は、マンジュ人が漢字音の k- と h- の中間に存在する音位として示したにすぎない。

また、例(2)の無圏点マンジュ文字のＪに対して漢字音の照母 tʂ に対応している。例(1)では対訳する漢字音は精母に属するが、無圏点マンジュ文字の発音は例(2)と同様であるのに相違なく、照母と同じ［tʂ］という発音するのである。また、例(3)は前二者と同様にＪ文字の語中の形で示しているが、その対訳の字音は穿母の tʂh である。例(4)は明らかに閉鎖音Ｃの語頭形で表記されたので、対訳の漢字音は当然穿母に属する文字を選ばなければならない。これは(3)と同様である。また、‘义’という字は‘義’の簡体字ではなく、‘叉’文字の異体字である。このような異体字を用いるものが寒字檔に少なくない。一方、モンゴル文字漢字音の照母と穿母も判別づらく、語頭形と語中形ともに字形を用いている。

3.1.3.2　摩擦音Ｓ

(1)

〔SIOKIN〕書吉 ʂy ki

〔KUSIO〕苦書 khu ʂy

〔SIOSA〕少子 ʂiɐu tsʅ

(2)

〔TABISAN〕太必（#三）（＋扇）
thai pi（#san）（＋ʂan）

〔SIOSALAN〕書善剌 ʂy ʂan la

〔SIOSIOBO〕庶庶卜 ʂy ʂy pu
〔BANTASI〕半他失 pan tha ʂʅ
〔MANTASI〕慢他失 muan tha ʂʅ
〔SIOSALAN〕書善剌 ʂy ʂan la
〔KOSITON〕戶失通 xu ʂʅ thuŋ
〔AKSAN〕阿革善 a kɛ ʂan
〔SANIOKE〕色牛克 ʂɛ niəu khɛ

上掲のごとく、無圏点マンジュ文字の硬口蓋摩擦音 S は、字形から見れば歯茎摩擦音 S 文字と同じである。有圏点文字では母音 i 前の s は [ʃ] となり[60]、硬口蓋摩擦音に属するので、無圏点マンジュ文字も同様である。また、例(2)では母音 -A 前の S- 文字は、‘色’ は『満文原檔』音写本で声母は歯茎摩擦音 s- となる以外に、ほかはすべて š- となっている。なお、例(2)の心母 ‘三’ を審母 ‘扇’ に変えていることは、マンジュ人が漢字音韻の認識に揺れがあったのを意味している。つまり、無圏点マンジュ文字は母音 -I の前だけではなく、母音 -A の前に出てくる S- 文字も [ʃ] となる場合もありうるので、無視することはできないのである。ソグド文字とウイグル文字ではそれぞれ審母を表す文字があって、『満文原檔』にあるモンゴル語記事でも  š という文字を用いていたが[61]、『韃靼館来文』には見られない。有圏点マンジュ文字は天聡六年（1632）の文字改革の際に硬口蓋摩擦音 š が増加されたが、決してモンゴル文字を継承したわけではなく独自に作り出した文字であることがわかる。

3.1.3.3　接近音 J

(1)

〔JAMSITA〕押木（+失）荅 ia mu（+ʂʅ）ta
〔JAKSO〕野速 iɛ su
〔JANTAKURO〕羊荅古路 iaŋ ta ku lu
〔JAJAN〕野成 iɛ tʂhəŋ
〔JARKANA〕牙児哈那 ia ər xa nuɔ

(2)

〔KOJANA〕虎牙那 xu ia nuɔ
〔BAJANKSO〕八羊束 pa iaŋ su
〔NIJAKAN〕你牙汗 ni ia xan
〔TOJANA〕土牙那 thu ia nuɔ

上掲のごとく、接近音 J は語頭形(1)と語中形(2)ともに形態上の区別がなく、誤って硬口蓋破擦音 J と思わせることがありうる。しかし、対訳漢字音によると、接近音 [j] と読まなければならない。したがって漢字音の i がこれに対応している。このようなi-開頭の漢字音は‘韻母初頭’字と言われるが[62]、零声母字音とも呼ばれる。通常マンジュ文字では半母音に属するのである[63]。『韃靼館来文』では文字を接近音として用いているが、閉鎖音・破擦音の j/č とはっきりと区別されている。

無圏点マンジュ文字と音訳硬口蓋音声母との関係図：

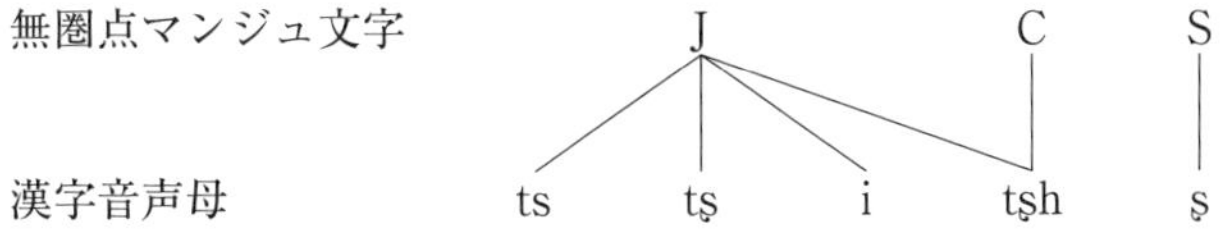

3.1.4　軟口蓋音

3.1.4.1　閉鎖音 K・摩擦音 K

(1)

〔KEOBI〕狗皮 kəu phi

〔KEJIKE〕駭吉革 xai ki kɛ

〔AKSAN〕阿革善 a kɛ ʂan

〔WANKKE〕王革 uaŋ kɛ

〔CARKEI〕扯二格 tʂhɛ ər kɛ

〔INKKULI〕応古里 iŋ ku li

〔KIJANK〕江 kiaŋ

(2)

〔AKIRAN〕阿其藍 a khi lan

〔AKIRAN〕阿其喇 a khi la

〔KURNA〕苦児那 khu ər nuɔ

〔KUSIO〕苦書 khu ʂy

〔KEJA〕克車 khɛ tʂhɛ

〔SANIOKE〕色牛克 ʂɛ niəu khɛ

(3)

〔EKETA〕厄黒得 ɛ xei tɛ

〔KIJAMSO〕(#相) 下木祖 xia mu tsu

〔OWAIKETA〕謂黒得 uei xei tɛ

〔OWAKETAN〕伍黒等 u xei təŋ

上掲のごとく、上例(1)の無圏点マンジュ文字 K に対応する k 声母は有声音であり、また、例(2)と例(3)の K 文字に対応する声母はそれぞれ無声音の kh と x である。無圏点マンジュ文字は形から見ればすべてと書いているが、清濁音の対立がない。ただし、対訳の漢字音によると音素として区別しているので、つまりこれは同字不同音の現象である。ソグド文字では見・渓・群母の3声母の表記には二種類が用いられている。一つ目は、ソグド語を母語とする者は漢語音韻体系を忠実に反映している一方で、ウイグル語を母語とする者は、一・二等字に x-、三・四等字に k- を用いていた[64]。実はこのような現象はウイグル語字音の見・溪・群母にも現れている。例えば、一・二等韻母に結合する声母は Q/q で、三・四等韻母に結合する声母は K/k で表記されている[65]。明代のウイグル語字音は kh が軟口蓋無声閉鎖音 k の音価を、k が有声音である g の音価を、kh が後部軟口蓋無声閉鎖音 q の音価をそれぞれ表示していた[66]。しかし、無圏点マンジュ文字は単独の K 文字で、三種類の /k/・/g/・/x/ の音素を表し[67]、通常は母音の -I、-A/e/、-U の前に現れるのである。

3.1.4.2 鼻音 NK

(1)

〔TARONKKA〕荅禄哈 ta lu ka

〔BOOLANKKA〕不剌哈 pu la ka

〔JALANKKA〕張喇哈 tʂaŋ la xa

〔WAJINKKA〕凹其哈 ua khi ka

〔ITANKKA〕你他哈 ni tha xa

(2)

〔IJANKKE〕亦車革 i tʂhɛ kɛ

〔JAJONKKE〕者住（#幸）革

tʂɛ tʂy（#xiŋ）kɛ

疑紐は隋唐時代には軟口蓋鼻音の [ŋ] であったと考えられるが、明代の普通音になると [ŋ] は [g] に変わって、[g] から抜き出す傾向になったのである[68]。ソグド語漢字音は脱鼻音化の段階で、鼻音の痕跡がわずかに残っていたが、チベット語とウイグル語字音では鼻音化疑母が見られない。同様に『等韻図経』にも疑母は存在しなかったのである[69]。

そして、無圏点マンジュ文字には後音節が前音節の影響で順同化するという現象があり、前音節の鼻音語尾と同じ子音が現れてくる。例えば、例(1)と(2)は -NKKA と -NKKE は -NK-NKA と -NK-NKE に変化して鼻音化された現象である。これらの無圏点マンジュ文字に対応する漢字音は、それぞれ‘哈 / ka・xa’と‘革 / kɛ’であり、『等韻図経』によると、‘哈’は暁母に属する以外に見母にも属しており、当然‘革’も見母に属している。そもそも見母と暁母は鼻音を持たず、しかも、上例にある対訳のすべての漢字の前音節は、鼻音語尾を持たない[70]。[ŋ] と [g] の発音位置は同じであるが、発音の方法が異なる。[g] に鼻音を加えたら［ŋ］となり、［ŋ］の鼻音を失ったら［g］となる。したがって、［g］・［ŋ］は互換可能な関係にある[71)]。このような現象は『女真訳語』にも見られ、例えば、注音漢字の‘安哈’は、‘口’という意味であり、音価は［am-ŋa］という[72)]。明らかに‘哈’は順同化の影響で声母は鼻音化してしまったのである。ただし、女真語でもマンジュ語でも鼻音［ŋ］はほとんど語頭形には現れず、韻母の一部として音節に現れるだけで、軟口蓋有声音 -K の前に現れるのが多いのである。

3.1.5　口蓋垂音 K

(1)

〔OTONKKO〕悪通果 ɔ thuŋ kuɔ
〔KOLMAKON〕古児馬虎 ku ər mua xu
〔TANKKOO〕当古 taŋ ku
〔OTONKKO〕悪通果 ɔ thuŋ kuɔ
〔MONKKO〕孟古 muŋ ku
〔NIKAN〕你哈 ni ka
〔KANAI〕哈乃 ka nai
〔WAKONA〕法苦那 fua khu nuɔ
〔KAMBOLO〕勘卜魯 khan pu lu
〔BIJANKKO〕篇姑 phiɛn ku

(2)

〔ATAKAI〕阿荅海 a ta xai
〔SARAKO〕沙二乎 ʂa ər xu
〔KOJIKARI〕虎其哈里 xu khi ka li
〔BOIKOJI〕伯何其 pɛ xɔ tʂhi
〔WOKAN〕副漢 fu xan
〔KOIWA〕迴扒 xuei fua
〔AKAI〕阿害 a xai
〔LOOKAN〕老汗 lau xan
〔KAKANA〕哈哈那 xa xa nuɔ
〔CAKAN〕义汗 tʂha xan

口蓋垂音は舌の根元の垂直部分から発音することに特徴がある。無圏点マンジュ文字には閉鎖音と摩擦音があり、すべては一つの文字で表され、それぞれ閉鎖音の /q/ と /G/、摩擦音の /x/ を表している。上例(1)では無圏点マンジュ文字 K/q/ は無声口蓋垂音を表しているが、対応する漢字音は見母 k と溪母 kh である。すなわち対訳に使われた漢字は軟口蓋音の字音にすぎず、漢字音には当てはまる口蓋垂音はないのである。また、例(2)では無圏点マンジュ文字の無声摩擦音 K/x/ は、軟口蓋音曉母 x の漢字音に対応している。実は、曉母は軟口蓋に接近したところから発音するが、無声口蓋垂の摩擦音 /x/ は曉母 x より奥から発音するので、曉母漢字音を用いて無圏点マンジュ文字を表していたのである。つまり、無圏点マンジュ文字の字音に対応する漢字音はなかったので、比較的に音声が近い字音で代用されたのである。このようなことは、明代のウイグル語漢字音やモンゴル語字音にも見られる[73]。一方、マンジュ文字の口蓋垂音 /q/・/G/・/x/ は母音 -A/a/・-O・-U/Ū に現れることが多く、それ以外の母音前に現れるケースは軟口蓋音と考えるべきである。

無圏点マンジュ文字と漢字音の軟口蓋音と口蓋垂音との関係図。

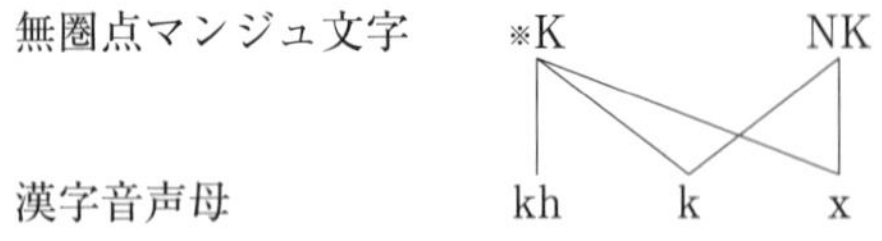

※母音［-A/a/、-O、-U/Ū］の前は口蓋垂音。
母音［-I、-A/e/、-U］の前は軟口蓋音。

3.1.6　ゼロ声母

(1)

〔ALIBO〕阿里卜 a li pu

〔ALIBI〕阿里必 a li pi

〔AILO〕艾路 ai lu

〔AJIKAN〕阿吉哈 a ki xa

(2)

〔EITO〕厄一都 ɛ i tu

〔EKETA〕厄黒得 ɛ xei tɛ

〔EKEJO〕額黒処 ɛ xei tʂhu

(3)

〔ONKKOLO〕翁各洛 uŋ kɔ lɔ

〔ONKKATAI〕翁哈帯 uŋ xa tai

〔OTONKKO〕悪通果 ɔ thuŋ kuɔ

(4)

〔INKKULI〕応古里 iŋ ku li

〔ILTON〕亦児鄧 i ər təŋ

〔IMIO〕亦苗 i miɐu

〔IOKI〕游撃 iəu ki

〔INTAKOJI〕銀苔虎其 in ta xu khi

〔MOINA〕木一那 mu i nuɔ

(5)

〔ŪKURI〕五苦里 u khu li

〔OWAJI〕兀吉 u ki

〔OWAIKETA〕謂黒得 uei xei tɛ

〔OWAKETAN〕伍黒等 u xei təŋ

〔OWAJI〕伍（#英）吉 u（#iŋ）ki

〔OWASINA〕凹失那 ua ʂʅ nuɔ

上掲のごとく、例(1)～(5)までに対訳する漢字音の /a、ɛ、u、i、u/ は、それぞれ無圏点マンジュ文字母音の A、E、O/OWA、I、Ū に対応する。つまり、これらの漢字音は韻母音節開頭という無声母の字音である。元代から明代末に至るまで漢語音韻は変化の過程において、微母［v］は［w］に合流していた[74]。また、上例の(3)と(5)には微母漢字音が多く見られ、『等韻図経』ではほとんど影母にまとめられている。ソグドとウイグル漢字音の影母は声門閉鎖音［ʔ］で表記され、半母音あるいは韻母開頭する字音は多くあったようである[75]。

また、例(3)と(5)の無圏点マンジュ文字を見てみると、例(3)で語頭形の文字は/O と書かれる。初期段階での文字は一字多音でもあるが、例(3)は［u］または［ɔ］を表記し得る。漢字音［u］は円唇後舌狭母音なので、無圏点マンジュ文字の /u/ の範疇に入り、［ɔ］は円唇後舌半広母音で、無圏点マンジュ文字の /o/ の範疇に入るものと考えたい。また、例(5)の無圏点マンジュ文字はやや複雑で、OWA に対応する漢字音は円唇後舌狭母音［u］が多いが、すべて影母に属する字音である。明末清初期において影・喩・疑・微母のすべては、ゼロ声母というものに合流していった。上掲の唇歯摩擦音 W は、すべて母音 A/a/ の前に表れているが、例(5)で母音 A/e/a/ の前に表れたのは OW である。OW は母音の始まりの字音でもあるが、『満文原檔』の音写本では š- と音写された以外に、ほかはすべて w- と書かれ、母音 O- は脱落して唇歯摩擦音 w- 声母化の字音に変化したことがわかる。津曲敏郎（2002）が、w を半母音に配列したことも肯定されてよい[76]。

康熙年間に勅命を奉じて『音韻闡微』を編纂した李光地は[77]、マンジュ文字母音の五音について次のようにまとめている。「本朝において字書の第一頭は、阿・厄・衣・窩・烏という喉声の五字を中心とする。すなわちすべて喉で発音し、その後鼻・舌・歯・唇の間に伝って、鼻・舌・歯・唇の響きに及んで終わる」[78]。音声は喉から鼻腔を通して、舌・歯・唇で調節して発音することにポイントがある。ここでの字書の第一頭とは、無圏点マンジュ文字の母音 /a/・/e/・/i/・/o/・/u/ で、無圏点マンジュ文字の4母音 A・E・I・O に対応するのである。また、李光地は、「本朝の字書で第一頭の対音は、すなわち歌・麻・支・微・齊・魚・虞の七韻の音声である。この音韻は語気の元音で、音響の出所でもある。諸部を生むが諸部からは生まれない。諸部を反切できるが諸部に反切されない。この七韻を韻部の始めに配列して、天地の元音を明白にし、さらに相互に唱和して、無限の変化に呼応するのがよい」と述べている[79]。李光地の見解にマンジュ文字の音韻系統の影響が現われていることが知られる。

一方、マンジュ語母音については、宣教師のパランナン師は「タルタル語の文字には、語頭から語尾まで垂直に降りている幹《みき》の線が常にあり、この線の左側に a・e・i・o の母音を示す鋸の歯のようなものが付けられている。これらの母音は垂直線の右側につけられる点によってそれぞれ見分けがつくのである。ある歯の反対側にひとつの点をうつと、これは母音 e である。点を省略してあれば、それは母音 a である。歯の近く、語の左側にひとつの点をうてば、この点はその時には n という文字の代わりの役をする。そして ne と読まなくてななららない。もし右側に逆の点があるとするならば、na と読まなくてはならないことでしょう。さらに語の右側に点の代わりにひとるの丸が認められたら、これは母音が気息を強く出して発音されるというしるしでして、スペイン語で行われるように気息を強くだして ha とは he とか読まなくてはならないのである」と述べている[80)]。宣教師のパランナン師はマンジュ文字に極めて馴染んでいることがわかる。マンジュ文字にとして補助記号の点と丸の重要さを示しているが、na と ne の説明は逆になっている。h 子音については説明が不足であった。

無圏点マンジュ文字と漢字音ゼロ声母との関係図

無圏点マンジュ文字	A	O	Ū	E	I
漢字音声母	a	u		ε	i

3.2 韻母

3.2.1 鼻韻尾 N

AN	ANJO LAKO	安処拉苦	an tʂhu la khu	山攝	開口
	LOOKAN	老汗	lau xan	山攝	開口
	NIKAN	你哈	ni ka	假攝	開口
	BOSAN	卜三	pu san	山攝	開口
	TABISAN	太必扇	thai pi ʂan	山攝	開口
	WANJA	反察	fuan tʂa	山攝	合口
	MANTASI	慢他失	muan tha ʂɿ	山攝	合口
	MANTABO	満荅卜	muan ta pu	山攝	合口
	AKIRAN	阿其藍	a khi lan	山攝	開口
	AKIRAN	阿其喇	a khi la	假攝	開口

	BOLAJAN	卜剌禅	pu la tʂan	山攝	開口
	OWAKETAN	伍黒等	u xei təŋ	通攝	開口
	SIOSALAN	書善剌	ʂy ʂan la	假攝	開口
	JAJAN	野成	iɛ tʂhəŋ	通攝	開口
	SOIBAN	崔班	tsuei puan	山攝	合口
AN	WANJIKAN	万吉哈	uan ki ka	山攝 假攝	合口 開口
	JANTAKURO	羊荅古路	iaŋ ta ku lu	宕攝	開口
	IRASAN	亦児勝	i ər səŋ	通攝	開口
	NANTO	难土	nan thu	山攝	開口
	TANTARI	丹大里	tan ta li	山攝	開口

上掲のごとく、無圏点マンジュ文字韻母 -AN に一致する漢字音は山攝 [-an] であるが、[-aŋ]・[uan]・[əŋ] の用例も見られる。これらの用例は無圏点マンジュ文字の韻母に対応できない。そのうち‘反 / fuan・慢 / muan・満 / muan・班 / puan’等は、唇歯声母の字音でもあるが介音 [u] を帯びている。元明時代では [u] を帯びる唇音声母の字音は、しばしば変化が起こって、結果的には介音の [u] をほぼ失ってしまい[81]、マンジュ人の対訳の漢字音に介音の [u] が含まれていなかったのかもしれない。

また、韻母 [-an] 以外に脱鼻音化した假攝開口の‘哈・喇・剌 / -a’がある。脱鼻音化の現象が現れたことは最も注目すべきである。実は、‘哈’については前にも取り上げたが、語尾には鼻音要素が現れていなかったのである。こうした、脱鼻音化の字音が用いられた現象は、マンジュ人なりの音韻的特徴によるものと考えられる。マンジュ語において鼻音要素 -n 語尾を帯びた語彙は、発音するときに逆同化という現象が起こるので、鼻音語尾は脱落状態になる。上例の‘NIKAN / 你哈 ni ka’はその証左と言えるであろう。語尾の歯齦鼻音－n は、発音するときに舌先端が上歯齦を支え、発音は軽微なので、微かな鼻音が聞こえる。[-n] 鼻音は変化するときに前子音にも影響を与え、上例の A- は語尾鼻音 -N の影響で鼻音化母音の [ã] になっており[82]、このような影響のために不規則な現象が現れたのではないかと考えられる。

3.2.2　鼻韻尾 N

IN	ALIN	阿里	a li	止攝	開口
	ALIN	阿嶺	a liŋ	通攝	開口
	TAMIN	大米	ta mi	止攝	開口
	SIOKIN	書吉	ʂy ki	止攝	開口
	INTAKOJI	銀荅虎其	in ta xu khi	臻攝	開口
ON	KOSITON	戸失通	xu ʂʅ thuŋ	通攝	合口
	ILTON	亦児鄧	i ər təŋ	通攝	開口
	KOSITON	虎失土	xu ʂʅ thu	祝攝	独韻
	KOLMAKON	古児馬虎	ku ər mua xu	祝攝	独韻
	TARSON	荅児孫	ta ər sun	臻攝	合口
	LONTORI	路都里	lu tu li	祝攝	独韻
	JONTAI	趙太	tʂau thai	效攝	開口
	KAKON	哈空	xa khuŋ	通攝	合口
	BOIKON	白義何	puai i xɔ	果攝	開口
EN	TALKEN	得児肯	tɛ ər khən	臻攝	開口

上掲のごとく、対訳の漢字音には脱鼻音化の現象が起こっており、語尾の果攝と祝攝に多く現われているが、語中の用例でも間々見られる。一方、逆同化による脱鼻音化現象も見られる。例えば、效攝の‘JONTAI / 趙太 tʂau thai’と祝攝の‘LONTORI / 路都里 lu tu li’などの用例は、逆同化によって鼻音前出子音 [ⁿt] 現象はわずか一部の字音にとどまって、広範に現われてはいない。また例の INTAKOJI / 銀荅虎其 in ta xu khi しか逆同化が見られず、臻攝開口音で満洲文字音を完全に表記されていた。もし、寒字檔が同一人物によって音訳されたとすれば、一字音多訳される止攝と通攝の対立など起こり得ないだろう。

また、上例の JONTAI / 趙太と LONTORI / 路都里は、*tongki fuka sindaha hergen i sangse*（有圏点字檔子）には、それぞれ jaotai と luduri と書写され、N 字音が脱落する点で漢字音と全く一致する。明らかに書き手は漢字音の影響を受けていることが分かる。

3.2.3 鼻韻尾 NK

ANK	TANKKOO	当古	taŋ ku	宕攝	開口
	LANKSA	郎塞	laŋ sɛ	宕攝	開口
	JANK	張	tʂaŋ	宕攝	開口
	WANKKE	王革	uaŋ kɛ	宕攝	開口
	CANKSONI	成孫你	tʂhəŋ sun ni	通攝	開口
	BANKSO	本孫	pən sun	臻攝	開口
ONK	ONKKATAI	翁哈帯	uŋ xa tai	通攝	合口
	OTONKKO	悪通果	ɔ thuŋ kuɔ	通攝	合口
	SONKSI	送失	tshuŋ ʂʅ	通攝	合口
	TONKKA	東哈	tuŋ ka	通攝	合口
	MONKKO	孟古	muŋ ku	通攝	合口
	WONKKO	風苦	fuŋ khu	通攝	合口
JANK	BAJANKSO	八羊束	pa iaŋ su	宕攝	開口
	JANKKURI	陽古里	iaŋ ku li	宕攝	開口
	KIJANK	江	kiaŋ	宕攝	開口
INK	NINKKUNI	甯古你	niŋ ku ni	通攝	開口
	INKKULI	応古里	iŋ ku li	通攝	開口

上掲のごとく、対訳の漢字音にはほぼ無圏点マンジュ文字の NK 鼻音が忠実に反映されていた。しかし、唯一の例としてあげられる ‘BANKSO / 本孫 pən sun’ の [-n] だけが NK を代用した痕跡が見られる。音節 -A 後の軟口蓋 -NK に対して非円唇前舌中央母音 [ə] の後は [-n] となっている。臻攝と通攝及び宕攝のすべての字音は鼻音韻尾に属すが、ただ臻攝の鼻韻尾 [-n] は歯唇鼻音で、通･宕攝の鼻韻尾 [-ŋ] は軟口蓋鼻音である。[n] と [-ŋ] の発音位置は相当離れているが、鼻音に属す発音方法も同じであるので、互換可能なのである[83]。なお、‘本’ はチベット文字やウイグル文字の字音では [-n] 収声に相当し、[-ŋ] 収声ではなかった[84]。また、上例の鼻韻尾 -AN の音訳字には、歯唇鼻音と軟口蓋鼻音の混同現象が現れている。漢語を母語としないマンジュ人にとって、歯唇鼻音と軟口蓋鼻音に混乱が起こる点に注意を払う必要がある。

3.2.4 単韻母 A/E

A	ALIN	阿里	a li	假攝	開口
	TAMIN	大米	ta mi	假攝	開口
	MIKAJI	米哈其	mi ka khi	假攝	開口
	JOSA	趙三	tʂau san	山攝	開口
	SIKAN	失汗	ʂʅ xan	山攝	開口
	JAKUNA	者苦那	tʂɛ khu nuɔ	拙攝 果攝	開口 合口
E	IJANKKE	亦車革	i tʂhɛ kɛ	拙攝	開口
	KEJIKE	駭吉革	xai ki kɛ	蟹攝 拙攝	開口 開口
	EITO	厄一都	ɛ i tu	拙攝	開口
	EKETA	厄黒得	ɛ xei tɛ	拙攝 壘攝	開口 開口
	JAJAN	野成	iɛ tʂhəŋ	拙攝	開口
	LATARI	勒得里	lɛ tɛ li	拙攝	開口
	EKEJO	額黒処	ɛ xei tʂhu	拙攝 壘攝	開口 開口

上掲のごとく、無圏点マンジュ文字の韻母 -A を正確に表記するのは假攝開口の字音である。しかし、実際には山攝開口の鼻音韻尾 [-an] も対応する例として取り上げる。ちょうど上掲の -AN 後の音訳字音の -n が脱鼻音化されたのと相反する現象であり、対訳字音には不規則性が見られる。ここでは、-N は母音 [a]・[o]・[u]・[i] の後で完全に脱落しているが、非円唇前舌中央母音 [ə] の後では軟口蓋鼻音 [ŋ] になっていた。また、-A は非円唇前舌広母音 [a] の後で鼻音韻尾 [-an] に変化した。実は音韻尾 [-an] は上の例では無圏点マンジュ文字の -AN 字音を正確に反映している。このような一字多音の現象は、チベット字音にも表れていた。羅常培（1933）の解釈によれば、「互いに音変規則はなかったが、たまたま書写方法が異なっているから、鼻音 -n は鼻音摩擦音 [ɣ] に変化したにすぎない」と述べられている[85]。一方、無圏点マンジュ文字では鼻音 -n が脱落するとき

に、前母音に影響されて鼻音化していたと推定してよい。

ところで、また無圏点マンジュ文字の韻母Aの対訳は非円唇前舌半広母音［ɛ］である。普通、無圏点マンジュ文字は語頭形のAとE文字が比較的わかりやすく、語中形では分かりにくいが、それは無圏点マンジュ文字が圏点を使用していないからである。これらの韻母をよく弁別する方法は、開頭声母によるものである。例えば、上表の'EKETA / 厄黒得'は、語頭形がはっきりしているから分かるが、語中形ではE韻母と綴られたのは軟口蓋閉鎖音［kh］声母である。通常は声母［kh］の後に-E韻母しか組み合わせないからである。マンジュ人の音訳漢字'黒'は単韻母にすぎない字音で、複合韻母の字音ではなかった。一方、『等韻図経』では'黒'は複合韻母になっているが、『西儒耳目資』では単韻母heであり、無圏点マンジュ文字の単韻母に似ている。実はこのような現象は偶然ではなく、人口流動と大いに関係すると考えられる[86]。ただ例外も見られるが、'KE / 駭'は、『等韻図経』ではxaiになっているが、『西儒耳目資』ではhiaiとなっており、明らかに『等韻図経』には介音［i］が多く、各々の音韻が異なっている。無圏点マンジュ文字の音節構造と明確に異なっていることがわかる。介音も音節の構造要素として、一連の変化を経て発展したのである[87]。

3.2.5 単韻母I

I	IKAN	義汗	i xan	止攝	開口
	KOSITON	虎失土	xu ʂʅ thu	止攝	開口
	AWONI	阿扶你	a fu ni	止攝	開口
	MIKAJI	米哈其	mi ka khi	止攝	開口
	KEJIKE	駭吉革	xai ki kɛ	止攝	開口
	INKKULI	応古里	iŋ ku li	止攝	開口

上掲のごとく、無圏点マンジュ文字I韻母に対応する漢字音韻母には止攝開口音［i］と［ʅ］がある。すでに陸志韋（1947）は、「『等韻図経』の開口音［ʅ］が北平音よりやや奥で、『中原音韻』の支思韻に近い」と指摘していた[88]。一方、この両止攝開口音の音価は、ウイグル語の前舌狭母音iと対応している[89]。

しかし、例のINKKULIは乾隆年間重抄本*TONKKI WOKA AKO KERKEN*

I TANKSA（無圏点字檔子）ではNINKKULIと写され[90]、原本に点がないところに点を加えて書写されたことがわかる。一方、『満文原檔』天聡四年参月二十八の記事でもNINKKULIという人物が出てくるが、同一人物かどうか断言できないものの、語頭位の子音は同じく鼻音であることがわかる。寒字檔では対訳の漢字音は‘応古里 / iŋ ku li’で、‘応’の声母に鼻音が存在しないし。同じく『西儒耳目資』では字母開頭im字音となり、声母にも鼻音が存在しない。『満文原檔』重抄本の『無圏點字檔子』は、天聡四年の用例に従って点を加えて書写したのではないかと考えられる。ところで、*tongki fuka sindaha hergen i sangse*（有圏點字檔子）ではningguriと写され、原文韻尾のLIがriとなって、流音をはじき音に変えていたことがわかる。重抄本にはこのような誤字や脱字など遺漏が少なくない[91]。

3.2.6 単韻母O/U/Ū

O	KOSITON	虎失土	xu ʂʅ thu	祝攝	独韻
	BOIKOJI	伯何其	pɛ xɔ tʂhi	果攝	開口
	BIJANKKO	篇姑	phiɛn ku	祝攝	独韻
	AILO	艾路	ai lu	祝攝	独韻
	OWAJI	兀吉	u ki	祝攝	独韻
	EITO	厄一都	ɛ i tu	祝攝	独韻
	KOLMAKON	古児馬虎	ku ər mua xu	祝攝	独韻
	ERKETO	二黒土	ər xei thu	祝攝	独韻
	JOSA	趙三	tʂau san	效攝	開口
U	KURNA	苦児那	khu ər nuɔ	祝攝	独韻
	NINKKUNI	甯古你	niŋ ku ni	祝攝	独韻
Ū	ŪKURI	五苦里	u khu li	祝攝	独韻

無圏点マンジュ文字のOは二種母音の /o/ と /u/ で表記される[92]。上例の対訳漢字音もそれが反映されている。しかし、O文字は軟口蓋の閉鎖音と摩擦音のK後において、すべて字形上はOと書かれるが、発音上は円唇母音 /u/ と読まなければならない。また、Ū文字は円唇後舌狭母音uに対応するが、有圏点マンジュ

文字の ū とも対応する。天聡六年の文字改革から ū 文字が使われるようになったが、その前の記事でもしばしば用いられたことがある。音価については、長母音ではなく、ただの単母音にすぎないと言われてきた[93]。この単母音の音価はモンゴル語の硬性音［u］と軟性音［ö］に相当する[94]。また、語頭形では［o］と読むが、k・g・h の後に［ɷ］とも読む文字である[95]。Ū 文字の音価は固定していないために、子音の代わりに発音位置もやや変わっていくのではないかと考えられる。

また、上例の ŪKURI は無子音の字音で、語頭形 Ū は漢字音のゼロ声母五［u-］に対応するが、モンゴル語の硬性母音［u］に相当する。しかし、*tongki fuka sindaha hergen i sangse*（有圏点字檔子）の編者は ŪKURI を ukuri と書写しており、後のマンジュ人は Ū という音価を［u］に配列していたことがわかる。‘五’ は『西儒耳目資』では零声母字音になっているが[96]、チベット・ソグド・ウイグル語字音では疑母に属している[97]。漢字音の変遷は明末ダイチン・グルン初期において北方方言に傾いていたことがわかる。

3.2.7　復合韻母 OO/EO

OO	LOOKAN	老汗	lau xan	效攝	開口
	OOLAN	襖乱	au luan	效攝	開口
	LOOTOI	羅得	luɔ tei	果攝	合口
	TANKKOO	当古	taŋ ku	祝攝	独韻
	BOOLANKKA	不剌哈	pu la ka	祝攝	独韻
	OOKA	我哈	ɔ xa	果攝	開口
	BOOSI	包失	pau ʂʅ	效攝	開口
	MOOBARI	莫八里	mɔ pa li	果攝	開口
	JOOKIJA	趙家	tʂau tʂia	效攝	開口
	TOOSAKA	竇子哈	təu tsʅ xa	流攝	開口
EO	KEOBI	狗皮	kəu phi	流攝	開口

マンジュ文字の母音字母 o を oo と連写する時には、多くの場合漢語二重母音［au］となるが、非漢語借用語として現れる場合には一律に［ɔ］音となる[98]。上掲のごとく、無圏点マンジュ文字もまた同様の現象を反映している。このような連

写文字はウイグル語字音でも見られ、例えば、サンスクリット語の‘upāsaka’と‘upāsikā’は、ウイグル語漢字音ではそれぞれ‘優婆塞`wp`syk’と‘優婆夷`wwp`yy’と表記されていた[99]。もちろん韻母wとwwに対応する漢字音は流攝尤韻[əu]であり、この韻母はウイグル語とモンゴル語の長母音と二重母音uuとüüを表すが、韻母[au]が円唇長母音oo/öoを表示する[100]。このような長母音は無圏点マンジュ文字の対訳字音でも同様な例が見られるが、OOとEOは流攝開口韻[əu]に合流しており、これらの字音は二重母音あるいは長母音であると考えてもよかろう。

また、上例の無圏点マンジュ文字OOに[uɔ]が対訳を当てられた以外に、それぞれ単母音[u]と[ɔ]がある。元明時代には[uo]と[o]字音にほとんど対立が見られないが、唇音声母と[u]母音は発音するときに衝突し、この複合母音[uo]は[u]から[o]までの間の舌位の変動が極めて小さく、特に[u]母音は簡単に脱落する[101]。おそらく無圏点マンジュ文字の対訳漢字も同様の影響を受けていたと考えられる。

3.2.8　復合韻母 OI/AI

OI	KOIWA	迴法	xuei fua	壘攝	合口
	BOIKOJI	伯何其	pɛ xɔ khi	拙攝	開口
	SOIBAN	崔班	tshuei puan	壘攝	合口
	LOOTOI	羅得	luɔ tei	壘攝	開口
AI	BAITA	拜塔	puai tha	蟹攝	合口
	JABAI	亜敗	ɔ puai	蟹攝	合口
	TONTAI	屯代	thən tai	蟹攝	開口
	TAIJO	大住	tai tʂy	蟹攝	開口
	JAISA	解査	kai tʂha	蟹攝	開口
	ONAKALAI	伍那哈来	u nuɔ xa lai	蟹攝	開口
	AKAI	阿害	a xai	蟹攝	開口
	AILO	艾路	ai lu	蟹攝	開口
	AIBARI	愛八里	ai pa li	蟹攝	開口

AI	NAIKE	乃革	nai kɛ	蟹攝	開口
	JAKAI	牙海	ia xai	蟹攝	開口

上掲のごとく、無圏点マンジュ文字 OI に対応する漢字音は、拙攝開口韻だけではなく壘攝韻の用例も多く見られる。先述の O 文字は二種の /o/ と /u/ 字音を持っているが、上例の壘攝には二種類の用例があり、合口韻の場合には [u] 介音を帯びていて、開口韻の場合には無介音 [-ei] の形になっている。ところで、壘攝合口韻の uei は、ウイグル語の uy と üy の字音に相当する[102]。マンジュ文字は改革後に OI は wei と書かれるようになり、例えば、OILA → weile（事）のようになる。これは無圏点マンジュ文字と有圏点文字の最も異なるところである。

蟹攝の主母音は ai である[103]。上例のごとく無圏点マンジュ文字 AI に対訳する漢字音は開口韻 [ai] で多くを表示していたが、[u] 介音を帯びた合口韻 [uai] 字音は二例しか存在しない。ウイグル語漢字音の開口韻 ai は母音 [æ] を表す、蟹攝合口韻に属する uai は wä の音価を表示している[104]。無圏点マンジュ文字の表示方法とやや異なるところが特徴である。

3.2.9　復合韻母 IO/EI

IO	SIOSA	少子	ʂiɐu tsɿ	效攝	開口
	TALKIO	塔児学	tha ər xiɔ	果攝	開口
	SIOSIOBO	庶庶卜	ʂy ʂy pu	止攝	合口
	IMIO	亦苗	i miɐu	效攝	開口
	SANIOKE	色牛克	ʂɛ niəu khɛ	流攝	開口
	SIOSALAN	書善剌	ʂy ʂan la	止攝	合口
	BIO	票	phiɐu	效攝	開口
	KALIONA	哈了那	xa liɐu nuɔ	效攝	開口
EI	CARKEI	扯二格	tʂhɛ ər kɛ	拙攝	開口
	TORKEI	屠児革	thu ər kɛ	拙攝	開口

無圏点マンジュ文字 /o/ 母音字母が /i/ に後接するときは、連写されて [iu] を表す[105]。しかし、無圏点マンジュ文字の IO に対応する漢字音は [iɐu]・[iɔ]・

[y]・[iəu] 等の韻母である。その中の [y] は止攝開口韻であり、陸志韋（1947）は、「‘書’ は y と書いても、北平音と合わない。この音韻は『西儒耳目資』の ‘u 中’ と同様の可能性がある」と述べていた[106)]。実は上掲の口蓋垂摩擦音 S は母音 I 前で [ʃ] の字音を表すが、O を代表する字音は /o/ と /u/ である。また、『満文原檔』音写本では ‘書’ と ‘庶’ が /šu/ と書写され、『西儒耳目資』の表記と一致する[107)]。『韃靼館来文』では ‘書’ が suu と書かれていた[108)]。

また、效攝開口の ‘少’ は、ソグド語漢字音では š’yw と書かれていた[109)]。明らかに無圏点マンジュ文字字音はソグド文字字音の書写方法と一致する。しかし、マンジュ文字が反映したのはマンジュ語で、ソグド文字は漢字音を反映していた。両字音には継承関係のあるところもあったのである。このような関係がウイグル字音にも見られ、上例の無圏点マンジュ文字の ‘LIO / 了’ という字音は、ウイグル文字字音では效攝蕭韻 ‘了 / lyw’ と書かれていた[110)]。両字音の書写方法も基本的に一致しており、-I- と -y- は介音ではなく、主母音の [i] を代表していたことは間違いないだろう。

4　おわりに

従来、『満文原檔』寒字檔の音訳漢字に別字が用いられたことについて盛んに論じられてきた。その中それぞれ字音の近い別字と字形の近い別字があり、混交も甚だ多かった。初期段階においてモンゴル文字に基づいて創られた無圏点マンジュ文字は、正書法が行われなかったので「一字多形・一字多音・一音多字」という特徴は甚だ多かったのである。そのせいで従って字形上清濁音の区別ができないのだが、音素上は明確に区別される。このような現象はモンゴル文字にも同様に見られる。文字には不備もあるから、音韻を充分に反映できないという事実がある。その特徴的な例をあげると、陣－鎮、中－仲等は、原文のマンジュ語によると、‘鎮と仲’ は ‘陣と中’ の字音に近い別字で、字形の近い者は、古－右・刺－剌・苦－若等がある。このような状況が生じたのは、音訳者の漢字能力に関係すると考えなければならない。後続声母と前続韻母が合流されることで声母は鼻音化現象、通常鼻音韻母を帯びる字音は、逆同化の関係で両唇音声母は鼻音化音となる場合、後音節が前音節の影響で順同化するという現象が現れる。さらに、脱鼻音化の現象は、マンジュ人なりの音韻的特徴で、漢語を母語としないマンジュ人にとって漢字音に混乱が起こりやすい。要するに、無圏点マンジュ文字の字音に対応する漢字音がない場合には、比較的に音声が近い字音で代用されていた。このようなことは、明代のウイグル語漢字音やモンゴル語字音にもよく見られる。日常会話が非漢語であるマンジュ人が、翻訳に関与していたことは間違いなく、寒字檔に用いられた対訳漢字音系統に、マンジュ人の訛りや遼東方言等が含まれたことも疑いを容れない。対訳漢字音の特徴は、マンジュ語の音韻体系に応じて生じたものである。

「一字多音」という最も注目すべき現象は、方言と密接な関係があることは無視できない。さらに、ソグド文字からウイグル文字及びモンゴル文字、さらにマンジュ文字との間に間接的に繋がりがあることも一目瞭然である。そして、有圏点マンジュ文字は天聡六年（1632）の文字改革の際に新たな文字が増加されたが、それは独自に作り出した文字で、決してモンゴル文字を継承したわけではないことがわかるだろう。

無圏点マンジュ文字と音訳韻母との関係図：

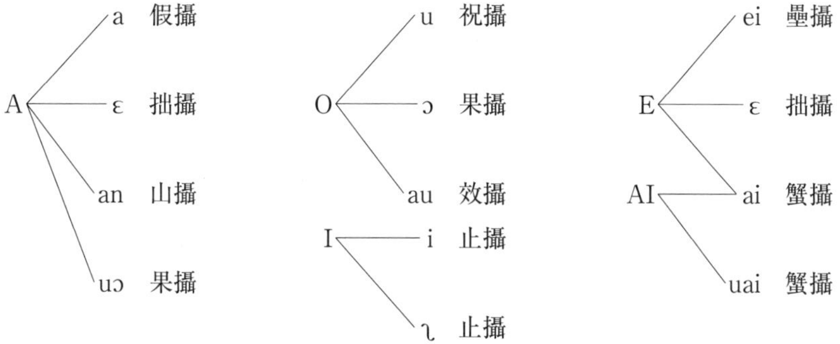

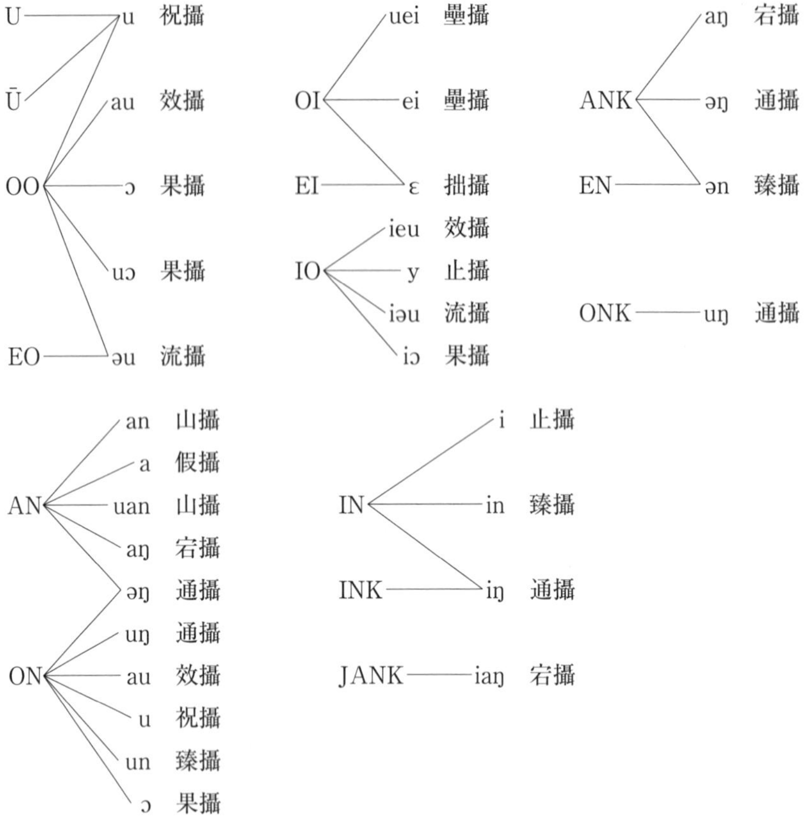

5　史料篇

『満文原檔』第四冊、寒字檔、99～149頁の満漢合璧の内容であり、対訳がない部分もある。ℐとↄは原文文書の抬頭を示す。

1.　ℐ HAN KENTOMA EITO BA(□□) NAJOLAMA SIOLKE BOYAN BA KAIHA:/BARTAI KOTON BA KAIKA SAKJAI NIYALMA COOHA JIKE BA KITAKA:IMALANI/KOTON TA JOLARI KAIBI AFAKA SAMA OJO

JARKI AMBAN OBOBI SOMINKJOWAN I /KERKEN BOBI INI BAYAI JALAN JOI JALAN OMOLOI JALAN ERA ILAN JALAN TA/ISITALA TANKKO NIYALMAI CALIYAN JAMBI:OLAI AMBA KŪRONI TAIN TA/KARAN COOHAI NIYALMA (+TA) ANAKA AKO INI BAYA MORINJI EBOBI JAFAKA JOLARI/KAIBI AWAMA (□□) COOHABA KITABI AMBA KŪROMBA AFOLABI KAJIKA:

皇帝勅諭厄一都

2. ATAKAI OJO JARKI BAIKUWAN I CALIYAN JOWAN NIYALMA: 99//100 EMO CANSON TA TOIN IYALMA:ILAN BASON TA ILATA NIYALMA:ILAN SIOBO TA/JOWATA NIYALMA:

阿苔海備禦占丁夫十名

3. ※KAN I KEYAN (+TA)TANK ŪKSIN I IYALMA KARON TOIN (#TAI) WAKSI TA JOWATA NIYALMA:/SALA WASA TA ILATA IYALMA:TAI TA TOIN NIYALMA:OLKIYAN TA NINKKUN NIYALMA:/

4. TARONKKA OLATA EMO WAJA SAJIBOKA SAMA NATAN NIYALMA:/

苔禄哈在兀喇砍上一処占丁夫七名

5. OWAJI OLATA JOWA WAJA KITALABOKA EMO WAJA SAJIBOKA SAMA JOWAN ILAN YAN I/OILA WALIJAMBI: 100//101

(# 阿済)兀吉在兀喇二鎗砍上一処十三双之録

6. LOOJA KOIWATA EMO WAJA OLATA EMO WAJA.(+BAHA):EKEJO JAKOTATA JAKON WAJA ULATA EMO/WAJA BAHA SAMA NATATA YAN I OILA WALIYAMBI:/

老張在迴扒地名鎮仲一箭在兀喇地名仲一箭額黒処扎苦塔地名仲八箭在兀喇地名仲一箭毎七双之録

7. INKKULI EMO WEJA (□□) OLATA EMO WAJA BAHA SAMA SONJATA YAN I OILA/WALIJAMBI.

應古里在兀喇地名仲一箭通事在兀喇地名仲一箭(＋毎人)五双之録

8. AKAI IKAN ALINTA EMO WAJA:TOMITO JAKOTATA EMO WAJA: ALIBO IKAN ALINTA EMO/WAJA BAKA SAMA ERA ILAN (+TA) SONJATA YAN I OILA WALIJAMBI:NIYALMA KOWANK IYALMATA

MANKON I OILA NAKAKA/NIYALMA KOWANK AKO NIYALMATA MANKON I OILA KEMONI WALIYAMBI:

阿害義哈阿里地名仲一箭陀弥倒在扎苦塔地名仲一箭阿里卜義哈阿里地名仲一箭這三人五双之録

9. HAN KENTOMA:BANTASI OLATA MORIN EMO WAJA KITALABOKA SAMA OJO JARKI BAIKUWAN OBOBI/JOWAN NIYALMA CALIYAN JAMBI: 101//102

皇帝勅諭半他失在兀喇地名鎮上馬刺一鎗備禦占丁夫十名

10. JABAI OLATA JOWA WAJA:LAITA OLATA EMO WAJA KABTABOKA EMO WAJA LANKTOLABOKA/SAMA JOWAN NAMOTA YAN I OILA WALIJAMBI:/

亜敗在兀喇地名鎮上仲二箭賴荅在兀喇地名仲一箭打一杠子（＋每人）十一双之録

11. OOLAN IKAN ALINTA EMO WAJA JAKONTATA EMO WAJA:LOOKAN JAKOTATA ILAN WAJA KOIWATA/EMO WAJA BAKA SAMA SONJATA YAN I OILA WALIJAMBI:/

襖乱義哈阿里地名仲一箭扎苦塔地名仲一箭老汗在扎苦塔地名仲三箭在迴扒地名仲一箭（＋每人）五双録

12. LALI ANJOLAKOTA IKAN ALINTA ONKKOLO TA ILAN BATA AWAKA: BAITA OLATA/EMO WAJA:(+BAKA)SAMA NATATA YAN I OILA WALIJAMBI:/

拉里在安処拉苦地名又在義汗阿里（＋地名）又在翁各洛地名這三処上陣了拜塔在兀喇地名陣上中一箭七双之録

13. SANKSARI JAKOTATA EMO WAJA:JASAN SARKOTA EMO WAJA: TONTAI IKAN ALINTA(#EMO)102//AWAKA:KOSITON IKAN ALINTA EMO WAJA BAKA SAMA SONJATA YAN I OILA WALIJAMBI:

蒼査里（＋在）扎苦荅地名陣上中一箭者参沙二乎地名陣上中一箭屯代亦哈阿里地名陣上戸失通亦哈阿里地名陣上中一箭（＋每人）五双之禄

14. AWAKA: KOSITON IKAN ALIIVTA EMO WAYA BAKA SAME SONJA YAN I OILE WALIYAMBI:/(#KONTA OLATA EMO WAYA BAKA SEME NATAN YANI OILA WALIYAMBI:)

15. EMO CANSON TA TOIN NIYALMA ILAN BASON TA ILATA NIYALMA: ILAN SIOBO TA/JOWATA NIYALMA:/
16. ※KAN I KEJEN TA TANK ŪKSIN I NIYALMA KARON TOIN WAKSI TA JOWATA NIYALMA:TOIN BAKSI EMO/NIYALMA:/
17. SALA WASA TA ILATA NIYALMA:TAI TA TOIN NIYALMA:OLKIYAN TA NINKON NIYALMA:/NIYALMA KUWANK NIYALMATA MANKON I OILA NAKAKA NIYALMA KUWANK AKO NIYALMATA (#M/KEMUNI) MANKON I OILA KEMONI WALIYAMBI: 103//104
18. KAN KENTOMA:CARKEI TAISA SANAJAN OJO JARKI BAIKUWAN I CALIYAN JOWAN IYALMA:/EMO CANSON TA TOIN NIYALMA:ILAN BASON TA ILATA IYALMA:ILAN SIOBO TA/JOWATA NIYALMA:/
皇帝勑諭扯二格代事参（#副）将備禦占丁夫十（#人）名 104//105
19. HAN I KEJAN TA TAKE ŪKSIN I NIYALMA KARON TOKA WAKSI TA JOWATA NIYALMA:/SALA WASA TA ILATA NIYALMA:TAI TA TOIN NIYALMA:OLKIYAN TA NINKON IYALMA:/
20. (+ILTAN)(#ILTA) OLATA EMKERI (#KITAM) KITALABOKA EMKERI LANKTOLABOKA EMKERI KABTABOKA SAMA JAKON NIYALMA KUWANK:/
亦児鄧在兀喇地名陣上剌一鎗又打一杠子又中一箭占丁夫八名
21. TORKEI OLATA EMKERI KITALABOKA EMKERI LANKTOLABOKA SAMA JAKON NIYALMA KUWANK:/
屠児革在兀喇地名陣上剌一鎗又打一杠子占丁夫八名 105//106
22. TAIMBOLO KEJIKE TA BOJAKE (□□):ONKKATAI OLATA/JOWA WAJA:SIOSIOBO OLATA ILAN WAJA BAKA SAMA JOWAN NAMOTA YAN I OILA WALIJAMBI:/
大卜禄駭吉革地名陣上死了翁哈太在兀喇地名陣上中二箭庶庶卜在兀喇地名陣上中三箭每人十一双之録
23. AJIKAN BIYANKKO JOWA BATA AWAKA SAMA JAKON YAN I OILA WALIJAMBI:/
阿吉哈篇姑両処地方上陣（+了）八双之禄

24. TAKITON JAKOTATA EMO WAJA OLATA JOWA WAJA KITALABOKA EMO WAJA KABTABOKA SAMA/NATAN YAN I OILA WALIJAMBI:
他奚土〻扎苦塔地名陣上中一箭又在兀喇地名陣上刺以鎗又陣上中一箭七双之禄
25. SIKAN JAKOTATA EMO WAJA BAKA SAMA SONJA YAN I OILA WALIJAMBI:
失汗扎苦塔地名陣上（+中）一箭五双之禄
26. JAKOJIN JAKOTATA EMO WAJA BAKA SAMA TOIN YAN I OILA WALIJAMBI:/
扎苦七扎苦塔地名陣上中一箭四双之禄 106//107
27. TALAKA IKAN ALINTA EMO WAJA:BOOLANKKA JAKOTATA EMO WAJA:SONKSI KATATA/EMO WAJA BAKA SAMA SONJATA YAN I OILA WALIJAMBI:
大刺哈亦哈阿里地名陣上中一箭不刺哈扎苦塔地名陣上中一箭送失 / 哈大地名陣上中一箭（+每人）五双之禄
28. NIYALMA KUWANK NIYALMATA MANKON I OILA NAKAKA NIYALMA KUWANK AKO IYALMA/TA MANKON I OILA KEMONI WALIYAMBI: 107//108
29. KAN KENTOMA:BOIKOJI EJIKE JAI JARKI SANJAN I CALIYAN ORIN JOWA NIYALMA:/EMO CANSON TA TOIN NIYALMA:ILAN BASON TA ILATA NIYALMA:ILAN SIOBO TA/JOWATA NIYALMA:/
皇帝勅諭 伯何其参将占（+丁）夫二十（+二）名
30. KAN I (#KEJ)KEJAN TA TAKE ŪKSIN I NIYALMA KARON TOIN WAKSI TA JOWATA NIYALMA:/SALA WASA TA ILATA NIYALMA:TAI TA TOIN NIYALMA:OLKIYAN TA NINKON NIYALMA:/
31. ARAI OLATA JOWA WAJA SACIBOKA EMO WAJA KABTABOKA SAMA JAKON IYALMA:/
阿来（+在）兀喇地名陣上砍傷二処中一箭占丁夫八名
32. ARBOKA AKIRAN TA EMO WAJA BAKA SAMA JOWAN NAMO YAN I WALIJAMBI: 108//109
阿児不哈在阿其藍陣上中一箭十一双之禄

33. JAKSO OLATA EMO WAJA KABTABOKA:NIKARI EMKERI KITALABOKA:OOKA /JAKOTATA EMKERI LANKTOLABOKA:SONJAJI OLATA EMO WAJA:JANKKURI KOIWATA EMO/WAJA JAKOTATA EMO WAJA BAKA SAMA NATATA YAN I OILA WALIJAMBI:/
（#TONKK）野速（＋在）兀喇地名陣上中一箭你哈里陣上刺一鎗我哈（＋在）扎苦塔地名上打一杠子 孫扎七兀喇陣上中一箭陽古里（＋在）迴法陣上中一箭扎苦塔陣上中一箭每人七双之禄

34. OJIKAN KOIWATA BOJAKE SAMA JOWAN NAMO YAN I OILA WALIJAMBI:
五七哈迴法陣上死了十一双之録

35. KAISANKKA ITANKKA JAKOTATA EMTA WAJA:JAKOJI AKIRANTA EMO WAJA BAKA/SAMA SONJATA YAN I OILA WALIJAMBI: 109//110
害查哈你他哈扎苦塔地名陣（＋上）毎（＋人）中一箭扎苦其阿其喇陣上中一箭毎人五双之録

36. KAN KENTOME:NIKARI EBSI MINI BARO OKOJI EMKERI AMASI JOLASI/TOWAKAKO TANK SAMA EMO MOJILAN I KORIN KOLOI COOHA BA JALTABI:/MINI TAJOKO BA AFABOKA:JAI BOIKON JIJI OMAI JOBOBOHAKO INI CIKAI/JIKE OTO MOTARAKO BIJIBA:ERE KUNK TE KOSIME SANJAN OBOBI OJO JAEKI/IOKIN I CALIYAN JOWAN NINKKUN NIYALMA:ERAJI JOLASI KUNK KAIJI KELI OWASIMBOMBI:/KUNK KAIRAKOJI ERA CALIYAN KEMONI BIMBI（#OIWA）OWAIKETA ILAJI JARKI BAIKUWAN I CALIYAN/NINKKUN NIYALMA:/EMO CANSON TA TOIN NIYALMA:ILAN BASON TA ILATA NIYALMA:ILAN SIOBO TA 110//111 JOWATA NIYALMA:/※KAN I KEJEN TA TAKE ŪKSIN I NIYALMA KARON TOKA WAKSI TA JOWATA NIYALMA:/SALA WASA ILATA NIYALMA:TAI TA TOIN NIYALMA:OLKIYAN TA NINKON NIYALMA:/
皇帝勅諭你哈里（＃占丁夫十六）名正参将占丁夫十六謂黒得（＋三等）備禦占丁夫（＋六）名／

37. SANIOKE OLATA EMO WAJA KITALABOKA:JALANKKA OLATA EMO

WAJA KITALABOKA:/LATOO OLATA EMO WAJA KITALABOKA SAMA JOWAN NAMOTA YAN I OILA WALIJAMBI:
色牛克在兀喇陣上（# 中一箭）（+刺）一鎗張喇哈兀喇陣上（+刺）一鎗喇都兀喇陣上刺一鎗毎人十一艰之録

38. JARO OLATA BOJAKE SAMA JOWAN EMO YAN I OILA WALIJAMBI:/
野路在兀喇上死了十一艰之録

39. NIKAN TORONKKO OLATA EMTA WAJA KITALABOKA SAMA OJOTA YAN I OILA/WALIJAMBI: 111//112
你哈多樂哥在兀喇陣上毎（+人）一刺鎗毎人九艰之録

40. LONTORI KUSIO ALIBI KINKKA SABINA JAKUNA OLATA EMTA WAJA BAKA/SAMA NATATA YAN I OILA WALIJAMBI:/
路都里苦書阿里必（# 起）（+幸）哈查必那者苦那在兀喇陣上毎人中一箭七艰之録

41. ℐKAN KENTOMA:KARA TAISA WOJAN ILAJI JARKI IOKINI CALIYAN JOWAN JOWA NIYALMA:/AWONI ILAJI JARKI IOKINI CALIYAN JOWAN JOWA NIYALMA:JAWONI IKAN ALINTA ORIN/ILAN WAJA BAKA:NINKKUN WAJA JALI TAKABI:OLATA EMO WAJA BAKA SAMA OJO JARKI/BAIKUWAN CALIYAN JOWAN NIYALMA OTONKKO OLATA JOWAN WAJA KITALABOKA EMKERI/LANKTOLABOKA: JARAN TA EMO WAJA BAKA SAMA NATAN NIYALMA CALIYAN: KAMBOLO AKIRAN/TA NANAMA KOTON TA TABABI ŪKSIN I NIYALMA BA WAKA:KOLKAMA KENABI ILAN NIYALMA/TOJIBI KENERA BA AMJABI WAKA:OLATA MORIN SAJIBOKA SAMA SONJA IJALMA CALIYAN:/(#BOLAYAN OLATA JOWA WAJA BAKA SAMA TOIN NIYALMA CALIYAN:)/WAKONA BA KERAN I OSIN BOSIORO TOSA SAMA CANSON I CALIYAN TOIN NIYALMA 113//114
皇帝勅諭哈喇代事副将占丁夫十二名阿扶你游撃占丁夫十二名扎扶你亦哈阿嶺／陣上中二十（+三）箭只六箭至肉内又在兀喇陣上中一箭因陞為備禦之職占丁夫十名悪通果在／兀剌陣被刺二鎗被打一棍又在牙藍陣上中一箭因占丁夫七名勘卜魯在阿其藍陣上／先登城殺敵者甲士又去㧗敵営望見敵人三名追殺之又在兀剌陣上馬被砍傷因占丁夫五名／卜剌禅在兀剌陣上中二箭占丁夫四名法苦納（# 管飾）（+能

追)衆人(+耕種)因占丁夫四名 112/113

42. WAKONA JAKOTATA EMO WAJA BAKA SAMA SONJA YAN I OILA WALIJAMBI
法苦那在扎苦塔陣上中一箭五双之録

43. TAIJO JAKOTATA EMO WAJA BAKA SAMA JOWAN NAMO YAN I OILA WALIJAMBI:
大住在扎苦塔陣上中一箭十一双之録

44. WOKAN OLATA EMO WAJA:LANKSA KOIWATA EMO WAJA BAKA SAMA OJOTA YAN I OILA/WALIJAMBI:
副漢在兀剌陣上中一箭郎（# 三）（+塞）在迴法陣上中一箭毎（+人）九双之録

45. BOOSI AKIRANI TAINTA BOJAKE SAMA JOWAN EMO YAN I OILA WALIJAMBI:/
包失在阿其剌陣上死了十一双之録

46. IKINA JAKOTATA EMO WAJA BAKA SAMA NATAN YAN I OILA WALIJAMBI:/
亦其那扎苦塔陣上中一箭七双之録

47. TARBAKI IKAN ALINTA EMO WAJA BAKA SAMA SONJA YAN I OILA WALIJAMBI:/
他児八奚亦哈阿嶺陣上中一箭五双之録 114//115

48. LITAI KOIWATA EMO WAJA BAKA SAMA SONJA YAN I OILA WALIJAMBI:/
里大迴法地名陣上中一箭五双之録

49.  KAN KENTOMA:TAJOKO NAJOLAMA KORKAI COOKA BA KITAKA BABATA JABOKA/EMKERI KASABOKAKO JINK BAKA (+MA) JABOKA SAMA TAISA WOYAN I KERKEN/OBOBI OJO JERKI IOKINI CALIYAN JOWAN NINKKUN NIYALMA:
皇帝勅諭達住胡擅自領兵殺敗胡児哈之衆但是行動之処並無致朕憂慮屢屢勝捷而回因陞為代管副将之職游撃（+之）録占丁夫十六名 115//116

50. EMO CANSON TA TOIN NIYALMA:ILAN BASON TA ILATA NIYALMA: ILAN SIOBO TA/JOWATA NIYALMA:/

51. JOMBOLO KUJA TA BOJAKE SAMA JOWAN NAMO YAN I OILA WALIJAMBI/
中不路（+在）虎亦陣上死了十一双之録
52. JAJONKKE OLATA BŪJAKE SAMA JOWAN NAMO YAN I OILA WALIJAMBI:/
者住（# 幸）革在兀刺陣上死了十一双之録
53. ALJA KESKE TA BOJAKE SAMA JOWAN NAMO YAN I OILA WALIJAMBI:/
阿里乂在黒失黒陣上死了十一双之録
54. WAJINKKA IKAN ALITA EMO WAJA BAKA SAMA (#SAMA)SONJA YAN I OILA WALIJAMBI:/
凹其哈（+在）亦哈阿嶺陣上中一箭五双之録 116//117
55. KELA KOSITON KOJIKARI TA EMO WAJA:KATATA EMO WAJA:YAKE TA EMO WAJA:/WOLKIJAKA TA EMO WAJA:OLATA JOWA WAJA KITALABUKA SAMA OYON YAN I/OILA WALIJAMBI:/
黒勒虎失土〻在虎其哈里陣上中一箭又在哈荅陣上中一箭又在（# 将）（+張）陣上中一箭（+又在）副児家哈陣上中一箭又在兀刺陣（+上）刺一鎗九双之録
56. JAMSITA OLATA EMKERI KITALABOKA SAMA JOWAN NAMO YAN I OILA WALIJAMBI:/
押木（+失）荅在兀刺陣上刺一鎗十一双之録
57. SIOKIN KOIWATA EMO WAJA:OWAJI KOIWATA EMO WAJA BAKA SAMA SONJATA YAN I/OILA WALIJAMBI:
書吉迴法陣上中一箭伍（# 英）吉在迴法陣上中一箭（+毎人）五双之録
58. ONKKATAI BA BAKSI SAMA BAJAI TAILA://
伍哈代占本身
59. ᠣ KAN KENTOMA:(+TŪMAI) TAISA SANJAN OJO JERKI BAIKUWAN I CALIYAN JOWAN NIYALMA:/EMO CANSON TA TOIN NIYALMA:ILAN BASON TA ILATA NIYALA:ILAN SIOBO TA JOWATA NIYALMA:
皇帝勅論土〻缺代事参将（+正）備禦占丁夫十名 117//118
60. JOSA BA BAKASI SAMA EMO NIYALMA: 118//119

趙三（#郎）外郎占丁夫一名

61. KAN KENTOME:(#ABTAI JAKOTATA JOWA WAJA:OLATA KITAI EMO WAJA:EMO WAJA/KABTABOKA SAMA:ILAJI LERKI BAIKUWAN I CALIYAN NINKKUN NIYALMA:) EMO JASON TA TOIN NIYALMA:ILAN BASON TA ILATA NIYALMA:ILAN SIOBO TA/JOWATA NIYALMA/
皇帝勅諭阿不代在扎苦塔陣上中二箭又在兀剌陣上刺一鎗又中一箭備禦占／丁夫六名 119//120

62. ATO OLATA EMO WAJA KABTABOKA EMO WAJA KITALABOKA SAMA JOWAN NAMO YAN I/OILA WALIJAMBI:
阿都在兀剌陣上中一箭又刺一鎗十一双之録

63. SIKATA IKAN ALINTA EMO WAJA:OLATA EMO WAJA KITALABOKA SAMA JOWAN NAMO/YAN I OILA WALIJAMBI:/
失哈荅在亦哈阿嶺陣上中一箭（＋在）兀剌陣上刺一鎗十一双之録

64. TONKKA OLATA EMO WAJA KABTABOKA EMO WAJA KITALABOKA SAMA TOWOKON YAN I/OILA WALIJAMBI: 120//121
東哈在兀剌陣上中一箭又刺一鎗十五双之録

65. ITORI NOIMOKON WANKKE ERA ILAN NIYALMA OLATA EMTA WAJA BAKA SAMA NATATA/YAN I OILA WALIJAMBI:/
亦都里𨁈一莫合王革毎人兀剌陣上中一箭七双之録

66. JOMBO YANKSI JABAI JARA ILAN NIYALMA IKAN ALINTA EMTA WAJA BAKA SAMA/SONJATA YAN I OILA WALIJAMBI:/
住卜（#将）（＋羊）失（#将）（＋押拜）（#毎人）亦哈阿里陣上（＋毎人）中一箭（＋毎人）五双之録

67. ASINA JAKOTATA EMO WAJA BAKA/+ WANKKIYAN KOIWATA EMO WAJA BAKA SAMA SONJA（+TA）YAN I OILA WALIJAMBI: 121//122
阿失那在扎苦塔陣上中一箭王家迴法陣上中一／箭毎人五双之録

68. KAN KENTOMA BOIKON YAKE I ERNA BA WAKA:OLATA EMO WAJA KITALABOKA SAMA/ILANJI JARKI BAIKUWAN I CALIYAN NINKKUN NIYALMA: /EMO CANSON TA TOIN NIYALMA:ILAN BASON TA ILATA NIYALMA:ILAN SIOBO TA/JOWATA NIYALMA:

皇帝勅諭白義何在（# 将）（+張）陣上殺了児勒那在兀剌陣上剌一鎗三品備禦之職占丁夫六名

69. NOIMOKON OLATA EMO WAJA KABTABOKA:EMO WAJA LANKTOLABOKA SAMA NATAN YAN I/OILA WALIJAMBI: 122//123

惱亦何在兀剌陣上中一箭又打一杠子七双之録

70. (#SAKTO KATATA EMO WAJA):SIRKA KOIWATA EMO WAJA:MIKAJI KOIWATA EMO WAJA:/JAJINKKE MONKKOI JAKOTA JAKEI NIYALMA BA AJABI AWAKA SAMA SONJATA YAN I OILA WALIJAMBI:/SAKTO KATATE EMO WAJA/

（# 拆黒土在哈達陣上中一箭）失児哈在迴法陣上中一箭米哈其在迴法陣上中一箭野（+成）革在孟古路（# 拽黒過着陣上）（+遇）拽黒人廝殺了因授毎人五双之録

71. KAN KENTOMA:JANKKALJI MONKKOI JON TA TOSOMA KENABI JAKEI NIYALMA WAKA SAMA/ILAN CI JARKI BAIKUWAN I CALIYAN NINKKUN NIYALMA:EMO CANSON TA TOIN NIYALMA:ILAN BASON TA ILATA NIYALMA:ILA SIOBO TA/JOWAN IYALMA:/

皇帝勅諭張哈児吉（+去截）孟古路遇拽黒殺他回来了因陞為備禦占丁夫六名

123//124

72. ALIMBA KOIWATA EMO WAJA BAKA SAMA SONJA YAN I OILA WALIJAMBI:/

阿里八迴法陣上中一箭五双之録

73. TABOTAI IKAN ALINTA EMO WAJA BAKA SAMA NATAN YAN I OILA WALIJAMBI:

他卜代亦哈阿嶺陣上中一箭七双之録

74. SIKAN OLATA EMO WAJA KITALABOKA:EMO WAJA SACIBOKA SAMA JOWAN NATAN/YAN I OILA WALIJAMBI: 124//125

失汗兀剌陣上（# 中一箭）剌一鎗又砍上一処十七双之録

75. ORLA JAKOTATA EMO WAJA BAKA SAMA SONJA YAN I OILA WALIJAMBI:/

兀児剌扎苦塔陣上中一箭五双之録

76. AIBARI KOJIKARI TA EMO WAJA BAKA:JAI BAKSI SAMA SONJA

IYALMA/CALIYAN:/

愛八里在虎其哈里陣上中一箭占丁夫五名

77. MOOBARI OLATA EMO WAJA BAKA SAMA NATAN YAN I OILA WALIJAMBI:/

莫八里在兀刺陣上中一箭七丒之録

78. NAIKE OLAI BIONI KOTONI TAINTA JOWA WAJA BAKA SAMA SONJA YAN I/OILA WALIJAMBI:/

乃革在兀刺票火托陣上中二箭五丒之録

79. MANTABO JAKOTATA EMO WAJA OYON YAN I OILA WALIJAMBI:/

（# 馬）（+滿）荅卜在扎苦塔陣上中一箭九丒之録

80. ALTAI JAKOTATA ILAN WAJA BAKA:OLATA（#EMO WAJA KITALABOKA）EMKERI/LANKTOLABOKA EMO WAJA KABTABOKA SAMA JOWAN NAMO YAN I OILA WALIJAMBI:/

阿児代在扎苦塔陣上中三箭在兀刺陣上打一杠子中一箭十一丒之録 125//126

81. TONJOKO OLATA EMO WAJA BAKA SAMA NATAN YAN I OILA WALIJAMBI:/

通住虎在兀刺陣上中一箭七丒之録

82. TAMIN KOIWATA EMO WAJA:TAKARA KOIWATA EMO WAJA BAKA SAMA SONJATA YAN I OILA WALIJAMBI:/

大米在迴法陣上中一箭荅哈剌在迴法陣上中一箭每人五丒之録

83. KATANKKA KOIWATA EMO WAJA BAKA SAMA SONJA YAN I OILA WALIJAMBI: 126//127

哈荅哈在迴法陣上中一箭五丒之録

84. [illegible]KAN KENTOME:TOMBORO OJO JARKI BAIKUWAN I CALIYAN JOWAN NIYALMA:/EMO CANSON TA TOIN NIYALMA:ILAN BASON TA ILATA NIYALMA:ILAN SIOBO/TA JOWATA NIYALMA/

皇帝勅諭[illegible]卜路備（# 禦）禦占丁夫十名

85. EKETA JAKOTATA EMO WAJA:OLATA EMKERI LANKTOLABUKA JOWA SIOMOKUN/KABTABOKA SAMA JOWAN NAMO YAN I OILA WALIJAMBI:/

厄黒得在扎苦塔陣上中一箭在兀剌陣上（# 中）打一杠子中一箭十一㕚之録

86. TARSON JOOKIJATA JOWA WAJA:KIYANK TA EMO WAJA BAKA SAMA ILAJI JARKI/BAIKUWAN I CALIYAN NINKON NIYALMA:/

荅児孫在趙家陣上中二箭在江陣上（+中一箭）備禦占丁夫六名

87. MOINA KOIWATA EMO WAJA:OLATA EMO WAJA BAKA SAMA OJON YAN I OILA/WALIJAMBI 127//128

木一那迴法陣上中一箭兀剌陣上中一箭九㕚之録

88. INTAKOJI JANKKIN OLATA BŪJAKE SAMA TOWOKON YAN I OILA WALIJAMBI:/

銀荅虎其在（# 将家）兀剌陣上死了十五㕚之録

89. ŪKURI OLATA EMO WAJA BAKA SAMA NATAN YAN I OILA WALIJAMBI:/

五苦里在兀剌陣上中一箭七㕚之録

90. OWAKETAN YAKEI TAINTA EMO WAJA:CAIKATA EMO WAJA BAKA SAMA CANSON I/CALIYAN TOIN NIYALMA:/

伍黒等在拽黒陣上中一箭又在（# 㕚）（+柴亦）哈地名陣上中一箭占丁夫四名

91. BORANTAI KATATA EMO WAJA BAKA SAMA SONJA YAN I OILA WALIJAMBI:/

卜郎台在哈荅陣上中一箭五両之録

92. AKSAN OLATA KALA SAJIBOKA SAMA OYON YAN I OILA WALIJAMBI:/

阿革善在兀喇陣上被手砍一刀九両之録

93. TOOSAKA OLATA ISKUN EMO WAJA BAKA SAMA NATAN YAN I OILA WALIJAMBI: 128//129

賓子哈在兀喇陣上中一箭（+七）両之録

94. BOSAN BA BAKSI SAMA SONJA NIYALMA CALIYAN:/

卜三外郎占丁夫五名

95. ONKKATAI KOIWATA EMO WAJA:OJITAI IKAN ALINTA EMO WAJA BAKA SAMA/SONJATA YAN I OILA WALIJAMBI:WONKKO BAKSI SAMA BAJAI TAILA//

翁哈帯在廻法陣上中一箭伍赤台在亦哈阿令中一箭（＋毎人）五両之録 / 風苦外郎占本身

96. ℐKAN KENTOMA:SIOSALAN IKAN ALINTA EMO WAJA:OLATA EMKERI OANKTOLABOKA SAMA/ILAJI JARKI IOKIN OJO JARKI BAIKUWAN I CALIYAN JOWAN NIYALMA: /EMO CANSON TA TOIN NIYALMA:ILAN BASON TA ILATA NIYALMA:ILAN SIOBO TA/ JOWATA NIYALMA:/

皇帝勅諭書善剌在亦哈阿嶺陣上中一箭在兀剌陣上打一杠子三品（# 参将）/ 游擊占丁夫十名 129//130

97. SAMAKANA IKAN LINTA EMO WAJA BAKA SAMA SONJA YAN I OILA WALIJAMBI: 130//131

查馬哈那在亦哈阿嶺陣上中一箭五双之録

98. ℐKAN KENTOMA:IRASAN（#INI）ILAJI JARKI IOKI OJO（+JARKI）BAIKUWAN I CALIYAN JOWAN/NIYALMA: /EMO CANSON TA TOIN NIYALMA:ILAN BASON TA ILATA NIYALMA:ILAN SIOBO TA JOWATA NIYALMA:/

皇帝勅諭亦児勝三品游擊占丁夫十名 131//132

99. KIJAMSO OLATA WAJA BAKA SAMA SONJA YAN I OILA WALIJAMBI

（# 相）下木祖在兀剌陣上中一箭五双之録

100. ARKIO JAKOTATA EMO WAJA BAKA SAMA SONJA YAN I OILA WALIJAMBI:/

阿児（# 叫）（＋交在）扎苦塔陣上中一箭五双之録

101. NANTO OLATA EMO WAJA BAKA SAMA NATAN YAN I OILA WALIJAMBI: 132//133

难土ゝ在兀剌陣上中一箭七双之録

102. EITAKE JARKANA OLATA EMTA WAJA BAKA SAMA NATATA YAN I OILA WALIJAMBI: 133//134

（# 厄義革得）厄義得革牙児哈那兀剌陣上中一箭毎人七双之録

103. ℐKAN KENTOMA:JAISA SONJATA KOTON TA EMO WAJA BAKA SAMA OJO JARKI BAIKUWAN I/CALIYAN JOWAN NIYALMA: /EMO

CANSON TA TOIN NIYALMA:ILAN BASON TA ILATA IYALMA:ILAN SIOBO TA/JOWATA NIYALMA:/

皇帝勅諭扎亦查孫（+在）扎塔陣上中一箭備禦占丁夫十名

104. WANKKINO BA JAKU JAWAKA TOSA SAMA ILAJI JARKI BAIKUWAN I CALIYAN NINKKUN/NIYALMA:/

（# 将九）（+王交）都司占丁夫六名

105. JAJIBA OJO JARKI BAIKUWAN I CALIYAN JOWAN NIYALMA:/

扎其八備禦占丁夫十名

106. JAJAN OLATA EMO WAJA KITALABOKA:BANKSO OLATA JOWA WAJA SAJIBOKA SAMA JOWAN NAMOTA 134//135 YAN I OILA WALIJAMBI:/

野成在兀剌陣上剌一鎗本孫在兀剌陣上砍（# 中）（+上）二処毎人十一双之録

107. SOIBAN SAMAN BA TAKORAKA BA LABTO SAMA JOWAN NAMO YAN I OILA WALIJAMBI:

崔班（# 走差多因授録十一双）因多差用使之処十二双之（# 録）録

108. EJI OLATA EMO WAJA SAJIBOKA:JONTAI OLATA JOWA WAJA: YANKKIYAN JAKOTATA EMO WAJA/OLATA EMO WAJA BAKA SAMA OJOTA YAN I OILA WALIJAMBI:/

厄吉兀剌陣上砍上一処趙太在兀剌陣上中二箭陽家（+在）扎苦塔陣上中一箭在兀剌陣上中一箭毎人九双之録

109. WANJIKAN OLATA EMO WAJA BAKA.SAMA OYON YAN I OILA WALIJAMBI:/

萬吉哈在兀剌陣上中一箭九双之録

110. TAKAI OLATA EMO WAJA BAKA:(+AILO OLATA EMO WAJA BAKA:) SAMA NATATA YAN I OILA WALIJAMBI://

他海在兀剌陣上中一箭艾路在兀剌陣上中一箭毎人七双之録

111. SONKKERI JAKOTATA EMO WAJA:AKATAN JAKOTATA EMO WAJA BAKA SAMA SONJATA/YAN I OILA WALIJAMBI:

孫革里在扎苦塔陣上中一箭阿哈大在扎苦塔陣上中一箭毎人五双之録 135//136

112. KAKON BA BAKSI SAMA TOIN NIYALMA/CALIYAN:

哈空外郎占丁夫四名

113. KASITO KEOBI BE BAKSI SAMA BAJAI TAILA:

哈失圡狗皮外郎占本身

114. OWASINA BAKSI SAMA BAJAI TAILA 136//137

凹失那（＋外）郎占本身

115. KAN KENTOMA:ONAKALAI KOIWATA EMO WAJA BAKA SAMA OJO JARKI BIKUWAN I/CALIYAN JOWAN NIYALMA:/EMO CANSON TA TOIN NIYALMA:ILAN BASON TA ILATA NIYALMA:ILAN SIOBO TA/JOWATA NIYALMA:/

皇帝勅諭伍那哈来在迴法陣上中一箭備禦占丁夫十名

116. ERKETO OLATA EMKERI SAJIBOKA:BAKSI SAMA SONJA NIYALMAI CALIYAN:/

二黒圡兀剌陣上砍上一処（＃再）外郎占丁夫五名

117. TANTARI OLATA JOWA BA SAJIBOKA:CAKIRI OLATA EMO WAJA KITALABOKA:OTAKA/OLATA JOWA BA LANKTOLABUKA SAMA JOWAN NAMOTA YAN I OILA WALIJAMBI:/

丹大里在兀剌陣上（＃中）砍上二処（叉）义其里在兀剌陣上刺一鎗伍荅哈兀剌陣上打二杠子（＋每人）十一双之録

118. KANAI JAKOTATA EMO WAJA BAKA SAMA SONJA YAN I OILA WALIJAMBI:/

哈乃在扎苦塔陣上中一箭五双之録 137//138

119. ELJITO OLATA EMKERI LANKTOLABOKA SAMA JOWAN NAMO YAN I OILA WALIJAMBI:/

厄其圡兀剌（＋陣）上打一杠子十一双之録

120. ONKKATAI JAKOTATA EMO WAJA:OLATA EMO WAJA:TOMBAI OLATATA JOWA WAJA/BAKA SAMA OJOTA YAN I OILA WALIJAMBI:

翁哈代在扎苦塔陣上中一箭在兀剌陣上中一箭都拜在兀剌陣上中二箭每人九双之録

121. NINKKUNI OTAKA:OLATA EMTA WAJA BAKA SAMA NATATA YAN I

OILA WALIJAMBI./

甯古你伍那哈在兀剌陣上每人中一箭每人七双之録

122. BAIJOKO:BORAI JAKOTATA EMTA WAJA BAKA SAMA SONJATA YAN I OILA WALIJAMBI: 138//139

拜住（+戶）在扎苦塔陣上中一箭（# 卜）来在扎苦塔陣上中一箭每人五双之録

123. 𝒥KAN KENTOMA:JAMBOLO JAKOTATA JOWA WAJA BAKA SAMA OJO JARKI BAIKUWAN I CALIYAN/JOWAN NIYALMA: /EMO CANSON TA TOIN NIYALMA:ILAN BASON TA ILATA NIYALMA:ILAN SIOBO TA JOWATA NIYALMA:/

皇帝勅諭住卜路在扎苦塔陣上中二箭備禦占丁夫十名

124. YANTAKURO JAKOTATA EMO WAJA:OLATA WAJA SAJIBOKA SAMA OYON JAI OILA/WALIJAMBI:/

羊荅古路在扎苦塔陣上中一箭在兀剌陣上砍上一処九双之録

125. LOOTOI KOIWATA EMO WAJA:JAKOTATA EMO WAJA:KARKA LATARI LIJOKO 139//140 SIOSA OLATA EMTA WAJA:OTAI JAKOTATA EMO WAJA OLATA EMO(+WAJA) BAKA SAMA/NATATA YAN I OILA WALIJAMBI:

（# 魯）（+羅）得在迴法陣上中一箭在扎苦塔陣上中一箭哈児哈勒得里里住虎少子兀剌陣上 /（+每人）中一箭伍大在扎苦塔陣上中一箭在兀剌陣上中一箭每人七双之録

126. KURNA KISAN JAKOTATA EMTA WAJA:JAISA KOIWATA EMO WAJA BAKA SAMA SONJATA/YAN I OILA WALIJAMBI:/

苦児那挐三扎苦塔陣上每人中一箭解查迴法陣上中一箭（+每人）五双之録

127. BOOI SIRABA OLATA BOJAKE SAMA JOWAN NAMO YAN I OILA WALIJAMBI: 140//141

失児八在兀剌陣上死了十一双之録

128. 𝒥KAN KENTOMA:KOSITON ILAJI BAIKUWAN I CALIYAN NINKKUN NIYALMA: /EMO CANSON TA TOIN NIYALMA:ILAN BASON TA ILATA NIYALMA:ILAN SIOBO TA/JOWATA NIYALMA:/

皇帝勅諭虎失土三品備禦占丁夫六名

129. BAISI JOLBI CANKSONI OLATA EMTA WAJA BAKA SAMA NATATA YAN I OILA/WALIJAMBI:TABISAN BAKSI SAMA BAJAI TAILA 141//142
拜失趙児必成孫你在兀剌陣上毎人中一箭七双之録太必（# 三）（+扇）外郎占本身

130. KAN KENTOMA:SIOSA JAI JARKI BAIKUWAN I CALIYAN JAKON NIYALMA:/
皇帝勅諭少子二品備禦占丁夫八名

131. SOLKIO OLATA JASA EKE OKOBI SAMA JAI JARKI BAIKUWAN I CALIYAN JAKON IYALMA:/EMO CANSON TA/TOIN NIYALMA:ILAN BASON TA ILATA NIYALMA:ILAN SIOBO TA JOWATA NIYALMA:/
束児小在兀剌陣上眼瞎了二品備禦占丁夫八名

132. TALKIO OLATA EMO WAJA KITALABOKA:JOWA WAJA KABTABUKA SAMA NATAN YAN I OILA WALIJAMBI:/
塔児（+学）在兀剌陣上刺一鎗中二箭七双之録

133. TANKKOO JARAN TA BŪJAKE SAMA JOWAN NAMO YAN I OILA WALIJAMBI:/
当古（+在）牙喇陣上死了十一双之録

134. IJANKKE IMIO OLATA EMTA WAJA BAKA SAMA NATATA YAN I OILA WALIJAMBI: 142//143
亦車革亦苗在兀剌陣上毎人中一箭七双之録

135. JAKSIO TATA JAKOTATA EMTA WAJA BAKA SAMA SONJATA YAN I OILA WALIJAMBI:143//144
野失荅打在扎苦塔陣上毎人中一箭五双之録

136. KAN KENTOMA:NIKAN OLATA EMO WAJA KITALABUKA SAMA ILAJI JARKI BAIKUWAN I CALIYAN NINKKUN/NIYALMA: /EMO CANSON TA TOIN NIYALMA:ILAN BASON TA ILATA NIYALMA:ILAN SIOBO (+TA) JOWATA NIYALMA:
皇帝勅諭（+你）哈在兀剌陣上刺一鎗三品備禦占丁夫六名

137. ASIBO OLATA EMBA EWOBA TOKIJAKE SAMA ILAJI JARKI BAIKUWAN I CALIYAN NINKKUN IYALMA:/
阿失卜在兀喇陣上扶助東宮付馬盛馬三品備官之職占丁夫六名

138. TALKEN ILAJI JARKI IOKI OJO JARKI BAIKUWAN I CALIYAN JOWAN NIYALMA:

得児（# 革）（＋青）三品游擊占丁夫十名

139. KOLMAKON BA BAKSI SAMA BAJAI TAILA:

古児馬虎外郎占本身

140. WANJA OLATA EMO WAJA (#BAI) KITALABOKA SAMA SONJA YAN I OILA WALIJAMBI: 144//145

反察在兀刺陣上刺一鎗五双之録

141. SIOSA OLATA EMKERI LANKTOLABOKA SAMA JOWAN NAMO YAN I OILA WALIJAMBI:/

少子在兀刺陣上打一杠子十一（＋双）之録

142. ORKUTA KOIWATA EMO WAJA BAKA SAMA SONJA YAN I OILA WALIJAMBI:/

伍児右（古）得在迴法陣上中一箭五双之録

143. NIJAKAN OLATA SIOMOKUN SAJIBOKA SAMA OYON YAN I OILA WALIJAMBI:/

你牙汗在兀喇陣上手指被砍傷因授録銀九双

144. CAKAN IKAN ALINTA EMO WAJA (+BAKA) SAMA JOWAN NAMO YAN I OILA WALIJAMBI:/

义（叉）汗在（# 兀刺）（＋亦哈阿嶺）陣上中一箭十一双之録

145. MANTASI BAKSI SAMA BAJAI TAILA: 145//146

慢他失外郎占本身

146. KAN KENTOME:BAKI OLATA EMO WAJA BAKA SAMA JAI JARKI BAIKUWAN I CALIYAN JAKON/NIYALMA: /EMO CANSON TA TOIN NIYALMA:ILAN BASON TA ILATA NIYALMA:ILAN SIOBO TA JOWATA NIYALMA:/

皇帝勅諭八奚在兀刺陣上中一箭二品備禦（# 八）占丁夫八名

147. MOKATA JAKOTATA EMO WAJA OLATA EMO WAJA BAKA SAMA JOWAN NAMO YAN I/OILA WALIJAMBI:/

木哈（＋荅）在扎苦塔陣上中一箭在兀刺陣上中一箭十一双之録

148. KAKANA MONKKOI YAN TA TOSOMA KENABI JAKEI IJALMA BA WAKA SAMA SONJA/YAN I OILA WALIJAMBI:/

哈哈那在孟古路上遇拽黒人廝殺了因授五双之録

149. KEJA JAKE TA ELJIN KENABI BŪJAKE SAMA TOWOKON YAN I UILA WALIJAMBI: 146//147

克車因差使往拽黒去死了十五双之録

150. (#BASARI OLATA EMO WAJA):MARU BAYANKSO OLATA EMTA WAJA BAKA SAMA NATATA/YAN I OILA WALIJAMBI:BASARI OLATA EMO WAJA BAKA JOWA YAN I OILA WALIJAMBI/

八査里兀剌陣上中一箭（＋二両之録）（#馬）（＋墨）路八羊束在兀剌陣上毎人中一箭七双之録

151. SONJA KATATA EMO WAJA:INKKATA OLATA EMO WAJA BAKA SAMA SONJATA/YAN I OILA WALIJAMBI:/

孫扎在哈荅陣上中一箭亦哈荅在兀剌陣上中一箭毎人五双之録

152. JAKAI BA BAKSI SAMA BAJAI TAILA: 147//148

牙海外郎占本身

153. KAN KENTOMA:JARNA OJO JARKI BAIKUWAN I CALIYAN JOWAN NIYALMA: /EMO CANSON TA TOIN NIYALMA:ILAN BASON TA ILATA NIYALMA:ILAN SIOBO TA/JOWATA NIYALMA:/

皇帝勅諭牙児那備禦占丁夫十名

154. TASO JAKOTATA EMO WAJA:MOTO OLATA EMO WAJA BAKA SAMA SONJA TA YANI/OILA WALIJAMBI:

荅束在扎苦塔陣上中一箭莫都在兀剌陣上中一箭毎人五双之録

155. KALIONA OLATA EMO WAJA BAKA SAMA JOWAN NAMO YAN I OILA WALIJAMBI:/

哈了那在兀剌陣上中一箭十一双之録

156. KOYANA JAKOTATA EMO WAJA BAKA SAMA SONJA YAN I OILA WALIJAMBI:/

虎牙那在扎苦塔陣上中一箭五双之録 148//149

157. TOYANA KORKAI TAINTA AWAKA.MONKKOI YAN TA TOSOMA

KENABI/JAKEI IYALMABA WAKA SAMA NATA YAN I OILA WALIJAMBI:/

土〻牙那虎児哈陣上（+奮戦了）又孟古路上遇着拽黒殺了因授七叉之録

注：

1）「吏部為国史館官員等議敍事」「明清史料」台北中央研究院歴史語言研究所蔵、登録番号150196。

2）『満文老檔』各重抄本の抄写年については、今西春秋の詳しい研究があり、それぞれ（1938）「満文老檔重鈔年次に関する補説」『東洋史研究』3.6、526～530頁。同氏（1959）「満文老档の重鈔年次」『東方学紀要』Ⅰ、天理大学おやさと研究所、89～93頁。

（重抄）	開始年月	告成年月
北京檔	乾隆40年2月	乾隆43年秋
奉天檔	乾隆43年10月	乾隆44年末～45年初

また、河内良弘（1989）「崇徳二年正月分満文檔案訳註」『京都大学文学部研究紀要』1～2頁を参照。

3）今西春秋（1959）「崇徳三年分満文原檔について」『東方学紀要』Ⅰ、天理大学おやさと研究所、96頁。

4）『清国史館奏稿』（第一冊）国家図書館歴史檔案文献叢刊、全国図書館文献縮微複製中心、2004年、429～430頁。

5）『文献叢編』第十輯、故宮博物院1931年4月、「満文老檔、旧藏内閣大庫、為清末（初）入関時旧檔。民国二十年三月、本館整理内閣東庫檔案、発見是檔三十二冊、原按千字文編号、与今所存者次序不連、似非全數、原檔多用明代旧公文或高麗箋書写、字為無圈点之満文、且時参以蒙字。蓋天命辛亥（明万曆三十九）、清太祖努爾哈赤時始以蒙古字合満州音、制為満文。天聡六年（明崇禎五）始於字体旁加以圏点、確定音義、是為新満文、又称加圏点満文。称前者為老満文、又称無圏点満文。此檔無圏点時参以蒙字、故知為天命天聡時物也。檔中似有天命天聡及明嘉靖万暦年号如（ㄐㄧㄚㄐㄧㄣ）似嘉靖、（ㄨㄚㄌㄧ）似万暦、或當日訳音不同歟？原檔長短厚薄不一、長者61cm、短者41cm、厚者五百餘頁、薄者僅九頁、中有一冊、附註漢文、知爲戦陣記功之簿、其訳名、則為選録檔、記録檔、分配兵丁檔等。」

6）謝国楨（1931）『清開国史料考』補考（国立北平図書館）、1頁、「民国二十年春、故宮博物院文献館整理実録大庫旧檔、発現檔冊頗多。其満文旧檔黄綾本与遼寧崇謨閣老檔相同、内有黄紙本三十一厚冊、為天命、天聡朝満文旧檔、間有用嘉靖時文書紙所書、有巡撫山東監察御史張劉等字様。有満・漢文並行者、有僅用満文所書者。其中、葉赫作拽黒、吴喇作兀剌。天命前間有用万暦・天啟年号。奉寬先生及吾師陳寅恪先生、嘗至実録大庫覧其檔冊確定為老満文所書。見其内中三冊、一為用嘉靖文書紙所書、一為有翻訳之本、与高昌館刻華夷訳語女真編形式相同。其照片已影印於書首。」

7）李徳啓（1931）「満洲文字之来源及其演変」『国立北平図書館館刊』第五巻第六号、8

頁。

8）　陳捷先（1969）「旧満洲檔述略」『旧満洲檔』１、国立故宮博物院、23頁。

9）　松村潤（1985）「寒字檔漢訳勅書」『内陸アジア研究』２、272頁。

10）　本章で使用する無圏点マンジュ文字は『満文原檔』を中心に、有圏点マンジュ文字のすべては遼寧省檔案館の編研展覧処処長の何榮偉（ulhisu）先生が提供された字体を使用する。ここに謹んで謝意を表す。

11）　莊吉發（1997）『清史論集』1、文史哲出版社、56頁。

12）　陳捷先（1969）「旧満洲檔述略」『旧満洲檔』1、国立故宮博物院、２頁。

13）　*TONKKI WOKA AKO KERKEN I TANKSA*（無圏点字檔子）（中国第一歴史檔案館蔵）

14）　『内閣蔵本満文老檔』中国第一歴史檔案館整理編訳、遼寧民族出版社、2009年。

15）　*tongki fuka sindaha hergen i dangse*（有圏点字檔子）（京都大学文学部図書館蔵）、内藤湖南奉天本写真版。

16）　張玉全（1936）「述満文老檔」（『文献論叢』国立北平故宮博物院十一週年紀念、212～213頁）は重抄本の『満文老檔』を解釈して、「加圏点檔冊経詳加研究、並将両種本互相比較、始知此本内容、係改旧字為新字、並加簽註、非僅重抄之謂也。今竊此檔対於解釋老檔内文字、其重要之点有檔内老満字均改書新字体、使人対照読之、一目了然。檔内有費解之旧満語、則於書眉標貼黄簽、以新満語詳加註釈。（中略）。由此観之、此鍾檔冊係経考證簽註、方克成此巨帙、洵足珍貴（後略）」と述べた。その後、1959年に今西春秋は、『満文老檔乾隆付注訳解』で、「有圏点正写の『満文老檔』には総数約450条ばかりの注がある（筆者注：吳元豊（2009）。*dorgi yamun asaraha manju hergen i fe dangse*（内閣蔵本満文老檔）１、11頁）によると、『注は410條にすぎない』との指摘がある。」注すべき語句の左側に紐状の黄紙を貼付し、その上部に大小それぞれの黄箋を貼付して、それに書き込んだものである。（無圏点正写本にも、有圏点本と同じ語、同じ位置に黄紙を貼付しているが、上部の黄箋は細長いものを一本貼付しただけで、これには何も書いていない。草写本では有圏点本・無圏点本、二種共に全然何もない。）老檔の乾隆重抄と時を同うして付けたものであることは、この注の中に、「『某々字不明なれど、今旧檔のままに写しおけり』という言葉が繰返し出て来るので明瞭である」と述べられている（『東方学紀要』１、104頁）。また、中国語に翻訳した語注については *dorgi yamun asaraha manju hergen i fe dangse*（内閣蔵本満文老檔）17～18冊を参照。

17）　『重訂司馬溫公等韻図経』の研究については、陸志韋（1937）「記徐孝重訂司馬温公等韻図経」『燕京学報』32、169～196頁、王力（1985）『漢語語音史』（中国社会科学出版社）等を参照。

18）　ソグド語字音については、吉田豊（1994）「ソグド文字で表記された漢字音」『東方学報』第66冊、ウイグル語字音については、庄垣内正弘（1983）「畏兀児館訳語」『内陸アジア言語の研究』Ｉ・（2003）『ロシア所蔵ウイグル語文献の研究――ウイグル文字表記漢文とウイグル語仏典テキスト』京都大学大学院文学研究科。高田時雄（1985）「ウイグル字音考」『東方学』70。森安孝夫（1997）「ウイグル文字新考――回回名称問題解決への一礎石」『東方学会創立五十周年紀念東方学論集』東方学会等を参照。また、明代のモンゴル語字音は『韃靼館来文』東洋文庫本、山崎忠（1951）「乙種本華夷訳語韃靼館来文の研究――東洋文庫本」『日本文化』31、62～91頁を参照。

19) 吉田豊（1994）「ソグド文字で表記された漢字音」『東方学報』第66冊、26～27頁。庄垣内正弘（2003）『ロシア所蔵ウイグル語文献の研究――ウイグル文字表記漢文とウイグル語仏典テキスト』京都大学大学院文学研究科、48～49頁。

20) ウイグル語漢字音では‘布’は‘孛子 / puɔ tsʅ’と書く（庄垣内正弘（1983）「畏兀児館訳語」『内陸アジア言語の研究』Ⅰ、102頁）。‘棉布’はモンゴル語漢字音では‘博絲 / bös’と書かれている（栗林均（2003）『『華夷訳語』（甲種本）モンゴル語全単語・語尾索引』東北アジア研究センター叢書　第10号、30頁）。

21) 陸志韋（1937）「記徐孝重訂司馬温公等韻図経」『燕京学報』32、175頁。

22) *tongki fuka akū hergen i bithe* 1冊、2頁。また、『無圏点字書』2頁。

23) 『金史』巻六十八列傳第六、「蒲陽温者、漢語云幼弟也」。漢字音の復原については、照那斯図・楊耐思（1987）『蒙古字韻校本』民族出版社。羅常培・蔡美彪（2004）『八思巴字与元代漢字』中国社会科学出版社を参照。また、金光平・金啟孮（1980）『女真語言文字研究』文物出版社、129頁では、「明代の女真語と清代のマンジュ語p音はほとんど消えたので、fに変えてしまった」と主張している。孫伯君（2004）『金代女真語』117頁では、「女真語のp- ＞ f- という規定的な変化は元代からである」と指摘される。

24) 早田輝洋（2011）「『満文原檔』の表記に現れた種々の問題」『言語の研究』Ⅱ、大東文化大学語学教育研究所、77～80頁。

25) 『満文原檔』第一冊、荒字檔、天命三年正月、76頁。

26) 『満文原檔』第四冊、收字檔、天命十年二月初一日、264～265頁。

27) 『満文原檔』第七冊、雨字檔、天聰四年五月、150頁。餘字檔、天聰五年八月十二日、三十日、426頁、455頁。

28) 『満文原檔』（第七冊、雨字檔、天聰四年五月、150頁）の同じ記事によると、「取る」はそれぞれKAIB○IとKAIBIと書かれており、文字改革の後の正書法ではgaifiと書かれていた。

29) 『満文原檔』第八冊、成字檔、天聰三年七月、14日、19日。

30) 張玉全（1936）、「述満文老檔」（『文献論叢』国立北平故宮博物院十一週年紀念、207頁。

31) 『満文原檔』第一冊、昃字檔、天命四年八月、第293頁、ikan gurunci wesihun šun dekdere ergi mederi muke de isitala:solho gurunci amasi monggo gurunci julesi jušen gisun i gurun be（#gemu）dailame dahabume（+tere aniya（#gemu）wajiha（#wacihiyaha）.（ikan（明）国から東日が出る海岸までに至る、ソルホ国の北、モンゴル国の南、その年ジュシェン語の諸国を征服し。また、『満洲実録』巻六、天命四年八月十九日、280頁、amargi monggo gurun i korcin i tehe dube nūn i ula ci julesi solho gurun i jase de niketele、emu manju gisun i gurun be gemu dailame dahabufi uhe obume wajiha（北のモンゴル国のコルチンが住むところ端の嫩江から南、ソルホ国の境界まで、同じマンジュ語の人々をすべて征服して統一した）。

32) 方位詞：

	女真語	マンジュ語	シベ語	阿勒楚喀語	巴拉語
東	諸勒失 ʤulʃï	dergi	wyarxe	wailgi	tʃuləhi
西	弗里失 furiʃï	wargi	dirxe	diergi	filihi
南	番替 fanti	julergi	julxe(u)	tʃuləgi	bat'ihi
北	兀里替 uliti	amargi	amirxe	amaləgi	itʃ'ihi

また、『女直館訳語』通用門、女四十九頁によると、東西南北はそれぞれ‘受温禿提勒革・受温禿黒勒革・珠勒革・伏希革’と書かれていた。各方言については、『御製五体清文鑑』、道爾吉、和希格（1983）『女真訳語研究』内蒙古大学学報増刊。金啟孮（1984）『女真文辞典』文物出版社。穆曄駿（1985）「阿勒楚喀満語語音簡論」『満語研究』1、満語研究所、穆曄駿（1987）「巴拉語」『満語研究』5、満語研究所。Grube Wilhelm（1986）*Die Sprache und Schrift der Jučen.* Leipzig。久保智之等（2011）『シベ語の基礎』（東京外国語大学アジア・アフリカ言語文化研究所）等を参照。阿勒楚喀語については、穆曄駿によると、東は寧古塔西部に至るまで、西は扶余に至り、南は通化・吉林に至り、北は呼蘭・安慶に至り、すなわち阿城県のあたりである。巴拉語については、黒龍江省双城・五常・阿城・延壽・尚志・方正・木蘭・呼蘭・通河・宝県・巴彦等を中心とするところである。

33）*tongki fuka akū hergen i bithe* 1冊、51頁。また、『無圏点字書』51頁。

34）李徳啟（1936）「満文老檔之文字及史料」『文献論叢』国立北平故宮博物院十一週年紀念、13頁。

35）吉田豊（1994）「ソグド文字で表記された漢字音」『東方学報』第66冊、23～24頁。

36）『満文原檔』第五册、洪字檔、天聡六年正月、139頁（『満文老檔』Ｖ太宗２東洋文庫、633～634頁）。『満文老檔』（下）中華書局、1196～1197頁。

37）張玉全（1936）「述満文老檔」『文献論叢』国立北平故宮博物院十一週年紀念、209頁。

38）庄垣内正弘（2003）『ロシア所蔵ウイグル語文献の研究――ウイグル文字表記漢文とウイグル語仏典テキスト』京都大学大学院文学研究科、48～49頁、49頁。

39）庄垣内正弘（1995）「ウイグル文字音写された漢語仏典断片について――ウイグル漢字音の研究」『言語学研究』14、93頁。

40）高田時雄（2005）『敦煌、民族、語言』中華書局、207頁。

41）吉田豊（1994）「ソグド文字で表記された漢字音」『東方学報』第66冊、26頁。羅常培（1933）『唐五代西北方音』国立中央研究院歴史語言研究所、17頁。

42）『奏疏稿』天聡七年（1633）七月初一日、参将寧完我謹奏。臣観『金史』乃我国始末、○○汗亦不可不知、但欲全全訳写十載難成、且非緊要有益之書。如要知正心修身斉家治国的道理、則有『孝経』・『学』・『庸』・『論』・『孟』等書。如要益聡明智識、選練戦攻的幾権、則有『三略』・『六韜』・『孫』・『呉』・『素書』等書。如要知古来興廃的事跡、則有『通鑑』一書、此等書実為最緊要大有益之書。○○汗与○貝勒及国中大人、所当習聞、明知身体而力行者也。近来本章稀少、常耐・恩革太二人毎毎空閑無事、可将臣言上項諸書、令臣等選択、督令**東拝**・常耐等訳写、不時呈進。○○汗宜静覧深思、或有疑蔽不合之処、願同臣等講論庶書中之美意良法、不得軽易放過。而○○汗之難処愁苦之事、亦不難迎刃而解矣。『金史』不必停写止仍令代写。また、『八旗通志初集』(満文) 巻一百四十八、名臣列传八、38b～39a頁、「**dumbai**.gulu fulgiyan i manju gūsai niyalma/ bihe.te tukiyefi gulu suwayan i gūsade obuha/ fuca hala.jalan halame šaji i bade tehe/ bihe.ini ama pingkuri toktan/ taidzu dergi hūwangdi be weilere fonde jušeri i// juwan ilan aiman i da iorengge.wen de/ eljeme daharakū ofi.pingkuri/ hese be alifi.oforo amban dalai i emgi dailaname/ genefi.fafuršeme baturulame gung mutebure jakade/ suhe baturu gebu/ buhe.fukcin niru banjibure de.emu niru bošobuha/ amala faššaha gung de.sunja niru be kamcime/ kadalabuha.akū oho manggi.dumbai.ahūngga/ jui ofi.nirui baita be sirame kadalaha.....」。(漢文3802～3804頁。**敦拝**、満洲正紅旗人、今改隷正黄旗。姓傅察氏、世居沙済地方。父彭庫里、初事太祖高皇帝時、有朱社理十三部長尤楞格、梗化不服、彭庫里奉命偕鄂仏洛昂邦達頼往勦之、奮勇著績、因賜蘇赫巴図魯号、創立牛彔、俾管其一、後以功兼統轄牛彔、既卒、敦拝以长子襲管牛彔事。(後略)。)

43) 吉田豊 (1994)「ソグド文字で表記された漢字音」『東方学報』第66冊、27頁。羅常培 (1933)『唐五代西北方音』国立中央研究院歴史語言研究所、142～143頁。高田時雄 (1988)『敦煌資料による中国語史の研究』東京創文社、87～90頁。

44) 早田輝洋 (2011)「満洲語と満洲文字」『言語の研究』Ⅱ、大東文化大学語学教育研究所、27頁。

45) 庄垣内正弘 (2003)『ロシア所蔵ウイグル語文献の研究――ウイグル文字表記漢文とウイグル語仏典テキスト』京都大学大学院文学研究科、48～49頁、50～52頁。

46) 吉田豊 (1994)「ソグド文字で表記された漢字音」『東方学報』第66冊、23、28頁。

47) 早田輝洋 (2011)「満洲語と満洲文字」『言語の研究』Ⅱ、大東文化大学語学教育研究所、20～21頁。

48) 吉田豊 (1994)「ソグド文字で表記された漢字音」『東方学報』第66冊、28頁

49) 高田時雄 (1985)「ウイグル字音考」『東方学』70、11頁。庄垣内正弘 (2003)『ロシア所蔵ウイグル語文献の研究――ウイグル文字表記漢文とウイグル語仏典テキスト』京都大学大学院文学研究科、48～49頁、53頁。

50) 呉元豊 (2009)、5頁、「在每冊扉頁上、一般都有編輯抄写人員的人名和畫押、如在『加圏点老檔』底本天命朝第十五冊第一扉頁上、用漢字書写「書一侍読麟喜 (畫押)、復校云南道監察御史明喜 (畫押)、查対人地名筆帖式臨保 (畫押)、校対翻訳官魏延弼 (畫押)、加圏点中書隆興 (畫押)」。在其第二扉頁上、用漢字書写「大総裁大学士舒」とある。

51) 吉田豊 (1994)「ソグド文字で表記された漢字音」『東方学報』第66冊、30頁。

52) 高田時雄 (1985)「ウイグル字音考」『東方学』70、12頁。

53) 陸志韋 (1937)「記徐孝重訂司馬温公等韻図経」『燕京学報』32、燕京大学哈仏燕京学社出版、173頁。

54) 早田輝洋 (2011)「『満文原檔』における n と Ø との交替」『言語の研究』Ⅱ、大東文化大学語学教育研究所、93～95頁。

55) 羅常培 (1933)『唐五代西北方音』国立中央研究院歴史語言研究所、142頁。

56) 庄垣内正弘 (2003)『ロシア所蔵ウイグル語文献の研究――ウイグル文字表記漢文とウイグル語仏典テキスト』京都大学大学院文学研究科、48～49頁、55～56頁。

57)　照那斯図・楊耐思（1987）『蒙古字韻校本』民族出版社、130頁、156頁。
58)　吉田豊（1994）「ソグド文字で表記された漢字音」『東方学報』第66冊、28～29頁。
59)　羅常培（1933）『唐五代西北方音』国立中央研究院歴史語言研究所、181頁。
60)　河内良弘（1996）『満洲語文語文典』京都大学学術出版会、17頁。
61)　早田輝洋（2011）満洲語と満洲文字」『言語の研究』Ⅱ、大東文化大学語学教育研究所、８～11頁
62)　庄垣内正弘（1983）「畏兀児館訳語」『内陸アジア言語の研究』Ⅰ、70頁。
63)　津曲敏郎（2002）『満洲語入門20講』大学書林、８頁。
64)　吉田豊（1994）「ソグド文字で表記された漢字音」『東方学報』第66冊、35頁。
65)　高田時雄（1985）「ウイグル字音考」『東方学』70、11～12頁。庄垣内正弘（2003）『ロシア所蔵ウイグル語文献の研究――ウイグル文字表記漢文とウイグル語仏典テキスト』京都大学大学院文学研究科、63頁。
66)　庄垣内正弘（1983）「畏兀児館訳語」『内陸アジア言語の研究』Ⅰ、58頁。
67)　早田輝洋（2011）「満洲語と満洲文字」『言語の研究』Ⅱ、大東文化大学語学教育研究所、早田輝洋（2011）「『満文原檔』の表記に現れた種々の問題」『言語の研究』Ⅱ、大東文化大学語学教育研究所、88頁。
68)　羅常培（1930）「耶穌会士在音韻学上的貢献」『国立中央研究院歴史語言研究所集刊』第一本第三分、292頁。
69)　林燾・耿振生（2004）『音韻学概要』商務印書館、290頁。
70)　無圏点マンジュ文字とそれに対応する漢字音を配列すると次の表の通りである。

	禄	剌	喇	其	他	住
LO	○					
LA		○				
RA			○			
JI				○		
TA					○	
JO						○
	lu	la	la	khi	tha	tʂy

71)　王力（1985）『漢語語音史』中国社会科学出版社、537頁。
72)　道爾吉・和希格（1983）『女真訳語研究』内蒙古大学学報増刊、313頁。金啟孮（1984）『女真文辞典』文物出版社、266頁。
73)　庄垣内正弘（1983）「畏兀児館訳語」『内陸アジア言語の研究』Ⅰ、59頁。また、『韃靼館来文』では‘哈’と‘罕’がそれぞれqaとqanと書かれている。
74)　李新魁（1983）『漢語等韻学』中華書局、336頁。
75)　吉田豊（1994）「ソグド文字で表記された漢字音」『東方学報』第66冊、37～38頁。高田時雄（1985）「ウイグル字音考」『東方学』70、12頁。庄垣内正弘（2003）『ロシア所蔵ウイグル語文献の研究――ウイグル文字表記漢文とウイグル語仏典テキスト』京都大学大学院文学研究科、65～66頁。

76)　津曲敏郎（2002）『満洲語入門20講』大学書林、８頁。

77)　『音韻闡微』は康熙五十四年（1751）李光地と王蘭生が編纂し始め、雍正四年（1726）に完成した（羅常培（1963）『羅常培語言学論文選集』中華書局、126頁。また『羅常培語言学論文選集』商務印書館2004年、381頁）にも収録）。『音韻闡微』の研究については、林慶勳（1988）『音韻闡微研究』（台湾学生書局）を参照。

78)　李光地『榕村全集』巻二十九、覆發閲王蘭生所纂韻書剳子、二十三頁。「本朝字書第一頭以阿・厄・衣・窩・烏五字喉声為主。蓋凡声皆出於喉、然後傳於鼻舌歯唇之間、及乎鼻舌歯唇之響既終」。

79)　李光地『榕村全集』巻二十九、覆發閲王蘭生所纂韻書剳子、二十一頁。「可謂聲從喉部通過鼻腔、経過舌・歯・唇調節而發出的聲音」。また、「本朝字書第一頭所対音者、乃歌麻支微齊魚虞七韻之音。此韻者実声気之元音、万籟之所從出。能生諸部而不為諸部之所生。能切諸部而不為諸部之所切。此七韻允宜列為韻部之首、以明為天地元音、更唱迭和、以盡無窮之変」という。

80)　矢沢利彦編訳『中国の医学と技術』（イエズス会士書簡集）、75～76頁。また、『耶穌会士中国書簡集』（中国回憶録）第２巻、鄭德弟等訳、302頁。

81)　李新魁（1984）「近代漢語介音的発展」『音韻学研究』第一輯、中華書局、482頁。

82)　河内良弘（1996）『満洲語文語文典』京都大学学術出版会、18頁。

83)　王力（1985）『漢語語音史』中国社会科学出版社、537頁。

84)　羅常培（1933）『唐五代西北方音』国立中央研究院歴史語言研究所、54頁。庄垣内正弘（2003）『ロシア所蔵ウイグル語文献の研究――ウイグル文字表記漢文とウイグル語仏典テキスト』京都大学大学院文学研究科、87頁。

85)　羅常培（1933）『唐五代西北方音』国立中央研究院歴史語言研究所、42頁。

86)　ダイチン・グルン初期にマンジュ人は大明北部の辺境地の大同等に度々侵入したり、人々や家畜を奪略したりしていた。従って、マンジュ人の集団の中に遼東方言を操る漢人以外に、山西方言及び漢語を操るモンゴル人も少なくなかった。例えば、『明檔蒙古満洲史料』137～98に収録内容、第５章注77を参照。

87)　李新魁（1984）「近代漢語介音的発展」『音韻学研究』第一輯、中華書局、471頁。

88)　陸志韋（1947）「金尼閣西儒耳目資所記的音」『燕京学報』33、189頁。

89)　庄垣内正弘（1983）「畏兀児館訳語」『内陸アジア言語の研究』Ⅰ、100～101頁、88頁。

90)　*TONKKI WOKA AKO KERKEN I TANKSA*（無圏点字檔子）巻六十二、天命九年。

91)　吳元豊（2009）*dorgi yamun asaraha manju hergen i fe dangse*（内閣蔵本満文老檔）１、遼寧民族出版社、６頁。

92)　有圏点満洲文字の時期になると、母音 o 字母の大部分は舌位後寄りの［ɔ］である。在非強勢音節と語頭の場内には、時に開口度のやや小さな［o］となることがある。母音字母 u の音価は円唇後舌狭母音［u］であり、語中形にᡠとᡠの二形がある。u が t（ᡨᡠ・ᡨᡠ）、d（ᡩᡠ・ᡩᡠ）、k（ᡴᡠ）、g（ᡤᡠ）、h（ᡥᡠ）の次にくる場合にはᡠが書かれ、それ以外の場合はᡠが書かれる（河内良弘（1996）『満洲語文語文典』京都大学学術出版会、８～10頁）。

93)　池上二良（1999）『満洲語研究』東京汲古書院、206～215頁。

94) 今西春秋（1959）「満語ᡡ音考」『東方学紀要』1、天理大学おやさと研究所、17～52頁。
95) 清格爾泰（1985）「関于満洲文字母第六元音的読音」『満語研究』1、34～36頁。
96) 『西儒耳目資』列音韻譜、70頁。
97) 羅常培（1933）『唐五代西北方音』国立中央研究院歴史語言研究所、24頁。吉田豊（1994）「ソグド文字で表記された漢字音」『東方学報』第66冊、34頁。庄垣内正弘（2003）『ロシア所蔵ウイグル語文献の研究——ウイグル文字表記漢文とウイグル語仏典テキスト』京都大学大学院文学研究科、64頁。
98) 河内良弘（1996）『満洲語文語文典』京都大学学術出版会、9頁。
99) 庄垣内正弘（2003）『ロシア所蔵ウイグル語文献の研究——ウイグル文字表記漢文とウイグル語仏典テキスト』京都大学大学院文学研究科、48～49頁、82頁。
100) 庄垣内正弘（1983）「畏兀児館訳語」『内陸アジア言語の研究』Ⅰ、100頁、105頁。
101) 李新魁（1984）「近代漢語介音的発展」『音韻学研究』第一輯、中華書局、481頁。
102) 庄垣内正弘（1983）「畏兀児館訳語」『内陸アジア言語の研究』Ⅰ、100～101頁。
103) 王力（1957）『漢語史稿』科学出版社、157頁。
104) 庄垣内正弘（1983）「畏兀児館訳語」『内陸アジア言語の研究』Ⅰ、93～94頁、101頁。
105) 河内良弘（1996）『満洲語文語文典』京都大学学術出版会、9頁。
106) 陸志韋（1947）「金尼閣西儒耳目資所記的音」『燕京学報』33、174頁。
107) 『西儒耳目資』列音韻譜、書 xu66頁、庶 xu78頁。
108) 『韃靼館来文』、9頁。
109) 吉田豊（1994）「ソグド文字で表記された漢字音」『東方学報』第66冊、43頁
110) 庄垣内正弘（2003）『ロシア所蔵ウイグル語文献の研究——ウイグル文字表記漢文とウイグル語仏典テキスト』京都大学大学院文学研究科、48～49頁、80頁。

附　　録

1　ソグド文字からマンジュ文字へ

この字母表の作成には以下の文字文献を参照した。

1）　ソグド（Sog）文字は、Texte sogdien. Date d'édition: 0701-0900（BnF 蔵）。亀井孝・河野六郎・千野栄一編（1988）（1989）（1992）（2001）『言語学大辞典』世界言語編１、２、４巻、別巻世界文字辞典。吉田豊（1994）・（1997）、P. Zieme（1995）、曾布川寛・吉田豊編（2011）等を参照。

2）　ウイグル（Uig）文字は、羽田亨（1958）、胡振華（1979）、森安孝夫（1997）、庄垣内正弘（2003）、耿世民（2006）、S. Azarnouche & F. Grenet（2010）、pp. 27-77、亀井孝・河野六郎・千野栄一編（1988）（1989）（1992）（2001）『言語学大辞典』世界言語編１、２、４巻、別巻世界文字辞典等を参照。

3）　モンゴル（Mon）文字は、『韃靼館来文』、亀井孝・河野六郎・千野栄一編（1988）（1989）（1992）（2001）『言語学大辞典』世界言語編１、２、４巻、別巻世界文字辞典等を参照。

4）　無圏点マンジュ（Man）文は、『満文原檔』、*tongki fuka akū hergen i bithe* 等を参照。

1　母音

(Sog はソグド文字、Uig はウイグル文字、Mon はモンゴル文字、Man は無圏点マンジュ文字のそれぞれを示す。ソグド文字は右から左書きで、非対応或いは未確定文字を○で示す。)

	Sog	Uig	Mon	Man
転写	'	" (')	a	A
語頭	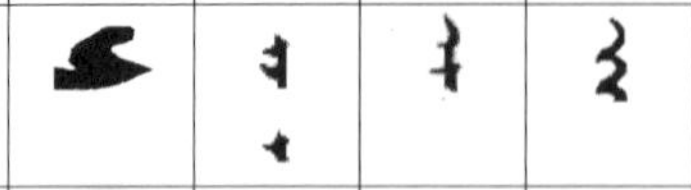			
語中				
語尾	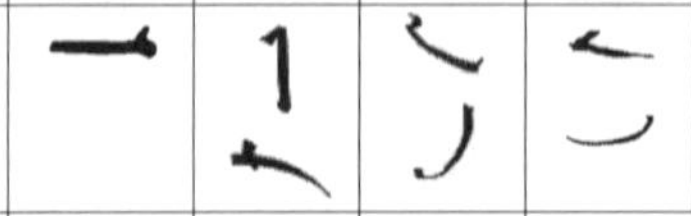			
音価	ā、ə、ɨ	a、ä	a	a

Sog	Uig	Mon	Man
'y	'y	e	E
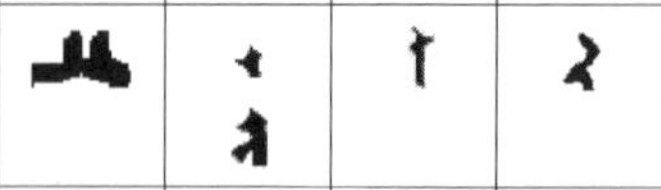			
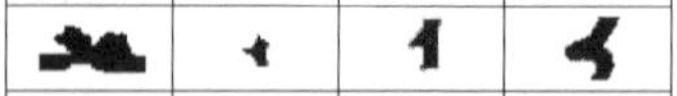			
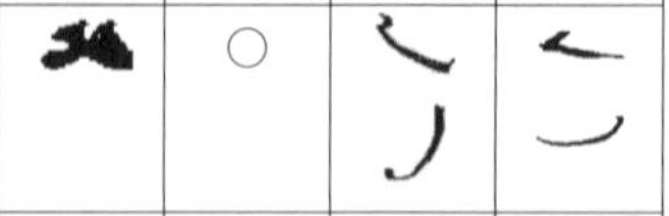			
ē	e	e	e

	Sog	Uig	Mon	Man
転写	y	y	yi	I
語頭	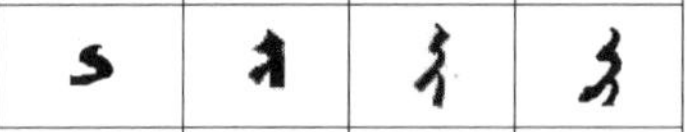			
語中	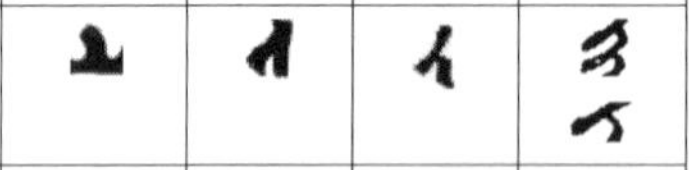			
語尾	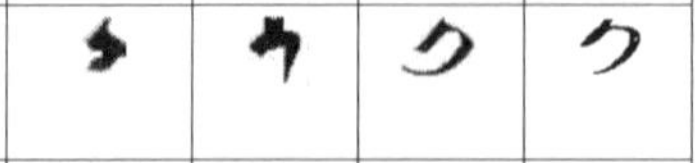			
音価	i、ī、ē	i、e	i	i

Sog	Uig	Mon	Man
w	w	o	O
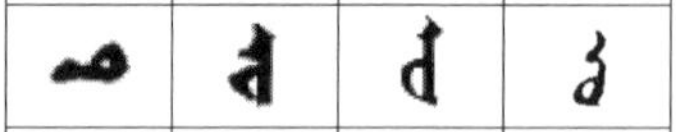			
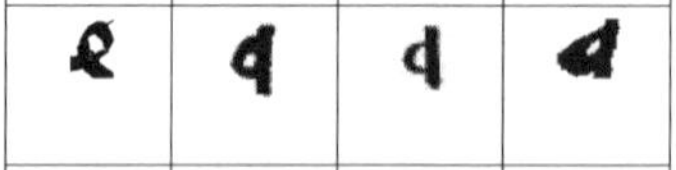			
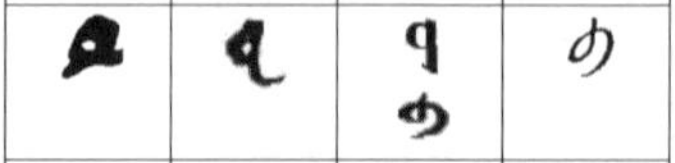			
o、u	o、u	o、u	o、u

	Sog	Uig	Mon	Man
転写	○	'w	ö、ü	Ū
語頭	○			
語中	○			
語尾	○	○	○	
音価	○	ö、ü	ö、ü	ö、ü

2　子音

	Sog	Uig	Mon	Man
転写	p	p	p	B
語頭	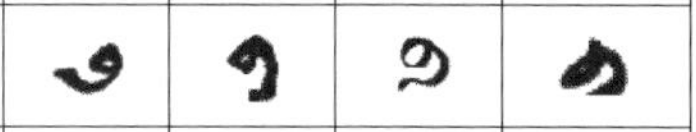			
語中	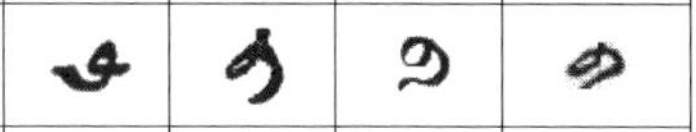			
語尾	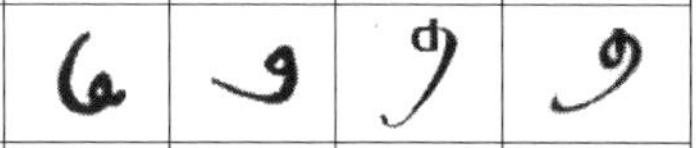			
音価	b、p	b、p	b、p	b、p、f

	Sog	Uig	Mon	Man
転写	m	m	m	M
語頭				
語中				
語尾	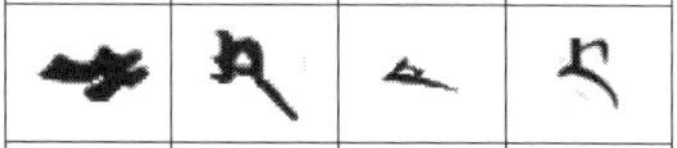			
音価	m	m	m	m

	Sog	Uig	Mon	Man
転写	c	c	c	C
語頭				
語中	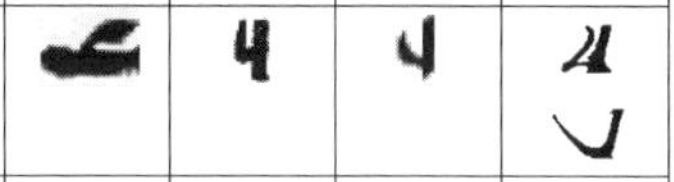			
語尾	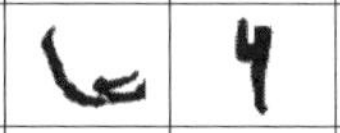		○	○
音価	č	č	č	c

	Sog	Uig	Mon	Man
転写	y	y	j	J
語頭				
語中	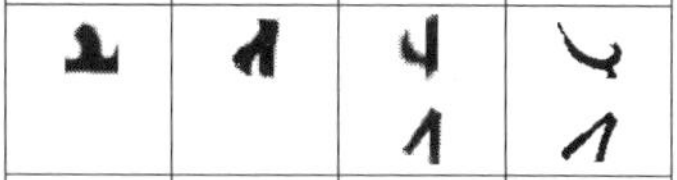			
語尾	○	○	○	○
音価	y	y	j、y	j、y

	Sog	Uig	Mon	Man
転写	n	n	n	N
語頭	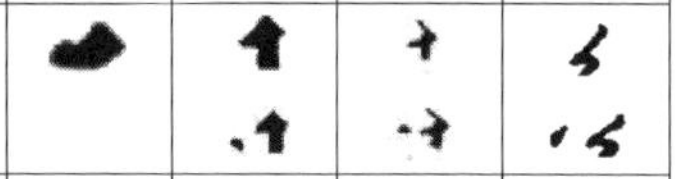			
語中	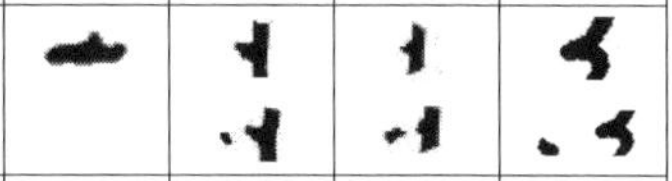			
語尾	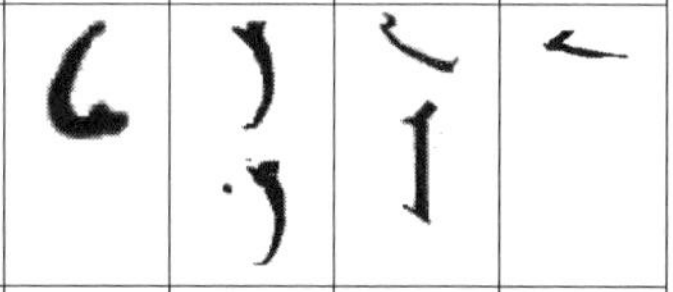			
音価	n	n	n	n

	Sog	Uig	Mon	Man
転写	nk	hk	ng	NK
語頭	○	○	○	○
語中	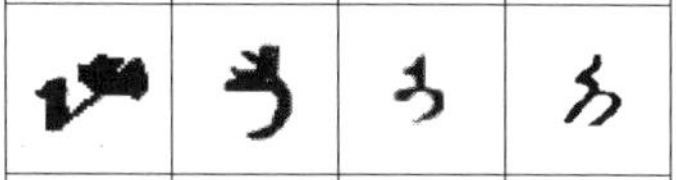			
語尾				
音価	ŋ	ŋ	ŋ	ŋ

	Sog	Uig	Mon	Man
転写	r	r	r	R
語頭	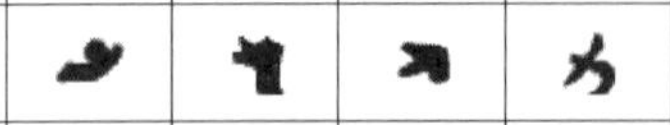			
語中	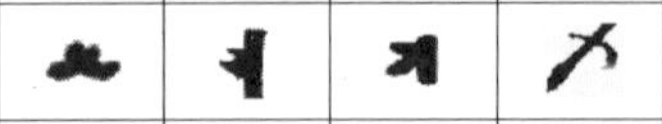			
語尾				
音価	r	r	r	r

Sog	Uig	Mon	Man
l	l	l	L
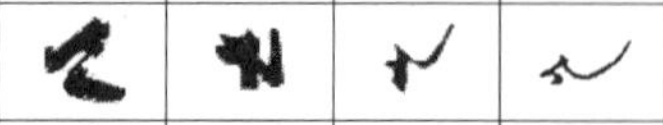			
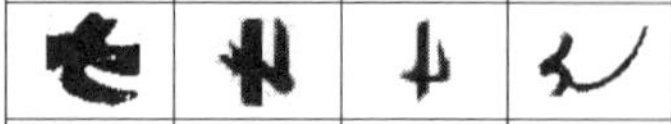			
○			
l	l	l	l

	Sog	Uig	Mon	Man
転写	s	s	s	S
語頭	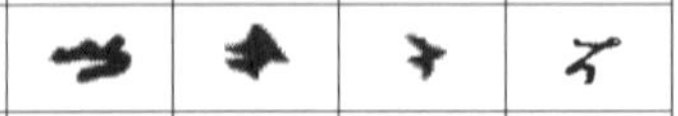			
語中	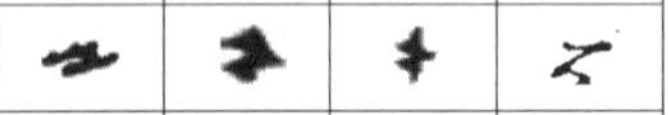			
語尾	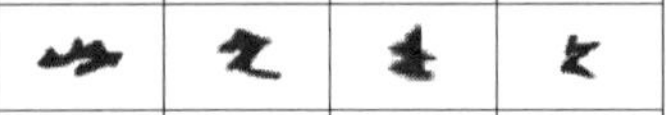			
音価	s	s	s	s

Sog	Uig	Mon	Man
š	š	š	○
			○
			○
			○
š	š	š	○

	Sog	Uig	Mon	Man
転写	x	x	q	K
語頭	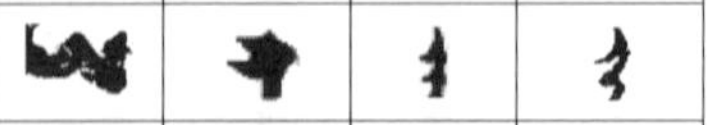			
語中				
語尾				○
音価	x、γ	x、q、γ	q	q、G、x (-a、o)

Sog	Uig	Mon	Man
○	q	γ	○
○	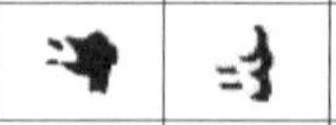		○
○	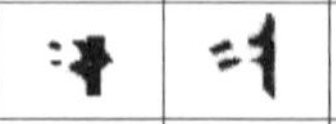		○
○	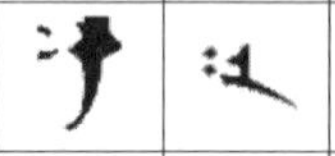		○
○	q	γ	○

	Sog	Uig	Mon	Man
転写	k	k	k、g	K
語頭	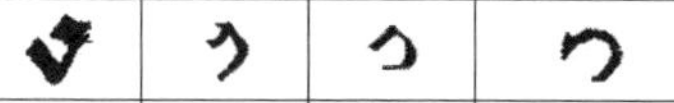			
語中				
語尾	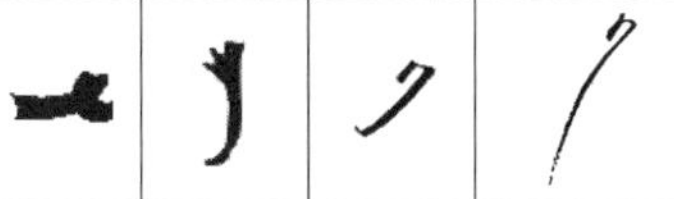			
音価	k、g	k、g	k、g	k、g、x (-e、i、u)

Sog	Uig	Mon	Man
h	○	○	○
○	○	○	○
○	○	○	○
	○	○	○
a、Φ	○	○	○

	Sog	Uig	Mon	Man
転写	t	t	t	T
語頭	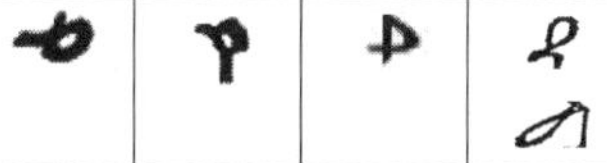			
語中	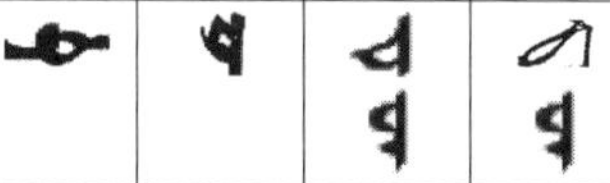			
語尾	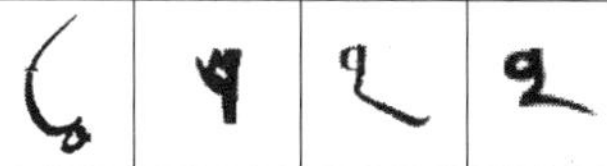			
音価	t、d	t、d	t、d	t、d

Sog	Uig	Mon	Man
δ	δ	○	○
		○	○
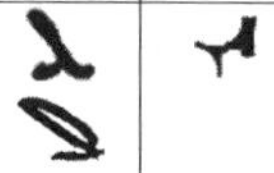		○	○
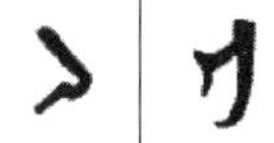		○	○
δ、θ	δ、d	○	○

	Sog	Uig	Mon	Man
転写	β	β	w	W
語頭				
語中	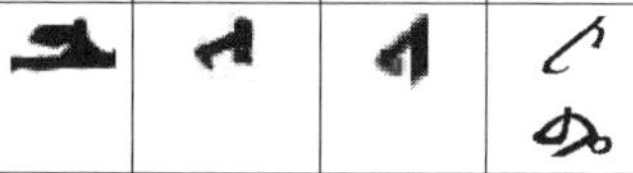			
語尾			○	○
音価	f	f、w、v	v	f、w

Sog	Uig	Mon	Man
ẓ	ž	○	○
	○	○	○
	○	○	○
○		○	○
z、ž	ž	○	○

※は［f/p］の音

	Sog	Uig	Mon	Man
転写	z	z	○	○
語頭			○	○
語中		○	○	○
語尾	○		○	○
音価	z、ž	z	○	○

2　マンジュ文字の変遷

この表の作成は、(無) は無圏点文字でローマ字は大文字 (池上二郎 1999)、(有) 有圏点文字でローマ字は小文字 (P. G. von Möllendorff, *A Manchu Grammar*, Shanghai, 1892) のそれぞれの方式を用いる。(無) 圏点文字 NG 以外は、語頭形で表す。また、(　) は無圏点文字だけ、[(　)] は無圏点とともに有圏点にも表す、それ以外は有圏点文字だけに表す。(頭) は語頭形、(中) は語中形、(末) は語末形、(単) は単独形を示す。

子音 1

無	K 			K 						B 	
有	k	g	h	k	g	h	k’	g’	h’	b	p
頭	[()]			[()]						[()]	
中	[()] []			[()]						[()]	
末										[()]	
	(-a,o,ū)	(-a,o,ū)	(-a,o,ū)	(-e,i,u)	(-e,i,u)	(-e,i,u)	(-a,o)	(-a,o)	(-a,o)		

子音 2

無	S						R	Ø	N	NK
有	s	š	ts'	dz	c'	j	r	ž	n	ng
頭	[( )]						[( )]		[( )] ( )	
中	[( )]						[( )]		( ) [( )]	[( )]
末	[( )]						[( )]		( )	[( )]
単							[( )]			

子音 3

無	T				L	M	C	J		W	
有	t	d	t	d	l	m	c	j(y)	y	f	w
頭	[( )] ( )				[( )]	[( )]	[( )]	[( )]			[( )]
中	[( )] ( ) [( )]				[( )]	[( )]	[( )] ( )	[( )] [( )]			[( )]
末	[( )]				[( )]	[( )]					
	(-a,i,o)	(-a,i,o)	(-e,u,ū)	(-e,u,ū)							

母音

無	A [illegible]	E [illegible]		I [illegible]	O [illegible]		Ū [illegible]	
有	a	e	e	i	o	u	u	ū
頭	[([illegible])]	[([illegible])]		[([illegible])]	[([illegible])]	[illegible]	[illegible]	[([illegible])]
中	[([illegible])]	[([illegible])]	[illegible]	[([illegible])] [([illegible])] [[illegible]]	[([illegible])]	[illegible]	[illegible]	[([illegible])]
末	[([illegible])] [([illegible])]	[([illegible])] [([illegible])]	[illegible] [illegible]	[([illegible])] [[illegible]]	[([illegible])] [([illegible])]	[illegible] [illegible]	[illegible] [illegible]	[([illegible])]
単	[([illegible])]	[([illegible])]		[([illegible])] [([illegible])]	[([illegible])]	[illegible]	[illegible]	[([illegible])]

参考文献（漢文は五十音順、ローマ字はアルファベット順）

史料類

〈満文・満蒙漢合璧・満和〉

aisin gurun i suduri（金史）BnF 蔵、Mandchou 134

dai yuwan gurun i suduri（大元史）BnF 蔵、Mandchou 135

daicing gurun i taidzu horonggo enduringge hūwangdi i yargiyan kooli（大清国太祖武皇帝実録）『東方学紀要』2、1967年

daicing gurun i taidzung genggiyen šu hūwangdi yargiyan kooli（大清国太宗文皇帝実録）中国第一歴史檔案館蔵

dailiyoo gurun i suduri（大遼史）、BnF 蔵、Mandchou 133

dailiyoo i kooli ningguci;singdzung（大遼史第六興宗）、中国第一歴史檔案館蔵

dorgi yamun asaraha manju hergen i fe dangse（内閣蔵本満文老檔）、遼寧民族出版社、2009年

han i araha manju gisun i buleku bithe（御製清文鑑）、SBB 蔵、34907ROA

han i araha mukden i fujurun bithe（御製盛京賦）、中央民族大学図書館蔵

hafu buleku bithe（通鑑）中国国家図書館蔵、満文522、1664年

hûwang ši gung ni su šu bithei（黄石公素書）達海訳、抄本、中国遼寧省図書館蔵

hūwang ši gung ni su šu bithe（黄石公素書）達海訳、抄本、東洋文庫蔵

hûwang ši gung ni su šu bithei（黄石公素書）SBB 蔵、Libri sin. N.S. 1903-2

ilan gurun i bithe（三国志）BnF 蔵、Mandchou 121

ilan bodon（三略）達海訳、満漢合璧、中国遼寧省図書館蔵

jakūn gūsai manjusai mukūn hala be uheri ejehe bithe（八旗満洲氏族通譜）、京都大学文学研究科図書館蔵

ming gurun i hūng u han oyonggo tacihiyan（明洪武ハン要訓）、BnF 蔵、Mandchou 28

ninggun too（六韜）、達海等訳、満漢合璧、抄本、中国遼寧省図書館蔵

šu ging（書経）、BnF 蔵、mandchou 4

taidzu horonggo enduringge hūwangdi yargiyan kooli（太祖武皇帝実録）、台北国家図書館残巻蔵

taidzung genggen šu hūwangdi enduringge tacihiyan（太宗文皇帝聖訓）、東洋文庫蔵

tongki fuka akū hergen i bithe（無圏点字書）、BnF 蔵、mandchou 109

tongki fuka sindaha hergen i dangse（有圏点字檔子）、（内藤影印崇謨閣本）京都大学文学研究科図書館蔵
TONKKI WOKA AKO KERKEN I TANKSA（無圏点字檔子）中国第一歴史檔案館蔵
『宮中档康熙朝奏摺』第八輯（満文論摺第一輯）、国立故宮博物院、1977年
『旧満洲檔・天聡九年』１－２冊、東洋文庫清代史研究室、1972年、1975年
『故宮博物院蔵品大系善本特蔵編・満文古籍』故宮出版社、2014年
『康熙満文硃批奏摺』（康熙朝）、中国第一歴史檔案館蔵
『御製五体清文鑑』民族出版社、1957年
『順治朝満文国史檔』中国第一歴史檔案館蔵
『清代文書檔案図鑑』中国第一歴史檔案館編、三聯書店（香港）出版、岳麓書社、2004年
『清文総彙』文馨出版社、1973年
『盛京満文老檔』中国第一歴史檔案館蔵
『大清太宗実録』（満文）、中国第一歴史檔案館蔵、1682年
『韃靼館來文』東洋文庫蔵
『中国第一歴史档案館蔵内国史院満文檔案訳注・崇徳二・三年分』、河内良弘訳注、松香堂書店、2010年
『内国史院檔』（天聡五年１・天聡七年・八年）東洋文庫清代史研究室、2003年・2009年・2011年
『八旗通志初集』（満文）全250巻、東洋文庫蔵
『文献叢編』14、故宮博物院、1932年
『文献特刊』（国立北平故宮博物院十週年記念）1935年
「明清史料」台北中央研究院歴史語言研究所蔵
『満文内国史院檔』中国第一歴史檔案館蔵
『満洲実録』康徳年刊影印、大満洲帝国国務院
『満文原檔』（全10冊）、国立故宮博物院影印出版、2005年
『満文太宗実録稿本』中央研究院歴史語言研究所蔵
『満文帝鑑図説』中国国家図書館蔵、満文64
『満文老檔』太祖１－３、東洋文庫満文老檔研究会訳注、1955年・1956年・1958年
『満文老檔』太宗１－４、東洋文庫満文老檔研究会訳注、1959年・1961年・1962年・1963年
『明清檔案存真選輯』初集・二集・三集、台北中央研究院歴史語言研究所、1959年・1973年・1975年
『無圏點字書』天津古籍出版社、1987年

〈漢文・和文〉

『按遼疏稿』（明）熊廷弼、全国図書館文献縮微複製中心、1996年
『彙鐫経筵進講四書直解』（明）張居正等編、早稲田大学図書館蔵
『医閭集』（明）賀士諮、四庫全書珍本九集、台湾商務印書館、1978年

『韻石斎筆談』（明）姜紹書、美術叢書二集第十輯
『英烈伝』上海四聯出版社、1955年
『衛匡国の韃靼戦記』（奉天図書館名書解題其二）、南満洲鉄道株式会社、1930年
『影鈔清太宗聖訓残稿』京都大学文学研究科図書館蔵
『燕行録全集』（全100冊）林基中編、東国大学校出版部、2001年
『元史』（明）宋濂等、商務印書館、1935年
『苑洛集』（明）韓邦奇、四庫全書珍本四集、台湾商務印書館、1978年
『各項稿簿』（晒藍本）京都大学人文科学研究所蔵
『各項稿簿』（市村瓚次郎編）『史苑』巻二・巻三、立教大学史学会、1929年、1930年
『韓国文集叢刊』82冊「紫巌集」李民寏、巻五「柵中日録」、民族文化推進会、1992年
『漢書』班固撰、中華書局、1964年
『漢籍目録――カードのとりかた』朋友書店、2005年
『韓湘子全伝』（明）雉衡山人、上海古籍出版社、1990年
『韓非子』二十巻、（元）何犿注、台湾商務印書館、用文淵閣本景印
『漢訳蒙古黄金史綱』朱風・賈敬顔、内蒙古人民出版社、1985年
『旧満洲檔・天聡九年』１－２冊、東洋文庫清代史研究室、1972年、1975年
『欽定盛京通志』景印文淵閣四庫全書、第501―503冊、台湾商務印書館1983―1986年
『欽定八旗通志』全11冊、吉林文史出版社、2002年
『金瓶梅詞話』明万暦本、大安1963年
『金史』（元）脱脱等、台湾商務印書館、1937年
『坤輿万国全図』京都大学附属図書館蔵、1602年
『建州紀程図記』申忠一撰、清芬室叢刊、1940年
『賢識録及其他一種』王雲五主編、商務印書館、1937年
『故宮週刊』国立北平故宮博物院、1929年
『綱鑑会纂』大文堂刊本、京都大学人文科学研究所図書館蔵
『康熙起居注』中国第一歴史檔案館編、中華書局、1984年
『後金檄明万暦皇帝文』中国国家図書館蔵、登録番号10512
『交泰殿宝譜』北京故宮博物院文献館、1929年
『国家図書館蔵満文文献図録』黄潤華編、国家図書館出版、2010年
『国語』21巻、京都大学附属図書館蔵
『国朝典故』（明）鄧士龍、北京大学出版社、1993年
『国朝典彙』明天啓刊本
『御筆詔令説清史――影響清史歴史進程的重要檔案文献』山東教育出版社、2003年
『三略』解放軍出版社、1988年
『史記』司馬遷撰、中華書局、1959年
『四書集注直解』（宋）朱熹集注、（明）張居正直解、満日文化協会、1937年

『事大文軌』朝鮮総督府、1935年
『七修類稿』（明）郎瑛、中華書局、1959年
『春秋五覇七雄列国志伝』（上・下）（明）余邵魚、上海古籍出版社、1992年
『正徳大明会典』汲古書院、1989年
『書経集註』（宋）蔡沈、京都大学文学研究科図書館蔵、1724年
『勝朝遺事初編』楚香書屋、1842年
『職方外紀』艾儒略撰、京都大学文学研究科図書館蔵、1623年
『史集』余大鈞・周建奇訳、商務印書館、1983年
『シルクロード文字を辿って』ロシア探検隊収集の文物、京都国立博物館、2009年
『宸垣識略』池北草堂、1788年
『新鐫陳眉公先生批評春秋列国志伝』第一巻「中国歴史小説選集２」ゆまに書房、1983年
「清崇徳三年漢文档案選編」『歴史檔案』２、方裕謹編、歴史檔案雑誌社、1982年
『清史図典』紫禁城出版社、2002年
『清史稿』全48冊、中華書局、1976年
『清初内国史院満文檔案訳編』光明日報出版社、1989年
『清太祖武皇帝弩児哈奇実録』北平故宮博物院印行、1932年
『清太宗実録稿』中国国家図書館蔵、登録番号 A01217
『清太宗実録稿本』清初史料叢刊第三种、遼寧大学出版社、1978年
『清入関前史料選輯』（一）、中国人民大学出版社、1984年
『清入関前与朝鮮往来国書彙編』（1619－1643）、張存武・葉泉宏編、国史館印行、2000年
『女直館訳語』（阿波国文庫）、京都大学文学研究科図書館蔵
『水滸伝』施耐庵、岩波書店、1947年
『世界征服者史』何高済訳、翁独健校訂、內蒙古人民出版社、1980年
『制度通』１伊藤東涯著、礪波護・森華校訂、平凡社、2006年
『盛京通志』京都大学附属図書館蔵、1684年
『西儒耳目資』（全三冊）、文字改革出版社、1957年
『説文解字注』（清）段玉裁、芸文印書館、2007年
『千頃堂書目』（清）黄虞稷、上海古籍出版社、1990年
『全国満文図書資料聯合目録』書目文献出版社、1991年
『朔方備乗』何秋濤撰、早稲田大学図書館蔵、1881年
『宋史』（元）脱脱等、台湾商務印書館、1937年
『宋史』脱脱等撰、中華書局、1977年
『宋書』沈約撰、中華書局、1974年
『奏疏稿』（晒藍本）京都大学人文科学研究所図書館蔵
『対校清太祖実録』今西春秋編、国書刊行会、1974年
『泰西中国記集』天理大学出版部、1973年

『韃靼戦紀』何高済訳、中華書局、2008年
『韃靼戦紀』戴寅訳（『清代西人見聞録』杜文凱編に収録）中国人民大学出版社、1985年
『大清一統志』京都大学文学研究科図書館蔵
『大清世祖実録』新文豊出版公司、1978年
『大清太宗実録』（順治初纂版）、台北国立故宮博物院蔵
『大宋宣和遺事』国学基本叢書244、台湾商務印書館、1968年
『大宋宣和遺事』神谷衡平訳、中国古典文学全集第七巻、1958年
『大中国志』何高済訳、台湾書房、2010年
『大明会典』王雲五編、国学基本叢書四百種、台湾商務印書館、1968年
『忠経』馬融撰、涵芬楼、1925年
『中国印刷術源流史』（劉麟生訳）商務印書館、1938年
『中国の医学と技術』（イエズス会士書簡集）矢沢利彦編訳、1977年
『朝鮮国王来書簿』（晒藍本）京都大学人文科学研究所図書館蔵
『天聡朝臣工奏議』羅振玉、史料叢刊初編、東方学会、1924年
『唐土名勝図会』ぺりかん社、1987年
『東国正韻』申叔舟撰、建国大学校出版部影印、1972年
『東洋文庫所蔵中国石刻拓本目録』東洋文庫、2002年
『南村輟耕録』陶宗儀撰、中華書局、1959年
『二刻拍案驚奇』（明）凌濛、中華書局、1991年
『八旗通志初集』250巻、東北師範大学出版社、1989年
『八旗満洲氏族通譜』（影印本）、遼沈書社、1989年
『万暦三大征考』（明）茅瑞徴、1621年
『仏祖歴代通載』（元）釈念常、1347年
『文献叢編』十、十二、二十一、二十三、二十六年第三輯、国立北平故宮博物院文献館、1931年、1934年、1935年、1937年
『文献叢編』上・下、台聯国風出版、1964年
『文献特刊』（国立北平故宮博物院十週年記念）、1935年
『文献特刊』（国立北平故宮博物院十一週年記念）、1936年
『北京地区満文図書総目』北京市民族古籍整理出版規劃小組辦公室満文編輯部編、遼寧民族出版社、2008年
『北京図書館善本書目』中華書局、1959年
『北京図書館蔵中国歴代石刻拓本彙編』（全100冊）、中州古籍出版社、1989年
『北虜風俗』蕭大亨撰、文殿閣書荘、1936年
『本学指南・奏摺款式』蟫隠廬印行、1936年
『明史』中華書局、1974年
『明清史料』（丙編第一本）維新書局、1972年再版

『明清檔案』（張偉仁編）中央研究院歴史語言研究所、1986年
『明清檔案巻・清代』中国国家博物館館蔵文物研究叢書、上海古籍出版社、2007年
『明実録』中央研究院歴史語言研究所、1966年
『明檔蒙古満洲史料』中国第一歴史檔案館蔵
『蒙古黄金史』色道爾吉訳、呼和浩特蒙古学出版社、1993年
『蒙古秘史』校勘本、内蒙古人民出版社、1980年
『耶穌会士中国書簡集』（中国回憶録）第2巻、鄭徳弟訳、2001年
『榕村全書』（李光地撰）、道光年刊本
『李朝実録』（全56冊）、学習院大学東洋文化研究所景印、1953－1967年
『六韜』中華書局、1991年

〈他言語文献〉

Alvsrez, Semedo, The history of that great and renowned monarchy of China, London 1655.
B. B. Радлов, *словаря тюркскихъ наръчій*, IV. Санктпетербург. 1905.
J. A. Boyle, *The history of the World-Conqueror*, Manchester University Press 1958.
Juvaynī, ʻAlāʻal-Dīn ʻAṭā Malik, *Kitāb-i tārīkh-i Jahāngushāy*, Luzac 1912.
Martin, Martinius, *Bellum Tartaricum or The conquest of the great and most renowned empire of China*, London 1654.
Notices biographiques et bibliographiques sur les Jésuites de l'ancienne mission de Chine 1552–1773, chang hai 1932.
RASHID AL-DIN, *JAMI AL-TAVARIKH*, Library of Graduate School of Letters, Kyoto University.
Rovshan, M. & Mūsavī. M, *Jāmi'al-Tavārīkh*, Tehrān, 1373/1994.
Théodore Pavie, *San-koué-tchy Ilan kouroun-i pithé: Histoire des Trois Royaumes*, Paris: B. Duprat, 1845–1851.
Türki tillar divani (divanu lughatit Türk), xinjiang renmin chubanshe, 2008.

研究篇

〈中国語・日本語〉

阿辻哲次（1989）『図説漢字の歴史』大修館書店
阿辻哲次（2000）「文房四宝前史・序論」『興膳教授退官記念中国文学論集』汲古書院
鮎沢信太郎（1935）「艾儒略の職方外記に就いて」『地球』23(5)
鮎沢信太郎（1936）「利瑪竇の世界地図に就いて」『地球』26(4)
池上二良（1999）『満洲語研究』汲古書院
石橋崇雄（1994）「順治初纂『大清太宗実録』の満文本について」『松村潤先生古稀記念清代史論

叢』
石橋崇雄（1994）「清初皇帝権の形成過程——特に『丙子四年四月〈秘録〉登ハン大位檔』にみえる太宗ホン・タイジの皇帝即位記事を中心として」『東洋史研究』53.1
石橋崇雄（1999）「清初入関前の無圏点満洲文檔案『先ゲンギェン＝ハン賢行典例』をめぐって——清朝史を再構築するための基礎研究の一環として」『東洋史研究』58.3
石橋崇雄（2000）『大清帝国』講談社
石橋秀雄（1989）『大清帝国』講談社
石橋秀雄（1989）『清代史研究』緑蔭書房
磯部淳史（2008）「清初入関前の内三院について——その構成員を中心に」『立命館文学』608
伊藤智ゆき（2007）『朝鮮漢字音研究』汲古書院
稲葉岩吉（1914）『清朝全史』（上）早稲田大学出版部
稲葉岩吉（1937）「申忠一書啓及ぶ図記」『青丘学叢』29
稲葉岩吉（1939）「申忠一建州図録解説」『興京二道河子旧老城』建国大学
井上治・永井匠・柳澤明（1999）書評「十七世紀蒙古文文書檔案1600－1650」『満族史研究通信』満族史研究会
井上京子（1987）「唐衣服令皇帝祭服条にかかわる長孫無忌の上奏について」『東洋法史の探究島田正郎博士頌寿記念論集』汲古書院
井上進（2002）『中国出版文化史——書物世界と知の風景』名古屋大学出版会
今西春秋（1935）「清三朝実録の編纂」（上）（下）、『史林』第20巻、第３、第４号
今西春秋（1935）「李徳啓編訳．阿済格略明事件之満文木牌」『東洋史研究』1.2
今西春秋（1936）「清太宗実録の初修開始年次と摂政王勅論」『東洋史研究』2.1
今西春秋（1936）「孟森氏に答ふ——ヌルハチ七大恨論に関して」『東洋史研究』1.5
今西春秋（1938）「満文老档重鈔年次に関する補説」『東洋史研究』3.6
今西春秋（1959）「満文老檔付注訳解」『東方紀要』１、天理大学おやさと研究所
今西春秋（1959）「満文老档の重鈔年次」上掲書
今西春秋（1959）「満文老檔乾隆付注訳解」上掲書
今西春秋（1959）「満語ᠴ音考」上掲書
今西春秋（1963）「崇徳三年の満文木牌と満文老檔」『岩井博士古稀記念典籍論集』
今西春秋（1967）「満文武皇帝実録の原典」『東方学紀要』２、天理大学おやさと研究所
今西春秋（1973）「後金檄明万暦皇帝文」について『朝鮮学報』第67輯
今西春秋（1974）「清太祖実録纂修考」『対校清太祖実録』国書刊行会
今西春秋（1976）「MANJU 雑記３題」『朝鮮学報』81
亦鄰真（2001）『蒙古学文集』内蒙古人民出版社
岩井茂樹（1996）「十六・十七世紀の中国辺境社会」『明末清初の社会と文化』京都大学人文科学研究所
岩井茂樹（2003）「大清帝国と伝国の璽」『アジア遊学』56

上原久（1960）『満文満洲実録の研究』不昧堂書店
烏雲畢力格（2003）「17世紀前半のモンゴル史に関する明朝兵部について」『史資料ハブ地域文化研究拠点』東京外国語大学大学院地域文化研究科21世紀COEプログラム
烏雲畢力格（2009）『阿薩喇克其史』中央民族大学出版社
烏雲畢力格（2009）『十七世紀蒙古史論考』内蒙古人民出版社
烏蘭（2000）『『蒙古源流』研究』遼寧民族出版社
烏蘭巴根（2010）「清初遼金元三史満蒙翻訳史考述」『西域歴史語言研究集刊』第四輯
額爾登泰・烏雲達賚・阿薩図（1980）『『蒙古秘史』詞彙選釈』、内蒙古人民出版社
遠藤隆俊（1995）「范文程とその時代――清初遼東漢人官僚の一生」『東北大学東洋史論集』6
鴛淵一（1936）「清初の bai niyalma（白身）に就いて」『東洋史研究』1.6
鴛淵一（1943）『満洲碑記考』目黒書店
王宏鈞（2007）「『清太宗実録』初纂稿本（残）和‘擅改国史案’――兼談‘二次改正’『清世祖実録』稿本」『明清檔案巻・清代』中国国家博物館館蔵文物研究叢書、上海古籍出版社
王国維（1936）『聖武親征録校注』文殿閣書荘
王鐘翰（1990）『清史新考』遼寧大学出版社
王力（1957）『漢語史稿』科学出版社
王力（1985）『漢語語音史』中国社会科学出版社
大塚秀高（1994）「嘉靖定本から万暦新本へ――熊大木と英烈・忠義を端緒として」『東洋文化研究所紀要』124
大塚秀高（2000）「天書と泰山――『宣和遺事』よりみる『水滸伝』成立の謎」『東洋文化研究所紀要』140
岡田英弘（1994）「清初の満洲文化におけるモンゴル要素」『清代史論叢：松村潤先生古稀記念』汲古書院
岡田英弘（2004）『蒙古源流訳注』刀水書房
岡田英弘（2010）『モンゴル帝国から大清帝国へ』藤原書店
岡田英弘（2013）『康熙帝の手紙』藤原書店
小川環樹（1972）「〈批評・紹介〉藤枝晃著「文字の文化史」」『東洋史研究』31.3
小沢重男（1985）『元朝秘史全釈』風間書房
小沢重男（1989）『元朝秘史全釈続攷』風間書房
小野和子（1996）『明季党社考――東林党と復社』同朋舎出版
片岡一忠（2008）『中国官印制度研究』東方書店
加藤直人（1987）「檔案資料よりみた清代の立后――「嘉慶元年冊封皇后貴妃妃女嬪檔」の分析をとおして」『東洋法史の探究島田正郎博士頌寿記念論集』汲古書院
加藤直人（1993）「入関前清朝の法制史料」『中国法制史基本資料の研究』東京大学出版会
加藤直人（2013）『清代文書資料の研究』早稲田大学博士学位論文
神谷衡平（1958）「大宋宣和遺事」平凡社

賀霊（1981）「錫伯族源考」『新疆大学学報』（哲学社会科学）4
賀霊（1989）『錫伯族歴史与文化』新疆人民出版社
郭成康（2003）『十八世紀的中国政治』、台北雲龍出版社
河内良弘（1989）「崇徳二年正月分満文檔案訳註」『京都大学文学部研究紀要』28
河内良弘（1996）『満洲語文語文典』京都大学学術出版会
河内良弘（1999）「朝鮮王国の女真通事」『東方学』99
河内良弘（2010）「自著『中国第一歴史档案館蔵内国史院満文檔案訳注・崇徳二・三年分』について」『満族史研究』9
神田信夫（1960）「清初の文館について」『東洋史研究』19.3
神田信夫（1961）「清初の会典について」『和田博士古稀記念東洋史論叢』講談社
神田信夫（1962）「袁崇煥の書簡について」『駿台史学』12
神田信夫（1966）「「満文老档」に見える毛文竜等の書簡について」『朝鮮学報』37-38
神田信夫（1987）「いわゆる「崇徳会典」について」『東洋法史の探究：島田正郎博士寿記念論集』汲古書院
神田信夫（1995）「『朝鮮国来書簿』について」『満族史研究通信』5
神田信夫（1997）「孔有徳の後金への来帰」『東方学会創立五十周年記念東方学論集』
神田信夫（2005）『清朝史論考』山川出版社
亀井孝・河野六郎・千野栄一編（1988）『言語学大辞典』三省堂
岸田文隆（1997）『「三訳総解」の満文にあらわれた特殊語形の来源』東京外国語大学アジア・アフリカ言語文化研究所
岸本美緒（1997）『清代中国の物価と経済変動』研文出版
岸本美緒（1998）『明清と李朝の時代』（世界の歴史12）中央公論社
鞠徳源（1982）「清代題奏文書制度」『清史論叢』第三輯
北山聡佳（2014）「小学校書写教育における右回旋の筆画について」『歴史文化社会論講座紀要』第11号、京都大学大学院人間・環境学研究科
喬治忠（1992）「後金檄明万暦皇帝文考析」『清史研究』3
喬治忠（2003）「清太宗朝漢文檔案文献考析」『中国史研究』1
金啓孮（1984）『女真文辞典』文物出版社
金光平・金啓孮（1980）『女真語言文字研究』文物出版社
金文京（1998）「年画のなかのヒーローたち――年画と芝居・物語」『月刊しにか』2
金文京（2011）「明代『三国志演義』テキストの特徴――中国国家図書館蔵二種の湯賓尹本『三国志伝』を例として」『東アジア書誌学への招待』第二巻、東方書店
魏隠儒・王金雨（1984）『古籍版本鑑定叢談』印刷工業出版社
楠木賢道（1989）「ホルチン＝モングル支配期のシボ族」『東洋学報』70
楠木賢道（1995）「『礼科史書』中の理藩院題本」『満族史研究通信』5
百済康義（2004）「「栴檀瑞像中国渡来記」のウイグル訳とチベット訳」『中央アジア出土文物論

叢』京都朋友書店
久保智之・児倉徳和·庄声（2011）『シベ語の基礎』東京外国語大学アジア・アフリカ言語文化研究所
栗原正次（1974）「仏教打楽器の音響学的研究（その一）」『東洋音楽研究』34～37合併号
栗林均（2003）『『華夷訳語』（甲種本）モンゴル語全単語・語尾索引』東北アジア研究センター叢書　第10号
栗林均（2009）『『元朝秘史』モンゴル語——漢字音訳・傍訳漢語対照語彙』東北大学東北アジア研究センター
胡振華（1979）「維吾爾的文字」『民族語文』 2
胡鳴盛（1925）『清太宗聖訓底稿残本（附校勘記）』(《北京大学研究所国学門周刊》第１巻（第１期、第２期、第３期、第５期、第８期、第10期）
黄時鑒・龔纓晏（2004）『利瑪竇世界地図研究』上海古籍出版社
黄錫惠（1998）「満文小篆研究」（上）『満語研究』 2
耿世民（2006）『古代維吾爾文献教程』民族出版社
河野六郎（1979）『「朝鮮語学論文集」河野六郎著作集２』平凡社
小林信彦（1988）「クシャーナ時代のブッダ劇」『京都大学文学部研究紀要』27
江橋（2001）『康熙『御制清文鑑』研究』北京燕山出版社
呉元豊（2008）「清初錫伯族居住区域与相鄰民族的関係」『錫伯族歴史探究』遼寧民族出版社
吳元豊（2009）*dorgi yamun asaraha manju hergen i fe dangse*（內閣蔵本満文老檔） 1 、遼寧民族出版社
呉元豊（2015）「満文古籍叢談」『満語研究』 1
後藤末雄（1969）『中国思想のフランス西漸』 1 、矢沢利彦校訂、東洋文庫
呉扎拉克尭・曹熙（1986）「錫伯族源新考」『錫伯族史論考』遼寧民族出版社
伍躍（2000）「官印与文書行政」『98国際徽州学学術討論会論集』安徽大学出版社
崔南善（1965）『朝鮮常識問答：朝鮮文化の研究』（相場清訳）宗高書房
蔡美彪（1987）「大清国建号前後的国名族名与紀年」『歴史研究』 3
佐伯富（1963）「清代における奏銷制度」『東洋史研究』22.3
阪倉篤秀（1985）「明代通政使司の設置とその変遷」『関西学院史学』21
阪倉篤秀（2000）『明王朝中央統治機構の研究』汲古書院
櫻井俊郎（1992）「明代題奏本制度の成立とその変容」『東洋史研究』51.2
櫻井俊郎（1997）「『本学指南』の歴史的性格——明代行政文書ハンドブック」『人文学論集』15
櫻井俊郎（2003）「隆慶初年の奏疏問題——視朝・召対を巡る議論」『人文学論集』21
島居一康（1986）「宋代身丁税の諸系統」『東洋史研究』45－３
島田好（1941）「錫伯・卦爾察部族考」『満洲学報』第六
島田正郎（1970）『東洋法史』明好社
島田正郎（1986）『明末清初モンゴル法の研究』創文社

志茂碩敏（2013）『モンゴル帝国史研究正篇――中央ユーラシア遊牧諸政権の国家構造』東京大学出版会
種焓（2013）「従『満文老檔』的相関記事看満洲文化中的蒙古―突厥因素」『記念王種翰先生百年誕辰学術文集』中央民族大学出版社
周遠廉（1986）『清朝興起史』吉林文芸出版社
蕭一山（1927）『清代通史』（上）、商務印書館
庄垣内正弘（1983）「畏兀児館訳語」『内陸アジア言語の研究』 I
庄垣内正弘（1995）「ウイグル文字音写された漢語仏典断片について――ウイグル漢字音の研究」『言語学研究』14、京都大学大学院文学研究科言語学研究室
庄垣内正弘（2003）『ロシア所蔵ウイグル語文献の研究――ウイグル文字表記漢文とウイグル語仏典テキスト』京都大学大学院文学研究科
庄声（2013）「マンジュ人の読書生活について――漢文化の受容を中心に」（上）『歴史文化社会論紀要』第10号
庄声（2013）「17世紀におけるマンジュ人の語る漢文化」『東方学報』88
庄声（2014）「マンジュ人の読書生活について――漢文化の受容を中心に」（下）『歴史文化社会論紀要』第11号
庄声（2014）「錫伯超黙里根問題考辨」『西域歴史語言研究集刊』 7
庄声（2015）「グルンの印璽制度をめぐって――ダイチン・グルン太祖と太宗時代の実態」『歴史文化社会論紀要』第12号
庄声（2015）「老満洲文字音考」『西域歴史語言研究集刊』 8
肖夫（1986）「錫伯族族属浅析」『錫伯族史論考』遼寧民族出版社
城地孝（2012）『長城と北京の朝政――明代内閣政治の展開と変容』京都大学学術出版会
照那斯図・楊耐思（1987）『蒙古字韻校本』民族出版社
照那斯図（1997）「蒙元時期宮廷文書的印章文字」『民族語文』 3
清格爾泰（1985）「関于満洲文字母第六元音的読音」『満語研究』 1
徐中舒「内閣檔案之由来及其整理」『明清史料』（一）、維新書局再版、1972年。『明清史料戊編』（上）、中華書局、1987年
徐恒晋・馬協弟（1986）「錫伯族源考略」『錫伯族史論考』遼寧民族出版社
謝詠梅（2006）「蒙古札剌亦児部与黄金家族的関係」『蒙古史研究』第九輯
謝貴安（2008）「『清実録』稿底正副本及満漢蒙文本形成考論」『史学集刊』 2
謝肇華（2000）「関於漢文旧檔『各項稿簿』」『文献』 2
謝国楨（1931）『清開国史料考』補考、国立北平図書館
杉山清彦（1998）「清初正藍旗考――姻戚関係よりみた旗王権力の基礎構造」『史学雑誌』
杉山清彦（2015）『大清帝国の形成と八旗制』名古屋大学出版会
杉山正明（1997）『大モンゴルの時代』（世界の歴史 9 ）中央公論社
杉山正明（2004）『モンゴル帝国と大元ウルス』京都大学学術出版会

鈴木真（2008）「清初におけるアバタイ系宗室――婚姻関係を中心に」『歴史人類』（36）
斯達里（2003）「従『旧満洲档』和新発見的史料看満文史料対清史研究的重要意義」『清史論集慶賀王鐘翰教授九十華誕』紫禁城出版社
銭存訓『中国の紙と印刷の文化史』（久米康生訳）法政大学出版局、2007年
曾布川寛・吉田豊編（2011）『ソグド人の美術と言語』臨川書店
荘吉発（1979）「清太宗漢文実録初纂本与重修本的比較」『清代史料論叢述』（一）
荘吉発（1979）『清代奏摺制度』国立故宮博物院出版
荘吉発（1997）『清史論集』1、台北文史哲出版社
荘吉発（1998）『清史論集』3、台北文史哲出版社
荘吉発（2013）『清史論集』23、台北文史哲出版社
孫伯君（2004）『金代女真語』遼寧民族出版社
高田時雄（1985）「ウイグル字音考」『東方学』70
高田時雄（1988）『敦煌資料による中国語史の研究』創文社
高田時雄（2001）「西儒耳目資以前中国のアルファベット」『明清時代の音韻学』京都大学人文科学研究所
高田時雄（2005）『敦煌・民族・語言』中華書局
田中克己（1958）「アイタの伝記――中国官人の一性格」東洋大学紀要（12）
田中市郎衛門（1958）「ツァワン著聖成吉思可汗の金言」『芸文研究』8
田村実造（1971）『中国征服王朝の研究』（中）東洋史研究会
谷井俊仁（1994）「順治時代政治史試論」『史林』77.2
谷井陽子（2000）「做招から叙供へ――明清時代における審理記録の形成」『中国明清地方檔案の研究』（研究成果報告書）京都大学文学研究科東洋史研究室
谷井陽子（2004）「清朝入関以前のハン権力と官位制」『中国近世社会の秩序形成』京都大学人文科学研究所
谷井陽子（2005）「八旗制度再考（一）――連旗制論批判」『天理大学学報』56.2
谷井陽子『八旗制度の研究』京都大学学術出版会、2015年
達力扎布（1997）『明代漠南蒙古歴史研究』内蒙古文化出版社
達力扎布（2015）『清代蒙古史論稿』民族出版社
檀上寛（2013）「明清時代の天朝体制と華夷秩序」『京都女子大学大学院文学研究科紀要』史学編12
張晋藩・郭成康（1983）「清『崇徳会典』試析」『法学研究』中国社会科学出版社
張晋藩・郭成康（1988）『清入関前国家法律制度史』遼寧人民出版社
張晋藩（2003）「再論『崇徳会典』」『『崇徳会典』・『戸部則例』及其他』法律出版社
張玉全（1936）「述満文老檔」『文献論叢』国立北平故宮博物院十一週年紀念
張国瑞（1934）『故宮博物院文献館現存清代実録総目』国立北平故宮博物院文献館
趙志強（2007）『清代中央決策機制研究』科学出版社

趙志強（2008）「錫伯族源探微——女真后裔説質疑」『錫伯族歴史探究』遼寧民族出版社
陳捷先（1969）「「旧滿洲檔」述略」『旧滿洲檔』（一)、国立故宮博物院
陳捷先（1978）『滿文実録研究』大化書局
陳捷先（1981）『滿文清本紀研究』明文書局
陳捷先（1995）「清初帝王与「三国演義」」『歴史月刊』第95期
陳捷先（1995）「努爾哈斉『三国演義』」『滿族史研究通信』第５期
陳先行（2011）「明清時代の稿本・写本と校本の鑑定について」『東アジア書誌学への招待』第一巻
津曲敏郎（2002）『満洲語入門20講』大学書林
鄭天挺（1998）『清史』台北雲龍出版社
党宝海（2010）「蒙元時代蒙漢双語公文初探」『西域歴史語言研究集刊』４
杜家驥（1997）「清太宗嗣位与大妃殉葬及相関問題考弁」『清史研究』３
杜家驥（1998）「清太宗出身考」『史学月刊』
杜家驥（1998）『清皇族与国政関係研究』五南図書出版公司
杜家驥（2005）「撫順額駙李永芳後裔略考」『赫図阿拉与満族姓氏家譜研究』遼寧民族出版社
杜家驥（2013）『清朝満蒙聯姻研究』（上・下)、故宮出版社
礪波護（2006）『中国歴史研究入門』名古屋大学出版会
冨谷至（2001）「３世紀から４世紀にかけての書写材料の変遷——楼蘭出土文字資料を中心に」『流沙出土の文字資料——楼蘭・尼雅出土文書を中心に』京都大学学術出版会
唐与昆（1852）『制銭通考』中央民族大学出版社、1994年
道爾吉・和希格（1983）『女真訳語研究』内蒙古大学学報増刊
内藤湖南（1935）『増補満洲写真帖』小林写真製版所出版部
中砂明徳（2007）「マルティニ・アトラス再考」『大地の肖像——絵図・地図が語る世界』京都大学学術出版社
中砂明徳（2012）『中国近世の福建人、士大夫と出版人』名古屋大学出版会
中砂明徳（2013）「マカオ・メキシコから見た華夷変態」『京都大学文学部研究紀要』52
中見立夫（1992）「日本の東洋史学黎明期における史料への探求」『清朝と東アジア神田信夫先生古稀記念論文集』山川出版社
中見立夫（2002）「盛京宮殿旧蔵漢文旧檔和所謂「喀喇沁本蒙古源流」」『恭賀陳捷先教授七十嵩寿論文集』遠流出版
中村栄孝（1930）「満鮮関係の新史料——清太宗朝鮮征伐に関する古文書」『青丘学叢』１
中村栄孝（1968）「清太宗の南漢山詔諭に見える日本関係の条件——17世紀における東アジア国際秩序の変革と日本」『朝鮮学報』47
中村栄孝（1969）『日鮮関係史の研究』吉川弘文館
中山久四郎（1934）『史学及東洋史の研究』賢文館
南広祐（1966）『東国正韻式漢字音研究』韓国研究叢書

西嶋定生（2002）『東アジア史論集』第1巻、岩波書店
萩原守（2006）『清代モンゴルの裁判と裁判文書』創文社
白玉冬（2011）「10世紀から11世紀における「九姓タタル国」」『東洋学報』93
波多野太郎・矢島美都子訳（1987）『漢籍版本のてびき』東方書店
服部四郎（1987）「蒙古語 qaɤan『皇帝』と動詞語幹 qaɤa ——『閉める』との関係」『東方学会創立四十周年記念東方学論集』東方学会
羽田亨（1958）「回鶻文字考」『羽田博士史学論文集』下巻（言語・宗教篇）東洋史研究会
早田輝洋（2008）「満文三国志について」『狩野直禎先生傘寿記念三国志論集』汲古書院
早田輝洋（2011）「満洲語と満洲文字」『言語の研究』Ⅱ、大東文化大学語学教育研究所
早田輝洋（2011）「『満文原檔』の表記に現れた種々の問題」上掲書
早田輝洋（2011）「『満文原檔』における n と Ø との交替」上掲書
夫馬進（2003）「日本現存朝鮮燕行録解題」『京都大学文学部研究紀要』42
夫馬進（2015）『朝鮮燕行使と朝鮮通信使』名古屋大学出版会
馮明珠（2005）「細説院蔵「詔書」」『故宮文物月刊』262
馮明珠（2011）『清宮檔案叢談』国立故宮博物院
馮明珠（2005）「多少龍興事，尽蔵原檔中——院蔵『満文原檔』的命名・整理与出版経過」『満文原檔』第十冊、国立故宮博物院
穆曄駿（1985）「阿勒楚喀満語語音簡論」『満語研究』１、満語研究所
穆曄駿（1987）「巴拉語」『満語研究』５、満語研究所
平田昌司（2009）『『孫子』解答のない兵法』書物誕生あたらしい古典入門書、岩波書店
藤枝晃（1971）『文字の文化史』岩波書店
藤本幸夫（1994）「清朝朝鮮通事小攷」『中国語史の資料と方法』京都大学人文科学研究所
藤本幸夫（2002）「朝鮮の印刷文化」『静脩』39.2、京都大学図書館機構報
藤堂明保（1952）「官話の成立過程から見た西儒耳目資」『東方学』５
船越昭生（1969）「在華イエズス会士の地図作成とその影響について」『東洋史研究』27.4
ブーヴェ『康熙帝伝』後藤末雄訳、生活社刊、1941年、矢沢利彦校注、東洋文庫、1970年
辺恩田（2001）「朝鮮刊本『金鰲新話』の旧所蔵者養安院と蔵書印——道春訓点和刻本に先行する新出本」『同志社国文学』55
伯希和（1930）「突厥語与蒙古語中之駅站」『西域南海史地考証訳叢五編』馮承鈞訳、商務印書館、1962年
伯希和『蒙古与教廷』（馮承鈞訳）中華書局、1994年
方豪『中国天主教史人物伝』（上・中・下）中華書局、1988年
方豪『中西交通史』（上・下）、上海人民出版社、2008年
龐曉梅・斯達理（2000）「最重要科学発見之一、老満文写的『後金檄明万暦皇帝文』」『満学研究』第六輯、民族出版社
龐曉梅（2003）「満漢文『努爾哈赤檄明書』何種文字稿在先」『清史論集慶賀王鍾翰教授九十華誕』

方甦（1933）『内閣大庫書檔旧目』国立中央研究院歴史語言研究所編印
方甦生（1936）「清代檔案分類問題」『文献論叢』（国立北平故宮博物院十一週年記念）
方甦生（1939）「清実録修改問題」『輔仁学誌』8.2
方齢貴（1991）『元明劇曲中的蒙古語』漢語大詞典出版社
細谷良夫（1991）「「満文原檔」「黄字檔」について——その塗改の検討」『東洋史研究』49.4
細谷良夫（1992）「校訂『天聡朝臣工奏議』天聡六年」『中国文化とその周辺』
細谷良夫（1994）「烏真超哈（八旗漢軍）の固山（旗）」『松村潤先生古稀記念清代史論叢』汲古書院
穂積文雄（1942）「清代貨幣考」『東亜経済論叢』2.3
増井寛也（2004）「建州統一期のヌルハチ政権とボォイ＝ニャルマ」『立命館文学』587
増井寛也（2007）「マンジュ国〈五大臣〉設置年代考」『立命館文学』601
松浦章（1992）「明清時代北京の会同館」『清朝と東アジア神田信夫先生古稀記念論文集』山川出版社
松浦茂（1995）『清太祖・ヌルハチ』白帝社
松村潤（1969年）「崇徳の改元と大清の国号について」『鎌田博士還暦記念歴史学論叢』
松村潤（1973）「順治初纂清太宗実録」『日本大学文理学部創立七十周年記念論文集』
松村潤（1978）「天命朝の奏疏」『日本大学史学科五十周年記念歴史学論文集』
松村潤（1985）「寒字檔漢訳勅書」『内陸アジア史研究』 2
松村潤（2001）『清太祖実録の研究』東北アジア文献研究叢刊 2 、東北アジア文献研究会
松村潤（2008）『明清史論考』山川出版社
三木栄（1951）「養安院蔵書中の朝鮮医書」『朝鮮学報』第一輯
三国谷宏（1936）「奎章閣所蔵外交文書を瞥見して：鮮満北支地方旅行の一収獲」『東洋史研究』1.4
三田村泰助（1935）「天命建元の年次に就いて——太祖満文老檔の一考察」『東洋史研究』1.2
三田村泰助（1957）「近獲の満文清太祖実録について」『立命館文学』141
三田村泰助（1959）「清太祖実録の纂修」『東方学』19
三田村泰助（1965）『清朝前史の研究』同朋舎
宮紀子（2006）『モンゴル時代の出版文化』名古屋大学出版会
宮嶋博史（1998）『明清と朝鮮の時代』（世界の歴史12）中央公論社
宮崎市定（1947）『清朝における国語の一面』『東方史論叢』 1
宮崎市定『宮崎市定全集』（雍正帝）14、岩波書店、1991年
村田雄二郎（2000）「ラスト・エンペラーズは何語で話していたか？——清末の「国語」問題と単一言語制」『ことばと社会』 3
茂木敏夫（2013）「伝統的秩序をどう踏まえるか——東アジア新秩序の構想をめぐって」『国際問題』623
孟森『明清史講義』（下）中華書局、1981年

森川哲雄（2008）『『蒙古源流』五種』中国書店
森安孝夫（1997）「ウイグル文字新考——回回名称問題解決への一礎石」『東方学会創立五十周年紀念東方学論集』東方学会
柳沢明（2011）『内国史院檔・天聡五年』「解説」東洋文庫
藪内清（1959）「中国の数学と関孝和」『数学』第10巻第３号
藪内清訳『中国の印刷術２』〈全２巻〉平凡社、1977年
山崎忠（1951）「乙種本華夷訳語韃靼館来文の研究　　東洋文庫本」『日本文化』31
山根幸夫（1989）『正徳大明会典・解題』汲古書院
山根幸夫（1993）「明・清の会典」『中国法制史基本史料の研究』東京大学出版会
山本隆義（1961）「明代の内閣——特にその職掌と制度及び閣臣の出自について」『東洋史研究』20.2
山本守（1937）「撫近門の扁額について」『東洋史研究』2.3
葉高樹（2000）「清朝前期的満文教育訳書事業」『明清文化新論』文津出版社
葉高樹（2002）『清朝前期的文化政策』稲郷出版社
吉川幸次郎（1995）『吉川幸次郎遺稿集』第一巻、筑摩書房
吉田豊（1994）「ソグド文字で表記された漢字音」『東方学報』第66冊
吉田豊（1997）『イラン語断片集成』（解説編・図版編）大谷探険隊収集・龍谷大学所蔵中央アジア出土イラン語資料
吉田豊（2011）「ソグド人と古代のチュルク族との関係に関する三つの覚え書き」『京都大学文学部研究紀要』50
羅常培（1930）「耶蘇会士在音韻学上的貢献」『国立中央研究院歴史語言研究所集刊』１、中央研究院歴史語言研究所
羅常培（1933）『唐五代西北方音』中央研究院歴史語言研究所
羅常培（1963）『羅常培語言学論文選集』中華書局。2004年商務印書館再版
羅常培・蔡美彪（2004）『八思巴字与元代漢字』中国社会科学出版社
李学智（1962）「満人称謂漢人為尼勘意義之憶測」『大陸雑誌特刊』第二輯
李学智（1973）「篆写満文」『明清檔案存真選輯』二集、中央研究院歴史語言研究所
李勤璞（2003）「天聡九年皇太極談話中的「元壇宝蔵」」『漢学研究』21-2
李光濤（1947）「清太宗与三国演義」『中央研究院歴史語言研究所集刊』12
李光濤（1973）「老満文史料」『明清檔案存真選輯』中央研究院歴史語言研究所
李新魁（1983）『漢語等韻学』中華書局
李新魁（1984）「近代漢語介音的発展」『音韻学研究』第一輯、中華書局
李徳啓（1931）「満洲文字之来源及其演変」『国立北京図書館館刊』第五巻第六号、
李徳啓（1936）『阿済格略明事件之満文木牌』国立北平故宮博物院文献館
李徳啓（1936）「満文老檔之文字及史料」『文献論叢』国立北平故宮博物院十一週年紀念
李仁栄（1954）「申忠一의建州紀程図記에対하여」『韓国満洲関係史의研究』乙酉文化社

李福清（Борис Львович Рифтин）（1982）「中国章回小説与話本的蒙文訳本」『文献』第 4 期
李鳳民・陸海英「清天聡・崇徳時期之信牌・印牌」『故宮文物月刊』138
李理（2008）「論後金至清初時期印信牌之発軔」『故宮博物院院刊』 5
林慶勲（1988）『音韻闡微研究』台湾学生書局
林士鉉（2013）「皇矣陪都実惟帝鄕乾隆皇帝与満漢文『御製盛京賦』」『故宮文物月刊』367
林燾・耿振生（2004）『音韻学概要』商務印書館
陸志韋（1937）「記徐孝重訂司馬温公等韻図経」『燕京学報』32、燕京大学哈仏燕京学社出版
陸志韋（1947）「金尼閣西儒耳目資所記的音」『燕京学報』33、燕京大学哈仏燕京学社出版
魯迅『魯迅全集』第九巻、人民文学出版社、2005年
若松寛（1985）「〈批評・紹介〉珠栄嘎校注「阿拉坦汗伝（蒙文）」『東洋史研究』44.1
渡辺純成（2013）『満文洪武要訓 hūng u-i oyonggo tacihiyan』満洲語思想・科学文献研究資料 5、科学研究補助金基盤研究（C）（平成23－25年度）
渡辺修（1994）「「己巳の役」（一六二九～三十）における清の対漢人統治と漢官」『松村潤先生古稀記念清代史論叢』汲古書院
和田清（1952）「清の太祖の顧問龔正陸」『東洋学報』35
和田清（1955）『東亜史研究』（満洲篇）東洋文庫

〈欧文〉

Doerfer & Gerhard, *Türkische und mongolische Elemente im Neupersischen*, Bd1, F. Steiner, 1963
G. J. Ramstedt, *Kalmückisches Wörterbuch*, Helsinki 1935.
Gerhard Doerfer, *Türkische und mongolische Elemente im Neupersischen, Franz Steiner Verlag Gmbh* Wiesbaden, 1965.
Grube Wilhelm, *Die Sprache und Schrift der Jučen*. Leipzig 1986.
Imanisi Shunju *Über einen Anfruf der Spätaren Chin an die Ming vo ca.1623, ORIENS EXTREMUS*, 20.1、Wiesbaden 1973.
M. Elliot, Turning a Phrase:*Translation in the Early Qing Through a Temple Inscription of 1645. AETAS* MANJURICA, 1992.
Каполнаш Оливер, *монгол сурвалж дахь aisin gioron-гийн гарлын тухай домгууд, угсаатан судлал*, ботьхх, Улаанбаатар, 2011.
P. Pelliot & L. Hambis, *Cheng-wou ts'in-tcheng*, leiden 1951.
P. Zieme, *An uigur Monasterial Letter form Toyoq*. 内陸アジア言語の研究X, 1995.
S. Azarnouche & F. Grenet, *Thaumaturgie sogdienne: nouvelle édition et commentaire du texte P. 3*, Studia Iranica 39, 2010.
Tatiana A. Pang& Giovanni Stary, *New light on Manchu historiography and literature : the discovery of three documents in old Manchu script. Harrassowitz Verlag*・Wiesbaden, 1998

Tatiana A Pang & GiovanniStary, *Manchu versus Ming:Qing Taizu Nurhaci's "Proclamation" to the Ming dynasty*. Wiesbaden, 2010

W. Fuchs, *Fan Wen-ch'eng 范文程, 1597-1666, und Sein Diplom* 誥命『史学研究』10.3, 1925.

W. Fuchs, *Beiträge zur mandjurischen Bibliographie und Literatur*. Tokyo:Deutsche, 1936.

あとがき

ダイチン・グルン時代の軍事組織の名称「ニル」は現在も使い続けられている。私はそのシベ・ニル（牛彔）の出身である。シベ・ニルは八つのニルから成り立ち、シベ語ではそれぞれujunyuru, jainyuru, yilacuru, dyucyuru, sunjacuru, nyungcuru, nacuru, jakcuruという。ニルは中国新疆ウイグル自治区のイリ河南岸一帯の東西60キロメートルくらいの距離に、西からujunyuru（第一ニル）、yilacuru（第三ニル）、dyucyuru（第四ニル）、sunjacuru（第五ニル）、nyungcuru（第六ニル）、nacuru（第七ニル）、jakcuru（第八ニル）、jainyuru（第二ニル）の順に並んでおり、第二ニルだけが特にはずれた位置にある。第三ニルが私の出身地である。他のニルの間はある程度の距離が保たれているのに対し、第一ニルと第三ニルは完全に接続している。両ニルの境界は一本の河川で分けられ、それをシベ語ではjuwe nyurui acen（両ニルの境界）あるいはambulan（大溝）という。河川の水は夏には用水路として、各家の菜園の灌漑や家畜の飲み水に使用されるが、その流量が少ないため水争いになることも少なくない。冬には河川の水がすべて凍り、天然のアイススケート場になるから、私たちにとっては最高の楽園であった。私たちは木を三角形に削って、その一辺に金属を１本嵌めて、靴に紐で固定すれば、スケート靴となり滑ることができた。また、足の大きさくらいの一枚板の下に二本の金属を嵌めて、同じく紐で靴に固定するだけで、初心者でも簡単に滑れるスケート靴になった。スケート場は両ニルに跨っていたので、両ニルの子供の間で喧嘩もしばしば起こったものである。

幼少期は電気のない時代で、もちろんテレビもなかったから、夜は子供どうしの遊びのほかに楽しみと言えば、講談者が語る*ilan gurun i bithe*（三国志演義）等を聴くことであった。講談者はほとんど年輩の人たちで、いつもオンドルにお茶やひまわりの種をおいたミニテーブルを囲んで、座って語った。講談者には男性も女性もおり、独特のリズムで語るので、私たちを簡単に曹操・劉備・孫権らの抗争の世界に入り込ませたのが、淡い記憶として残っている。後年このシベ人の講談者が語った台本が、順治年間翻訳の『三国志演義』と繋がりがあると知ったのは驚きであった。このような光景はインターネットの普及した現在の故郷では、ほとんど昔話となってしまい、講談を語れる人ももう何人も残っていない。まして、ダイチン・グルン時代の国語であるマンジュ語、あるいは清語が、現在なお唯一の日常会話として使われている筈の故郷でも、話者の数は減りつつあり、このことは重く受け止めねばならない現実である。

また、まだ電気が普及していない時代には、私たちにとって映画を見ることも楽しみの一つであった。露天の映画館なので上映は夏しかない。入場料は１角（１毛銭）だったと思う。私の家から５分もかからない所にあったが、子供は入場券を買えないので、いつも大人の間に隠れて入り込んだものだった。係員は見て見ぬ振りをしてくれた。映画の上映の日になると、映画館の周りは非常に賑やかになる。暑い夏に子供が一番欲しがるものはやはりアイスだ。電気もない時代なので、冷蔵庫すらなかったのである。ニルにはアイス専業をやっていた人がおり、本名はよく分からないが、みな「syuhuwaliyang laohan」と呼んでいた。漢語の「雪花涼老漢」からの命名である。彼は毎年春節が終わった頃に、近くの川で凍った氷を切り取ってきて、専用の地下倉庫まで運んで、埋めて保存する。夏場になるとほとんど毎日のように、氷を地下の倉庫から掘り出して、アイス用の人力車で中心街まで出店し、屋台でかき氷のようなものにして売っていた。だいたい１杯１角（１毛銭）の値段であった。特に映画上映の日には大人気で、ほとんど映画が終わるまで営業は続いた。当時は戦争関係の映画ばかりの上映だったが、外国の映画も時折上映されることがあった。ある日その映画館では、日本人俳優の高倉健主演の映画『君よ憤怒の河を渉れ』（中国名、『追捕』）を上映し、これが私の最初の「日本の印象」であった。ニルでは３回も見た記憶があるが、中国でその当時を生きた人なら、『追捕』や主人公のことを知らない人はいないだろう。

映画館はいつも人でごった返しており、上映が終わると狭い出口に帰りの客が殺到したから、押し合いへし合いで、前の人が転倒することがよくあった。ある日、外国の映画の上映が終わったときだったと思うが、やはり狭い出口から大勢が外に出ようとしたために、後ろから押された勢いで前の人たちが将棋倒しになった。その中から子供の悲鳴や泣き声が聞こえたような気がしたが、翌日、友人から子供が踏み倒されて死んだという話を聞いて驚愕した。あの時の凄まじい惨状は今でも微かに覚えている。しばらくすると、新しい露天映画館が両ニルの境界の第三ニル側にでき、私の家からはやや遠くなった。新しい映画館は前よりもかなり広くなったが、入場料２角（２毛銭）に上がった。1980年代の初めごろから電気が通じ、さらにテレビの急速な普及に伴って、ニルの映画館は現在ではもう昔の記憶にしか残っていない。祖父の世代は漢語が全く話せず、チュルク系の言語やロシア語なら話せる人が多かった。ニルの講談者がシベ語を用いて語る一方で、映画の上映は漢語のものばかりであった。

私の就学時の学校も、現在と同じく全国義務教育であったが、ニルの学校ではシベ語で教えていたのである。それは「満漢合璧」的な教育で、先生が教壇で使う言語はシベ語を中心としており、学校に通うほかの漢人・ウイグル人の生徒たちもみなこのような教育を受けていた。漢人の子供は二世ならシベ語が話せる子が多かったが、一世はほとんど漢語しか話せない。シベ人と漢人の子供は互いに交流があるのに、シベ人の親たちは漢人一世の親とはほとんど交流がない。二世の漢人家族はシベ人の集落内に住んでいるのに対し、一世の家族は漢人街（yiqan gya）で暮らしている場合が多い。漢人三世は言うまでもなく、母語は漢語でなくシベ語であるので、漢語がとても下手な子もいた。私の家の果樹園は果物が多く、夏になると弟と人力車に果物を載せて、漢人街へ売りに行ったものだ。漢語しか使わない漢人街なので、私たちは片言の漢語で果物の商売し、大きな商売にはならなかったが、それは漢人とコミュニケーションをとるきっかけにもなった。

このような環境に生まれ育った私が、来日以来、多くの先生方との出会いを通じて、本書を書き上げることができたのである。

最初はシベ語の専門家である言語学者久保智之先生（九州大学）との出会いがあった。シベ人で先生のお名前を知らない者はほとんどいないだろう。私もその中の一人であった。2008年から先生と一緒に日本のいくつかの大学でシベ語の講義を行い、日本の大学生にシベ語への興味を持ってもらうきっかけを作るお手伝いをした。このような講義体験は、浅学非才の私には大きな刺激となり、かつ言語学の知識を得る機会にもさせていただいた。このことには心から感謝している。また、平成21年度（2009）、京都大学大学院文学研究科国語学国文学の木田章義先生（現京都大学名誉教授）に外国人共同研究者として受け入れていただき、共同でシベ語の研究を進める傍らご指導や励ましを賜り、時には厳しくご指導いただくことができたのは幸いであった。先生のご指導がなければ、私が今日研究者への道を歩むことはなかったであろう。先生に深く感謝申し上げたい。

また、2011年の夏休みには、久保智之先生と児倉徳和先生（東京外国語大学アジア・アフリカ言語文化研究所）と共に、東京外国語大学アジア・アフリカ言語文化研究所で、平成23年度（2011）言語研修のシベ語講義を行ったが、大学教員を含む７名の受講生が集まり、たいへん有益な五週間を過ごすことができた。講義に参加された受講生各位に心よりお礼申し上げたい。

そして、京都大学大学院人間・環境学研究科では、阿辻哲次先生には指導教員を引き受けていただき、研究の方向を定め、研究者としての道を拓いて頂いた。多くの素晴らしい先生に恵まれた充実した留学生活を送ることができた。諸先生方には、この場を借りてお礼申し上げたい。

本書は、京都大学博士（人間・環境学）学位取得論文『ダイチン・グルン初期の言語生活と文化政策』を大幅に加筆修正したものである。学位論文の審査に当たられた阿辻哲次先生（主査）・岩井茂樹先生・辻正博先生・道坂昭廣先生の諸先生には、試問の際に多くのご指導やご助言を賜った。また、諸先生方からは本書の出版もお勧めいただき、指導教員の阿辻哲次先生には本書の刊行助成申請に際しても大きなご助力を賜った。諸先生方にあらためて深甚の謝意を表したい。

大学院博士課程進学後は、京都大学人文科学研究所で、岩井茂樹先生主宰の共同研究班に参加することができた。研究会のたびに報告者の諸先生から多くの教えを受けたこと、私自身が報告の機会を与えられ、岩井茂樹先生を始め諸先生から有益なご助言・ご指導をいただいたことが、学位論文の完成につながった。厚くお礼申し上げたい。また、友人の小野達哉先生（同志社大学）には日本語のチェックをお願いし、本書のために貴重な時間を割いていただいた。衷心より謝意を表したい。

本書の文献図版の使用許可については、中央研究院歴史語言研究所・中国第一歴史檔案館・中国国家図書館古籍館の方々に快く対応していただいた。感謝の念に堪えない。

本書の刊行にあたっては、「京都大学の平成27年（2015）度総長裁量経費、若手研究者に係わる出版助成事業」から出版の助成を受けた。鈴木哲也編集長をはじめとする京都大学学術出版会の方々、なかでも國方栄二氏には、本書の構成など重要な点についてご助言をいただいた。関係各位に深くお礼申し上げたい。

2016年1月　洛北下鴨にて

庄　声

図表一覧

年　表

年号	西暦	事　項
嘉靖38年	1559	ヌルハチ（努爾哈斉）、生まれる
万暦11年	1583	祖父のギョチンア（覚昌安）と父タキシ（塔克世）、大明に殺害される
万暦20年	1592	ホンタイジ（皇太極）、生まれる
万暦22年	1594	ダハイ・バクシ（達海巴克什）、生まれる
万暦21年	1593	9月、九部の戦い
万暦23年	1595	12月、朝鮮使者の申忠一ら、建州衛を訪問
万暦27年	1599	2月、エルデニ・バクシ（額爾徳尼巴克什）等、モンゴル文字に基づいてマンジュ（満洲）文字を創始
万暦27年	1599	9月、ハダ・グルン（哈達）滅亡
万暦31年	1603	ヌルハチ、フランハダ（呼蘭哈達）南崗からヘトアラ（赫図阿拉）に移って築城
万暦34年	1606	12月、ヌルハチ、ハルハ・モンゴル（喀爾喀蒙古）からクンドゥレン・ハン（崑都倫汗）の尊号を受ける
万暦35年	1607	9月、ホイファ・グルン（輝発）滅亡
万暦41年	1613	1月、ウラ・グルン（烏拉）滅亡
万暦44年	1616	ヌルハチ、アイシン・グルンを建国し独立を宣言、年号をマンジュ語でabkai fulingga、漢語で天命とする
天命3年	1618	4月13日、ヌルハチ、大明に「七大恨」を掲げて宣戦
		4月15日、撫順城の遊撃李永芳の帰順
天命4年	1619	3月、サルフ（薩爾滸）の戦い
		3月、朝鮮援軍の姜弘立ら降伏
		7月25日、ヌルハチ、鉄嶺城を占領
		8月、イエヘ・グルン（葉赫）降伏
天命5年	1620	3月、ダハイ・バクシの赦免
		7月22日万暦帝歿、8月、子の泰昌帝即位、9月、歿す、翌年、孫の天啓帝即位

天命6年	1621	3月10日、ヌルハチ、瀋陽城を占領
		3月20日、ヌルハチ、遼東城（遼陽）を占領
		12月30日、ヌルハチ、漢文を教える外郎らに賞金を与える
天命8年	1623	5月、エルデニ・バクシ夫妻処刑
天命10年	1625	6月1?日、家庭教師のトゥシャ処刑
天命11年	1626	9月、ヌルハチ歿
天聡元年	1627	ホンタイジ即位、年号をマンジュ語でsure han、漢語で天聡とする
		3月、八旗、朝鮮を攻撃（丁卯胡乱）
天聡3年	1629	4月、文書処理班・漢籍翻訳班の設置
		9月1日、科挙試験実施
天聡4年	1630	4月、大金喇嘛法師宝塔の建設
天聡5年	1631	7月8日、六部開設
		7月8日、ホンタイジ、勅諭を発布し、同族内の結婚を禁止
		閏11月、ホンタイジ、諭旨を下し読書の勧奨
天聡6年	1632	マンジュ文字改革
		7月14日、ダハイ・バクシ死去
天聡7年	1633	2月10日、ダハイ・バクシ長男のヤチン（雅親）、備禦職を襲職
		2月17日、クルチャン・バクシ（庫爾纏巴克什）処刑
天聡9年	1635	8月、「制誥之寶」獲得
		8月8日、『太祖実録図』完成
		10月、ホンタイジ、部族名のジュシェン（女真）をマンジュに改める
天聡10年	1636	2月、寧完我、アハとなる
		3月、書房を改め、内三院を設置
		4月、ホンタイジ、グルン号のアイシンをダイチン（大清）に改め、年号をマンジュ語でwesihun erdemungge、漢語で崇徳とする
崇徳元年	1636	5月26日、都察院開設
		6月6日、サハリャン・ベイレ（薩哈連貝勒）死去
		10月11日、李永芳の長男李延庚、処刑
		12月2日、ホンタイジの朝鮮親征（丙子胡乱）

崇徳２年	1637	１月30日、朝鮮国王李倧の降伏
		２月、ホンタイジ、朝鮮世子を人質として瀋陽に帰還
崇徳３年	1638	７月25日、六部改革
		８月１日、実勝寺の建設
崇徳４年	1639	９月11日、対馬藩主宗義成の朝鮮宛書契、ダイチン・グルンに届けられる
		12月８日、朝鮮の都に大清皇帝功徳碑を建設
崇徳８年	1643	８月９日、ホンタイジ歿、26日、福臨即位、翌年、年号をマンジュ語でijishūn dasan、漢語で順治とする
順治元年	1644	４月22日、呉三桂降伏
		５月２日、八旗、北京に入城
		６月、諭旨を下し、満漢合璧印を使用
		10月、寧完我復職
順治７年	1650	12月９日、摂政王ドルゴン（多爾袞）の急死
順治８年	1651	１月、順治帝、親政開始
		閏２月、キチュンゲ・バクシ（祁充格巴克什）とガリン・バクシ（剛林巴克什）処刑
順治12年	1655	『大清太宗実録』完成
順治15年	1658	７月、内三院を改め、内閣と翰林院を分置

中文概要

第一部　滿洲人及其文字文化

第一章　滿洲人及部族名

自清代錫伯部在史書上出現以來，除滿洲文史料之外也載于朝鮮史料之中。雖然極其簡略，但是出席在新年宴會足以證明錫伯部對努爾哈齊的重要性。這與在天聰九年皇太極改部族名諸申（女真）為滿洲時，聯想到錫伯部有直接的關聯。

現存世的蒙古文史書大多成書較晚，此外這些史書在長期碾轉與口傳以及在蒙古史學家的筆墨潤色之下，其敘述的傳統史籍內容往往不夠準確，甚至不在乎對人物進行較大程度的改編。所以根據漢文及波斯文史料，我們雖然找出了史實上真實存在的皇太極提到的超默里根，但此人物並不是皇太極所主張的諸申人，而是與木華黎國王屬于同一個部族札剌兒 جلاير jalair 部的札惕 جات jat 人。顯然，出現如此結果也並不是皇太極故意編造的。

皇太極借用此人物改部族名，與蒙古人和女真人（諸申）之間的經濟文化交流是分不開的。此外，哈布圖合撒兒的后裔科爾沁蒙古，其部名本來源於蒙元時期怯薛執事之一的豁兒赤（qorči）箭筒士。科爾沁與諸申人還建立了最早、最多的聯姻關係。科爾沁不僅有蒙古，而且還包括有 sibe / 錫伯部，當初明安貝勒之子還直接歸管理著 sibe 村。史家也曾指出，科爾沁蒙古和錫伯之間存在著支配和被支配的關係。

皇太極雖然出於政治目的，也無法改變滿洲人以及錫伯人本來就是女真（諸申）之裔的史實，無可非議使用的語言就是女真語（諸申語 / 錫伯語）。後來的史家往往無視當初的諸申就是錫伯的問題。也許皇太極道出的“諸申乃石北超默里根同族”，也正是說明了當時女真上層貴族的心聲。

第二章　滿洲人的文字文化

通常紀錄文字使用的文具有筆和雕刻刀，大清國初期也同樣使用有这兩種文具。

滿洲人使用的筆有毛筆和木（蘆葦）片筆，這些筆在紙張上書寫的同時也書寫在木簡上。當時的紙張多使用有高麗紙，此外也用明朝的公文書紙紀錄檔案。木簡遺留有短冊狀和四角柱狀的，並且寫有一到四行的滿洲文字，同時也有能串連或懸掛的眼。雕刻刀通常在石頭和木頭上雕刻文字時使用較多，分別稱為碑文和牌文。雖然石頭加工成石碑形狀之後，在搬運和雕刻方面較費力費時，但其耐水性和耐久性紙張是比擬不論的。汗的指令或通行證明通常雕刻在木牌上稱之為牌文。此外也盛行木板印刷，遺存的有滿漢合璧的指令，也有成冊狀的木板印刷冊子。

大清國自入關前以來就是為多民族國家，除了滿洲人以外還有蒙古人、漢人以及朝鮮人等，所以社會也必然存在使用多語言文字的現象，因此，我們相信滿洲文化要素與多元文化積極並合理的融合在一起。由這些滿洲人、蒙古人、漢人等多民族構成的群體，為以後的民族國家的形成奠定了基礎，這一點是毋容置疑的。

第二部　吸收漢文化與展開

第三章　滿洲人的讀書生活

自努爾哈齊建州衛時期，其身邊就有來自遼東和朝鮮等地的有識之士，他們主要擔任處理各類文書和教育子弟的職務。

天聰五年（1631），愛新國頒佈了八旗子弟們接受教育的讀書令，可是未能順利執行。因此，漢人大臣們相繼上奏，要求改善這一局面。最終幾名秀才被除名，他們在教授的十二年之中，有幾位在六部等部門任職，其間他們也參與了翻譯漢籍的工作。隨著國初制度的完善，最初盲目採用的漢人教員逐漸消失在歷史舞臺上，繼而替代的是滿洲文士、還有新進的漢人文人。他們相繼登上歷史舞臺，為傳播多元文化做出了不可磨滅的貢獻。

第四章　17世紀講述漢文化的滿洲人

吉川幸次郎曾經指出：“元朝君主之始祖成吉思汗，以及較尊重漢文化的忽必烈，不僅不會說漢語，也無法閱讀漢文。但是清朝的諸帝不同，雖然入關以前對漢文能力不是很充分，但是入關之後的初代君主順治皇帝，其代表作有《孝敬》註”。對此結論針鋒相對的學說是，即為滿洲人入關前就能隨意閱讀了諸多漢文典籍等論說。既然如此，那麼母語為非漢語的滿洲人是如何閱讀了漢文典籍的呢，對此問題至今無人提出質疑。

我們通過朝鮮史料可以確知，努爾哈赤身邊聚集著不少的漢人文人。因此也不敢否認他們在國初的対外文書以及傳播漢文化做出的貢獻。通過他們的努力滿洲人對漢文化的造詣是非常滲透的，以致出現使用代表庶民文化的「白話小說」等作品。其「白話小說」最大的特點乃是使用的文體，也就是以口語為題材而創作的作品。但是母語為滿洲語的滿洲人是否能夠完全理解以漢語口語為題材的「白話小說」呢？這是值得讓我們考慮的問題。當時的滿洲人雖然翻譯的漢文典籍有《三國志》等書籍，同時在記載的史料中也頻頻引用劉備、關羽、曹操、諸葛亮等歷史人物，可是這些書名和人物均以滿洲語的方式出現。此外，漢文典籍的《三國志傳》、《通鑑》、《四書》等書籍，僅限在漢人秀才的奏摺內容中以漢文的方式出現，他們建議滿洲人應該翻譯閲讀這些漢文典籍的問題，也是讓我們所要關注的要點。顯然滿洲人通過讀書生活也漸次豐富了文化知識，通過吸收這些知識在政治運營中也取得了重大進展。

如此的讀書生活不僅在政治方面，對多元文化的展開也有不少影響。在漢人地域最普及的年畫的使用，以及滿洲人的插圖史書的編纂，均與漢人工匠們有非常深刻內在的關聯。這些漢人工匠為傳播多元文化做出了不可磨滅的貢獻。

第三部　國初文書與印璽的展開

第五章　漢文文書及《太宗實錄》的編纂

自努爾哈齊至皇太極時期，給汗教授古典的家教包括有漢人以外侍讀者均為滿洲人。此外在朝廷官吏中能操持雙語的除了滿洲人和蒙古人，同時漢人文人中能操持雙語者也為数不少。因此在朝廷中夾雜著諸多語言進行討論國家大局，汗在這種多元文化的背景下，處理各種繁雜的國政景象也是可想而知的。足以說明自國初以來，朝廷中就有多語言文字的文書制度。

漢文《大清太宗實錄》在編纂過程中經過了數次編修，才得以正式刊行。隨著編修其編纂的文本也從俗語體漸次變為雅文體，其中最有特點的就是稿本使用的俗語。雖稱之為俗語，但非當時的漢語口語，結合滿洲語知識才能解讀這些俗語內容。

至此近日，諸位史家均認為漢文實錄是由《滿文原檔》翻譯編纂的。可是通過仔細比較分析入關前的漢文文書和《滿文原檔》，得知漢文實錄並非直接翻譯《滿文原檔》編纂的，而是與漢文文書有密切關係的結論。

第六章　國初印璽制度的實相

努爾哈齊創建了與曾經建立金國的女真人同樣的獨立政權，同時以滿洲語和漢語分別自稱為汗和皇帝，並且對明朝和朝鮮宣布了獨立。此外在文書上也開始使用代表獨立政權的滿洲文印璽，由此招致了明朝的強烈不滿。

到了天聰年間，察哈爾林丹汗之夫人淑泰太后帶領兒子額勒克空戈落等臣民投靠了愛新國，並交出了稱之為「傳國之璽」的漢文金印「制誥之寶」。此後不久皇太極在諸位大臣的擁立下將父親努爾哈齊建立的國號愛新改為大清，隨著新政權的成立，各類文書中也逐漸開始使用察哈爾人交出的「制誥之寶」。自此之後，曾經官印和印璽皆用滿洲語的「doron」一詞，開始僅限使用在官印中，而印璽皆附帶使用「boobai」這一新詞的印璽。皇太極去世之後，作為攝政王，多爾袞將「將軍印」屢次替代「制誥之寶」或「boobai」之印使用在各種文書中。

此後順治的執政，朝廷上下之各印，均被滿漢合璧印取代，隨著滿洲人的入關，大清國取代大明在文化方面也進入了多元文化的時代。

第七章　文書制度的變遷

綜觀戶部承政韓大勛的案件，可知皇太極執政期臣下所有的文書，包括檢舉審查報告等均奏請汗裁定，然而汗也並未武斷降旨。審議內容有不妥之處時，再下令進一步查明實情。由此較為明顯，汗終日忙碌處理各種政務，還包括審批定奪一些雜事項目。臣下看到躬理萬機的皇太極，建議汗應清靜養神，該把繁雜之事項，交與臣下處理。因此汗聽取建議，允許諸王們審理官民事務，惟緊要政務交與汗一同協商處理。恐怕太宗執政末期就漸次形成了票擬制度的雛形。其中諸王中的和碩睿親王，為之後掌權的攝政王多爾袞。

順治衝齡即位後，實際攝政王掌控實權，隨即各部諸王也被剝奪了皇太極賦予的參政權。期間，熟知明朝制度的漢大臣的奏言中出現有 'pilerengge' 一詞，建言大清國應導入明朝的票擬制度。對此建議攝政王僅表示贊同而已，也未見執行。順治親政之後，首先恢復了諸王的參政權，於此同時，對票擬制度也頗感好奇並保持謹慎觀望之態度。到了康熙朝期間執行的票擬制度，其性質與明朝的制度是有区別的，滿洲語分別使用動詞 'pilembi' 或名詞 'piyoociyan'，漢語一般常用 '票簽'

一詞。可見，這些滿洲語的行政術語均與漢語有密不可分的關係。

總之，大清國依照明朝制度建立的行政體制，其根本性質有別於明朝的制度。雖然制度上有別，但是作為新的行政術語，其根本並未脫離漢文化。導入新制度的建言者，明朝舊臣頗多。滿洲統治者也並未全盤吸收明朝制度，其內涵有滿洲文化特色這一點是勿容置疑的。

附 論　老滿洲文字音考

綜觀諸位學者所論，寒字檔中所使用的音譯漢字有不少的別字。其中字音相近別字和字形相近別字，所造成的混淆最為特別。探究出現這種狀況的原因，则首先需要考慮音譯者對漢字的認知能力，那么就不應排除日常用語是非漢語的滿洲人參與了翻譯的可能性。故寒字檔中所對音的漢字音系統，存在有滿洲人的訛音和遼東等地方音成分是沒有什么疑義的，这些對譯字音所表現的特徵，無疑是為了應和滿洲語的音韻體係而產生的。

《滿文原檔》寒字檔最為引人矚目的是一字多音現象。實際這與方音有密切相關的問題，也是一個不可忽視的課題。自粟特文到老滿州文字音之間具有一脈相承的情況也是一目瞭然的。

初出一覧

序　章　書き下ろし

第1章　「錫伯超黙里根問題考辨」『西域歴史語言研究集刊』第七輯、2014年4月

第2章　書き下ろし

第3章　「マンジュ人の読書生活——漢文化の受容を中心に」（上）（下）『歴史文化社会論講座紀要』第10号、第11号、2013年2月、2014年2月

第4章　「17世紀におけるマンジュ人の語る漢文化」『東方学報』第88冊、2013年12月

第5章　書き下ろし

第6章　「グルンの印璽制度をめぐって——ダイチン・グルン太祖と太宗時代の実態」『歴史文化社会論講座紀要』第12号、2015年2月

第7章　書き下ろし

附　論　「老満洲文字音考」『西域歴史語言研究集刊』第八輯、2015年5月

附　録　同上掲載部分と書き下ろし部分

※　既出論文の内容については、本書にあたって大幅に加筆修正を加えている。

索　引

人名索引

ア行

カ行

サ行

タ行

ナ行

ハ行

マ行

ヤ行

ラ行

ワ行

事項・地名

ア行

カ行

サ行

タ行

ナ行

ヤ行

ラ行

書名索引

ア行

カ行

サ行

タ行

ナ行

ハ行

マ行

ヤ行

ラ行

著者略歴

庄　声（しょう　せい）

東北師範大学歴史文化学院准教授
中国新疆ウイグル自治区伊犂地区チャブチャル・シベ自治県イラチ・ニルに生まれる。京都大学大学院人間・環境学研究科博士課程修了、京都大学博士（人間・環境学）。

主な著作
「17世紀におけるマンジュ人の語る漢文化」『東方学報』第88冊、2013年
「錫伯超黙里根問題考辨」『西域歴史語言研究集刊』第七輯、2014年
「グルンの印璽制度をめぐって――ダイチン・グルン太祖と太宗時代の実態」『歴史文化社会論講座紀要』第12号、2015年
「老満洲文字音考」『西域歴史語言研究集刊』第八輯、2015年

（プリミエ・コレクション71）
帝国を創った言語政策
—ダイチン・グルン初期の言語生活と文化

2016年3月31日　初版第一刷発行

著　者　庄　声
発行人　末　原　達　郎
発行所　京都大学学術出版会
京都市左京区吉田近衛町69
京都大学吉田南構内（〒606-8315）
電話　075（761）6182
FAX　075（761）6190
URL　http://www.kyoto-up.or.jp
振替　01000-8-64677
印刷・製本　亜細亜印刷株式会社

ISBN978-4-8140-0018-0
Printed in Japan
定価はカバーに表示してあります